国家出版基金资助项目
湖北省公益学术著作出版专项资金资助项目
节能与新能源汽车关键技术研究丛书

丛书主编：欧阳明高

燃料电池系统设计、集成与控制技术

李 凯　万鑫铭　汤 浩 ⊙ 著

FUEL CELL SYSTEM DESIGN, INTEGRATION AND CONTROL TECHNOLOGIES

http://press.hust.edu.cn

中国·武汉

内 容 简 介

本书阐述了质子交换膜燃料电池设计、集成与控制技术。首先，介绍了与质子交换膜燃料电池电压性能相关的设计及运行参数，建立了电堆的稳态及动态电压模型，解析了面向动力系统应用的运行控制及管理需求。其次，分别介绍了空气管理、氢气管理、热管理的设计需求、典型回路及控制目标，通过实例化的应用，阐述了相应管理子系统的运行控制方法。此外，探索了燃料电池的闭环水管理技术，基于交流阻抗的在线测量技术实现了电堆内部水状态的快速辨识，设计了基于阻抗信息的水故障诊断及闭环管理策略。最后，从整车应用的角度介绍了氢电混合动力系统的功率管理技术。本书从运行的视角，阐述了质子交换膜燃料电池设计、集成与控制技术的基本方法，同时介绍了当前的燃料电池科学研究成果，具有一定的知识性和前沿性。

本书可作为高等院校燃料电池专业或其他相关专业的本科生教材，也可作为致力于燃料电池系统设计的工程师、以燃料电池及动力系统为研究方向的在校研究生和教师的进阶读物，还可以作为对质子交换膜燃料电池感兴趣的设计人员的参考书。

图书在版编目（CIP）数据

燃料电池系统设计、集成与控制技术 / 李凯，万鑫铭，汤浩著. -- 武汉：华中科技大学出版社，2025. 2. --（节能与新能源汽车关键技术研究丛书）. -- ISBN 978-7-5772-1555-6

Ⅰ. U473.4

中国国家版本馆 CIP 数据核字第 20257GU292 号

燃料电池系统设计、集成与控制技术　　　　　　李　凯　万鑫铭　汤　浩　著
Ranliao Dianchi Xitong Sheji Jicheng yu Kongzhi Jishu

策划编辑：俞道凯　胡周昊

责任编辑：郭星星

封面设计：原色设计

责任监印：朱　玢

出版发行：华中科技大学出版社（中国·武汉）　　电话：(027)81321913
　　　　　武汉市东湖新技术开发区华工科技园　　邮编：430223

录　　排：武汉三月禾文化传播有限公司

印　　刷：武汉科源印刷设计有限公司

开　　本：710mm×1000mm　1/16

印　　张：24.25

字　　数：397 千字

版　　次：2025 年 2 月第 1 版第 1 次印刷

定　　价：198.00 元

本书若有印装质量问题，请向出版社营销中心调换
全国免费服务热线：400-6679-118　　竭诚为您服务
版权所有　侵权必究

节能与新能源汽车关键技术研究丛书
编审委员会

主任委员　欧阳明高（清华大学）

副主任委员　王俊敏（得克萨斯大学奥斯汀分校）

委　员（按姓氏笔画排列）

马芳武（吉林大学）　　　王飞跃（中国科学院自动化研究所）

王建强（清华大学）　　　邓伟文（北京航空航天大学）

艾新平（武汉大学）　　　华　林（武汉理工大学）

李克强（清华大学）　　　吴超仲（武汉理工大学）

余卓平（同济大学）　　　陈　虹（同济大学）

陈　勇（广西大学）　　　殷国栋（东南大学）

殷承良（上海交通大学）　黄云辉（华中科技大学）

作者简介

▶ **李 凯** 电子科技大学自动化工程学院副研究员、硕士研究生导师，中国汽车工程学会低碳燃料与氢动力汽车技术分会委员，四川省海外高层次留学人才，江苏省"双创团队"核心成员。主要从事燃料电池系统集成与控制相关的产品研发工作，先后主持国家自然科学基金项目、国家重点研发计划子课题、省部级科技支撑计划及大型企业产业化项目10余项，研发的燃料电池动力系统已实现产品化，累计装车近100台，搭载所研发系统的燃料电池车辆已累计运营360多万公里。

▶ **万鑫铭** 中国检验认证(集团)有限公司研究员级高级工程师，中国汽车工程学会副理事长，国家市场监督管理总局技术创新中心(新能源汽车数字监管技术及应用)主任，重庆市百名工程技术高端人才，重庆五一劳动奖章获得者。长期从事新能源汽车领域的技术研发工作，作为项目负责人牵头了国家重点研发计划"车用燃料电池堆及空压机的材料与部件耐久性测试技术及装备研究"等项目。获中国汽车工业科学技术奖一等奖2项、二等奖1项；获重庆市科技进步奖三等奖1项；获重庆市发展研究奖三等奖1项。

作者简介

▶ **汤 浩** 电子科技大学自动化工程学院教授、博士研究生导师,国家级领军人才,全国"讲理想、比贡献"优秀创新团队带头人,四川省外籍专家最高荣誉"天府友谊奖"获得者,江苏省"双创团队"带头人。长期从事氢能与储能领域的产品开发和基础研究工作,自2018年起带领团队先后承担/参与国家重点研发项目7项。近5年作为通讯作者发表SCI论文40余篇,已获授权国内外发明专利70余项,主持开发出新能源领域核心模块、动力系统、大功率测试装备等系列产品,实现了批量生产及商业化应用。

新能源汽车与新能源革命（代总序）

中国新能源汽车研发与产业化已经走过了20个年头。回顾中国新能源汽车的发展历程："十五"期间是中国新能源汽车打基础的阶段，我国开始对电动汽车技术进行大规模有组织的研究开发；"十一五"期间是中国新能源汽车从打基础到示范考核的阶段，科技部组织实施了"节能与新能源汽车"重大项目；"十二五"期间是中国新能源汽车从示范考核到产业化启动阶段，科技部组织实施了"电动汽车"重大项目；"十三五"期间是中国新能源汽车产业快速发展升级阶段，科技部进行了"新能源汽车"科技重点专项布局。

2009—2018年的10年间，中国新能源汽车产业从无到有，新能源汽车年产量从零发展到127万辆，保有量从零提升到261万辆，均占全球的53%以上，居世界第一位；锂离子动力电池能量密度提升两倍以上，成本降低80%以上，2018年全球十大电池企业中国占6席，第一名和第三名分别为中国的宁德时代和比亚迪。与此同时，众多跨国汽车企业纷纷转型，大力发展新能源汽车。这是中国首次在全球率先成功大规模导入高科技民用大宗消费品，更是首次引领全球汽车发展方向。2020年是新能源汽车发展进程中具有里程碑意义的年份。这一年是新能源汽车大规模进入家庭的元年，也是新能源汽车从政策驱动到市场驱动的转折年。这一年，《节能与新能源汽车产业发展规划（2012—2020年）》目标任务圆满收官，《新能源汽车产业发展规划（2021—2035年）》正式发布，尤其是2020年年底习近平主席提出中国力争于2030年前实现碳达峰和2060年前实现碳中和的宏伟目标，给新能源汽车可持续发展注入强大动力。

回顾过去，展望未来，我们可以更加清晰地看出当前新能源汽车发展在能源与工业革命中所处的历史方位。众所周知，每次能源革命都始于动力装置和交通工具的发明，而动力装置和交通工具的发展则带动对能源的开发利用，并引发工业革命。第一次能源革命，动力装置是蒸汽机，能源是煤炭，交通工具是火车。第二次能源革命，动力装置是内燃机，能源是石油和天然气，能源载体是汽油、柴油，交通工具是汽车。现在正处于第三次能源革命，动力装置是各种电池，能源主体是可再生能源，能源载体是电和氢，交通工具就是电动汽车。第一次能源革命使英国经济实力超过荷兰，第二次能源革命使美国经济实力超过英国,而这一次可能是中国赶超的机会。第四次能源革命又是什么？我认为是以可再生能源为基础的绿色化和以数字网络为基础的智能化。

从能源与工业革命的视角看新能源汽车,我们可以发现与之密切相关的三大革命:动力电动化——电动车革命;能源低碳化——新能源革命;系统智能化——人工智能革命。

第一,动力电动化与电动车革命。

锂离子动力电池的发明引发了蓄电池领域百年来的技术革命。从动力电池、电力电子器件的发展来看,高比能量电池与高比功率电驱动系统的发展将促使电动底盘平台化。基于新一代电力电子技术的电机控制器升功率提升一倍以上,可达 50 千瓦,未来高速高电压电机升功率提升接近一倍,可达 20 千瓦,100 千瓦轿车的动力体积不到 10 升。随着电动力系统体积不断减小,电动化将引发底盘平台化和模块化,使汽车设计发生重大变革。电动底盘平台化与车身材料轻量化会带来车型的多样化和个性化。主动避撞技术与车身轻量化技术相结合,将带来汽车制造体系的重大变革。动力电动化革命将促进新能源电动汽车的普及,最终将带动交通领域全面电动化。中国汽车工程学会《节能与新能源汽车技术路线图 2.0》提出了我国新能源汽车的发展目标:到 2030 年,新能源汽车销量达到汽车总销量的 40% 左右;到 2035 年,新能源汽车成为主流,其销量达到汽车总销量的 50% 以上。在可预见的未来,电动机车、电动船舶、电动飞机等都将成为现实。

第二,能源低碳化与新能源革命。

国家发改委和能源局共同发布的《能源生产和消费革命战略（2016—2030）》提出到 2030 年非化石能源占能源消费总量比重达到 20% 左右,到 2050 年非化石能源占比超过一半的目标。实现能源革命有五大支柱:第一是向可再生能源转型,发展光伏发电和风电技术;第二是能源体系由集中式向分布式转型,将每一栋建筑都变成微型发电厂;第三是利用氢气、电池等相关技术存储间歇式能源;第四是发展能源(电能)互联网技术;第五是使电动汽车成为用能、储能和回馈能源的终端。中国的光伏发电和风电技术已经完全具备大规模推广条件,但储能仍是瓶颈,需要靠电池、氢能和电动汽车等来解决。而随着电动汽车的大规模推广,以及电动汽车与可再生能源的结合,电动汽车将成为利用全链条清洁能源的"真正"的新能源汽车。这不仅能解决汽车自身的污染和碳排放问题,同时还能带动整个能源系统碳减排,从而带来一场面向整个能源系统的新能源革命。

第三,系统智能化与人工智能革命。

电动汽车具有出行工具、能源装置和智能终端三重属性。智能网联汽车将重构汽车产业链和价值链,软件定义汽车,数据决定价值,传统汽车业将转型为引领人工智能革命的高科技行业。同时,从智能出行革命和新能源革命双重角度来看汽车"新四化"中的网联化和共享化:一方面,网联化内涵里车联信息互联网和移动能源互联网并重;另一方面,共享化内涵里出行共享和储能共享并重,停止和行驶的电动汽车都可以连接到移动能源互联网,最终实现全面的车网互动(V2G,vehicle to grid)。分布式汽车在储能规模足够大时,将成为交通智慧能源也即移动能源互联网的核心枢纽。智能充电和车网互动将满足消纳可再生能源波动的需求。到2035年,我国新能源汽车保有量将达到1亿辆左右,届时新能源车载电池能量将达到50亿千瓦时左右,充放电功率将达到25亿~50亿千瓦。而2035年风电、光伏发电最大装机容量不超过40亿千瓦,车载储能电池与氢能结合完全可以满足负荷平衡需求。

总之,从2001年以来,经过近20年积累,中国电动汽车"换道先行",引领全球,同时可再生能源建立中国优势,人工智能走在世界前列。可以预见,2020年至2035年将是新能源电动汽车革命、可再生能源革命和人工智能革命突飞猛进、协同发展,创造新能源智能化电动汽车这一战略性产品和产业的中国奇迹的新时代。三大技术革命和三大优势集成在一个战略产品和产业中,将爆发出巨大力量,不仅能支撑汽车强国梦的实现,而且具有全方位带动引领作用。借助这一力量,我国将创造出主体产业规模超过十万亿元、相关产业规模达几十万亿元的大产业集群。新能源汽车规模化,引发新能源革命,将使传统的汽车、能源、化工行业发生翻天覆地的变化,真正实现汽车代替马车以来新的百年未有之大变局。

新能源汽车技术革命正在带动相关交叉学科的大发展。从技术背景看,节能与新能源汽车的核心技术——新能源动力系统技术是当代前沿科技。中国科学技术协会发布的2019年20个重大科学问题和工程技术难题中,有2个(高能量密度动力电池材料电化学、氢燃料电池动力系统)属于新能源动力系统技术范畴;中国工程院发布的报告《全球工程前沿2019》提及动力电池4次、燃料电池2次、氢能与可再生能源4次、电驱动/混合电驱动系统2次。中国在20年的节能与新能源汽车的研发过程中实际上已经积累了大量的新知识、新方法、新经验。"节能与新能源汽车关键技术研究丛书"立足于中国实践与国际前沿,旨在总结我国节能与新能源汽车的研发成果,满足我国节能与新能源汽车技术发展需要,反映国际节能与新能源汽车关键技术研究趋势,推动我国节能与新能源汽车关键技术转化应用。丛书内容包括四个模块:整车控制技术、动力电池技术、电机驱动技术、燃料电池技术。丛书所包含图书均为国家自然科学基金项目、国家科技重大专项或国家重点研发计划项目等支持下取得的研究成果。该丛书的出版对于增强我国新能源汽车关键技术的知识积累、提升我国自主创新能力、应对气候变化、推动汽车产业的绿色发展具有重要作用,并能助力我国迈向汽车强国。希望通过该丛书能够建立学术和技术交流的平台,让作者和读者共同为我国节能与新能源汽车技术水平和学术水平跻身国际一流做出贡献。

中国科学院院士
清华大学教授

2021 年 1 月

前言

在当今全球能源危机不断深化、环境保护需求日益迫切的时代背景下,燃料电池作为一种高效、清洁、可持续的能源转换技术,正逐渐成为新能源领域的研究热点。燃料电池不仅具有能量密度高、排放物清洁、运行噪声低等诸多优点,而且在电力、交通、工业等领域具有广阔的应用前景。

本书旨在全面系统地介绍燃料电池系统的基本原理、设计方法、集成技术以及控制策略,通过对燃料电池系统的深入剖析,帮助读者了解燃料电池的工作原理、系统构成及性能特点,掌握燃料电池系统的设计与集成方法,熟悉燃料电池系统的控制技术与优化策略。

本书是作者团队多年来在燃料电池动力系统及测试装备方面的科研与实践工作的总结,内容涵盖了燃料电池系统的各个关键方面,依托当前广受关注的车用动力系统应用场景,从系统运行的角度探讨了燃料电池系统的设计、集成与控制技术。第 1 章从我国能源消费和碳排放的现状入手,阐述了氢能与燃料电池在未来低碳能源体系中的重要地位,介绍了质子交换膜燃料电池堆的基本组成及结构,简述了与燃料电池堆设计相关的重点问题,并重点阐述了燃料电池系统的组成及各子系统的运行需求。第 2 章探讨了燃料电池的运行原理,全面梳理了与燃料电池堆的输出电压特性相关的设计及运行参数,建立了燃料电池堆的稳态及动态电压模型。在此基础上,讨论了燃料电池动力系统的运行控制及管理的要点,介绍了一种基于阻抗信息反馈的闭环运行管理思路。第 3 章介绍了燃料电池动力系统的空气管理技术,从工作点规划和控制实施两个层面介绍了燃料电池空气管理子系统的具体实施方案。在工作点规划层面,研究了一种基于过氧比和压比二维优化的系统效率优化方法;在控制实施层面,分步骤详细介绍了空气流量和阴极压力的解耦控制方法。第 4 章介绍了燃料电池动力系统的氢气管理技术,以目前最常用的氢循环方案为例,在建立部件及回路特性数学模型的基础上,介绍了燃料电池阳极入堆压力控制和氢气循环的调控策略。第 5 章介绍了燃料电池动力系统的热管理技术,分析了燃料电池动力系统热管理的设计需求、典型回路及部件特性，针对启动和运行过程中温度控制上的难点及不足，考虑温度的滞后特性，主要研究了基于预测的温度控制策略。第 6 章介绍了燃料电池动力系统的水管理技术，包括水状态辨识及其闭环管理技术，重点介绍了基于单频点阻抗相位角反馈的燃料电池含水量辨识方法，讨论了该方法在水淹、膜干故障的提前诊断和闭环水管理方面的应用效果。第 7 章介绍了燃料电池动力系统的功率管理技术，以城市公交车为例，讨论了氢电混合动力系统容量配置和功率分配策略。

本书既可作为燃料电池领域的专业教材，供高等院校能源、电力、化工等相关专业师生使用，也可作为燃料电池研发、生产、应用等领域工程技术人员的参考书。通过本书的学习，读者将全面了解燃料电池系统的相关知识，提升燃料电池系统的设计与应用能力，从而为推动我国燃料电池技术的发展做出贡献。

在本书撰写过程中，我们力求做到内容准确、数据翔实、条理清晰、通俗易懂。同时，我们也参考了大量国内外相关文献和资料，汲取了众多专家的智慧和经验。然而，由于燃料电池技术发展迅速，新的研究成果和应用案例不断涌现，也限于作者水平，书中难免存在疏漏和不足之处，我们真诚地希望广大读者能够提出宝贵的意见和建议，以便我们不断完善和更新本书内容。

在本书撰写过程中，电子科技大学自动化工程学院系统工程与智能装备团队的同事们对相关工作给予了大力支持。田维、吴智才、刘汝杰、廖真颉、邓乐、周炳杰、吴林鸿、赵安、徐新杰、葛兴毅、李靖、李瑞、韩成杰、高翔等研究生参与了本书相关资料的整理和撰写工作，在此一并表示衷心的感谢。

本书的研究工作得到了 2021YFB2500500、2020YFB1506000、2018YFB1502700 等国家重点研发计划项目的大力支持。在这些项目资金的有力保障下，氢燃料电池的研究工作得以稳步推进、顺利开展。

最后，感谢所有为本书编写及出版提供支持和帮助的同仁们，也感谢广大读者的厚爱与支持。愿本书能够为燃料电池技术的发展和应用推广贡献一份力量。

作者
2024 年 5 月

目录

第1章 燃料电池技术概述 … 1
1.1 燃料电池技术的发展背景 … 1
1.1.1 我国的能源消费与碳排放现状 … 1
1.1.2 以氢能为载体的未来低碳能源体系 … 7
1.2 氢能与燃料电池技术简介 … 15
1.2.1 质子交换膜燃料电池堆 … 17
1.2.2 质子交换膜燃料电池系统 … 20
1.3 燃料电池技术在交通领域中的应用 … 25
1.3.1 氢燃料电池动力系统的设计 … 27
1.3.2 氢燃料电池动力系统的运行需求 … 30
1.4 本书的编写框架 … 34
本章小结 … 35
本章参考文献 … 36

第2章 燃料电池动力系统的运行控制分析 … 38
2.1 燃料电池堆的基本特性 … 38
2.1.1 燃料电池堆的工作过程 … 38
2.1.2 燃料电池堆的基本特性 … 40
2.2 燃料电池堆稳态电压模型 … 42
2.2.1 燃料电池开路电压 … 43
2.2.2 活化损失 … 44
2.2.3 欧姆损失 … 46

2.2.4 浓度损失　47
　　2.2.5 电堆稳态电压模型　49
2.3 燃料电池堆动态电压模型　50
　　2.3.1 燃料电池的动态电效应　50
　　2.3.2 燃料电池的等效电路模型　52
2.4 燃料电池动力系统的运行控制及管理　58
　　2.4.1 电堆操作条件探索方法　59
　　2.4.2 燃料电池动力系统开环运行管理方法　63
　　2.4.3 燃料电池系统闭环运行管理方法　65
本章小结　73
本章参考文献　73

第3章 燃料电池动力系统的空气管理　75

3.1 燃料电池堆的空气管理概述　75
　　3.1.1 空气管理子系统的设计需求　75
　　3.1.2 空气管理子系统的典型回路及部件　76
　　3.1.3 空气管理子系统的调控技术　84
3.2 燃料电池空气管理子系统部件建模　86
　　3.2.1 空压机模型　87
　　3.2.2 供给管道模型　93
　　3.2.3 中冷器模型　94
　　3.2.4 加湿器模型　94
　　3.2.5 回流管道和节气门模型　96
3.3 面向系统效率优化的工作点规划　97
　　3.3.1 空压机的功耗模型　97
　　3.3.2 燃料电池堆的发电模型　99
　　3.3.3 面向效率优化的工作点匹配　103
3.4 空气管理子系统的耦合特性分析　109
　　3.4.1 开环响应特性测试　110
　　3.4.2 激励信号的选取与设计　111

3.4.3　传递函数的辨识　　113
　　3.4.4　系统辨识结果及耦合特性分析　　114
3.5　空气管理子系统调控策略设计　　117
　　3.5.1　前馈补偿解耦控制策略　　118
　　3.5.2　空气管理策略仿真分析　　119
本章小结　　126
本章参考文献　　127

第4章　燃料电池动力系统的氢气管理　　132
4.1　燃料电池堆的氢气管理概述　　132
　　4.1.1　氢气管理子系统的设计需求　　132
　　4.1.2　氢气管理子系统的典型回路及部件　　134
　　4.1.3　氢气管理子系统的调控技术　　140
4.2　燃料电池氢气管理子系统部件建模　　145
　　4.2.1　比例阀模型　　145
　　4.2.2　氢泵模型　　148
　　4.2.3　排气阀模型　　155
　　4.2.4　电堆氢耗模型　　157
4.3　燃料电池动力系统的氢气管理策略　　158
　　4.3.1　入堆压力控制策略　　159
　　4.3.2　氢泵调控策略　　166
本章小结　　174
本章参考文献　　175

第5章　燃料电池动力系统的热管理　　178
5.1　燃料电池堆的热管理概述　　178
　　5.1.1　热管理子系统的设计需求　　178
　　5.1.2　热管理子系统的典型回路及部件　　180
　　5.1.3　热管理子系统的调控技术　　188
5.2　燃料电池热管理子系统部件及回路建模　　193
　　5.2.1　产热模型　　194

  5.2.2 散热器模型 196

  5.2.3 冷却液管路模型 199

  5.2.4 电加热器模型 200

  5.2.5 水泵与电子节温器模型 200

  5.2.6 系统散热回路总体模型验证 202

 5.3 燃料电池动力系统的热管理策略 204

  5.3.1 模型预测控制算法基本原理 206

  5.3.2 启动循环转换阶段的热管理策略 208

  5.3.3 散热阶段的热管理策略 220

本章小结 228

本章参考文献 229

第6章 燃料电池动力系统的水管理 234

 6.1 燃料电池堆的水管理概述 234

  6.1.1 水管理系统的设计需求 234

  6.1.2 水管理技术的研究现状 238

  6.1.3 燃料电池水管理的总体思路 243

 6.2 燃料电池在线交流阻抗测量技术 244

  6.2.1 在线交流阻抗测量总体方案 244

  6.2.2 信号调理模块的设计 248

  6.2.3 交流阻抗计算模块的设计 254

  6.2.4 在线交流阻抗测量技术验证 262

 6.3 基于交流阻抗的燃料电池水状态辨识技术 264

  6.3.1 基于交流阻抗的燃料电池测试方案 265

  6.3.2 交流阻抗谱与运行状态的相关性分析 268

  6.3.3 基于单频点阻抗相位角的电堆含水量辨识 275

 6.4 燃料电池闭环水管理策略设计及应用验证 280

  6.4.1 燃料电池闭环水管理策略 281

  6.4.2 燃料电池含水量调控策略验证 288

本章小结 301

本章参考文献 301

第7章 燃料电池动力系统的功率管理 306

7.1 燃料电池动力系统的功率管理概述 306
7.1.1 功率管理子系统的设计需求 306
7.1.2 功率管理子系统的典型回路及部件 313
7.1.3 功率管理技术的研究现状 315

7.2 燃料电池动力系统的功率管理思路 318
7.2.1 氢电混合动力系统的负载特性分析 318
7.2.2 氢电混合动力系统的综合运行评价 321
7.2.3 功率管理的总体思路 325

7.3 燃料电池动力系统的功率协调控制 326
7.3.1 基于荷电状态的功率协调控制策略研究 326
7.3.2 基于实时小波分频的功率协调控制策略研究 328
7.3.3 基于粒子群算法的功率协调控制策略研究 335
7.3.4 功率协调控制策略对比分析 342

7.4 氢电混合动力系统的容量配置优化 352
7.4.1 基于粒子群算法的容量配置优化方法 352
7.4.2 不同配置容量的对比分析 358

本章小结 365
本章参考文献 366

第1章
燃料电池技术概述

1.1 燃料电池技术的发展背景

1.1.1 我国的能源消费与碳排放现状

1850—2019年期间，人类总计排放约2.4万亿吨温室气体，地表温度较工业化前水平上升近1.1 ℃，气候变化对环境、社会、经济的影响日益加剧，极端天气发生的频率增加，海平面加速上升，上百万物种濒临灭绝。为了应对气候的变化，2015年全球近两百个缔约方通过了《巴黎协定》，明确要减少温室气体排放，形成了在21世纪内把温升控制在工业化前水平的+2 ℃以内，并力争将温升控制在+1.5 ℃以内的气候共识。为了达成以上温升目标，全球须在21世纪中叶前后实现温室气体的净零排放（即碳中和）[1]。

在21世纪中叶前后实现温室气体净零排放是达到《巴黎协定》目标的关键。据政府间气候变化专门委员会测算的数据，在21世纪控制温升1.5 ℃的目标下，2020年后的全球碳排放总量需控制在5000亿吨二氧化碳当量以内，然而，2019年单年的全球碳排放量已超500亿吨，按照这样的发展趋势，21世纪中叶将难以达成净零排放的目标，各行业的零碳转型亟须加速[2]。

《BP世界能源统计年鉴》汇总了1995—2020年的全球能源消费数据，其间的全球能源消费总量曲线如图1-1-1所示。

由图1-1-1可知，全球能源的消费量总体呈快速增长的态势。化石能源（包括煤炭、石油、天然气）的消耗仍然占全球能源消费的绝对主导地位，2020年的占比为83.1%。对比分析三种占主导地位的一次能源，石油仍然在能源结构中

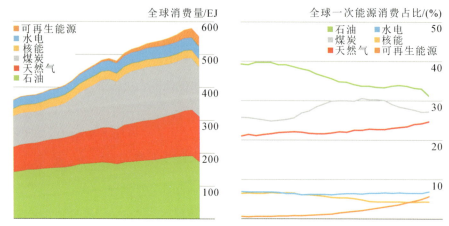

图 1-1-1　1995—2020 年全球能源消费总量曲线[3]

占了最大份额（31.2%）；煤炭是 2020 年第二大燃料，占一次能源消费总量的 27.2%，较上年的 27.1% 略有上升；天然气的份额上升至 24.7%，创下历史新高。可再生能源（该报告中，特指风能、太阳能、地热能、生物质能等）在全球能源消费总量中的占比很小，2020 年仅为 5.7%，但呈增长趋势；在 2020 年全球能源消费量下降的前提下，可再生能源消费比 2019 年增长了 9.7%。可再生能源 2020 年的消费占比已超过核能，后者在能源结构中仅占 4.3% 的份额。2020 年水电在能源结构中的占比比 2019 年增长了 0.4 个百分点，达到 6.9%，是 2014 年以来首次增长[3]。

受资源分布的影响，全球不同地区的能源消费存在差异，2020 年各地区的能源消费差异如图 1-1-2 所示。由图可知，石油仍然是非洲、欧洲和美洲的主要燃料；天然气在独联体国家和中东地区占主导地位，占比超过 50%；煤炭则是亚太地区的主要燃料[3]。

对比分析三种占主导地位的一次能源，石油、煤炭和天然气的热值不同，能源转换过程中的二氧化碳排放差异很大。查阅相关资料，可得到三种一次能源的典型热值和二氧化碳排放量如下：天然气的热值为 8500 kcal/m³，每立方米天然气产生的 CO_2 为 1.885 kg；标准煤的热值为 7000 kcal/kg，每公斤标准煤产生的 CO_2 为 2.620 kg；石油（原油）的热值为 9200 kcal/kg，碳含量按 85% 计算，

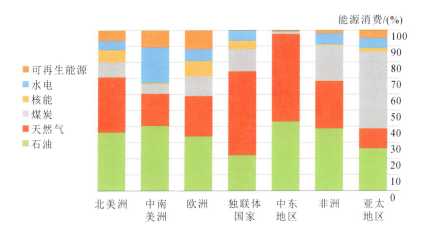

图 1-1-2　各地区的能源消费（2020 年）[3]

每公斤石油产生的 CO_2 为 3.100 kg。针对以上三种一次能源，考虑转换 10000 kcal 等量的热量，需要的三种能源原料量及其碳排放量如下：

天然气：10000/8500＝1.176 m^3，产生 CO_2 的量为 1.885×1.176＝2.217 kg；

石油：10000/9200＝1.087 kg，产生 CO_2 的量为 1.087×3.100＝3.370 kg；

标准煤：10000/5500＝1.818 kg，产生 CO_2 的量为 1.818×2.620＝4.763 kg。

由以上数据可见，在三种主导能源中，天然气的碳排放量最小，比石油的碳排放量少 34%，比煤炭的碳排放量少 53.5%，即减排一半以上；煤炭的排放量最大，对于以煤炭为主导能源的亚太地区而言，碳减排压力巨大。

尽管中国可再生能源产业发展迅速，装机容量居全球首位，占全球可再生能源消费增长的三分之一，但是中国仍然是以煤炭为主导的最大能源消费国，各类型能源的消费情况如表 1-1-1 所示。2020 年，中国化石能源消费占能源消费总量的比例高达 85.2%，可再生能源占比仅 5.4%；中国在全球碳排放总量中的份额增加至 31%。

表 1-1-1 中国能源消费情况（2020 年统计）[3]

一次能源	绝对值/EJ			年增长百分比/(%)		年增长绝对值/EJ		能源占比/(%)		
	2009 年	2019 年	2020 年	2009—2019 年	2020 年	2009—2019 年	2020 年	2009 年	2019 年	2020 年
石油	17	28	28	5.3	1.7	1.1	0.6	17.3	19.7	19.3
天然气	3.2	11	12	13	6.9	0.8	0.8	3.3	7.8	8.3
煤炭	71	82	82	1.5	0.3	1.1	0.5	72.3	57.8	56.5
核能	0.7	3.1	3.3	17	4.3	0.2	0.2	0.7	2.2	2.3
水电	5.8	11	12	6.9	3.2	0.6	0.4	5.9	7.7	8.3
可再生能源	0.5	6.8	7.8	29	15	0.6	1.0	0.5	4.8	5.4
总计	98.2	141.9	145.1	3.8	2.1	4.4	3.4	100	100	100

根据模型预测,到 2060 年,可再生能源消费需增长至一次能源消费的 55% 以上,化石能源消费则需降至一次能源消费的 20% 以下。由此可见,中国实现碳中和任重而道远。为了实现"二氧化碳排放力争于 2030 年前达到峰值,努力争取 2060 年前实现碳中和"的双碳气候目标,中国以政策、金融和技术为支撑,从能源系统转型优化、工业系统转型升级、交通系统清洁化发展、建筑系统能效提升、负碳技术开发利用等方面开展碳中和行动。

纵观图 1-1-3 所示的我国各行业的碳排放现状,电力/热力、工业和交通运

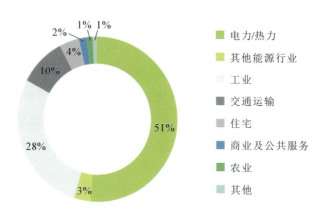

图 1-1-3 中国各行业碳排放占比（2018 年）[4]

输行业占据了89%的碳排放[4]。因此,减碳任务应该从能源电力、工业和交通等重点领域着手。经过这些年的大力发展,我国的风力发电、光伏发电和水力发电(图1-1-4)的装机及消费总量全部居全球首位。据国家能源局的统计,截至2020年,我国的风力发电装机容量为282 GW,太阳能发电装机容量为253.8 GW。

(a) 风力发电　　　　　(b) 光伏发电　　　　　(c) 水力发电

图1-1-4　中国清洁能源发电模式

如前所述,中国的风能、太阳能和水能等清洁能源的发电装机及消费总量已居全球首位,但是,存在严重的不均衡[5]。西北和东北地区的风能/太阳能资源丰富,西南地区的水力资源丰富,而主要电力负荷则集中在东南沿海地区,发电源与负荷的地理分布存在极大的空间不均衡。以风能、太阳能为代表的可再生能源的发电严重依赖自然资源,因而其发电功率具有随机性、波动性、难以预测和调度的特点;此外,太阳能只能白天发电,而用电高峰通常在傍晚,具有反调峰特性。正是能源在时间及空间分布的不均衡,以及现有的电网运行体系难以支撑高比例不稳定电源的接入,导致我国弃风、弃水、弃光现象仍十分严重。

我国现有的电力系统的主力能源是燃煤机组(见表1-1-1,2020年我国煤炭消费占比57%),燃煤机组的发电稳定性和可调度性非常好,但是其碳排放量非常大。电网端需在发电与用电之间保持实时的功率平衡,有功功率的不平衡将导致电网供电频率的偏移,无功功率的不平衡将导致电网供电电压的偏移;无论是频率还是电压的偏移,其大范围的波动均会导致电网中"源"与"荷"的连锁保护,可能导致电网的崩溃(大停电)。为了维持电网的频率和电压稳定,现今的电力系统所采用的燃煤机组通常预留一定的发电容量,处于旋转备用的状态,通过接受电网的自动发电控制(automatic generation control,AGC)指令来调控发电功率,以动态/实时地抑制电源与负荷之间的不平衡带来的频率和电压波动,维持电网的安全稳定运行。

根据前面的分析,我国的可再生能源消费需增长至一次能源消费的55%以上才有可能实现碳中和,未来电网将会是以可再生能源发电作为主导的电力系统。面对如此高比例的不稳定电源,其随机性、波动性、难以预测性对电网发电/用电实时平衡提出了巨大的挑战,这是电网限制可再生能源发电比例的主要原因。在可再生能源取代传统化石能源装机成为电力系统主体的过程中,储能的地位将更加独立。随着传统化石能源逐渐退出历史舞台,电力系统将进行彻底的重构,储能将作为相对独立的主体发挥更为重要的作用。

预计未来储能的应用场景将更为丰富。在时间维度上,传统的化石燃料发电具有较好的稳定性,只要保证燃料供应与设备运行正常就基本可以按计划输出电能,而风能、太阳能等可再生能源在不同的时间维度上均具有天然的波动性。在未来的电力系统中,新能源装机在不同时间维度上的发电波动都需要通过储能进行平滑处理。在时间维度以外,储能在未来电力系统中的作用还将体现在空间维度。随着新能源逐渐替代传统的化石能源装机,能源在空间上的不均衡性将愈发明显。因此,在未来的电力系统中,更多比例的可再生能源需要通过不同的储能形式实现空间上的转移。不同储能技术的性能对比如图 1-1-5 所示。

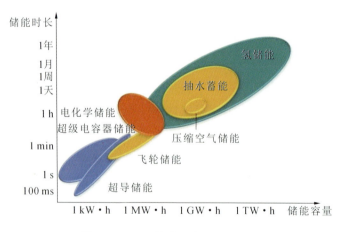

图 1-1-5　不同储能技术的性能对比

长期来看,氢储能有望成为一种重要的电力储能形式。无论是在时间维度还是在空间维度,未来储能在电力系统中的应用场景都将更为丰富,储能的形式也将更加多样化,氢储能作为一种储能形式具备巨大的发展潜力。

氢储能主要适用于长时间、跨区域的储能场景。在储能时长方面,氢储能基本没有刚性的储存容量限制,可满足数天、数月乃至更长时间的储能需求,从而平滑处理可再生能源的季节性波动。此外,氢能在空间上的转移也更为灵活,氢气的运输不受输配电网络的限制,可实现能量跨区域、长距离、不定向的转移。氢能的应用范围也更为广泛,可根据不同领域的需求转换为电能、热能、化学能等多种能量形式。

1.1.2 以氢能为载体的未来低碳能源体系

回顾人类的能源发展历程,最早是木材,木材的成分基本上是碳;后来是煤炭,煤炭里面大概是两分碳一分氢;再发展到石油,石油大概是一分碳两分氢;接着就是天然气,天然气是一分碳四分氢。越高比例的碳意味着越高的二氧化碳的排放量。从发展过程来看,基本上人类的能源发展是逐步向碳氢比低的方向迈进的,也就是说能源是朝低碳高氢方向发展的[6]。氢气不含碳,直接燃烧或通过燃料电池发电所生成的产物均为水,能够实现真正的零碳排放,对环境不造成任何污染。此外,氢气作为世界上密度最小的气体,其热值约为143 MJ/kg,是煤炭、汽油等传统燃料的2倍以上;氢是宇宙中含量最多的元素,大约占据宇宙质量的75%,地球上丰富的水资源中蕴含着大量可供开发的氢能。因此,氢能是一种高效、清洁、可持续的能源形式[7]。

根据2015年国际能源署的报告,作为能源载体的物质需具备三个层次的属性:热能、电能和交通燃料。现有的能源中,石油和天然气可以覆盖三个属性;而煤炭只能提供电和热,不具备交通燃料的属性;氢气作为能源的载体,既可以发电,又可以发热,还可以作为交通燃料使用,因而具备能源载体的三个属性[7]。值得一提的是,煤炭、石油和天然气不仅是化工原料,还是重要的工业原材料,因此,在大力发展清洁能源的同时,也要解决绿色化工与绿色农业问题。氢气同时具备能源和化工原料的双重属性(图1-1-6),可在绿色化工和绿色农业中发挥重要作用。

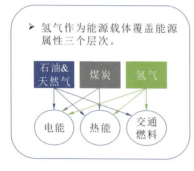

图 1-1-6　氢气具备能源和化工原料的双重属性

如前所述,电力/热力行业的碳排放占据中国碳排放的51%,是减碳的重点行业。中国也在大力发展可再生能源,构建的低碳、可持续发展的新型电力系统如图1-1-7所示。对比传统电力系统,新型的电力系统有以下主要变化:①在发电侧形态方面,将从以火电为主转向以风、光等新能源发电为主(特征:从高碳电力系统变为低碳电力系统,从连续可控电源变为随机波动电源);②在用户侧形态方面,将从电力消费者转变为电力"产消者"(特征:从静态负荷资源转变为动态可调负荷资源,从单向电能供给变为双向电能互济,终端电能替代比例从低到高);③在电能平衡方式方面,将由"源随荷动"转变为"'源网荷储'互动"(特征:从自上而下调度模式变为全网协同的调度模式,从实时平衡模式变为非完全实时平衡模式)[8]。

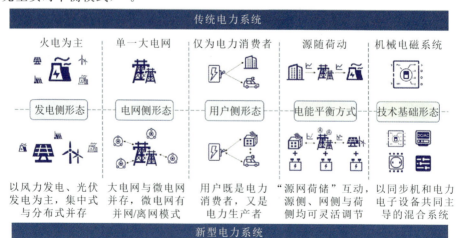

图 1-1-7　新型电力系统与传统电力系统的对比[8]

针对上述变化,新型电力系统的构建还面临着诸多新的挑战:①构建新型电力系统的核心是新能源成为主体电源后如何实现不同时间尺度上的功率与能量平衡,其关键在于统筹发展不同功能定位的储能形式。电化学储能主要解决系统短期尺度的功率平衡,难以应对周、月、季等长期尺度下的能量不平衡问题,亟须引入先进的长时储能技术。②随着新能源逐步取代化石能源装机,能量在空间上的不平衡性愈发凸显。现阶段调峰资源以火电机组、抽水蓄能电站为主,跨区域调峰能力受输配电网络布局和容量的限制,且随着煤电机组的提前退役和抽水蓄能电站的开发殆尽,未来调节能力有限,亟须引入大规模、跨区域的新兴调峰手段[8]。

面对以上新型电力系统的诉求,氢能可发挥如下关键作用:①氢可以多种方式进行储存,如高压压缩、低温液化、固体储氢、转化为液体燃料或与天然气混合储存,从而实现小时级至季节级的长时间、跨季节储存;②液态氢能量密度大(143 MJ/kg,可折算为 40 kW·h/kg),是汽油、柴油、天然气等传统燃料的 2 倍以上,是电化学储能(100~240 W·h/kg)的百倍。氢储能是少有的能够储存几百吉瓦时能量的方式,且氢气的运输方式多元,不受输配电网络的限制,可实现大规模、跨区域调峰[8]。

综上所述,氢能将在构建新型电力系统的过程中承担重要角色。氢储能在新型电力系统中的定位有别于电化学储能,主要起长周期、跨季节、大规模和跨空间储存的作用,在新型电力系统"源网荷"中具有丰富的应用场景,如图 1-1-8 所示。

氢储能在电源侧的应用价值主要体现在减少弃电、平抑可再生能源功率波动和跟踪出力等方面。①利用风、光等天然能源制氢:由于太阳能、风能等新能源出力具有天然的波动性,弃光、弃风问题仍普遍存在。随着我国"双碳"目标下新能源装机和发电量的快速增长,未来新能源消纳工作仍有较大隐患。因此,利用广义氢储能将无法并网的电能就地转化为氢能,不仅可以解决新能源消纳问题,还可为当地工业、交通和建筑等领域提供清洁廉价的氢能,延长绿色产业链条。②平抑风光出力波动:质子交换膜(proton exchange membrane,PEM)电解技术可实现输入功率秒级、毫秒级响应,可适应宽范围的功率调控。该技术的冷启动时间短(小于 5 min),功率爬坡速率快,使得氢储能系统可以实

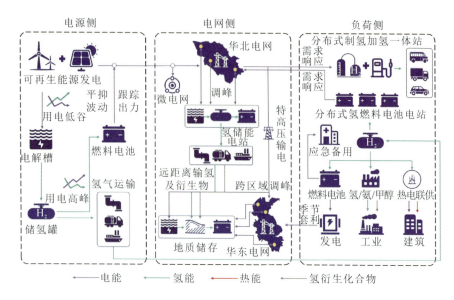

图 1-1-8 氢储能在新型电力系统"源网荷"中的应用场景[8]

时地调整功率,以跟踪风电场、光伏电站的出力。氢储能系统在风电场、光伏电站出力尖峰时吸收功率,在其出力低谷时输出功率。风光总功率加上氢储能系统功率后的联合功率曲线变得平滑,从而提升新能源并网的友好性,支撑大规模新能源电力外送。③跟踪计划出力:通过对风电场、光伏电站的出力预测,有助于电力系统调度部门统筹安排各类电源的协调配合,及时调整调度计划,从而降低风、光等随机电源接入对电力系统的影响。随着新能源逐步深入参与我国电力市场,功率预测也是市场交易报量、报价的重要基础。受限于自然资源的多变性,风光功率预测仍存在较大误差。利用氢储能系统的大容量和相对快速响应的特点,对风光实际功率与计划出力间的差额进行补偿跟踪,可大幅度地缩小实际功率与计划出力的偏差,提高联合发电系统的可预测性和可调度性[8]。

氢储能在电网侧的应用价值主要体现在为电网运行提供调峰辅助容量和缓解输配线路阻塞等方面。①提供调峰辅助容量:电网接收消纳新能源的能力很大程度上取决于其调峰能力。随着大规模新能源的渗透及产业用电结构的变化,电网峰谷差将不断扩大,我国电力调峰辅助服务面临着较大的容量缺口。氢储能具有高密度、大容量和长周期储存的特点,可以提供非常可观的调峰辅助容量。②缓解输配线路阻塞:在我国部分地区,电力输送能力跟不上电力需求增长的步伐,在电力需求高峰时输配电系统会发生拥挤阻塞,影响电力系统正常运行。因此,大容量的氢储能可充当"虚拟输电线路",安装在输配电系统阻塞段的潮流下游,电能被存储在没有输配电阻塞的区段,在电力需求高峰时氢储能系统释放电能,从而降低对输配电系统容量的要求,缓解输配电系统阻塞的情况,提高电能的外送能力[8]。

氢储能在负荷侧的应用价值主要体现在参与电力需求响应、实现电价差额套利以及作为应急备用电源等方面。①参与电力需求响应:新型电力系统构建理念将由传统的"源随荷动"演进为"荷随源动"甚至"源荷互动"。在此背景下,负荷侧的灵活性资源挖掘十分重要。分布式氢燃料电池电站和分布式制氢加氢一体站可作为高弹性可调节负荷,可以快速响应不匹配电量。前者直接将氢能的化学能转化为电能,用于"填谷"。后者通过调节站内电制氢功率来响应负荷侧电力需求,用于"削峰"。②实现电价差额套利:电力用户将由单一的消费者转变为混合型的"产消者"。我国目前绝大部分省市均已实施峰谷电价政策来鼓励工业用户分时计划用电。氢储能可用于峰谷电价套利,用户可以在电价较低的谷期利用氢储能装置存储电能,在用电高峰时期使用氢燃料电池释放电能,从而实现峰谷电价套利。③作为应急备用电源:柴油发电机、铅酸蓄电池或锂电池是目前应急备用电源系统的主流。使用柴油发电机的短板在于噪声大、污染排放大。铅酸蓄电池或锂电池则面临使用寿命较短、能量密度低、储电容量低等缺陷。在此情况下,环保、静音、长续航的移动式氢燃料电池是理想的替代方案之一[8]。

如前所述,中国碳排放的第二大行业是工业,占比28%。为了实现工业行业的降碳目标,2022年2月,国家发展改革委等四部委印发了《高耗能行业重点领域节能降碳改造升级实施指南(2022年版)》。以炼油行业为例,明确提出了节能降碳改造升级的具体举措,包括:①前沿技术应用,如原油直接裂解等深度炼化技术开发应用。②绿色工艺技术,如采用智能优化技术,实现能效优化。③重大节能装备,如开展高效散热器推广应用,提高传热效率。④能量系统优化,如推动蒸汽动力系统、换热网络、低温热利用协同优化,降低输送损耗。⑤氢气系统优化,推进炼厂氢气网络系统集成优化;开展氢气资源的精细管理与综合利用,提高氢气利用效率,降低氢耗、系统能耗和二氧化碳排放[9]。

如前所述,中国碳排放的第三大行业是交通运输,占比10%。从全球碳排放的视角来看,交通运输属于碳排放的第二大行业,占比高达25%,因此,交通运输行业的减碳也是重中之重。交通运输行业主要有四种运输方式,分别为公路、铁路、水路以及航空。目前中国交通运输行业以高耗能的公路运输为主,公路运输的能源消耗占比达到了75%,导致公路运输的碳排放占整个交通运输系统的74%,是交通运输行业最主要的碳排放来源。其中重型货车的排放量最大,占公路运输碳排放总量的54%。交通领域的电能替代是实现碳中和目标的重要手段。我国在铁路领域的电能替代非常成功,根据交通运输部介绍,目前我国铁路营业里程覆盖了99%的20万人口及以上城市,铁路电气化率、复线率分别居世界第一位、第二位。2020年,中国铁路电气化率达到74.9%。因此,我国交通运输领域的减碳重点在公路运输方面。

在全球减碳的目标下,传统燃油车迎来了"最后通牒"。挪威、法国巴黎、西班牙马德里等都预备在2025年禁售汽油车和柴油车,荷兰、德国、以色列都准备于2030年开始禁售相关燃油车。未来将全面实现公路交通的电能替代。从近二十年新能源汽车的发展来看,中国的新能源汽车取得了长足的进步并呈现了良好的势头。中国新能源汽车产业已经从原来的技术尝鲜、政策引导,迈入了大众普及阶段。乘用车市场信息联席会的数据显示,我国2021年新能源乘用车零售销量达到了298.9万辆,同比增长169.1%,渗透率为14.8%,较2020年5.8%的渗透率提升明显。从全球范围来看,2021年电动汽车(EV)的销量达650万辆,同比增长109%,占全部乘用车销量的9%。在更多地考虑地域环境、能源结构及市场接受度等因素的情况下,我国已经用"全面电驱动计划"代替"禁燃时间表",并提出2035年实现节能汽车与新能源汽车各占一半的目标,届时传统能源动力将全部转为纯电动或混合动力,以此实现汽车产业的全面电动化转型。

未来公路交通将形成纯电动、混合动力和氢燃料电池动力共存的新能源格局。需要指出的是,氢燃料电池汽车的本质也是电动汽车,本书中提及的纯电动汽车特指单纯采用蓄电池作为动力的汽车。燃料电池电动汽车(fuel cell electric vehicles,FCEV)是以燃料电池产生的电能为驱动力的新型电动汽车,由燃料电池堆(也写作燃料电池电堆,简称电堆)、驱动电机、动力电池、储氢罐等部分构成,简称为燃料电池汽车。根据燃料电池汽车的用途不同,可将其划分为商用车和乘用车两类。其中商用车是指大中型客车、叉车以及重型卡车等搭载乘客或运输货物的大中型车辆;乘用车则指轿车、SUV以及轻型客车等小微型车辆。应用于电动汽车的燃料电池主要为以氢为燃料的质子交换膜燃料电池(proton exchange membrane fuel cell,PEMFC),具有比能量高、工作温度低、启动快、无泄漏的特点。且氢燃料电池汽车的产物只有水,可极大地降低温室气体的排放量,实现零排放或近零排放。在全球变暖、尾气排放超标、环境问题日益凸显的今天,全球都在提倡节能减排,甚至已有部分国家宣布将全面禁止销售传统燃油汽车,燃料电池汽车将成为最好的替代品。

燃料电池汽车避开了纯电动汽车和燃油汽车的缺点,且兼备两者的优点,如清洁无污染、效率高、噪声低、加氢速度快、续航里程长。由于氢能源来源广泛且可再生,因此燃料电池汽车未来有望成为汽车行业的主导之一,与纯电动汽车并存,互为补充。与纯电动汽车相比,氢燃料电池汽车主要聚焦于续航里程长、车型大的一些重型卡车、商用车的领域,可以替代传统燃油汽车。表1-1-2对比了三种动力类型的汽车的主要性能。

表 1-1-2 三种动力类型的汽车的对比[10]

动力类型	燃料电池汽车	纯电动汽车	燃油汽车
能源可持续性	可再生且氢能源来源广泛	可再生	不可再生
尾气排放	零排放	零排放	高排放
加燃料/充电时长	加氢时间几分钟,需配备加氢站	充电时间几小时,需配备充电桩	加油时间几分钟,需配备加油站
续航里程	较长	较短	长
动力系统效率	高	高	低
噪声	低	低	高

需要特别说明的是,表1-1-2中关于三种动力类型汽车的尾气排放仅考虑汽车的使用过程。那么从车辆所用能源的生产、运输、使用,到车辆的生产、使用和报废等整个产业链来看,纯电动汽车和燃料电池汽车是否仍然那么环保呢?国内外科研机构利用统计数据构建模型进行了对比测算,这里引用德勤中

国和巴拉德动力系统公司联合发布的白皮书中的数据来阐述。燃油汽车的碳排放主要体现在能源的使用(即车辆的使用过程)阶段,这直接涉及人们的日常生活,是一个分布式的排放过程,覆盖面广。纯电动汽车的碳排放主要发生在能源载体也就是车辆(特别是电池)的生产和报废过程中,其碳排放量也比较高;此外,当电网电力主要来源于燃煤发电时,纯电动汽车的使用也会间接地产生大量的碳排放。总的来看,纯电动汽车产业链的碳排放量为 160～250 g CO_2/km(具体值取决于电力来源),低于燃油汽车(180～270 g CO_2/km,取决于柴油和汽油的品质)。而燃料电池的碳排放是最低的,为 130～230 g CO_2/km(具体值取决于氢来源),它在能源的生产和车辆运行中的碳排放都比较少,主要碳排放来源于碳纤维储氢罐的生产[10]。仅从数据来看,燃料电池汽车与纯电动汽车及燃油汽车相比在碳排放方面没有太大的优势,但有三个层面是要考虑的:首先,燃料电池汽车和纯电动汽车用的是非化石能源,燃油汽车用的是不可再生的化石能源。其次,燃油汽车的碳排放集中在使用过程中,是分布式的排放,很难集中治理;而燃料电池汽车和纯电动汽车的碳排放集中在车辆的生产和报废阶段,采取集中治理措施相对容易。最后,由于纯电动汽车的充电是一个用户行为,具有随机性、波动性和冲击性,用户的需求是第一优先级,用户期望充电桩插上就可以充电,因此纯电动汽车是不接受电网调度且具有集群行为的不可控负荷。电网为了平衡该负荷需采用可控的电源(如燃煤发电机组),因而,其碳排放同样不低。而燃料电池汽车所用氢气的来源,可采用可再生能源电解水制氢的方式制取,这是一个可调度的负荷;虽然系统效率低一些,但是可以提高电网对可再生能源的接纳能力,有利于绿色低碳电力系统的构建。从这个角度来说,相比于纯电动汽车,燃料电池汽车可以通过可再生能源制氢,这在未来将有很好的应用前景,是一种绿色低碳的交通解决方案。

随着氢燃料电池汽车相关技术及产业链的发展,燃料电池汽车的成本正在大幅度下降,根据白皮书预测,预计在未来十年,燃料电池系统的成本将下降 70%,氢气的价格也将下降 60%;燃料电池卡车的总拥有成本将在未来 5～10 年低于电动卡车和燃油卡车。此外,随着高密度储氢技术的成熟,燃料电池汽车的续航里程大幅延长,最长可达 1000 公里以上(北汽福田 2021 年推出的 32 吨液氢重卡的续航能力大于 1000 公里),可实现公路交通各类车辆的低碳化替代。

1.2 氢能与燃料电池技术简介

广义上来讲,燃料电池是指通过化学反应将燃料及氧化剂中蕴含的化学能转换为电能的装置。根据电解质的不同,燃料电池主要可分为五种:固体氧化物燃料电池(solid oxide fuel cell,SOFC)、碱性燃料电池(alkaline fuel cell,AFC)、熔融碳酸盐燃料电池(molten carbonate fuel cell,MCFC)、磷酸燃料电池(phosphoric acid fuel cell,PAFC)和质子交换膜燃料电池(PEMFC),见表1-2-1[10]。

表 1-2-1 燃料电池类型的对比[10]

燃料电池类型	碱性燃料电池(AFC)	磷酸燃料电池(PAFC)	熔融碳酸盐燃料电池(MCFC)	固体氧化物燃料电池(SOFC)	质子交换膜燃料电池(PEMFC)
燃料	纯氢气	重整天然气	净化煤气、天然气、重整天然气	净化煤气、天然气	氢气、甲醇等
电解质	碱性电解液	磷酸	熔融碳酸盐	固体氧化物	质子交换膜
催化剂	镍/银	铂金	镍	$LaMnO_3 / LaCoO_3$	铂金
工作温度/℃	90~100	150~200	600~700	500~1100	50~100
发电效率/(%)	60~70	40~42	43~47	45~50	50~70
主要优势	启动快、工作温度较低	对CO_2不敏感	可将空气作为氧化剂、有较高的能量效率	可将空气作为氧化剂、有较高的能量效率	启动快、工作温度低、可以将空气作为氧化剂
主要劣势	需要纯氧作为催化剂	对CO敏感、启动较慢	运行温度高	运行温度高	对CO敏感、需要将反应物加湿
应用领域	航空航天、军事	分布式发电	大型分布式发电	大型分布式发电、便携式电源	汽车、电源

以上五种燃料电池中,PEMFC目前是处于商业化最前沿的燃料电池,其工作温度最低,通常只有50~100 ℃,且启动速度最快,同时对氧化剂要求较低,空气就可以作为其氧化剂来源。这些特性使得PEMFC成为汽车能源的理想选择,并自20世纪90年代以来得到了快速发展。近年来,在能源与环境的多重推力下,质子交换膜燃料电池技术及产业得以高速发展。

质子交换膜燃料电池是一种以质子交换膜(PEM)作为电解质层的最具市场应用价值的燃料电池,其单电池由阳极、阴极和质子交换膜组成,以氢气作为燃料,以空气或氧气作为氧化剂。质子交换膜燃料电池的工作原理如图 1-2-1 所示,阳极发生氢气氧化反应,生成质子和电子;阴极发生氧气还原反应;质子交换膜的功能是传导质子(H^+),同时将阳极的燃料与阴极的氧化剂隔离开;氢气所失去的电子通过外电路传导形成电流,实现发电。

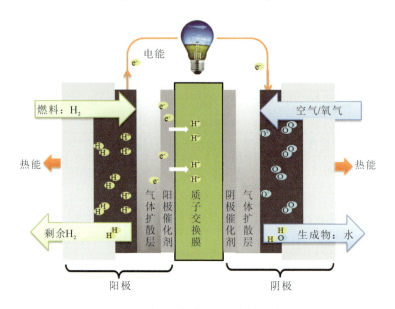

图 1-2-1　质子交换膜燃料电池的工作原理

质子交换膜燃料电池具有以下技术特点:

(1) 发电过程不受卡诺循环的限制,能量转换效率高,发电效率高(电效率>50%)。

(2) 发电时不产生污染,主要产物是水;发电单元可实现模块化,可靠性高,组装和维修方便,工作时没有噪声,是清洁、高效的绿色环保电源。

(3) 工作温度低,启动/关闭迅速,功率密度(质量功率密度或者体积功率密度)高,结构简单,操作方便。

(4) 运行过程对电池其他部件都无腐蚀作用,使用寿命长。

(5) 可制成集氢发电与水电解于一体的可逆再生式燃料电池系统(一种以氢作介质的储能系统)。

但是,质子交换膜燃料电池还具有以下不足之处:

(1) 主要以铂族贵金属作电催化剂,材料成本高。

(2) 催化剂的活性对 CO 非常敏感，易发生 CO 中毒，对燃料的纯净度要求高。

(3) 可回收余热的温度低，回收利用困难。

(4) 电性能受质子交换膜含水量与温度的影响比较显著，致使管理系统较复杂。

质子交换膜燃料电池与传统能源利用方式相比具有无可比拟的优点，其主要应用领域包括以下三个方面：

(1) 在交通运输方面，为汽车、公共汽车、船舶提供可靠的零排放动力。

(2) 作为固定设备，为关键系统和偏远地区提供备用电源，或组成联合发电系统为家庭提供高性价比的热量和电力。

(3) 作为便携设备，可充当燃料电池发电机和小巧的充电设备。

2019 年全球燃料电池装机总容量为 1129.6 MW，其中，质子交换膜燃料电池出货容量最大，合计 934.2 MW，占全球燃料电池总出货量的 82.7%[11]。本书以质子交换膜燃料电池为研究对象，研究其在交通运输领域作为动力系统的应用，后文的燃料电池等相关描述均特指质子交换膜燃料电池。

1.2.1 质子交换膜燃料电池堆

从技术的角度分析，燃料电池堆技术主要包含双极板技术、膜电极技术和电堆集成技术。燃料电池堆技术分解图如图 1-2-2 所示。

双极板(bipolar plate，PB)是质子交换膜燃料电池的关键部件之一，起着分配反应气体、收集并传导电流、支撑膜电极并承受组装预紧力等重要作用。因此，双极板必须是电、热的良导体，且具有良好的机械性能、阻气性能和耐腐蚀性能等。双极板的材料和流道关系到电堆输出功率的大小和使用寿命的长短，同时，其性能也决定了燃料电池堆的质量功率密度和体积功率密度。按制造材料分类，双极板可分为石墨双极板、金属双极板与复合材料双极板。石墨双极板具有电导率高、化学稳定性好、热稳定性好、耐腐蚀好以及密度低等优点，相关的制造工艺也成熟；但是存在机械性能差(脆性)、质量和体积偏大、批量加工性差和加工成本高等缺点。与石墨双极板相比，金属双极板具有与之类似的高导电、高导热性能，且金属双极板具有更好的机械强度、阻气能力和抗冲击能

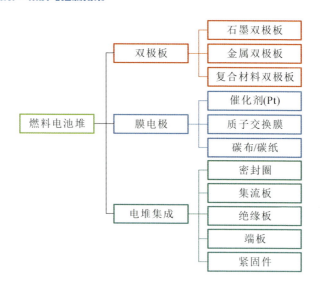

图 1-2-2　燃料电池堆技术分解图

力,因此,金属双极板能够做得超薄,能大幅提升电堆功率密度;但是金属双极板容易被腐蚀,离子析出易引起质子交换膜和催化剂中毒,降低电堆的性能及寿命。复合材料双极板由两种或两种以上的材料组成,通过复合其他材料优化了其机械性能,克服了石墨材料及金属材料的缺陷,且兼具石墨材料的耐腐蚀性和金属材料的高强度特性;但是也存在电导率低、难以大批量生产、成本高等缺点。

膜电极(membrane electrode assembly,MEA)作为燃料电池发生电化学反应的场所,是燃料电池堆中的核心部件,直接决定燃料电池堆的输出性能和使用寿命。膜电极由质子交换膜、沉积于质子交换膜两面的催化层(catalyst layer,CL)和覆盖于催化层表面的气体扩散层组成。质子交换膜起到质子传输的作用,催化层是由催化剂和催化剂载体形成的薄层,起着催化反应并传导电子的作用。催化剂主要采用 Pt/C、Pt 合金/C 等,催化剂的载体材料主要是纳米颗粒碳、碳纳米管、碳须等,对其材料特性的要求是导电性好、载体耐腐蚀、催化活性大。此外,催化层中还含有许多微孔(10~100 nm),构成反应气体和生成物水蒸气的传输通道。气体扩散层通常由碳纸或者碳布组成,主要起到传质、导电、传热、支承催化层和导水的作用。

电堆集成将上述双极板与膜电极(含催化剂、质子交换膜、碳纸/碳布)组成单体电池,多个单体电池以串联方式层叠组合而成,若干单体之间嵌入密封件,经前、后端板压紧后用螺杆紧固拴牢,即构成燃料电池堆。单体电池中的双极板流道需要和膜电极特性匹配,膜电极结构与双极板流道结构的同步优化能够有效减轻燃料电池的传质极化,提高额定工作电流,使得相同尺寸电池堆的输出功率大幅提升。电堆的流道设计、密封、紧固、汇流及绝缘等均关系到燃料电池电堆的性能及寿命。电堆集成所需各部件的要求如下:

(1)端板。端板的主要作用是控制接触压力,因此足够的强度与刚度是端板最重要的特性。足够的强度可以保证在封装力作用下端板不发生破坏,足够的刚度则可以使得端板变形更加合理,从而均匀地传递封装载荷到密封层和膜电极上。

(2)绝缘板。绝缘板对燃料电池功率输出无贡献,仅对集流板和后端板起电气隔离作用。为了提高功率密度,要求在保证绝缘距离(或绝缘电阻)的前提下最大限度地减小绝缘板厚度及重量。但减小绝缘板厚度会在制造过程中增加穿孔的风险,并且可能引入其他导电材料,导致绝缘性能降低。

(3)集流板。集流板是将燃料电池的电能输送到外部负载的关键部分。考虑到燃料电池的输出电流较大,一般采用导电率较高的金属板(如铜板、镍板或镀金的金属板)作为燃料电池的集流板。

(4)紧固件。紧固件的作用主要是维持电堆各组件之间的接触压力。为了维持接触压力的稳定以及补偿密封圈的压缩永久变形,端板与绝缘板之间还可以添加弹性元件(弹簧或弹性垫片)。

(5)密封圈。燃料电池用密封圈的主要作用就是保证电堆内部的气体和液体正常、安全地流动,需要满足以下要求:较高的气体阻隔性(保证对氢气和氧气的密封)、低透湿性(保证高分子薄膜在水蒸气饱和状态下工作)、耐湿性(保证高分子薄膜工作时形成饱和水蒸气)、环境耐热性(适应高分子薄膜的工作环境)、环境绝缘性(防止单体电池间电气短路)、橡胶弹性(吸收振动和冲击)以及耐冷却液腐蚀(保证低离子析出率)。

值得注意的是,要使燃料电池核心零部件发挥最大效益,必须形成统筹优化的完整设计思路。在设计双极板的同时,也要考虑到膜电极的材料选用及设计,以及电堆组装和整个系统的性能,以确保最佳的匹配和最高的效率。丰田公司的燃料电池堆分解图如图1-2-3所示。

图 1-2-3　燃料电池堆分解图（丰田公司）

1.2.2　质子交换膜燃料电池系统

燃料电池堆是通过电化学反应将化学能直接转化为电能的发电装置。必须将电堆和燃料电池附属部件及控制系统组成燃料电池系统，才能维持其正常运行。如图 1-2-4 所示，质子交换膜燃料电池系统包括燃料电池堆模块（简称电堆模块）、空气管理子系统、氢气管理子系统、热管理子系统、功率管理子系统和燃料电池系统控制模块。其中，空气管理子系统为电堆模块阴极提供反应所需的氧气，氢气管理子系统为电堆模块阳极提供反应所需的氢气，两个子系统均需要调控阴阳极的反应气体流量、压力和湿度。热管理子系统根据当前的温度调控目标将电堆的冷却液温度调控至目标温度。功率管理子系统根据应用系统的需求来调节当前的功率输出。燃料电池系统控制模块一方面需要协调发动机内部部件的运行，执行控制策略，另一方面需要和外部控制器进行数据通信。

1. 燃料电池堆模块

燃料电池堆模块是燃料电池系统的主体，负责完成阳极氢气与阴极氧气的高效反应，产生电荷、热量及水。其他部件的配置均是依据电堆的性能及工作区间来确定的，因此系统的配置建立在对电堆性能有足够认知的基础上。

在实际应用中，通常将电堆及其关联附件封装于一个壳体之内，形成电堆模块，电堆模块的壳体封装需满足四方面的要求：①壳体材料密度要小，强度要

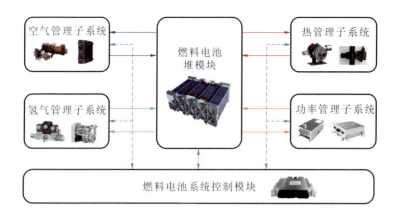

图 1-2-4　燃料电池系统组成

高,且易于机械加工成形。②需要考虑内部接触处电堆的短路防护。③具有一定的防水能力。④具有一定的酸碱防腐蚀能力,且具有一定的高低温耐久性。

以丰田第一代 Mirai 所采用的电堆为例,燃料电池堆模块包括以下五部分:

(1) 电堆堆栈本体。堆栈本体是电堆模块的核心,是发生电化学反应以提供动力的场所。

(2) 堆栈与壳体的固定模块。固定模块保证堆栈与壳体牢牢地固定在一起,确保堆栈的结构稳定性,避免在外力载荷下,堆栈在壳体内发生滑动。需要特别注意的是,在壳体密封及固定时需要专门考虑电堆输出正负极与壳体间的电气绝缘,以获得应用系统整体较高的绝缘阻抗,确保安全性。

(3) 汇流排模块。该模块为电堆模块中高压电气部件的一部分,其主要作用是汇集电流,并通过高压插接件向外界输出电功率。

(4) 壳体内部与大气环境的交互模块。壳体上应有开口,与大气相通,从而避免壳体内渗漏氢气的聚集。壳体开口处又必须有防水功能,避免外部水分进入壳体内部形成水的冷凝聚集。目前,主流厂家采用吹扫的方式,在封装壳体上开设吹扫口,通过主动吹气的方法排除壳体内部的氢气和水分。

(5) 巡检模块。巡检模块主要用于采集燃料电池节电压,同时做出简单的故障诊断(如最低单体电压告警等)。巡检模块需与燃料电池系统控制模块实时交互数据,巡检模块采集获得的单体节电压信息是燃料电池控制模块执行控制决策的重要依据。

2. 空气管理子系统

空气管理子系统的主要作用是对进入燃料电池的空气进行过滤、增湿、调压和调节流量等方面的处理,保证燃料电池堆阴极温度、湿度、压力及流量在适宜范围内。常规交通运输及电源领域应用的燃料电池一般采用空气作为氧化剂,空气经过过滤装置(过滤掉空气中的油滴、灰尘、水滴等杂质)、空气流量计、空压机(增加空气进堆压力,是空气压缩机的简称)、中冷器(降低空气温度)、加湿器(增加空气进堆湿度)等进入燃料电池堆。

通常电堆运行时需要过量提供反应所需的氧气,空气回路尾部采用直排的方式将未反应完的氧气、氮气、水蒸气等排入大气中,系统通过改变空压机的转速来调节空气流量。此外,空气回路的压力控制也非常重要,合适的压力梯度有利于阴极液态水的排出,同时需要注意确保阴阳极的压力差在质子交换膜可承受的范围内。空气回路的流量与空压机的转速及背压压力有关,压力与流量高度耦合,两个物理量之间相互影响,难以直接控制,需要设计解耦控制算法以实现两个物理量的相对独立控制。此外,为简化系统设计,交通运输领域应用系统的空气回路常采用尾气加湿的方式,利用阴极出堆气体中的水蒸气为入堆的空气加湿,为电堆提供良好的工作条件。

3. 氢气管理子系统

氢气管理子系统也称为燃料处理模块,其主要作用是对输入的"燃料"(氢气)进行调压、增湿等相关处理,从而将其转变成适合燃料电池堆运行的富氢气体,为燃料电池堆模块阳极提供反应所需的足量的氢气、适宜的氢气压力和湿度。氢气管理子系统不仅需要精确提供电堆反应所需的氢气,往往还起着提高燃料利用率、改善电堆水管理、增强自增湿性能等作用。

常规应用的氢气管理子系统主要由调压装置(比例阀或喷射阀)、出入堆温压传感器、疏水阀、氢气循环泵及电磁阀组成。一般而言,储氢系统经过二级减压后,气源压力约为 1 MPa,因此调压装置承担减压、调压和调流量的功能。为了增加燃料电池动力系统的续航时间,提高氢气的利用率,氢气出口采用死端带间歇排放的模式,当阳极的氮气累积及水淹问题导致电堆性能下降时,打开尾端排气阀,就可以排出氮气及液态水(伴随有氢气的浪费)。

当燃料电池正常运行时,通过调压装置调节阳极氢气的入堆压力,以入堆压力作为控制目标,调节调压装置的开度或开通时间,实现入堆压力的闭环调节。氢气循环泵负责将出口未反应完全的氢气循环回入口,可以提高阳极侧反应物的过量系数,同时利用渗透到阳极的水为入口氢气加湿;此外,还有利于增加电堆阳极侧的压力梯度,促进阳极侧液态水从电堆内部排出,减少水淹的问题。随着运行时间的延长,渗透到阳极侧的氮气和水会持续累积,气体中氢含量减少,电堆的输出性能变差,因此,需要间歇地打开尾端排气阀,排空氮气和水蒸气等杂质气体。

4. 热管理子系统

热管理子系统用以维持燃料电池系统的热平衡,保证燃料电池堆内部快速到达适宜的温度区间。

热管理子系统负责调节电堆模块的温度:当电堆温度较低时,切换节温器,让冷却液流经小循环回路,通过电加热冷却液,采用水泵将具有一定温度的液体泵入电堆,让电堆预热至较理想的工作温度;当电堆温度较高时,切换节温器,让冷却液流经大循环回路,利用散热器及散热风扇将热量带走,让电堆处于适宜的工作温度。一般而言,燃料电池堆的效率在50%附近,因此电堆产热和发电的效率比例接近1:1,其中小部分热量通过气体排出,绝大部分热量需要通过散热器及散热风扇带走。

冷却液回路中散热风扇的转速及冷却液泵的转速为热管理子系统中两个重要的控制量。其中,散热风扇转速的控制目标是入堆温度,通过调节散热量的大小来调节入堆温度,实现闭环控制;冷却液泵转速的控制目标是出入堆温度差,通过调节泵的转速来调节温度差,转速越快,温度越趋于一致,温度差越小。

冷却液流经电堆时会和各节的双极板均有接触,因而须保证低的电导率,以确保冷却液具有足够的绝缘电阻;否则,将导致电堆内部存在较大的漏电流,严重情况下导致短路,起火燃烧,危及人身安全。因此,热管理子系统需要时刻检测冷却液的电导率,当电导率过大时需停止发电运行。此外,在冷却液回路中增加去离子器,可吸附导电离子,降低回路冷却液的电导率。当系统中冷却液电导率过大且无法降低时,应能够提醒用户更换去离子器或更换低电导率的冷却液。

5. 功率管理子系统

燃料电池系统的功率管理子系统主要用于管理系统内的高低压供电及燃料电池主功率输出。前述的燃料电池空气管理、氢气管理、热管理等子系统中的部件存在用电需求,在燃料电池堆工作前,需要通过外部电源为辅助系统部件供电。燃料电池主功率输出需要配置一个DC/DC变换器,一方面负责将燃料电池产生的电能转换成与负载电压等级相匹配的固定电压,稳定直流母线电压,另一方面,通过对DC/DC模块的控制实现对燃料电池模块输出功率的控制。功率管理子系统的核心任务是根据负载的需求,调控燃料电池系统的输出功率。

一般而言,燃料电池系统的附属部件均采用直流供电,直流电来源于蓄电池组及其电压变换器。针对燃料电池系统附属部件,需要专门设计供电逻辑及相应的启动/关机流程,为燃料电池堆的运行营造良好的条件。燃料电池堆运行后,电堆模块输出的功率经过燃料电池DC/DC变换器升压后并入直流母线,DC/DC变换器工作在恒流源模式下,直流母线的电压由储能电池的荷电状态(SOC)来决定。为了规范燃料电池的供电,防止因部分部件故障而导致的整体供电系统故障,部分附属部件的供电可能需配置软启动电路及内置熔断丝的低压配电盒(与传统燃油汽车类似)。

6. 燃料电池系统控制模块

燃料电池系统控制模块负责整个燃料电池动力系统的管理,承担信号采集、控制运算、执行输出的功能。控制模块也称为自动控制系统,包含传感器、执行器阀、开关、控制逻辑部件等总成,保证空气管理子系统、氢气管理子系统及热管理子系统的各部件能够协调、高效地工作,使其发挥出最大效能。

燃料电池系统需要通过系统的匹配设计,将电堆及其附属水、电、热、气等部件有机整合,融合信号、功率、控制、诊断等信息,使系统的性能、寿命、成本等综合指标达到最优。燃料电池系统的工作机理复杂,系统集成控制技术涉及材料、化工、机械和控制等多学科交叉问题,空间尺度跨越微观(催化剂)、介观(流道设计)和宏观(化工过程),时间尺度从毫秒(气体扩散)跨越到月(膜电极降解)。

燃料电池系统的设计要以总目标和需求为导向,以电堆为核心,通过解析电堆与子系统、子系统与部件之间的特性匹配关系和参数耦合关系,确定系统在比功率、寿命、成本等约束条件下的化工流程、部件边界条件、结构设计方案和运行策略等。系统控制模块通过实时获取系统中各测量点的信号,建立燃料电池系统运行状态评估模型,分析系统的当前运行性能与健康状况,为系统的诊断与控制提供决策依据;基于评估结果和被控对象的动态特性模型,实现对系统中控制量的有效控制,最终实现系统性能与寿命的多目标优化运行。此外,通过逐步完善故障特征数据库来构建基于特征匹配的故障诊断方法,设计容错控制策略,提高系统运行的稳定性和可靠性。

1.3 燃料电池技术在交通领域中的应用

目前,汽车能源结构正在发生重大变革,纯电动汽车比重逐步上升,由于氢能是新能源汽车的理想能源,各国政府和企业都在积极推动燃料电池汽车的研发。我国燃料电池汽车的发展主要集中在商用车领域,这是基于技术可行性、环保效益和能源补充等方面考虑的选择。具体来说,我国燃料电池汽车主要在城市公交车和物流车领域应用和发展。对于续驶里程较长、动力性能要求较高、体积较大的商用车(包括客车、卡车、专用车等),燃料电池被认为是首选技术方案。这些商用车通常运行在相对固定的线路上,因此对加氢站的依赖性低于乘用车。在燃料电池产业发展的初期,发展燃料电池商用车的价值被认为高于乘用车。

燃料电池汽车在客车领域,首先得到发展的是动力要求相对低、布置空间充足、定时定线行驶、环保效果明显、政策扶持力度大的城市公交客车。国内部分客车企业首先推出了8~10.5 m的公交客车产品,它搭载了30 kW等级的燃料电池系统;而后推出12 m左右的客车产品,它搭载了60 kW等级的燃料电池系统;并进一步发展了12 m城间客车以及18 m城市干线客车等产品。燃料电池汽车在卡车领域,首先发展的是轻卡产品,搭载的是30~50 kW的燃料电池系统;随着燃料电池系统功率的提升,中重卡产品也开始亮相,头部厂商推出了超过 200 kW 的燃料电池系统。重型商用车是最适合氢能落地的领域,由于燃料电池系统的功率较低、加氢站配套不足,目前发展相对滞后[11-12]。

2016—2019 年,中国氢燃料电池汽车销量持续增长,2020 年氢燃料电池汽车产量出现较大下降。2021 年氢燃料电池汽车产量恢复增长,2022 年上半年中国氢燃料电池汽车产量达到 1803 辆,同比增长 192.2%。中国已有 17 个省份开展了氢燃料电池汽车的商业化运营[11-12]。

根据国际能源署的统计,2021 年全球燃料电池商用车基本都是在中国推广的,燃料电池公共汽车和卡车在其他国家基本没有,都是在中国。欧阳明高院士指出,中国燃料电池商用车技术的飞速发展得益于中国燃料电池的技术进步和燃料电池汽车的一系列示范。跟 2015 年相比,2022 年燃料电池汽车各项关键指标都成倍地改善,比如使用寿命,石墨双极板的电堆使用寿命从 3000 小时提高到 15 000 小时。我国从 2008 年开始进行燃料电池汽车示范,首次在北京夏季奥运会上示范运行的燃料电池轿车及公共汽车共有十多辆,而在 2022 年结束的北京冬季奥运会上,多达 1200 辆燃料电池汽车参与示范运行,而且燃料来源全部都是由张家口市的风力发电设备制取的绿氢,加氢站已建设几十座。2015—2022 年中国氢燃料电池汽车产量如图 1-3-1 所示。

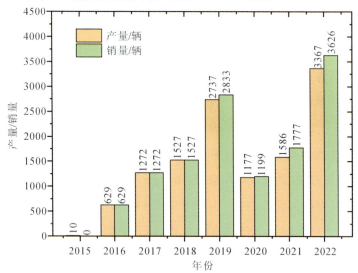

图 1-3-1 2015—2022 年中国氢燃料电池汽车产量

数据来源:中国汽车工业协会,香橙会研究院

燃料电池商用车因其在燃料加注时间、续驶里程和耐久性等方面的优良特性,将与纯电动汽车形成长期的互补优势,助力我国从汽车制造大国走向汽车制造强国。在一定的发展周期内,氢能及燃料电池汽车产业链日益完善,氢能基础设施的完善度与便利程度逐步提升,氢气价格和燃料电池系统成本将持续下降,这些是燃料电池商用车市场竞争力的重要支撑因素。具体而言,我国燃料电池商用车产业的发展将呈现以下趋势[13]。

(1) 得益于国家相关政策的支持和 2022 年北京冬季奥运会等重大活动的需求牵引,燃料电池商用车产业将继续处于快速发展态势。发展燃料电池商用车,必将打通燃料电池汽车产业链,完善氢能基础设施建设,建立健全行业标准法规,降低部件及整车成本。通过技术进步和规模化效应,积极面对国家补贴随着产业发展而不断退坡的局面,打牢基础以更好地适应后续进入的优胜劣汰与充分竞争阶段,促进产业化向纵深发展。

(2) 燃料电池商用车在城市公交、物资流通等领域率先应用之后,伴随着氢能及燃料电池的技术发展与成本下降,将朝着港口码头、特定路线的轨道交通、城际物流、城际客运等领域拓展。考虑到不同地区的能源结构差异性,燃料电池商用车和纯电动商用车将进入长期共存、互为补充的市场应用状态。

(3) 第五代移动通信技术深化应用、车辆智能驾驶技术趋于成熟,赋予了燃料电池汽车高智能化融合发展的宝贵机遇,"燃料电池技术+智能驾驶技术"将成为产业应用创新的重点方向。燃料电池技术将促进商用车成本降低,高智能化带来的舒适驾驶体验将推动商业运输业的快速发展,从而为经济社会活动提供更加便捷和环保的交通出行服务。

虽然目前国内燃料电池汽车发展呈现出"重商轻乘"的特点,但是从国内燃料电池汽车的发展格局来看,前期通过商用车的先行效应,将拉动燃料电池全产业链的协同进步,带来成本下行等利好,为燃料电池乘用车的发展打下必要基础。

1.3.1 氢燃料电池动力系统的设计

质子交换膜燃料电池系统涉及电堆的电化学反应过程、反应流体的供给及排放过程。其中,电化学的反应响应约为 10^{-19} 秒级,流体控制的反应响应为 10^0 秒级,电堆的温度控制响应为 10^2 秒级[14]。在燃料电池的交通领域应用中,由于整车需要响应驾驶员的驾驶意图,车辆的运行工况呈现随机性和难以预见性。从车辆能源供给的角度看,负载往往表现出频繁且大幅度变载的特性,电功率响应的时间尺度为微秒级,而质子交换膜燃料电池系统的动态响应速度较慢(秒级),难以跟随电功率负载在大范围内快速变化。另外,频繁大幅变载不仅会导致燃料电池缺气,造成质子交换膜损伤,还会造成电池内部铂催化剂颗粒化,导致燃料电池寿命衰减和性能下降。

因此,目前常采用燃料电池与储能元件相结合的方式构成氢电混合动力系统,通过引入储能元件,将系统高频波动功率交由储能元件输出,低频稳定部分交由燃料电池承担,储能元件在系统中实现功率的"削峰填谷",不仅解决了燃料电池输出特性与负载特性不匹配的问题,而且有效降低了燃料电池的变载应力,延长了燃料电池的寿命[15]。从世界范围来看,氢电混合动力系统的构建是必选项;在不同的应用场景和不同厂商的技术水平条件下,燃料电池与储能元件的容量配置有差异,根据氢电的容量配置比重,交通各领域的燃料电池动力系统主要存在以下三种技术路线[16]:

(1)增程式模式。该模式多应用于燃料电池功率与整车功率需求差距较大的情况,采用小功率燃料电池和较大电量动力电池的匹配方案,在燃料电池汽车发展起步期使用。

(2)混合功率模式。燃料电池作为动力源之一,与蓄电池、超级电容等共同输出动力。该模式是现阶段应用广泛的技术路线。

(3)全功率模式。该模式对燃料电池的要求较高,燃料电池的额定功率需要大于或者接近于整车的最大功率,储能元件主要起提高系统的动态功率响应能力的作用。该模式是燃料电池汽车技术的发展方向。

燃料电池商用车的技术路线已由增程式发展为混合功率模式,并在逐步提高燃料电池的功率占比。根据储能元件类型及接入方式的不同,车用燃料电池动力系统的混合功率拓扑结构有如下三种常见的形式[15]:

1. 燃料电池-动力电池拓扑结构

如图1-3-2所示,燃料电池通过单向DC/DC变换器接入直流母线,动力电池输出电压随电流变化较小,采用直接并入直流母线的方式。此拓扑结构下,系统控制器通过DC/DC变换器控制燃料电池的输出功率,动力电池输出功率由系统需求功率和燃料电池输出功率共同决定。当负载功率高于燃料电池输出功率时,不足部分由动力电池承担;当负载功率低于燃料电池输出功率时,燃料电池输出的过剩功率将由动力电池储存。此外,在有能量回馈的系统中,动力电池还可吸收车辆制动回馈的能量,提高能量利用率。此种混合方式结构简单可靠,控制难度低,当前中国广泛运营的燃料电池商用车主要采用该拓扑结构。

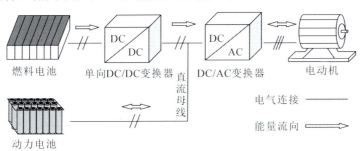

图 1-3-2　燃料电池-动力电池拓扑结构

2. 燃料电池-超级电容拓扑结构

如图 1-3-3 所示,此拓扑结构下,燃料电池通过单向 DC/DC 变换器接入直流母线,另外,由于超级电容端电压随电量变化较大,为维持母线电压,需通过双向 DC/DC 变换器进行电压变换后接入直流母线。相比动力电池,超级电容功率密度更大,能提供较大的瞬时充放电功率,通常用于较高功率等级的动力系统中,例如由中国中车唐山机车车辆有限公司研发的世界首列商用燃料电池/超级电容有轨电车采用的便是此种拓扑结构,但其充放电过程需要双向 DC/DC 变换器来控制,控制难度和成本相对较高。

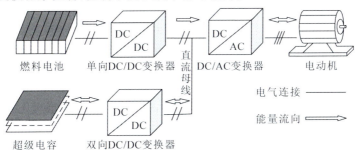

图 1-3-3　燃料电池-超级电容拓扑结构

3. 燃料电池-超级电容-动力电池拓扑结构

如图1-3-4所示，此拓扑结构结合了前面两种的优势，燃料电池通过单向DC/DC变换器接入直流母线，承担一部分负载功率，在输出功率过剩时，给动力电池和超级电容充电；超级电容在双向DC/DC变换器控制下响应极高频的功率波动。动力电池直接并入直流母线，燃料电池输出过剩的能量以及车辆制动回馈的能量由动力电池和超级电容存储。此拓扑结构相对前两者系统复杂度和控制难度最大，成本相对较高，但可以减小燃料电池和动力电池的规格，由于采用的是三级能源配置，能量输出方式最为灵活，各部件的工作性能得到有效优化。西班牙FEVE公司研制的混合动力有轨电车便采用质子交换膜燃料电池配合动力电池和超级电容联合供电。

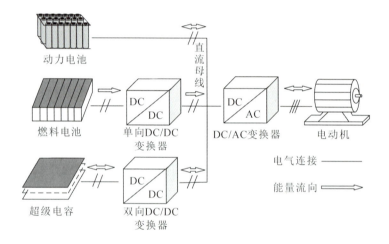

图1-3-4　燃料电池-动力电池-超级电容拓扑结构

1.3.2　氢燃料电池动力系统的运行需求

如1.2节所述，燃料电池系统由燃料电池堆模块和空气管理子系统、氢气管理子系统、热管理子系统三个辅助子系统组成。燃料电池系统作为能源动力具有显著的优势及广泛的应用前景，与现有的典型能源动力对比如图1-3-5所示。由图可知，燃料电池系统不仅包含类似蓄电池的电化学反应过程，而且包含类似内燃机的空气、燃料和热管理子系统。

与蓄电池类似，燃料电池堆由多个单体电池组成，各单体电池由正负两个

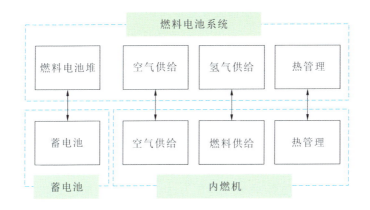

图 1-3-5　燃料电池系统与蓄电池、内燃机的对比

电极(负极即燃料电极,正极即氧化剂电极)以及电解质组成。蓄电池的活性物质储存在电池内部,因此,蓄电池是一个储能装置,其特性也限制了其储电容量。而燃料电池的正、负极本身不包含反应的活性物质,只是个催化转换元件。因此,燃料电池堆是把化学能转化为电能的电能生产装置,电池工作时,燃料和氧化剂由外部供给,通过电催化反应将燃料中的化学能转换成电能释放出来。燃料电池堆的原理表明其本身的特性是主动的、动态的。

与内燃机类似,燃料电池系统也包括空气管理、燃料管理(即氢气管理)和热管理三个子系统。电堆的输出性能(即发电效率)受阴极侧的空气压力、空气流量、空气湿度,阳极侧的氢气压力、氢气流量、氢气湿度,以及电堆温度等操作条件的影响。良好的工作条件需要三个辅助子系统来营造。燃料电池电堆的电能生产过程需要外部供给燃料和氧化剂,同时需要冷却液将电能生产过程伴随的热能带走。不同于内燃机的燃料燃烧转换为动能再到电能的方式,燃料电池是化学能发电机,将化学能直接转换为电能,发电效率不受卡诺循环的限制,因而,具有更高的发电效率。内燃机根据对内部燃烧状态的检测与估计来闭环调控燃料和氧化剂的供给,以实现能量效率和耐久性的提升。

结合燃料电池堆及辅助部件子系统的特性来看,燃料电池兼具蓄电池及内燃机的难点。燃料电池系统具有非线性、多参数、强耦合、大滞后、时变性(温度、反应物浓度、压力、含水量)、空间分布性、敏感性等特点。燃料电池系统运行面临的最大难点在于电堆内部状态的估计,尤其是水状态的估计。

由于燃料电池产业的发展尚处于起步阶段,产业化、规模化、标准化带来的成本下降尚未显现。目前燃料电池堆的造价还很贵,此外,燃料电池堆的使用寿命对操作条件很敏感,不当的操作条件会导致电堆性能的快速衰减,甚至直接损坏。因此,针对燃料电池的精细化运行控制及运行健康状态的闭环管理显得非常紧迫,本书将结合本团队在燃料电池核心部件及集成系统方面的开发运行经验,探讨燃料电池系统的设计、集成与控制技术。

当前燃料电池的技术还处于产业应用的导入期,还需深入研究以提高燃料电池堆及系统的技术水平,以满足交通及发电领域对能源动力的应用需求。目前,燃料电池系统主要面临着耐久性、经济性和可靠性等方面的挑战。

1. 耐久性

众所周知,锂电池的使用寿命一般采用充放电次数来评价,而燃料电池的使用寿命则采用运行小时数来衡量。燃料电池堆的启停、高电位、变载及稳态运行均会导致其使用寿命的衰减。燃料电池的大规模商业化应用还依赖于燃料电池的寿命提升,一般而言,燃料电池寿命的提升可从两个层次逐步进行:一方面,对集成系统与控制策略进行优化,使燃料电池避开不利条件或减少不利条件存在的时间,达到延缓电堆衰减以延长系统寿命的目的,该方法需要加入必要的传感、执行元件及相应的控制策略等,系统会相对复杂;另一方面,还需要持续支持新材料技术的发展,当能抵抗车用苛刻工况的新材料技术成熟时,系统可以进一步简化,在新材料基础上实现车用燃料电池的寿命目标[17]。

虽然石墨双极板燃料电池堆的寿命得以大幅提升,但是无论在乘用车还是商用车的应用场景,还存在以下困难:①虽然 15 000 小时的使用寿命完全可以满足一般私家车的应用需求,但石墨双极板电堆由于体积大仅适用于商用车,而乘用车用的金属双极板电堆使用寿命尚不到 10 000 小时。此外,在车辆利用率高的载客出租车应用场景,如果一辆燃料电池出租车每天运行 8 小时,8 年累计运行约 23 360 小时,而常规 15 000 小时的使用寿命尚不能满足该应用需求。②在大体积石墨双极板电堆适用的商用车领域,商用车用户的用车强度和大都市里的出租车司机差不多,燃料电池系统的寿命也要求在 30 000 小时以上。因此,目前燃料电池寿命与应用需求还存在较大的差距,下一步研发目标是必须做到 25 000 小时以上的使用寿命,需要燃料电池行业从材料的改进、电堆的改进,以及系统的技术创新和工程优化等多方面,来解决燃料电池使用的耐久性问题。

2. 经济性

燃料电池应用的第二个问题是成本问题,包括初始购置成本和运营成本。在初始购置成本方面,当前我国的燃料电池堆及系统与国际先进企业相比成本偏高。造成成本高昂的因素在于核心材料及部件依赖进口,规模化、产业化带来的单位成本降低尚未体现。目前我国燃料电池堆内的质子交换膜、碳纸、催化剂等核心原材料大部分还是依赖进口,燃料电池系统内的氢气循环泵、加湿器、高压阀件等进口部件占成本的大部分。经过这些年的发展,我国燃料电池的技术水平得以大幅提升,核心材料和部件可以实现国产化的替代,相关供应链也逐步完善;此外,膜电极、双极板的规模化批量化制造能力得以大幅提升,燃料电池电堆/系统的单位功率成本进入快速降低的通道。早些年我国电堆的成本约 5000 元/kW,成本降低的速度非常快,期望到 2025 年能降低到 1000 元/kW,2030 年能降低到 500 元/kW 的水平。

运营成本问题关乎了燃料电池系统的氢-电能量转换效率和系统的耐久性。当前的燃料电池用车成本是非常高的,例如鄂尔多斯市针对矿山用的大卡车做了燃料电池重卡和换电重卡燃料成本的对比。当地的氢气价格补贴后是 25 元/kg,电价为 0.4 元/(kW·h)。现在 49 吨重卡的百公里氢耗是 15 kg,每公里的燃料成本是 3.75 元。换电重卡的燃料成本则在每公里 2.75 元以下,相比燃料电池重卡要便宜很多。高的燃料电池系统能量转换效率,可以在相同燃料(氢气)消耗量的条件下,产生更多的电能;换句话说,在产生相同电量的情况下,高效率的系统消耗更少的氢气,因而运营成本更低。此外,高的氢-电能量转换效率可以大幅地减轻热管理的负担,可以减小散热风扇的功耗,降低辅助部件的热应力和磨损,从而进一步地提高能源利用率,延长部件的使用寿命,降低维护成本。提高系统的耐久性,延长电堆及部件的使用寿命,可降低设备的维护成本,从而可以降低运营的成本。

3. 可靠性

随着商业化进程的进一步推进,燃料电池系统及关键零部件的可靠性已经成为影响其稳定运行的关键因素。可靠性主要是燃料电池系统在实际运行工况下的性能,包括抗振性、防水能力、防尘能力、高原适应性等。目前,相关行业在逐步建立测试指标全面、测评方法准确的燃料电池堆-部件-系统可靠性测试评价体系,满足企业在生产制造中的需求,保障系统及零部件的质量水平,确保应用系统及其关键零部件的可靠性。燃料电池系统的应用工况和动力电池的应用工况相同,所以现阶段的测评方法大多是参考动力电池的可靠性测评方法建立的。此外,在系统的设计、集成与控制方面,通过优化的化工匹配,系统运行的参数区间得以拓展;通过解析参数的耦合关系及解耦控制,动态条件下的压力波动及瞬态缺气风险大大减小;通过电堆的运行状态监测及闭环管理,有效减少了状态异常造成的故障停机;若采取优化氢电混合动力系统的容量配置及功率分配策略、充分挖掘各动力源的特性等措施,则可从设计与运行方面提高动力系统的可靠性。

1.4 本书的编写框架

如前文所述,当前我国的燃料电池技术还处于发展阶段,其动态功率响应能力及波动工况下的耐久性尚不能满足全功率模式的运行需求;当前的燃料电池车辆采用混合功率模式,常与动力电池构成混合动力系统,以满足运行的快速功率响应及运行耐久性的需求。本书立足当前的技术水平,讨论主流应用的燃料电池-动力电池的氢电混合动力系统的设计、集成和控制技术,具体章节内容安排如图1-4-1所示。

第2章主要介绍燃料电池堆的基本特性,分析与电堆的输出电压特性相关的设计及运行参数,建立电堆的电压模型;从电堆角度讨论燃料电池动力系统的运行控制方法。

第3章介绍空气管理子系统的设计,在认识主要回路部件特性的基础上,介绍一种面向系统效率优化的工作点匹配方法;针对空气供给回路的流量和压力调节的耦合特性,设计一种具有工程实用性的解耦控制策略。

第4章介绍氢气管理子系统的设计,建立了氢气管理子系统的部件及回路模型,在此基础上,面向入堆压力和氢循环流量的调控目标,讨论了回路的匹配

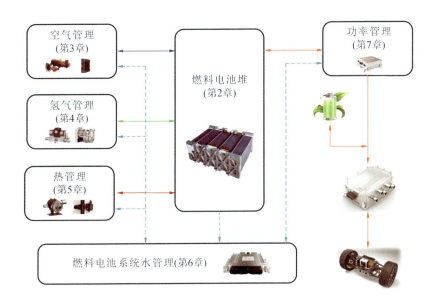

图 1-4-1　燃料电池系统简图及本文章节安排

及控制的设计方法。

第 5 章介绍热管理子系统的设计,建立了热管理子系统的部件及回路模型,讨论电堆的入堆温度调控策略。

第 6 章介绍燃料电池的水管理技术,通过在线交流阻抗测量技术,探索阻抗与电堆内部含水量的关系,并在此基础上设计了基于阻抗信息反馈的闭环水管理策略。

第 7 章介绍氢电混合动力系统的功率管理技术,从负载及两种能量源的特性出发,探讨功率分配及容量配置的优化方法;构建了关联运行经济性和耐久性的综合评价指标,对比论证优化方法的有效性。

本 章 小 结

本章首先从我国能源消费和碳排放的现状入手,阐述了氢能在未来低碳能源体系中的重要地位和广阔的应用前景;其次介绍了质子交换膜燃料电池堆的基本组成及结构,简述了与电堆设计相关的重点问题;最后重点阐述了基本燃料电池系统的组成及各子系统/模块的功能、设计需求。

本章参考文献

[1] 政府间气候变化专门委员会. 气候变化2021:自然科学基础[R/OL]. [2023-12-09]. https://www.sohu.com/a/483060561_764774.

[2] 联合国环境署. 2020年排放差距报告[R/OL]. [2023-12-09]. https://baijiahao.baidu.com/s?id=1707257396437673118&wfr=spider&for=pc.

[3] BP公司. BP世界能源统计年鉴(2021年版)[R/OL]. [2023-12-09]. https://www.bp.com.cn/content/dam/bp/country-sites/zh_cn/china/home/reports/statistical-review-of-world-energy/2021/BP_Stats_2021.pdf.

[4] 德勤中国, 华为. 全球能源转型及零碳发展白皮书[R/OL]. [2023-12-09]. https://e.huawei.com/cn/material/industry/12870e1b3ef843559aa7deee85768bd4.

[5] 周孝信, 陈树勇, 鲁宗相, 等. 能源转型中我国新一代电力系统的技术特征[J]. 中国电机工程学报, 2018, 38(7):1893-1904.

[6] 包信和. 中国经济大讲堂:氢能社会离我们还有多远? [Z/OL]. [2023-12-09]. https://tv.cctv.com/2019/05/16/VIDE3lSIHl6ytXiqHxs7NdTf190516.shtml.

[7] 毛宗强. 中国为什么要发展氢能源[EB/OL]. [2023-12-09]. https://baijiahao.baidu.com/s?id=1633670603194706782&wfr=spider&for=pc.

[8] 许传博, 刘建国. 氢储能在我国新型电力系统中的应用价值、挑战及展望[J]. 中国工程科学, 2022, 24(3):89-99.

[9] 德勤中国, 中国石化. 迈向2060碳中和, 石化行业低碳发展白皮书[R/OL]. [2023-12-09]. https://file.vogel.com.cn/124/upload/resources/file/329046.pdf.

[10] 德勤中国, 巴拉德动力系统公司. 未来移动出行的动力源泉:氢能源及

燃料电池交通解决方案[R/OL].[2023-12-09]. https://www.bj-xinghe.com/wp-content/uploads/2020/10/%E6%B0%A2%E8%83%BD%E6%BA%90%E5%8F%8A%E7%87%83%E6%96%99%E7%94%B5%E6%B1%A0%E4%BA%A4%E9%80%9A%E8%A7%A3%E5%86%B3%E6%96%B9%E6%A1%88.pdf.

[11] E4TECH. The fuel cell industry review 2019[R/OL].[2023-12-09]. https://s3.production.france-hydrogene.org/uploads/sites/4/2021/11/TheFuelCellIndustryReview2019.pdf.

[12] 前瞻经济学人.2022年中国氢燃料电池汽车行业发展现状分析[EB/OL].[2023-12-09]. https://www.qianzhan.com/analyst/detail/220/220901-7709e3bd.html.

[13] 谭旭光,余卓平.燃料电池商用车产业发展现状与展望[J].中国工程科学,2020,22(5):152-158.

[14] PUKRUSHPAN J T, STEFANOPOULOU A G, PENG H. Control of fuel cell power systems: principles, modeling, analysis, and feedback design[M]. London: Springer, 2004.

[15] 邓乐.氢电混合动力系统的功率分配与容量配置优化研究[D].成都:电子科技大学,2022.

[16] 金银花,张志龙.我国燃料电池商用车的发展现状[J].商用汽车,2020(8):72-74.

[17] 衣宝廉,侯明.车用燃料电池耐久性的解决策略[J].汽车安全与节能学报,2011,2(2):91-100.

第 2 章
燃料电池动力系统的运行控制分析

2.1 燃料电池堆的基本特性

2.1.1 燃料电池堆的工作过程

燃料电池工作主要包括以下四个步骤:①反应物输入(输送到)燃料电池;②电化学反应;③离子通过电解质传导,电子通过外电路传导;④反应产物从燃料电池中排出。本章采用图 2-1-1 所示的燃料电池的截面图来阐述其工作过程[1]。

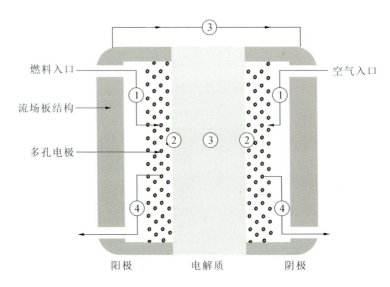

图 2-1-1 燃料电池工作的主要过程[1]

第①步:反应物输入(输送到)燃料电池。为了使燃料电池持续地产生电能,必须连续供应燃料和氧化物。当燃料电池工作在高电流时,它对反应物的需求很大,如果反应物料的供应不够及时,那么电池就会"挨饿"(即燃料饥饿)。利用流场板结合多孔电极结构可以高效率地输运反应物。流场板的精细沟道或沟槽能使气体流动并扩散至燃料电池的反应界面,且沟道的形状、尺寸和模式对燃料电池的性能有显著的影响。

第②步:电化学反应。一旦反应物被输送到电极,它们一定会进行电化学反应。燃料电池产生的电流与电化学反应速率直接相关。电化学反应速率越快,燃料电池可产生的电流越大,迟缓的电化学反应则导致较低的电流输出。在实际的应用中,期望燃料电池具有高的电流输出能力。因此,常采用催化剂来提高电化学反应速率和发电效率。燃料电池的性能非常依赖于合适的催化剂以及精细的反应流场设计。

第③步:离子(和电子)传导。第②步中发生的电化学反应将产生或消耗离子和电子,一侧电极产生的离子必将在另一侧的电极中消耗,电子也一样。为了保持电荷平衡,这些离子或电子必须从它们产生的区域传输到它们消耗的区域。对电子而言,这种传输过程相当容易,一旦有一个传导的路径,电子就会从一个电极流向另一个电极。然而,由于离子的体积和质量比电子大很多,因此离子的传输要相对困难一些。燃料电池中必须有电解质为离子的流动提供路径。在许多电解质中,离子是通过"跳跃"的机理来实现运动的。与电子传输相比较,这一过程的效率很低。所以,离子传输将导致显著的电阻损耗,从而降低燃料电池的电压性能。为了减弱这种影响,技术上而言,燃料电池中的电解质应尽可能薄,以缩短离子传导的路径。

第④步:生成物排出。除了电,所有的燃料电池反应至少还会产生一种生成物,如碳氢燃料电池会生成水和碳氧化合物,氢-氧/空燃料电池会生成水。如果这些生成物不从电堆中排出,就会在电堆中逐渐积累,阻碍燃料和氧化物之间新的电化学反应,最终使电池"窒息"。幸运的是,输送反应物进入燃料电池的行为通常也会有助于将生成物排出燃料电池。在优化的反应物传输中,重要的质量传输、扩散和流体力学等机理同样适用于生成物的排出过程。生成物的排出通常不受重视,但是对于质子交换膜燃料电池,因生成物而引起的"溢流"则是一个主要问题(即水淹故障)。

2.1.2 燃料电池堆的基本特性

燃料电池的性能可以用电流-电压(I-V)特性曲线来描述,该特性图也称为燃料电池的极化特性曲线,曲线图显示在给定电流输出时燃料电池的电压输出能力。图 2-1-2 所示为一个质子交换膜燃料电池的典型 I-V 曲线。

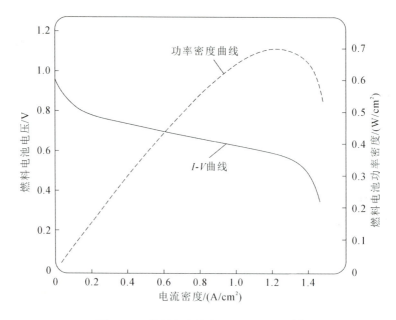

图 2-1-2 燃料电池的电流-电压特性图[1]

需要注意的是,图中横坐标表示的电流已经按照燃料电池的有效反应面积进行了标准化处理,采用的单位是电流密度的单位(A/cm^2)。因为大面积的燃料电池比小面积的燃料电池具有更大的电流输出能力,I-V 曲线按照燃料电池的有效反应面积来标准化,能够使不同反应面积的电堆性能具有可比性。

燃料电池的电流-电压特性图表征了燃料电池的端电压随加载电流的变化趋势。由于电流密度反映了电堆的燃料(氢气)消耗率(燃料电池输出的电流直接与燃料的消耗量成正比,每摩尔的氢气提供 2 mol 的电子),那么在相同的电流密度,即相同的氢气消耗率的前提下,越高的燃料电池端电压代表着越高的发电效率;因此,电流-电压特性图常用于横向对比不同电堆的性能。由此可见,燃料电池端电压可以用来衡量燃料电池的效率。换句话说,可以将燃料电池电压轴看作一个"效率轴",因此,在高电流负载下维持燃料电池的高电压是非常关键的[1]。此外,由于燃料电池的功率由电流和电压的乘积给出,反映燃料电池功率密度和电流密度函数关系的功率密度曲线也可以由燃料电池 I-V 曲线中的信息来计算,即在 I-V 曲线中每一点的电压值乘以相对应的电流密度值就可得到功率密度曲线。图 2-1-2 就是一个燃料电池 I-V 曲线和功率密度曲线组合的例子,左边纵坐标为燃料电池的电压,右边纵坐标为功率密度。燃料电池的功率密度随电流密度的增加而增加,将达到一个最大值,随后在较高电流密度区域下降。燃料电池的长时工作点通常设定在功率密度的最大值附近。

当维持一个由热力学决定的恒定电压时,理想的燃料电池将可以输出任意大小的电流(只要有充分的燃料补充)。然而,由于损耗不可避免,燃料电池的实际输出电压总是低于热力学理论预计的输出电压。此外,在电流负载下保持燃料电池的高电压是很困难的,燃料电池的输出电流越大,其损耗就越大,电池的输出电压就越低,从而限制了可以释放的总功率。

一般来说,燃料电池存在三种主要的损耗,如图 2-1-3 所示,它们决定了一个燃料电池 I-V 曲线的特征形状。每一种损耗都和之前讨论的燃料电池的工作步骤有关:

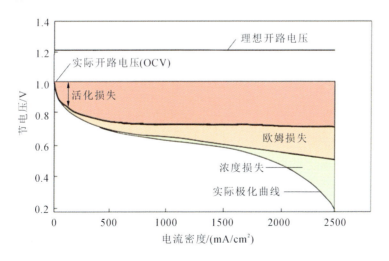

图 2-1-3　燃料电池极化曲线

(1) 活化损失（由电化学反应引起的损耗）；

(2) 欧姆损失（由离子和电子传导引起的损耗）；

(3) 浓度损失（由质量传输引起的损耗）。

欧姆损失与电子及质子的传导有关；活化损失与阴极空气侧、阳极氢气侧的反应物浓度、反应物活化能垒、催化剂活性等有关；浓度损失与反应物的供给速率和生成物的移除速率相关，一般只在高电流密度下才起作用。各损耗的理论分析及建模过程将在2.2节详细阐述。

2.2 燃料电池堆稳态电压模型

质子交换膜燃料电池的内部反应过程极为复杂，包含各种非线性、强耦合的变量关系。本书聚焦于燃料电池系统的集成与控制方面，主要从系统运行的视角来看待燃料电池堆的运行特性；在系统设计过程中，将燃料电池堆看成一个整体，注重其整体对外的端口特性，不太关注其内部分布的不一致性。因此，本书的模型基于如下合理的假设和近似处理，以降低模型的维度，适用于系统级的快速仿真。

(1) 假设燃料电池堆运行时的内部温度均匀且具有良好的一致性；

(2) 假设参加反应的气体是理想气体且分布均匀，遵循理想气体的规律；

(3) 假设反应气体为纯度在99%以上的氢气和空气，空气组分仅考虑氧气和氮气，忽略其他微量气体；

(4) 假设电堆流道内的扩散传输可以忽略不计；

(5) 假设所有的欧姆损失都来自电解质膜，电解质中离子传导的欧姆损失相比电子在导体中传导的欧姆损失占主导地位；

(6) 忽略阳极反应动力学，在质子交换膜燃料电池中，阳极是高纯氢气，阳极活化损失远低于阴极的活化损失，因此只考虑阴极的活化损失。

燃料电池的稳态电压模型采用机理模型和实验数据拟合相结合的方式来建立，机理建模过程涉及热力学、电化学、流体力学等原理。其输出电压是作为电堆电流、阴极压力、反应物分压、燃料电池温度和膜湿度等参数的函数来计算的。

2.2.1 燃料电池开路电压

燃料的做功潜能采用吉布斯自由能来表征。吉布斯自由能等于建立一个系统和创建相应空间所需的能量减去系统由于自发传热可以从周围环境中获取的能量，体现了一个系统可以利用的潜能。燃料电池属于直接把燃料的化学能转换成电能的发电装置。从燃料电池中释放出的化学能量可以通过生成物与反应物的吉布斯自由能的变化量（ΔG_f）来计算[1-2]。

对于质子交换膜燃料电池，基本的化学反应是

$$H_2 + \frac{1}{2}O_2 \longrightarrow H_2O \tag{2-2-1}$$

吉布斯自由能的变化量（ΔG_f）为

$$\Delta G_f = (G_f)_{H_2O} - (G_f)_{H_2} - (G_f)_{O_2} \tag{2-2-2}$$

吉布斯自由能随温度和压力的变化而产生变化，可用如下方程表示：

$$\Delta G_f = \Delta G_f^0 - RT_{fc}\ln\frac{\alpha_{H_2}\alpha_{O_2}^{\frac{1}{2}}}{\alpha_{H_2O}} \tag{2-2-3}$$

式中，ΔG_f^0 是标准压力（1.0×10^5 Pa）下燃料电池化学反应的吉布斯自由能随燃料电池温度 T_{fc} 的变化，T_{fc} 的单位为 K（开尔文）；R 为通用气体常数，其值一般取 8.314 J/(mol·K)；α_i 表示物质 i 的活度。

物质的活度取决于它的化学性质：对于理想气体，$\alpha_i = p_i/p^0$，其中，p_i 表示对应气体的分压，p^0 是标准态气体的压强，即 1 bar。对于纯组分物质，其活度通常视为 1。因此，根据活度相关原则，可将式（2-2-3）中氢气和氧气的活度转换成分压来表示，即 $\alpha_{H_2} = p_{H_2}$，$\alpha_{O_2} = p_{O_2}$。对于质子交换膜燃料电池，若其工作在 100 ℃ 以下，则生成液态的水，此时生成物水的活度为 1，即 $\alpha_{H_2O} = 1$。因此，式（2-2-3）可改写为

$$\Delta G_f = \Delta G_f^0 - RT_{fc}\ln[p_{H_2}p_{O_2}^{\frac{1}{2}}] \tag{2-2-4}$$

式中，氢气、氧气的分压均以 bar 为单位，1 bar＝1.0×10^5 Pa。

如果燃料电池的反应过程是可逆的，那么所有的吉布斯自由能都将转化为电能，即在电路中移动电荷所做的电功。对于 1 mol H_2，有 2 mol 电子通过外部电路，所做的电功（电荷乘电压）是 $-2F\times E$。其中，F 是法拉第常数（取

96485 C/mol，代表 1 mol 电子的电荷；E 是燃料电池的电压。如果系统是可逆的，则所做的电功等于吉布斯自由能的变化：

$$\Delta G_f = -2FE \qquad (2\text{-}2\text{-}5)$$

因此，可得燃料电池的可逆电压为

$$E = \frac{-\Delta G_f}{2F} = \frac{-\Delta G_f^0}{2F} + \frac{RT_{fc}}{2F}\ln(p_{H_2} p_{O_2}^{\frac{1}{2}})$$

$$= \underbrace{E^0}_{\text{标准态}} + \underbrace{(T_{fc} - T_0)\left(\frac{\Delta S^0}{2F}\right)}_{\text{非标准态，温度修正}} + \underbrace{\frac{RT_{fc}}{2F}\ln(p_{H_2} p_{O_2}^{\frac{1}{2}})}_{\text{非标准态，浓度修正}} \quad (2\text{-}2\text{-}6)$$

E^0 表示标准态下的可逆电压，质子交换膜燃料电池在标准态下生成液态水时有 -237 kJ/mol 的吉布斯自由能变化，因此可得 $E^0 = 1.229$ V。在实际应用中，燃料电池反应过程是不可逆的；部分化学能转化为热能，燃料电池的开路电压小于式(2-2-6)中的电压。式中的电压 E 称为氢燃料电池的可逆开路电压或"能斯特"电压。

式(2-2-6)中，T_0 为标准态温度(298.15 K)，ΔS^0 为熵变。由于比热随预期温度的变化很小，因此给定反应的熵变近似恒定，可以设为标准值。标准态熵变的热力学值[3]为标准态下反应物氢气和氧气与生成物水之间熵的差值，单位为 J/mol。将式(2-2-6)进一步展开，得到

$$E = 1.229 - 0.85 \times 10^{-3}(T_{fc} - 298.1) +$$
$$4.3085 \times 10^{-5} T_{fc}\left(\ln p_{H_2} + \frac{1}{2}\ln p_{O_2}\right) \quad (2\text{-}2\text{-}7)$$

式中，开路电压的单位是伏特(V)；T_{fc} 的单位是开尔文(K)；氢气和氧气分压的单位均用 bar 表示。

2.2.2 活化损失

活化损失(或活化过电压)源自阳极/阴极中电子移动及化学键的断裂与形成过程。部分可用能量在驱动化学反应并将电子传递给电极或从电极转移的过程中损失掉。燃料电池的阳极和阴极都存在活化过电压。然而，氢在阳极的氧化反应非常快，而氧在阴极的还原反应相当慢。因此，由活化损失引起的电压降主要取决于阴极反应条件。活化损失代表了因克服电化学反应的活化能

垒而损失的电压。电流密度和活化损失之间的关系可以用 Butler-Volmer(巴特勒-福尔默)方程表示[1]：

$$i_{st} = i_0 (e^{\alpha nFv_{act}/(RT)} - e^{-(1-\alpha)nFv_{act}/(RT)}) \qquad (2-2-8)$$

式中，i_{st} 表示电堆电流密度(A/cm^2)；i_0 表示交换电流密度；v_{act} 表示燃料电池的活化损失；α 是电荷传递系数；n 是反应中传输的电子数。

根据 Butler-Volmer 方程求解 v_{act} 的过程过于复杂，通常采用以下两个近似来简化：

当 v_{act} 非常小(在室温下小于 15 mV)时，对 Butler-Volmer 方程中指数项进行泰勒展开，同时忽略高于 1 次的项，即 $e^x \approx 1+x$。此时，根据简化后的 Butler-Volmer 方程，计算得到的活化损失为

$$v_{act} = \frac{i_{st}}{i_0} \frac{RT}{nF} \qquad (2-2-9)$$

上式表明，运行在低电流密度条件下，活化损失较小时，活化损失与电流密度呈线性关系，且与 α 无关。

当 v_{act} 很大(在室温下大于 50 mV)时，Butler-Volmer 方程中第二项指数项可以忽略，即正向反应方向起决定性作用(相当于完全不可逆反应过程)。此时，根据简化后的 Butler-Volmer 方程，计算得到的活化损失为

$$v_{act} = -\frac{RT}{\alpha nF}\ln i_0 + \frac{RT}{\alpha nF}\ln i_{st} = \frac{RT}{\alpha nF}\ln\left(\frac{i_{st}}{i_0}\right) \qquad (2-2-10)$$

上式表明，在高电流密度条件下运行且活化损失较大时，活化损失与电流密度的自然对数($\ln i_{st}$)呈线性关系。

在实际的应用系统中，主要关心有大量净电流产生(即正反应方向起决定性作用)的情况，因此，常用式(2-2-10)来计算活化损失。式(2-2-10)也被称为Tafel(塔菲尔)公式，通常写成如下形式：

$$v_{act} = a + b\ln i_{st} \qquad (2-2-11)$$

式中，a、b 均为常数，b 称为 Tafel 斜率，两个参数值通过实验数据拟合计算得到。采用实验数据拟合时，计算结果考虑了阳极的活化损失，模拟结果与实际值的拟合性将更好。

式(2-2-8)~式(2-2-10)中的交换电流密度 i_0 可用下式表示：

$$i_0 = nFc_R^* f_1 e^{-\Delta G_1^{++}/(RT)} \qquad (2\text{-}2\text{-}12)$$

式中，c_R^* 为催化剂层三相界面处的反应物浓度；f_1 为反应物衰变到生成物的速率；ΔG_1^{++} 代表活化能垒。

交换电流密度代表平衡状态下反应物和生成物间的交换速率。如果交换电流密度比较小，电极动力学过程会变得缓慢，针对任何特定净电流的活化过电势都会变大。如果交换电流密度很大，系统将提供微不足道的活化过电势和相对较大的电流。当一个系统只有极小的交换电流密度时，那么该燃料电池系统将很难提供大的电流，除非以极大的活化损失为代价换取大的电流密度。交换电流可以看成促成界面电荷交换的"空闲"电流。如果只想从燃料电池上获取一个小的净电流，则只需要一个小的过电势；如果需要获得大的净电流，系统就必须以大的速度传输电荷，这只能通过一个大的活化过电势来实现。在这种情况下，活化过电势就可以衡量一个系统需要损失多少能量来提供净输出电流的能力[4]。

改善燃料电池反应动力学的根源在于增加交换电流密度；由式（2-2-12）可知，提高交换电流密度的主要途径有：增加反应物的浓度 c_R^*、选用高效催化剂来降低活化能垒、提高反应温度、增大电极的表面积以增加反应的场所。

如前所述，Tafel 方程仅在 $i_{st} \gg i_0$ 时有效。对于低温质子交换膜燃料电池，i_0 的典型值约为 $0.1\ \text{mA/cm}^2$。在燃料电池特性模拟中，另一个类似的函数对整个电流范围有效[2]，也可采用如下方程描述活化损失：

$$v_{act} = v_0 + v_a(1 - e^{-c_1 i_{st}}) \qquad (2\text{-}2\text{-}13)$$

式中，v_0 是零电流密度下的电压降；v_a 和 c_1 是常数。这三个参数均需要通过实验数据的拟合来获得。也有文献将这三个参数表达为温度和氧分压的函数，然后通过实验数据的拟合来获得未知的系数。

2.2.3 欧姆损失

欧姆损失是由聚合物膜对质子转移的电阻、电极和集电极对电子转移的电阻引起的。燃料电池的欧姆阻抗主要有两种：一种是阻碍氢离子穿越质子交换膜的离子阻抗，另一种是阻碍电子穿过导电元件的电子阻抗。由于离子的传输相较电子而言更加困难，因此在计算过程中可忽略电子阻抗，从而认为离子阻抗是引起欧姆损失的主要原因。对应于欧姆损失的电压降与电流密度成正比[1-2]：

$$v_{ohm} = i_{st} \times R_{ohm} \quad (2\text{-}2\text{-}14)$$

式中，R_{ohm} 为面积比内阻，单位为 $\Omega \cdot cm^2$。采用面积标准化电阻的目的是便于对不同面积的燃料电池进行横向比较。

面积比内阻与电子/离子的传导路径长度成正比，与导电介质的电导率成反比。如前所述，离子阻抗是欧姆损失的主要原因，因此，质子交换膜燃料电池的面积比内阻主要取决于质子交换膜的厚度及其离子电导率：

$$R_{ohm} = \frac{t_m}{\sigma_m} \quad (2\text{-}2\text{-}15)$$

式中，t_m 表示膜的厚度（cm）；σ_m 表示膜的电导率[$(\Omega \cdot cm)^{-1}$]。

例如，燃料电池中优良电解质的离子电导率通常约为 $0.10(\Omega \cdot cm)^{-1}$，对于厚度为 50 μm 的质子交换膜，也将产生 $0.05\ \Omega \cdot cm^2$ 的面积比电阻，相比之下，50 μm 厚的多孔碳纸电极却只有小于 $5 \times 10^{-6}\ \Omega \cdot cm^2$ 的电子阻抗。这一实例再次说明了离子阻抗在燃料电池反应中起主导作用。

质子交换膜燃料电池采用的是聚合物电解质，其电荷传输通过材料中离子导电体的"跳跃"式移动来实现，其传输机制被称为车载机制，即导电离子在某种自由物质（理解为"车辆"）经过时搭载上这些"车辆"，通过自由体积空间实现传输。其中，水是一种常见的载体物质，当水分子穿越聚合物中的自由体积空间时，离子可以随同搭载。一些研究表明，膜的电导率 σ_m 是关于膜含水量 λ_m 和燃料电池温度 T_{fc} 的函数：

$$\begin{cases} \sigma_m = b_1 \exp\left[b_2\left(\frac{1}{303} - \frac{1}{T_{fc}}\right)\right] \\ b_1 = b_{11}\lambda_m - b_{12} \end{cases} \quad (2\text{-}2\text{-}16)$$

式中，常数 b_{11}、b_{12} 和 b_2 为待通过实验数据拟合来确定的三个参数。

膜含水量 λ_m 的取值在 0～22 之间，其中 $\lambda_m = 0$ 表示膜完全失水；在膜 100% 水饱和状态下，λ_m 取值为 14；膜处于过饱和状态时，λ_m 取值为 22。

2.2.4　浓度损失

在燃料电池的反应界面处，反应物的浓度比流道内的低，生成物的浓度比流道内的高。无论从能斯特方程中的可逆电动势角度，还是从反应速率（活性）的角度来分析，燃料电池均会存在损耗，该损耗由电极内的扩散传输导致，受能斯特损耗和反应损耗的复合影响，被称为浓度损失或传质损失[1-2]。

从浓度影响能斯特电压的角度，得到的浓度损失为

$$v_{\text{conc}} = \frac{RT}{nF} \ln \frac{i_L}{i_L - i_{\text{st}}} \quad (2\text{-}2\text{-}17)$$

从浓度影响电化学反应速率的角度，得到的浓度损失为

$$v_{\text{conc}} = \frac{RT}{\alpha nF} \ln \frac{i_L}{i_L - i_{\text{st}}} \quad (2\text{-}2\text{-}18)$$

由此可以得到，式(2-2-17)和式(2-2-18)具有相同的形式，两者只差一个系数，综合能斯特电压和电化学反应速率对电压降的影响，可以得到总的浓度损失为

$$v_{\text{conc}} = \frac{RT}{nF} \ln \frac{i_L}{i_L - i_{\text{st}}} + \frac{RT}{\alpha nF} \ln \frac{i_L}{i_L - i_{\text{st}}} = \frac{RT}{nF} \left(1 + \frac{1}{\alpha}\right) \ln \frac{i_L}{i_L - i_{\text{st}}}$$

$$(2\text{-}2\text{-}19)$$

其中，i_L是极限电流密度（A/cm²），表征电堆内质量传输的极限能力，即到达催化层的反应物浓度下降到 0 时对应的电流密度。燃料电池的极限电流密度可以用下式来计算：

$$i_L = nFD^{\text{eff}} \frac{c_R^0}{\delta} \quad (2\text{-}2\text{-}20)$$

式中，D^{eff}表示催化层内反应物的有效扩散率；c_R^0表示流道内（非催化层）的反应物浓度；δ表示扩散层厚度。

改善燃料电池的质量传输可以提高电堆的极限电流密度，从而可以降低浓度损失。在电堆的设计层面，良好的双极板流场结构可以提高c_R^0；优化膜电极的电极结构，可以增加有效扩散率D^{eff}；减小扩散层厚度δ，也能增大燃料电池的极限电流密度。在电堆的运行层面，可以优化燃料电池的工作条件以提高极限电流密度；当升高运行压力时，流道内的对流传质作用得到改善，对流作用增加，有利于克服多孔介质内的黏附效应，加速反应气体从流道向催化剂层的扩散，从而改善质量传输。

在很多文献中，浓度损失 v_{conc} 经常通过如下通用化的表达式来计算：

$$v_{\text{conc}} = c\ln\frac{i_L}{i_L - i_{\text{st}}} \qquad (2\text{-}2\text{-}21)$$

$$c = \frac{RT}{nF}\left(1 + \frac{1}{\alpha}\right) \qquad (2\text{-}2\text{-}22)$$

其中，c 为常数。虽然理论上 c 值可以采用式(2-2-22)中的系数来计算，但是由实际燃料电池的行为通常得出一个比理论计算结果大很多的系数，因此，前述的理论分析只是帮助理解质量传输是怎么影响浓度损失的，在实际的应用中，通常采用实验数据拟合的方法来获得 c 值。

除式(2-2-21)之外，文献[2]给出了一个近似的方程来计算浓度损失：

$$v_{\text{conc}} = i_{\text{st}}\left(c_2\frac{i_{\text{st}}}{i_{\max}}\right)^{c_3} \qquad (2\text{-}2\text{-}23)$$

其中，c_2、c_3 和 $i_{\max}$ 是依赖于温度和反应物分压的常数，可以通过经验来确定。参数 $i_{\max}$ 是引起陡然电压降的电流密度。

2.2.5 电堆稳态电压模型

经过前面的分析，利用热力学预测电压减去三种损失电压即可得到燃料电池的实际输出电压。单个燃料电池的稳态输出电压为

$$v_{\text{st}} = E - v_{\text{act}} - v_{\text{ohm}} - v_{\text{conc}} \qquad (2\text{-}2\text{-}24)$$

其中，开路电压 E 采用式(2-2-7)计算；活化损失 v_{act} 可采用式(2-2-11)或式(2-2-13)计算；欧姆损失 v_{ohm} 采用式(2-2-14)计算；浓度损失 v_{conc} 采用式(2-2-21)或式(2-2-23)计算。

在实际的应用中，通常需要添加一个附加项来反映大多数燃料电池系统的真实特性，这个附加项 i_{leak} 是与寄生损耗相关联的，该寄生损耗包括由电流泄漏、气体渗透和不希望出现的副反应所引起的损耗。在几乎所有的燃料电池系统中，由于这些寄生过程总会损耗一定量的电流，其产生的影响是燃料电池的工作电流相比理论电流偏移了某一数值，如图 2-2-1 所示。由于 i_{st} 表示燃料电池提供给外部负载的电流，因此只有该工作电流才实际流经电池，才会产生欧姆损失。泄漏电流只会影响电压方程中的活化损失项和浓度损失项。

由于燃料电池堆由多个串联的燃料电池组成，因此电堆电压等于所有单体电池电压之和。在假设所有单元完全相同的情况下，将单体电池电压乘以堆叠

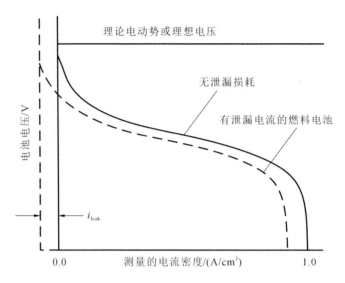

图 2-2-1 漏电流损耗对燃料电池整体性能的影响

单体数即可得到电堆电压：

$$V_{st} = N_{st}v_{st} \quad (2-2-25)$$

其中，N_{st} 表示电堆中串联的单体电池数量。

2.3 燃料电池堆动态电压模型

2.3.1 燃料电池的动态电效应

2.2 节已介绍了燃料电池堆的稳态电压模型，本节将讨论燃料电池堆的动态电压模型。根据 2.2 节的理论分析，在加载瞬间燃料电池电流密度突然增大，欧姆损失和浓度损失随之增大，而热力学电动势基本保持不变，因此电池的输出电压会降低。燃料电池的电压降低过程可用图 2-3-1 所示的曲线来阐述[5]。由图可以看出，当负载从低变高时，电池电压响应动态过程主要分为两个阶段，将加载瞬时电压下冲到最小值的动态过程定义为第一阶段，将电压由最小值逐渐恢复到稳态值的动态过程定义为第二阶段。

动态过程的第一阶段中，燃料电池表现出一种被称为"电荷双层"现象的快速动态行为。具体来说，在电极与电解质界面附近存在一种电荷分布结构，称

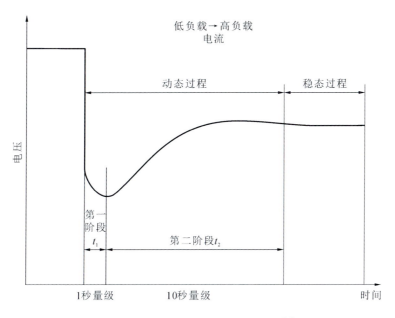

图 2-3-1 燃料电池的动态响应曲线[5]

为"电荷双层"。电荷双层能够储存电荷和能量,其特性类似于一个电容器。电荷聚集所产生的电压与前面所考虑的活化过电压和浓度过电压相对应。因此,当电流突然变化时,欧姆压降对电流的变化立即做出反应,活化过电压和浓度过电压对电流变化的响应需要一段时间。第一阶段持续时间和电压最小值主要受扩散层厚度和扩散率的影响[5]。

在燃料电池加载过程中,由于电流瞬间变化,其温度平衡和湿度平衡具有滞后性,以及存在瞬间气体供应不足的情况,故欧姆损失和浓度损失瞬间增加,其输出电压会迅速下降,等到电堆内部湿度平衡、温度平衡及气体供应平衡之后,燃料电池输出电压会恢复到一个稳定值。通常认为动态过程第二阶段的电压上升是由于膜含水量的恢复:当负载变化导致一个大电流密度时,膜脱水导致其电阻相应增加,从而导致电压损失。随着时间的推移,由于电渗阻力和反扩散的内部水化作用,质子传导阻力较小,欧姆电压损失降低,因此输出电压逐渐恢复到稳定状态[5]。

燃料电池不同时间尺度的动态行为可用其阻抗特性来表征,如图 2-3-2 所示。该模型本质上是膜和两个电极的一维描述,并只考虑由外部操作条件所引起的阻抗变化[6]。该模型将欧姆损失等效为欧姆电阻 R_{ohm}。由于阳极侧氢气质量传输过程可以忽略,阳极模型可简化为一个活化电阻 R_{ct-a} 和恒相位元件 CPE_1 并联的形式,其中 R_{ct-a} 用于量化阳极阻抗的大小,CPE_1 表示阳极-电解质界面电荷聚集而产生的等效电容效应。和阳极侧类似,将阴极活化损失等效为电阻 R_{ct-c},恒相位元件 CPE_2 表示阴极-电解质界面电荷聚集而产生的等效电容效应。燃料电池内部的浓度损失等效为传质阻抗 R_{mt},CPE_3 表示催化层和气体扩散层中因气体扩散系数不均匀而产生的类电容效应[6]。

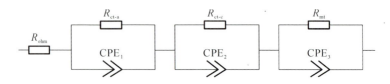

图 2-3-2 燃料电池等效电路模型结构[6]

CPE 为恒相位元件,用于描述因燃料电池电极表面多孔性分布不均匀而导致的类容性特性,其阻抗表达式为[7]:

$$Z_{CPE} = \frac{1}{Y_0 \times (j\omega)^N} \quad (2-3-1)$$

式中,Y_0 为恒相位元件的容性系数;ω 为角频率;N 为衡量电极表面均匀程度的参数。N 的取值一般在 0.5~1 之间,表示非理想的电容现象;N 值越大,电极表面均匀程度越高。当 $N=1$ 时,CPE 模块表现为一理想电容。

文献[8]采用过程机理分析的手段获得了电堆阻抗计算的表达式。然而,与前述的电堆稳态电压模型类似,电堆阻抗表达式中的参量同样需要依赖实验数据的拟合来获得。因此,在实际的应用中,常常采用电化学阻抗谱(electrochemical impedance spectroscopy,EIS,也称为交流阻抗谱)实验-等效电路拟合的方式来获得其欧姆阻抗、活化阻抗和传质阻抗特性。

2.3.2 燃料电池的等效电路模型

交流阻抗的测量原理如图 2-3-3 所示,在燃料电池稳态运行的某一工况点,通过在其直流电流上施加某一频率的正弦电流扰动(通常需要通过电堆的集流板施加到整堆),从而在其节电压上产生小的正弦电压响应,分析正弦电流扰动和正弦电压响应之间的幅值和相位关系,便得到该频率下电堆的阻抗值。交流阻抗的测量方法采用非线性系统近似线性化的思想,要求扰动的信号足够小,否则会让系统进入非线性区。因此,测量时要求正弦扰动电流的幅值不能太大,通常要求在满足响应电压测量分辨率及测量精度的前提下,使扰动电流尽可能小。

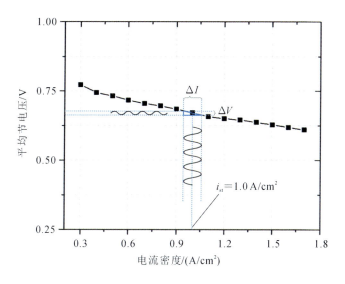

图 2-3-3　交流阻抗的测量原理

如前所述,从控制学科的角度来看,交流阻抗谱的实质是获得对象的频率特性,即采用实验法来获得对象的幅频及相频特性曲线。从系统工程的角度看,被控对象的幅频及相频特性曲线较完整地反映了电堆内部的状态信息,可用于分析其动静态行为。不同于控制系统设计常用的 Bode 图,燃料电池堆的阻抗行为常用 Nyquist 图来表示,即电堆在不同频率下测得的交流阻抗值用实部-虚部构建的坐标系来表示,如图 2-3-4 所示。

由图 2-3-4 可知,交流阻抗谱中蕴含了丰富的电化学信息,可用于判别电堆内部的化学反应情况。此外,交流阻抗特性也与电堆呈现的端口特性(I-V 曲线)关联。交流阻抗谱构建起了电堆设计(包括流场、膜电极、催化剂等)与电堆运行监测之间的桥梁。

欧姆阻抗:交流阻抗谱高频段在实轴的截距代表欧姆阻抗,欧姆阻抗由电子电阻和离子电阻组成。电子电阻由电子在电极、双极板、集流板和外接导线

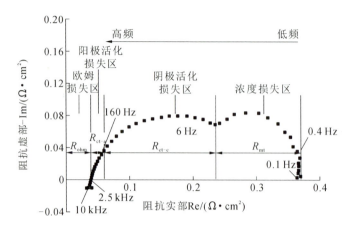

图 2-3-4 交流阻抗谱示意图[6]

内的传导而产生。离子电阻由质子在质子交换膜中的传输而产生,与膜的厚度及其电导率有关,其中,膜的电导率与膜含水量及温度有关。当膜含水量很低时,离子电阻急剧增大;当膜的水合状态良好时,欧姆阻抗几乎不受操作条件变化的影响。

活化阻抗:交流阻抗谱中高频弧段表征活化阻抗。如前所述,氢气在阳极的氧化反应非常快(图 2-3-4 中表现为频率相对高一些的弧段),而氧气在阴极的还原反应相当慢(图 2-3-4 中表现为频率相对低一些的弧段),因此,由活化损失引起的电压降主要取决于阴极反应条件。在交流阻抗谱中,阳极活化对应的阻抗弧通常不明显,因此,在分析时通常会将其忽略以简化计算。

传质阻抗:交流阻抗谱中低频弧段表征传质阻抗。浓度损失或浓度过电压是反应物在反应消耗过程中浓度下降所造成的。浓度损失是导致高电流密度下电压快速下降的原因。在高电流密度下,反应物生成的水蒸气会导致反应物的浓度下降,故传质阻抗增大;此外,液态水的存在也进一步阻碍了反应物的传输,这也是导致传质阻抗增大的原因。特别地,当电堆发生水淹故障时,传质阻抗会急剧增大,体现为低频阻抗弧在实轴的截距增大。

下面以一个工程级电堆(有效反应面积为 330 cm^2)的阻抗测试结果为例,阐述不同操作条件下电堆的阻抗行为,如图 2-3-5 所示(-fit 表示拟合)。其中,数据点表示测量结果。本次阻抗特性测试采用单因素法,主要考虑对阻抗影响最大的三个因素:阴极空气计量比、电堆运行压力和电堆运行温度。实验采用的基准工作点为 1 A/cm², 与之对应的基准操作条件见表 2-3-1。

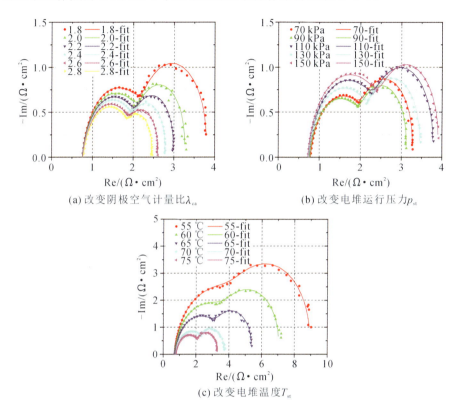

图 2-3-5 不同操作条件下的交流阻抗测量结果

表 2-3-1 电流密度为 1 A/cm² 时对应的基准操作条件

操作条件	物理代号	对应数值
阴极空气计量比(又称为过氧比)	λ_{ca}	2
阴极空气湿度	RH_{ca}	40%
阳极氢气计量比	λ_{an}	1.6
阳极氢气湿度	RH_{an}	40%
电堆运行压力	p_{st}	110 kPa
电堆温度	T_{st}	70 ℃

为了形象地表达电堆的阻抗特性,通常需要对实测的交流阻抗数据进行拟合。通过对阻抗数据的分析可知,阳极活化过程很迅速,在阻抗谱上其对应的阻抗弧特征很不明显;为了简化处理,将阳极与阴极活化过程等效为一个活化电阻与恒相位元件的并联,电堆的等效电路模型简化为图 2-3-6 所示电路模型。

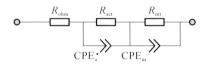

图 2-3-6　简化的等效电路模型

基于图 2-3-6 所示的等效电路模型,利用 ZView 和 NOVA 软件进行等效电路参数拟合,得到不同运行条件下等效电路模型中的各参数值,如表 2-3-2 所示,将拟合获得的结果绘制在图 2-3-5 中。本次拟合过程测量数据与拟合数据的拟合优度优于 10^{-3} 级,说明拟合效果优良,等效电路模型可以良好地表达电堆的阻抗特性。

表 2-3-2　拟合获得的等效电路模型参数

参数	R_{ohm}	R_{act}	$CPE_a\text{-}Y_0$	$CPE_a\text{-}N$	R_{mt}	$CPE_m\text{-}Y_0$	$CPE_m\text{-}N$	R_{total}
$\lambda_{ca}=1.8$	0.69337	1.63830	1.442	0.92395	1.43865	11.140	1.153	3.77032
$\lambda_{ca}=2.0$	0.69406	1.55214	1.425	0.92313	0.99627	11.610	1.182	3.24247
$\lambda_{ca}=2.2$	0.69249	1.48302	1.398	0.92271	0.78903	11.660	1.201	2.96454
$\lambda_{ca}=2.4$	0.69520	1.41775	1.399	0.92190	0.65050	11.670	1.208	2.76346
$\lambda_{ca}=2.6$	0.69619	1.33793	1.424	0.91944	0.54468	12.290	1.213	2.57880
$\lambda_{ca}=2.8$	0.70041	1.27912	1.413	0.91967	0.45874	12.220	1.232	2.43826
$p_{st}=70\ kPa$	0.72875	1.41057	1.327	0.93540	1.10612	8.014	1.175	3.24544
$p_{st}=90\ kPa$	0.70422	1.39817	1.395	0.92850	0.99455	9.678	1.189	3.09694
$p_{st}=110\ kPa$	0.70334	1.75542	1.180	0.94743	1.28711	9.620	1.169	3.74587
$p_{st}=130\ kPa$	0.68684	1.64296	1.317	0.93591	1.10187	11.650	1.187	3.43167
$p_{st}=150\ kPa$	0.67364	1.94055	1.388	0.93608	1.25396	12.160	1.198	3.86815
$T_{st}=55\ ℃$	0.69311	4.09713	1.371	0.95561	4.06083	4.746	1.166	8.85108

续表

参数	R_{ohm}	R_{act}	CPE_a-Y_0	CPE_a-N	R_{mt}	CPE_m-Y_0	CPE_m-N	R_{total}
$T_{st}=60$ ℃	0.69087	3.38628	1.315	0.95084	2.90679	5.951	1.167	6.98394
$T_{st}=65$ ℃	0.68926	2.77563	1.188	0.94791	1.85651	7.457	1.195	5.32140
$T_{st}=70$ ℃	0.69909	1.78757	1.263	0.93103	1.17799	9.963	1.184	3.66465
$T_{st}=75$ ℃	0.70825	1.52196	1.262	0.93078	1.01629	10.420	1.186	3.24650

由前面的分析可知,通过实验的手段可以获得燃料电池电堆的交流阻抗谱及等效电路模型。该阻抗谱的特征关联了电堆的运行机理及内部的运行状态,通过对图 2-3-5 中阻抗谱形态和表 2-3-2 中对应阻抗参数的分析,可以为电堆的优化设计及高效运行提供数据支撑。

阴极空气计量比:在基准工作点改变阴极空气计量比所测得的交流阻抗谱如图 2-3-5(a)所示。分析可知,电堆的阻抗谱形态会随阴极空气计量比的改变而呈现出单调且显著的变化。从电化学角度来看,阴极空气计量比主要影响反应物浓度和生成物(水)的排出能力。当阴极空气流量增加时,电堆流道内参与反应的氧气浓度会提高,电堆的排水能力也会增强,质量传输能力得以提升,传质阻抗减小(表 2-3-2 中,R_{mt} 随阴极空气计量比的增加而显著减小)。此外,阴极空气计量比对阴极活化阻抗也有一定的影响。从总阻抗的视角来看,总阻抗、活化阻抗、传质阻抗均随阴极空气计量比的增加而单调减小。需要特别指出的是,在极端情况下(低电流密度、高堆温),过高的阴极空气计量比将导致电解质膜失水,引起欧姆阻抗的增大。

电堆运行压力:在基准工作点改变电堆运行压力所测得的交流阻抗谱如图 2-3-5(b)所示。由图可知,电堆的阻抗谱形态随电堆运行压力的改变没有明显的规律特性。随着电堆运行压力的提升,流道内的对流传质作用改善,有利于气体从流道向催化层的扩散,从而改善传质作用。但是随着电堆运行压力的提升,在相同总进气质量流量的前提下,气体的流速降低,不利于液态水的排出,可能引起传质阻抗的增大。

电堆运行温度:在基准工作点改变电堆运行温度所测得的交流阻抗谱如图 2-3-5(c)所示。由图可知,电堆的阻抗谱形态随电堆运行温度的改变而呈现出单调且显著的变化。电堆运行温度的升高,可降低反应物的活化能垒,增加催化剂的活性,从而减小活化阻抗,此外,随着温度的升高,交换电流密度升高,可进一步减小活化阻抗(表 2-3-2 中,R_{act} 随电堆运行温度的升高而显著减小);随着温度的升高,反应气体的扩散系数增大,气体的传输作用加快,传质阻抗得以减小(表 2-3-2 中,R_{mt} 随电堆运行温度的升高而减小)。温度的升高还会引起膜含水量和离子电导率的变化。在低温时,温度上升有利于水的扩散,改善水合作用,欧姆阻抗减小;在高温时,温度上升会引起膜脱水,从而导致欧姆阻抗增大。

从系统运行的角度来看,燃料电池堆是一个包含内阻的直流源。在稳态运行时,负载电流未发生任何变化,此时相当于等效电路中的电容处于开路状态,其内阻便是欧姆电阻、活化阻抗和传质阻抗之和;总阻抗便是阻抗谱的 Nyquist 图中低频圆弧与实轴交点对应的阻抗值。因此,极低频阻抗实部便代表着总阻抗 $R_{total} = R_{ohm} + R_{act} + R_{mt}$,也对应着当前操作条件下 I-V 曲线中工作电流点的斜率,反映电堆电压随着电流加载时的跌落速率。

2.4 燃料电池动力系统的运行控制及管理

燃料电池动力系统的运行控制及管理的实质是,根据运行负载的功率需求,通过动力系统的辅助部件管理子系统的调控,为燃料电池堆的运行营造出良好的反应条件,一方面充分发挥出电堆的性能,以满足功率需求,另一方面确保运行过程的安全性、经济性等。通过前述的分析可知,电堆的电压性能与材料(催化剂、气体扩散层、质子交换膜等)、设计(流道结构参数、气体扩散层参数等)和运行条件(压力、浓度、温度等)等因素相关。由于本书聚焦于应用层面,仅探讨在电堆内部参数已经确定的条件下如何构建应用系统,因此,本书重点关注影响电堆电压性能的外部运行条件。

根据前面的分析结果,燃料电池堆输出电压性能主要受阴极空气压力、阴极空气计量比、阴极空气湿度、阳极氢气压力、阳极氢气计量比、阳极氢气湿度、电堆温度这 7 个操作条件的影响。受电堆内质子交换膜压差承受能力的限制,在实际运行中需保持阴极空气压力和阳极氢气压力的平衡,因此,可认为阴阳极压力近似相等,将阴极空气压力和阳极氢气压力统称为电堆运行压力。电堆

在电流密度 i_{st} 条件下的电压性能可用下式表示：

$$v_{st} = f_{i\,st}(\lambda_{ca}, RH_{ca}, \lambda_{an}, RH_{an}, p_{st}, T_{st}) \tag{2-4-1}$$

各操作条件对电压的影响非常复杂，某些变量之间存在复杂的耦合关系，特别是电堆内部水的状态对电堆影响很大。各电压与操作条件之间的复杂关系借用文献[9]中的关系图来表示，如图 2-4-1 所示。需要特别指出的是，图中仅表示了在电堆正常含水状态下各变量间的关联关系。电堆含水的状态对电堆性能影响很大：过多的水会影响气体的传输过程、有效反应面积、反应气的浓度等，进而影响活化过电压和浓度过电压；过少的水会影响质子的传导，进而影响欧姆过电压。因此，操作条件还会通过影响含水状态来间接影响输出电压性能。

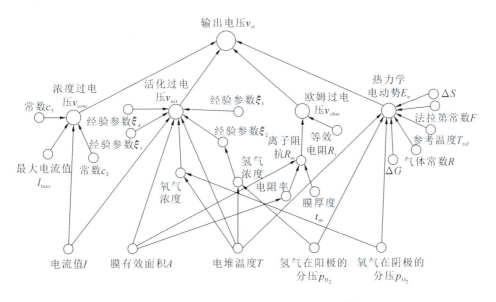

图 2-4-1　影响电堆电压性能的因素示意[9]

对于一款给定的电堆，需要在测试平台上对其进行大量的测试，以此来探索其优化的运行条件；在此基础上，制定相应的控制策略，以实现系统的集成应用。

2.4.1　电堆操作条件探索方法

电堆的 6 个操作变量（$\lambda_{ca}, RH_{ca}, \lambda_{an}, RH_{an}, p_{st}, T_{st}$）构成了 6 维的运行空间

(见图 2-4-2),如果将电堆初始设计时理论允许的单一条件从最小值到最大值十等分的话,那么需要探索的操作条件组合数量有 10^6 种。显然,从这些众多的操作条件中探索出适合电堆长时间运行的条件组合是一件非常困难的事情。

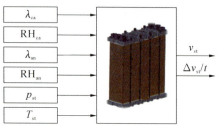

图 2-4-2 电堆操作条件的判别方法

用于评价电堆操作条件优劣的指标主要有电堆电压性能(电压越高表示相同电流密度下的发电效率更高)、条件稳定性(保证电堆长时间运行电压降尽量小)、耐久性(运行条件对电堆的损伤最小)等。由于系统运行时,操作条件的构建需要附属部件付出功耗的代价,因此电堆电压性能 v_{st} 主要用于不同电堆之间的横向对比,不作为操作条件优化的追求指标。电堆操作条件优化的主要判断依据是条件稳定性,用单位时间内的平均节电压变化率来表征:$\Delta v_{st}/t$;该条件也通常称为最大概率稳定条件。从系统运行的视角来看,评判一个电堆设计好坏的指标是操作条件构建的集合,即最大概率稳定操作区间的大小。大范围的稳定操作区间表征电堆具有宽范围的操作条件,从而对附属部件的匹配、条件的供给和系统的控制降低了要求;小范围的稳定操作区间表征电堆具有窄范围的操作条件,从而对外围条件的构建提出了苛刻的要求,难以实现集成应用。在最大概率稳定操作区间内,操作条件的变化不会对电堆运行的稳定性造成影响,从而提高了系统运行的可靠性。

常用的操作条件探索方法有单因素法和正交实验法。其中,正交实验法的实验方案通常采用田口设计的方法,目的是选出使实验结果稳定、波动性小的参数组合。利用正交表来挑选实验参数,可以达到通过较少的参数组合来评估较多的影响因素的效果。在静态田口实验中,影响实验结果的因子可以分为可控因子(参数)和噪声因子(随机误差)。通过调整可控因子(参数)的水平,来降低噪声因子对实验结果的影响。使用信噪比评价实验结果的稳定性,信噪比的值越大,因子的品质越好,根据每个因子(参数)的最大信噪比可选出每个因子的最佳水平(参数值)。下面以某石墨双极板电堆为例阐述最优操作条件的探索方法。

第一步:根据电堆开发人员的设计经验拟定操作条件,取电堆可稳定长时间(例如 1 小时)运行(该时间内的电压降不触发低电压保护)的操作条件作为基础条件。以电流密度 0.9 A/cm² 为例,该工况点的基础条件为 $\lambda_{ca}=2.2$,阴极湿度 RH_{ca} 用露点 $T_{d\text{-}ca}$ 表示为 58 ℃,$\lambda_{an}=1.5$,阳极湿度 RH_{an} 用露点 $T_{d\text{-}an}$ 表示为 58 ℃,$p_{st}=80$ kPa(表压),$T_{st}=70$ ℃。

第二步:在 6 个操作条件(λ_{ca},$T_{d\text{-}ca}$,λ_{an},$T_{d\text{-}an}$,p_{st},T_{st})中,确定本次实验的可控因子为 4 个对电堆运行稳定性影响最大的变量,即 λ_{ca}、$T_{d\text{-}ca}$、p_{st}、T_{st};因此,因子个数为 4,每个因子取 3 个水平数。

第三步:根据"均匀分散、整齐可比"的原则设计正交表。实验次数为:因子数×水平数-因子数+1=9。根据每一列、每个水平出现次数相等和任意两列出现的序对次数相等的原则设计正交表。以电流密度 0.9 A/cm² 为例,正交表如表 2-4-1 所示。

表 2-4-1 正交实验条件及运行结果

实验组号	因子1($T_{d\text{-}ca}$)	因子2(T_{st})	因子3(λ_{ca})	因子4(p_{st})	v_{st}/V	$\Delta v_{st}/t$/(mV/h)
1	1(52 ℃)	1(67 ℃)	1(2.0)	1(70 kPa)	0.683	−5.1
2	1(52 ℃)	2(70 ℃)	3(2.4)	2(80 kPa)	0.695	−6.1
3	1(52 ℃)	3(73 ℃)	2(2.2)	3(90 kPa)	0.698	−2.4
4	2(58 ℃)	1(67 ℃)	3(2.4)	3(90 kPa)	0.693	−0.3
5	2(58 ℃)	2(70 ℃)	2(2.2)	1(70 kPa)	0.681	−1.6
6	2(58 ℃)	3(73 ℃)	1(2.0)	2(80 kPa)	0.685	−1.6
7	3(64 ℃)	1(67 ℃)	2(2.2)	2(80 kPa)	0.680	−2.9
8	3(64 ℃)	2(70 ℃)	1(2.0)	3(90 kPa)	0.683	−2.5
9	3(64 ℃)	3(73 ℃)	3(2.4)	1(70 kPa)	0.676	−5.9

第四步:根据正交表进行实验,得到不同实验组合条件下电堆的运行结果如图 2-4-3 所示。其中,图 2-4-3(a)所示为电堆的节电压变化曲线,图 2-4-3(b)所示为正交实验的操作条件变化曲线。各运行条件下的关键性能(v_{st})和稳定性指标($\Delta v_{st}/t$)总结如表 2-4-1 所示。

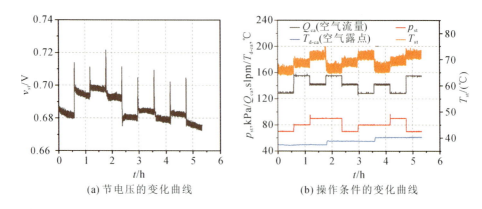

(a) 节电压的变化曲线　　(b) 操作条件的变化曲线

图 2-4-3　以 0.9 A/cm² 为例的实验曲线

注：图(b)中的阴极流量 $Q_{ca}=\lambda_{ca}\times 64$

第五步：以稳定性指标为目标信号，根据正交表实验结果计算出每次实验的信噪比大小，以每个可控因子下的信噪比最大为遴选原则，可以得到本次实验的最优操作条件为因子 1-水平 2、因子 2-水平 1、因子 3-水平 2、因子 4-水平 3，即得到最优操作条件为 $(\lambda_{ca}, T_{d-ca}, p_{st}, T_{st})=(2.2, 58\ ℃, 90\ kPa, 67\ ℃)$。

第六步：针对上述获得的最优操作条件 $(\lambda_{ca}, T_{d-ca}, p_{st}, T_{st})=(2.2, 58\ ℃, 90\ kPa, 67\ ℃)$ 进行长时间运行验证实验。运行结果如图 2-4-4 所示，运行结果表明采用正交实验法获得了优良的操作条件。

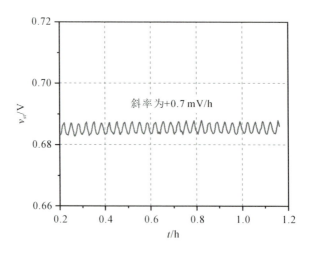

图 2-4-4　优选操作条件的长时间运行结果

第七步：针对所选的可控因子(λ_{ca}, $T_{d\text{-}ca}$, p_{st}, T_{st})开展单因素实验。以 λ_{ca} 为例，实验结果如图 2-4-5 所示。以单位时间内的平均节电压变化率不超过 2 mV/h 为遴选标准，获得该电堆在 0.9 A/cm² 条件下的操作区间为(λ_{ca}, $T_{d\text{-}ca}$, p_{st}, T_{st})=[2.2±0.2, (56±10)℃, (90±10)kPa, (68±2)℃]。上述得到的操作条件可行域是由所有可行解组成的集合。

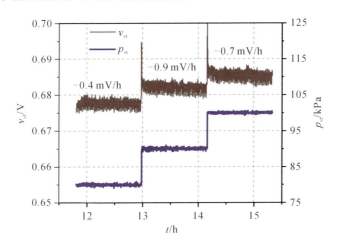

图 2-4-5 压力操作区间实验结果

2.4.2 燃料电池动力系统开环运行管理方法

通过前文对电堆操作条件探索方法及其实例化分析，获得了在不同电流密度运行条件下的最优操作条件和可行操作区间。在实际的燃料电池系统运行中，通常以运行电流作为基准条件。围绕电堆在基准电流下的运行需求，主要关注空气管理、氢气管理和热管理三个辅助子系统的控制。子系统的调控关注自身的控制目标，关注目标是否达成。如空气管理子系统通常需要采用流量与压力的解耦控制，以抑制工作条件跃迁过程的超调，减小压力和流量波动对质子交换膜与催化剂的损伤[10]；氢气管理子系统通常需要采用电堆电流的前馈控制，以实现动态工况下的压力稳定控制，避免加载过程的缺气风险[11]；热管理子系统通常需要采用预测控制，避免大滞后带来的温度控制波动等[12]。以上辅助子系统对操作条件的闭环控制是为了快速、精确地为电堆的良好运行营造适宜的条件。虽然各辅助子系统具有内在的闭环控制，但从整个系统运行的角度看,各运行条件的给定源自预置的查找表,且未根据实时获取的电堆运行状态来调整运行条件,因此,该运行管理方法的本质仍是一种开环式的方法,如图2-4-6所示。

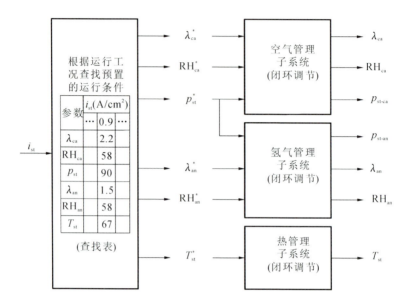

图 2-4-6　基于开环的运行管理方法

前述的操作条件和操作区间是在功能强大的电堆测试台架上获得的,在实际的应用中,一些操作条件无法精确地给定,还面临着众多的挑战:

(1) 阴极空气湿度是通过尾气加湿来实现的。具体来说,电堆反应后高温高湿的气体通过膜加湿器,利用渗透扩散作用来增加湿度。由于用于湿度测量的传感器昂贵且响应慢,因此在大多数系统中,阴极空气湿度无法精确地给定和测量。

(2) 阳极氢气侧的流量和湿度均是通过氢气循环来实现的。氢气是电堆反应的燃料来源,阳极出口是常闭的死端模式,上游供应的氢气计量比均约等于1,过量的氢气通过循环部件(氢气循环泵或引射器)来提供。氢循环部件将电堆出口未反应的氢气和水蒸气循环至电堆入口,一方面增加氢气计量比,另一方面实现加湿。但是循环支路内气体的组分不可测、流量不可测、湿度难以测量,因此,在实际应用系统中,阳极氢气侧的流量和湿度也无法精确地给定和测量。

如前所述,燃料电池堆是时变、动态的非线性系统,其内部的电化学反应过程非常复杂,且无法营造在台架测试时稳定可靠的工作条件,基于开环的运行管理方法难以满足实际运行的需求。因此,在实际的燃料电池应用系统的控制程序中存在非常多的条件处理策略,各运行阶段对应的具体做法源自大量的运行实践。主要的管控机制包括两类:

(1) 被动异常-处理机制。该管控机制下,需检测电堆的节电压、进出堆压力等,建立由节电压下降率、节电压一致性、进出堆压力差等组成的运行异常判别指标。系统一旦检测到异常,则采取改变计量比、吹扫速率、降载等应急处理机制,避免异常情况恶化成为故障。

(2) 主动扰动-观察机制。该管控机制下,系统通过时间触发或事件触发等方式主动施加操作条件的扰动,检测电堆的节电压、进出堆压力等,通过节电压下降率、节电压一致性、进出堆压力差等指标来判断运行状态是否正常。图2-4-7所示的是一种增加阴极空气计量比的主动扰动-观察机制示例。

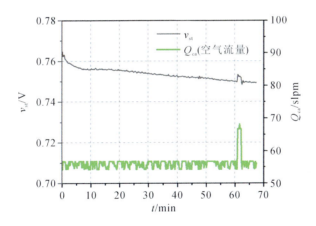

图 2-4-7　主动扰动-观察机制

注:图中的空气流量 $Q_{ca}=\lambda_{ca}\times 21.3$,测试条件为 0.3 A/cm²

2.4.3　燃料电池系统闭环运行管理方法

如前所述,燃料电池系统的开环运行管理方法存在很多弊端,系统运行的可靠性和鲁棒性较差。为了提高燃料电池集成系统运行的可靠性和鲁棒性,需要构建闭环的运行管理系统。目前,基于燃料电池运行状态辨识的闭环运行管理技术尚处于起步阶段,作者结合自身的认识及思考,在本书中仅对构建闭环运行管理系统的一般性思路进行讨论,期望起到抛砖引玉的作用。

1. 闭环运行管理系统框图

在图 2-4-6 所示的基于开环的运行管理方法的基础上,根据闭环运行系统的各要素需求,形成了闭环运行管理系统的详细框图,如图 2-4-8 所示。

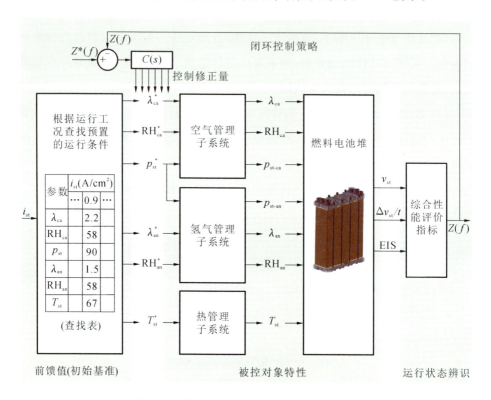

图 2-4-8　基于闭环的运行管理系统详细框图

由图 2-4-8 可知,构建闭环运行管理系统的首要条件是有效地辨识电堆的运行状态,同时建立合适的控制目标;其次是明确被控对象的特性;最后是控制策略的设计。针对各环节的要求描述如下:

(1) 首要环节是通过有效的手段辨识/测量电堆的运行状态,期望该状态的测量是准确的、有效的,从工程应用的角度来看还期望状态的测量是快速的、低扰的。该运行状态的测量精度决定了闭环运行控制的精度。图 2-4-8 中,运行状态用 $Z(f)$ 来表征。闭环控制目标与单位负反馈量具有相同的物理属性,该运行状态的表征量也将作为控制目标,因而要求是可以量化的能较全面地反映电堆运行状态的指标。

(2) 其次需要明确被控对象的特性,此处的特性指的是在不同操作条件(λ_{ca}, RH_{ca}, λ_{an}, RH_{an}, p_{st}, T_{st})下,燃料电池系统输出的运行状态 $Z(f)$ 的表现特征。一般而言,需要开展稳态响应测试和动态响应测试。稳态响应测试的目的在于获得良好运行状况下的 $Z(f)$ 参数值,该参数值将作为闭环运行管理系统的控制目标值 $Z^*(f)$。动态响应测试的目的在于量化各操作条件到 $Z(f)$ 的响应特征曲线,从自动控制原理的视角来看,目的是获得被控对象的传递函数 $G(s)$;该传递函数通过阶跃响应测试结果的拟合来获得,反映了操作变量对状态反馈量的影响力,包括幅值信息和相位信息。该传递函数的获取主要是为了方便控制策略及控制参数的设计。

(3) 最后是控制策略的设计。前述已经建立了控制目标 $Z^*(f)$ 和状态反馈值 $Z(f)$,同样获得了被控对象的传递函数 $G(s)$,因而可以方便地构建闭环运行管理系统。此处的控制采用基于初始基准值前馈的控制算法,闭环的控制策略的主要行为是在基准值的基础上做小幅的修正,以实现控制目标 $Z^*(f)$ 的达成,且不受外围扰动因素的影响。

为了方便讨论,将图 2-4-8 所示的详细框图精简为图 2-4-9 所示的框图,图中向量 X 表征电堆运行需求的 6 个操作条件(λ_{ca}, RH_{ca}, λ_{an}, RH_{an}, p_{st}, T_{st})、Z 表征电堆的运行状态;上标 * 表示该变量是给定值。通过辨识燃料电池堆的运行状态,并将这些信息反馈到闭环控制系统,系统就可以动态调整操作条件,从而实现对燃料电池系统运行的闭环管理。

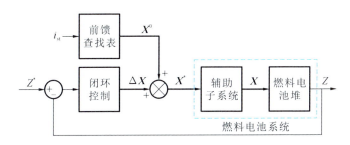

图 2-4-9 基于闭环的运行管理方法精简框图

2. 运行状态辨识

用于表征燃料电池运行状态的最直观参数是电堆的节电压,包括平均节电压、节电压一致性、节电压变化率等。如前所述,在探索电堆操作条件的方法中,用长时间条件下节电压的微小变化率(2 mV/h)作为判据。在实际的应用系统中,单纯地采用节电压信息作为控制目标存在以下两个弊端:①节电压对电堆运行状态的反映具有滞后性,电压测量结果易受干扰,容易产生误判,如采用短时间的大幅电压降来判断时,电堆的运行状态已发生了恶化,无法实现早期预警。②导致节电压降低的因素很多,难以找到确切原因,容易产生误判,误判后的操作不仅不能达到修正的效果,反而可能恶化系统的运行状态。

如前所述,无论是从控制的角度还是系统的角度来看,交流阻抗谱反映了对象的幅频及相频特性,较完整地反映了电堆内部复杂的运行、状态信息。

水管理是闭环运行管理的主要任务,根据质子膜内质子传递阻力随含水量增加而减小的趋势关系,可通过测量高频阻抗(即质子传递阻力)来间接估算膜中含水量。但高频阻抗对水分输运不敏感,并不完全适用于出现水淹现象的高湿操作条件下的含水量估算。虽然通过电化学阻抗谱可以对水的行为进行诊断,但由于该方法需要测量包括低频阻抗在内的所有阻抗值,时间周期较长,因此获取电化学阻抗谱并实现车载应用并非易事。

现有的研究认为辨识燃料电池堆的运行状态均需要用到低频阻抗信息,低频信息的频率低至 0.1 Hz,甚至 0.01 Hz。该方法在实际的应用中存在两大困难:一是测量时间长,需要几十秒到分钟级;二是测量精度低,由于燃料电池系统是动态时变的系统,测量的时间跨度大,测量易受干扰,测量的重复度较差。

为了满足电堆运行状态测量的准确、有效、快速、低扰、高抗扰等需求,需要一种在高湿操作条件下也适用的含水量测量方法。丰田汽车公司研究了氧传输阻力与含水量、氧传输阻力与高低频叠加阻抗之间的关系,提出了一种基于氧传输阻力估算含水量的高灵敏度含水量测量方法。此外,作者所在的研究团队提出了一种基于中频(数十赫兹级)阻抗相位反馈的燃料电池堆运行状态辨识方法[7,13-14],并在此基础上提出了燃料电池系统的闭环运行管理方法。经过前期工作的初步探索,研究团队已经明确了以中频(数十赫兹级)阻抗相位作为反馈的有效性。

需要明确指出的是,尽管行业普遍认为交流阻抗谱中蕴含的丰富电化学信息可用于电堆运行状态的辨识,但是,对于一个具体化的电堆,其阻抗应该具有什么样的形态尚未有理论层面的分析,也未形成普遍性的共识。因此,目标阻抗的构建需要结合最直观的节电压数据(v_{st}、$\Delta v_{st}/t$)来辅助判断。例如,以电堆稳态运行电压最平稳(如 $\Delta v_{st}/t < 2$ mV/h)条件对应的阻抗谱为目标阻抗,在此基础上的局部信息提取及简化均依据该目标阻抗。

3. 被控对象的特性分析

研究被控对象的特性,以获得被控对象的数学模型。众所周知,被控对象的模型是控制器设计的基础,被控对象的模型越准确,越有利于设计出最优的控制模型。被控对象的建模即建立对象输入与输出之间的映射关系。本书讨论的被控对象的特性为输入 $\boldsymbol{X}^*$ 与输出 Z 之间的映射关系 $Z = f(\boldsymbol{X}^*)$,该映射关系包括两方面的特性:燃料电池系统附属部件对条件过程的响应特性 $\boldsymbol{X} = f(\boldsymbol{X}^*)$、电堆对操作条件的响应特性 $Z = f(\boldsymbol{X})$。

通常被控对象的建模方法包括机理与数据驱动两种。机理建模通过分析对象的组成结构,结合相关的物理与数学知识,建立起系统输出与输入之间的解析关系式。这种方法具有很强的物理意义,因此可以较为完整地描述系统的模型。近年来,数据驱动的建模方法得到了大量的发展和应用,这种方法主要是依据被控对象的实测输入和输出数据来学习对象模型的映射关系的。在这个过程中,模型结构和模型参数是数据驱动建模方法的两个重要因素。在实际的应用系统中,常采用机理与数据驱动结合的建模方法,通过机理分析来获得模型结构,通过实验数据来辨识模型参数,最终使模型输出与实验结果之间的误差达到某种意义上的最小。

通过前面的分析可知,燃料电池附属部件与电堆之间的耦合关系非常复杂。对于燃料电池系统这一强耦合的复杂系统,难以通过精确的数学公式描述被控对象的全部内部传递特性,机理建模方法在精度和适应性方面存在较大的局限性,因此,纯数据驱动的建模方法是一种可行的方案。

作为输入条件的 $\boldsymbol{X}$ 向量包含 6 个变量(λ_{ca},RH_{ca},λ_{an},RH_{an},p_{st},T_{st}),这 6

个变量对输出的影响是多维度的,开展如图 2-4-10 所示的特性测试实验的工作量很大,也难以精确地解析影响规律。因此,可以采用单变量法来开展特性测试实验研究,主要包括以下两个方面:

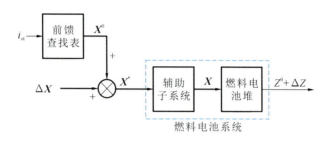

图 2-4-10　被控对象特性测试示意图

稳态响应特性研究:在前述探索获得的基准工作点 X^0 的基础上,改变 6 个变量中的一个,获得其交流阻抗谱的形态,解析该变量对阻抗谱的影响规律;然后结合节电压数据辅助判断目标阻抗形态。

动态响应特性研究:在前述探索获得的基准工作点 X^0 的基础上,针对其中一个变量,叠加正向或反向的阶跃扰动(如 $\Delta\lambda_{ca}$),解析关注的阻抗响应特征 ΔZ。根据扰动信号与响应特性曲线,便可通过实验数据拟合的方法来获得对应输入变量到输出信号的函数映射关系,即传递函数(如 $G_{\lambda\text{-}ca}(s)$)。遍历各个操作条件,即可得到当前基准条件下各变量到输出阻抗间的传递函数,如图 2-4-11 所示。

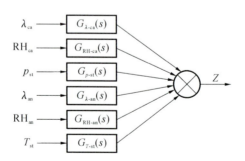

图 2-4-11　被控对象到输出阻抗间的传递函数

需要特别指出的是,通过实验来获取多维参数对输出阻抗信号的量化关系也是非常复杂的过程。拟构建的闭环运行管理系统是建立在可开环长时间稳定运行的工作点之上的,闭环运行的作用是施加小幅的修正,以确保控制目标的达成。因此,该小信号的扰动方法得到的结果可认为是线性的、可叠加的。

此外,由于涉及的电流密度工况及操作条件众多,即使采用上述的单变量的响应特性分析方法,实验分析的工作量还是很大。因此,在具体的应用实践过程中,可以综合考虑稳态响应特性测试的结果、系统可独立调控的变量、调控变量所付出的代价等因素来优选调控变量。比如,在车用燃料电池动力系统中,考虑到阳极氢气流量和阳极氢气湿度难以精确控制、阴极空气流量难以精确控制和电堆压力的调控需要付出较大的功率损耗代价等,可以根据具体系统的特点来优选,从而减少操作变量的调控维度,达到简化系统设计的目的。

4. 基于阻抗塑造思想的闭环运行管理

衡量直流源特性的几项重点技术指标(如负载调整率、效率)均与其内阻特性有关,内阻特性反映了直流源品质的优劣,因此,设计直流源最重要的环节是设计其内阻特性。由于燃料电池系统的本质是对外输出能量的直流源,因此,燃料电池系统运行控制的本质在于调控电堆的阻抗特性,如图 2-4-12 所示。

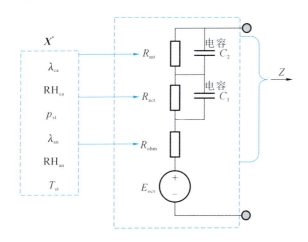

图 2-4-12 运行控制的本质是调控阻抗

燃料电池系统是动态时变的系统,因此,其闭环运行策略的控制目的是调控系统的阻抗。在分析被控对象的运行特性的基础上,已经明确了各操作变量对阻抗的影响特性,接下来可根据实际应用的需求来设计闭环控制系统。

由于燃料电池系统在不同的运行电流密度条件下有不同的需求,如在低电流密度下,期望电压随电流增加的跌落速度快(对应大的总阻抗),避免因高电位造成的电堆寿命衰减;在中高电流密度下,期望电压随电流增加的跌落速度慢(对应小的总阻抗),以实现较高的发电效率,同时获得宽范围的功率输出。因此,前述的目标阻抗 Z^* 是随电堆运行电流密度变化的值,即 $Z^* = f(i_{st})$。具体取值需要根据前述的操作条件探索中的节电压及稳态阻抗测试结果来选定。在前述的电堆操作条件的探索实验中,已经记录了基准操作条件 X^0 及其对应的总阻抗 Z^*,从而获得了由复合操作条件构建的电堆理想运行的 I-V 特性曲线,如图 2-4-13 所示。

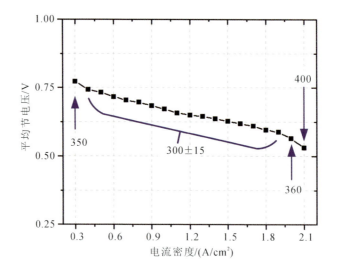

图 2-4-13 由优选组合条件构建的目标 I-V 特性曲线

需要特别指出的是,常见的描述电堆性能的 I-V 特性曲线通常是在某一固定不变的操作条件下获得的电压随电流变化的曲线,与图 2-4-13 所示的曲线是有区别的。图 2-4-13 中,某一确定的操作点,是由多维变化参数来综合确定的,如电流密度为 0.3 A/cm² 的工作点,其基准操作条件是 $X^0(i_{st}=0.3)=(\lambda_{ca}, T_{d\text{-}ca}, \lambda_{an}, T_{d\text{-}an}, p_{st}, T_{st}) = (2.8, 56\ ℃, 2.5, 56\ ℃, 30\ kPa, 66\ ℃)$,目标总阻抗为 350 mΩ·cm²(总阻抗采用归一到单片电池的面积阻抗);电流密度为 0.9 A/cm² 的工作点,其基准操作条件是 $X^0(i_{st}=0.9) = (2.2, 58\ ℃, 1.5, 58\ ℃, 90\ kPa, 67\ ℃)$,目标总阻抗为 300 mΩ·cm²;电流密度为 2.1 A/cm² 的工作点,其基准操作条件是 $X^0(i_{st}=2.1) = (1.8, 52\ ℃, 1.5, 56\ ℃, 150\ kPa, 75\ ℃)$,目标

总阻抗为 400 mΩ·cm^2；在 0.4~1.9 A/cm^2 的运行电流密度区间，目标阻抗均为 (300±15)mΩ·cm^2。综合上述各项条件可知，燃料电池堆的六大要素均已具备，因此开展闭环运行控制算法的设计便不再困难。

本 章 小 结

燃料电池堆是发生电化学反应的场所，氢气与氧气在其内部高效地反应，进而产生电荷、热量及水。电堆是燃料电池动力系统的核心部件，其他部件的配置均是依据电堆的性能及工作区间来确定的，因此动力系统的配置也要建立在对电堆性能足够认识的基础上。本章深入探讨了燃料电池的运行原理，全面梳理了与电堆的输出电压特性相关的设计及运行参数，建立了包括开路电压、活化损失、欧姆损失和浓度损失在内的电堆稳态电压模型。此外，从交流阻抗谱的角度建立了燃料电池的等效电路模型，以描述动态条件下电堆的电压变化行为。稳态电压模型和等效电路模型的建立有助于理解电堆内各变量之间的关联关系，为后文操作变量的选择、运行条件的构建奠定理论基础。最后，介绍了如何利用测试平台，一步一步地获取电堆的最佳操作条件。在此基础上，讨论了燃料电池动力系统的运行控制及管理的要点，介绍了一种基于阻抗塑造的闭环运行管理思路。

本章参考文献

[1] O'HAYRE R，车硕源，COLELLA M，等. 燃料电池基础：Fuel cell fundamentals[M]. 王晓红，黄宏，等译. 北京：电子工业出版社，2007.

[2] PUKRUSHPAN J T, STEFANOPOULOU A G, PENG H. Control of fuel cell power systems: principles, modeling, analysis, and feedback design[M]. London: Springer, 2004.

[3] AMPHLETT J C, BAUMERT R M, MANN R F, et al. Performance modeling of the Ballard Mark IV solid polymer electrolyte fuel cell: I. mechanistic model development[J]. Journal of the Electrochemical Society,

1995,142(1):1.

[4] SPIEGEL C. 质子交换膜燃料电池建模与 MATLAB 仿真[M]. 张新丰, 张智明,译.北京:电子工业出版社,2013.

[5] CHO J, KIM H S, MIN K. Transient response of a unit proton-exchange membrane fuel cell under various operating conditions[J]. Journal of Power Sources,2008,185(1):118-128.

[6] 张少哲,戴海峰,袁浩,等.质子交换膜燃料电池电化学阻抗谱敏感性研究[J].机械工程学报,2021,57(14):40-51.

[7] 廖真颉.基于交流阻抗的质子交换膜燃料电池闭环水管理技术研究[D].成都:电子科技大学,2022.

[8] NIYA S M R, PHILLIPS R, HOORFAR M. Process modeling of the impedance characteristics of proton exchange membrane fuel cells[J]. Electrochimica Acta,2016,191:594-605.

[9] 辛英超.PEM 燃料电池热电联供系统设计与分析[D].青岛:青岛大学,2020.

[10] 陈凤祥,陈俊坚,许思传,等.高压燃料电池系统空气供应解耦控制器设计[J].同济大学学报:自然科学版,2014,42(7):1096-1100.

[11] 聂巍,孙震,周炳杰,等.燃料电池动力系统氢气压力控制策略研究[J].船电技术,2021,41(6):6.

[12] 刘汝杰.燃料电池动力系统启动过程温度控制策略研究[D].成都:电子科技大学,2021.

[13] LIAO Z J, LI K, CAO J S, et al. Early fault diagnosis approach for PEM stack based on phase measurement of single-frequency impedance[C]//IECON 2022-48th Annual Conference of the IEEE Industrial Electronics Society. Brussels:IEEE,2022:1-6.

[14] XU X J, LI K, LIAO Z J, et al. A closed-loop water management methodology for PEM fuel cell system based on impedance information feedback[J]. Energies,2022,15(20):7561.

第3章
燃料电池动力系统的空气管理

3.1 燃料电池堆的空气管理概述

3.1.1 空气管理子系统的设计需求

根据第2章的分析,燃料电池堆输出电压性能主要受阴极空气压力、阴极空气计量比、阴极空气湿度、阳极氢气压力、阳极氢气计量比、阳极氢气湿度、电堆温度这七个操作条件的影响。燃料电池动力系统的空气管理子系统负责为电堆阴极提供适量的空气流量、适宜的空气湿度和空气压力。在燃料电池系统的实际运行过程中,电堆可能工作在不同的电流密度下,不仅面临着工作点之间的跳转,也面临着气体流量、湿度和压力供应需求的变化。在工作点的跳转过程中,不仅要求阴、阳极的气体具有合适的湿度、充足的流量和稳定的压力,同时要求系统具有合适的温度以保证电化学反应高效地进行,电堆的输出功率需要与阴、阳极的物料调控匹配,避免反应缺气的风险,实现电堆的高效、稳定、可靠运行。

阴极空气进气湿度对电堆的输出电压性能和运行寿命具有很大的影响。电堆内部湿度较低时,电堆欧姆内阻增大,电堆输出性能降低,严重时将缩短质子交换膜的寿命;同时应避免产生过量的水。液态水在阴、阳极流道中积累会导致氧气扩散速度降低、质子传递速度降低、系统效率和反应物利用率降低,严重时还会淹没催化剂的活性点,导致电堆输出性能大幅度下降。理想的相对湿度既能提高系统效率,也能最大限度地减少对质子交换膜的损伤。

阴极空气进气流量需要根据电堆的当前运行状态进行准确的调控。当电堆运行在低电流密度时,电堆内部产水量较少,此时高过氧比(实际流量与需求流量的比值)将会带走电堆内大部分水汽,导致质子交换膜上水含量降低,造成膜干现象;当电堆运行在高电流密度时,电堆内部产水量较多,此时,低过氧比无法将堆内液态水及时带走,导致大量液态水聚集在气体扩散层上,造成水淹现象。轻微水淹不会对燃料电池堆造成永久性伤害,只会使电堆输出性能下降,但是膜干现象严重时会导致质子交换膜被烧穿。因此,适量的氧气流量不仅让燃料电池堆输出性能维持在较高水平,更是对电堆的有效保护。

阴极空气压力的增大不仅对燃料电池堆的输出性能有促进作用,同时能有效地改善电堆节电压间的一致性,这在燃料电池动力系统中具有重要意义。电堆输出性能的提升意味着系统输出功率的增加,电压一致性的改善意味着系统稳定性的提高。此外,合适的进出堆压力梯度有利于阴极液态水的排出。需要注意的是,如果电堆内质子交换膜两侧压力失衡,将引起膜的破裂,从而导致阴阳极串气,电堆失效。因此对空气管理子系统的压力控制也是十分必要的。

在燃料电池系统的稳定运行过程中,空气进气流量和压力的增加能够提高燃料电池堆的输出性能,但同时也会使得燃料电池系统附属部件的消耗功率增加,进而可能造成整个动力系统的净输出功率(电堆输出功率减去电堆辅助部件消耗功率)降低。因此,采用何种控制策略优化燃料电池系统的净输出功率和整体效率成为一个研究重点。后续内容将通过对空气管理子系统及燃料电池堆进行建模分析,介绍空气流量、压力控制方法及燃料电池动力系统效率的优化策略。

3.1.2 空气管理子系统的典型回路及部件

1. 典型空气管理回路

图 3-1-1 所示为典型燃料电池动力系统的空气管理子系统结构图。空气管理子系统的主要部件包括空滤、流量计、空压机、中冷器、加湿器、节气门以及相应的管道。

空气管理子系统中各主要部件的功能及作用原理如下:

空滤:即燃料电池空气滤清器,是燃料电池系统空气路入口的第一个零部件。其作用是过滤进入燃料电池的空气,保证空气的纯净度,防止杂质、尘埃或

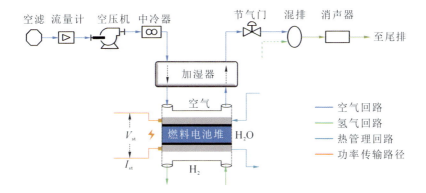

图 3-1-1　燃料电池动力系统的空气管理子系统结构图

其他污染物质进入燃料电池系统，以免影响燃料电池的性能和寿命。空气滤清器通常采用高效活性炭成分，能够吸附 SO_2、NH_3、H_2S 等多种挥发性有害气体，防止其对燃料电池性能的损害。总的来说，空气滤清器可以过滤掉空气中的杂质和有害气体，为燃料电池的正常工作供给纯净的空气。

流量计：空气流量计是用于测量进入燃料电池阴极空气流量的传感器。为避免运行过程的缺气故障，燃料电池在功率加载前需要先调控进堆空气流量。空气流量计可以实时监测进入燃料电池的空气流量，并将其转化为电信号输出，供控制系统使用；控制系统根据当前的空气流量供给情况，调控燃料电池的输出功率。通过监测和控制空气流量，可以确保燃料电池在最佳状态下运行，提高燃料电池的能量转换效率和使用寿命。

空压机：空压机（即空气压缩机）被称为燃料电池系统的"肺"，其作用是为燃料电池运行提供一定压力和适宜流量的空气，保证燃料电池的正常运行。具体来说，空压机的作用包括：满足燃料电池堆的需求，为燃料电池堆提供所需的空气压力和空气流量；持续不断地为燃料电池提供稳定的空气供应，确保燃料电池的正常运行和稳定性；提高压缩效率，从而减少能量损失，提高燃料电池系统的能量转换效率。总的来说，燃料电池系统的空压机是燃料电池正常运行的必要部件之一，其性能和稳定性对整个燃料电池系统的性能和寿命具有重要影响。

中冷器：经过空气压缩机压缩后的气体，其温度和压力都会升高，最高温度可能达到 150 ℃。而质子交换膜燃料电池的适宜工作温度通常在 80 ℃ 以下。

如果不经过降温处理,高温气体直接进入燃料电池堆,会导致燃料电池的性能下降(膜干),严重时还可能损坏质子交换膜。中冷器的主要作用是降低进入燃料电池堆的空气温度,避免高温气体损坏燃料电池。

加湿器:空气加湿器是调控燃料电池阴极空气进堆湿度和温度的重要部件,该部件可以将干燥的空气加湿,并提供给燃料电池堆;此外,加湿器可以将电堆阴极出口的热量进行回收,使膜管内外两侧的空气进行湿热交换,改变进堆空气的温度和湿度。

节气门:节气门是一种电子控制阀门,通常节气门前端连接电堆而后端连接尾排,改变节气门的开度大小可以改变电堆内阴极压力。通过节气门和空压机的调节,可确保燃料电池处于最佳的运行压力,从而保障燃料电池系统的运行能效。

2. 空气管理子系统关键部件

空气管理子系统中最关键的部件是空压机和加湿器,下面对这两个部件展开详细的介绍。

1)空压机

空压机根据燃料电池动力系统的实际工况需求,为电堆工作提供最佳的运行压力和空气流量。空压机的性能直接影响着燃料电池系统的效率、动态性能、噪声等关键性能指标。面向燃料电池应用的空压机有着严格的要求,需满足以下六个条件[1]:

无油:空压机润滑油若随着空气进入燃料电池堆中,则使得膜电极催化剂发生中毒,进而影响燃料电池的寿命和性能。

高效:空压机自身功耗较大,甚至占到燃料电池系统功率的 15%~20%,这就直接影响燃料电池系统的整体效率。因此,提高空压机的效率有助于提高燃料电池系统的整体效率。

小型化和低成本:空压机一般安装在汽车上,空压机的小型化和低成本是燃料电池动力系统产业化的必然要求。

低噪声:空压机的转速高达 1.0×10^5 r/min 以上,是燃料电池系统的最大噪声源,特别是高速运行时。

喘振线在小流量区:这是燃料电池系统在小流量、高压比工况下高效运行的基本保障。

动态性能好:在车载动力应用场景中功率需求变化大,期望空压机所提供的空气流量和压力能够快速跟踪需求功率的变化。

可用于燃料电池系统的空压机主要有涡旋式、螺杆式、罗茨式及离心式,图3-1-2 所示为典型燃料电池系统所采用的空压机类型。

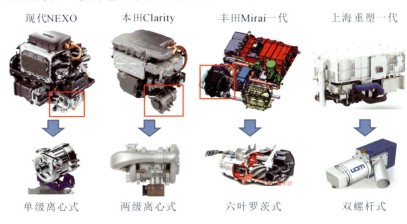

图 3-1-2 典型燃料电池系统的空压机类型

涡旋式空压机由静涡旋盘和动涡旋盘的啮合形成了多个压缩室,通过交错的螺旋状叶片压缩空气,从而实现气体的吸入和压缩。由于其独特的结构,涡旋式空压机具有结构简单、体积小、噪声低和寿命长等特点,同时存在密封性要求高的特点。由于目前涡旋式空压机的输出压力偏低,因此其在燃料电池系统中应用较少。

螺杆式空压机的运行主要依靠转子的转动来实现。当转子转动时,齿槽容积增大,从而吸入气体。随后,通过阴阳转子的相互啮合,气体被推向排气端,并在此过程中被压缩。最终,压缩后的气体通过排气口排出。由于具有可靠性高、结构简单、效率高的特点,螺杆式空压机是燃料电池专用空压机的理想方案。但由于噪声大、重量体积较大且寿命较短,螺杆式空压机在车用领域已逐步被其他类型空压机所取代。

罗茨式空压机通过两个反向旋转的转子来压缩气体。当气体进入罗茨式空压机的进气口时,转子开始旋转,对气体进行压缩。随着转子的旋转,气体被逐渐压缩并输送到排气口。在压缩过程中,气体被压缩到较小的体积,从而提高了气体的压力。当气体被压缩到所需压力时,气体通过排气口被排出。罗茨式空压机具有以下优点:工作转速较低,可使用结构复杂的空气轴承;高效运行区较宽,可提高燃料经济性;技术已经相对成熟,在其他领域已得到比较充分的应用。

离心式空压机属于透平压缩机的一种,通常采用电机直驱的方式运行。在这种驱动方式下,电机转子以超高速旋转,带动叶轮高速转动。叶轮使气体高速旋转,并与蜗壳相互作用,从而产生高压、大流量的空气。这一过程将机械能转化为气体的动能。由于离心式空压机具有结构紧凑、尺寸小、封闭性好、质量轻、振动小、在额定工况下效率较高等优点,因此离心压缩被视为未来最有前途的空气压缩方式之一。

全球各大燃料电池汽车生产商为空气供应系统选择的空压机类型也不尽相同。早些年采用螺杆式、罗茨式空压机的燃料电池系统厂商在最新的产品中大多采用了离心式空压机,如戴姆勒、通用、丰田等[2]。因此,离心式压缩机是目前氢燃料电池车用空压机的主流方向。近年来,带涡轮膨胀机的空压机受到行业的广泛关注,是下一代更高效率燃料电池系统开发的重要发展方向。

图3-1-3所示为两款典型的离心式空压机,表3-1-1为其主要参数的对比。EK10AA是丹麦Rotrex公司面向燃料电池系统应用而专门推出的一款一体化空压机,其缺陷在于空压机需要润滑油,存在油分子进入电堆的风险。FCC-300是我国势加透博公司研发的基于双极增压设计的XT-FCC系列气悬浮空压机。早些年,国内的燃料电池系统普遍采用进口的空压机,价格十分昂贵。近几年来,国产空压机的技术水平有了质的提升,其可靠性和耐久性也得以验证,目前,国产空压机的市场占有率达到了80%以上。

(a) Rotrex EK10AA

(b) 势加透博FCC-300

图3-1-3 两款典型的离心式空压机

表 3-1-1　两款典型的离心式空压机主要参数

款式	Rotrex EK10AA	势加透博 FCC-300
类型	单级离心式	两级离心式
最大流量	80 g/s	130 g/s
最大压比	2.2	>2.5
最大转速	140000 r/min	95000 r/min
额定功率	约 13 kW	<15 kW
尺寸	320 mm×166 mm×182 mm	376 mm×258 mm×174 mm
重量	约 13 kg	≤12 kg
是否有油	是	否

2）加湿器

燃料电池加湿器是燃料电池空气管理子系统中的重要部件,主要用于维持燃料电池内部适宜的湿度,保证质子交换膜对质子的正常传导。目前,国内外质子交换膜燃料电池针对空气采用的加湿技术主要有自加湿、内部加湿和外部加湿三种方式[3]。

自加湿是指在燃料电池发电时,利用电化学反应生成的水进行加湿,无须从外界获取水分。该技术主要通过质子交换膜的改性、促进水的生成、吸收电化学反应生成水来使膜润湿而实现自加湿;此外,通过对电极、质子交换膜以及结合界面进行优化或改性来加强生成水从阴极向阳极的反扩散作用,达到防止膜干的目的。采用自加湿技术可以简化燃料电池系统的设计,提高电堆的体积功率密度和重量功率密度。然而,由于该技术的增湿量有限,在实际应用中仍存在许多问题,比如反应生成的水可能不足以对进气进行加湿,动态响应也较慢,因此,该加湿技术只适用于小功率低温型的电堆。

内部加湿的加湿装置位于燃料电池堆内部,加湿装置中的水分可以直接流入燃料电池。常见的一种方法是在燃料电池堆内部添加一个增湿段,增湿段与燃料电池堆装配在一起,其结构与电池结构类似,但质子交换膜两侧没有覆盖催化剂,不发生电化学反应,故也称为假电池。向假电池中质子交换膜的一侧通入循环热水，向另一侧通入待增湿的气体，水在浓度梯度的作用下由循环水一侧扩散到另一侧的气体当中实现对气体的加湿。内部加湿可以在一定限度上对反应气体进行加湿，但是会增加燃料电池系统的复杂性，给电池的密封、湿度控制等增加难度，因此内部加湿技术的应用范围同样较小。

外部加湿是指在燃料电池堆本体之外将气体和水分子混合的加湿方式，常用的外部加湿方式有喷淋加湿、鼓泡加湿和膜加湿三种[4]。

喷淋加湿和鼓泡加湿方式的加湿效果好，加湿度可靠，但是加湿装置体积较大，因而常用于地面式燃料电池发电系统或电堆测试装备。喷淋加湿示意图如图3-1-4(a)所示，喷淋加湿器由喷淋嘴、喷淋室、膨胀室组成。喷淋嘴利用高压气体将水滴雾化并喷入管道，待加湿气体在喷淋室完成被加湿过程，膨胀室用于实现水的充分蒸发并回收多余的水分。喷淋加湿通过调节加湿气体的流量、喷射水的压力来控制被加湿气体的相对湿度。鼓泡加湿的原理示意图如图3-1-4(b)所示。鼓泡加湿器是盛有液态热水的容器。鼓泡加湿法是指将反应气体通过一定温度的热水中，通过将气体分散为细小气泡，从而增加气液的接触时间与面积，实现热水对气体的加湿过程，因此该方法也被称为升温加湿。鼓泡加湿器排出的是接近饱和湿度的气体，因而控制水温即可近似调控气体的露点。

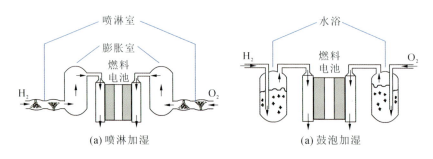

图3-1-4　两种常见的外部加湿方式

膜加湿技术具有增湿量大、稳定、易于系统集成的优点，被广泛应用于车载燃料电池系统。膜加湿可分为气/水和气/气加湿两种方式，区别在于利用液态水还是湿润气体对膜另一侧的气体进行加湿，其中采用气/气加湿的膜加湿器应用更广泛。膜加湿技术是一个传热与传质相结合的过程，水分子在膜中的传递大致可描述为以下过程(如图 3-1-5 所示):首先,水在膜湿侧溶解、被吸收;其次,水分子在膜中扩散,到达干侧;最后,水在干侧汽化与膜分离,进而浸润待加湿气体。膜作为膜加湿器的核心组件,需具备较好的水分子传输性能,同时要阻止空气中其他成分的通过[5,6]。

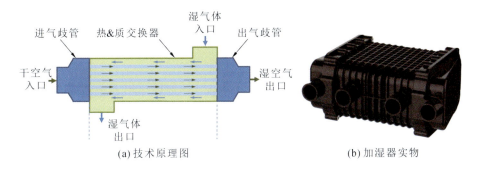

图 3-1-5 膜加湿技术

早些年,国内的燃料电池系统可选择的膜加湿器很少,基本上只有博纯(Perma Pure)和科隆(KOLON)两种,其中,车载燃料电池系统的膜加湿器以科隆为主。近年来,国内加大了对膜加湿器的研发力度,例如魔方氢能源和伊腾迪新能源等均推出了系列化的膜加湿器产品,国内产品在内泄漏、耐压差、加湿能力等指标方面取得了明显的进步,逐步获得市场的认可。此外,国内企业还面向空气管理的需求,创新地推出了高集成度的产品。如图 3-1-6 所示,深圳伊腾迪新能源将加湿器、中冷器、背压阀和旁通阀集成于一体,最大化节省系统的可利用空间,可实现高密度的燃料电池系统集成。

图 3-1-6 一体化集成的空气管理子系统

3.1.3　空气管理子系统的调控技术

燃料电池动力系统经常需要面对输出功率频繁变化的工况,为了保障电堆在电流变化条件下的气体供应,空气管理子系统需要具备足够快的气体调控响应特性,以保障供气充足,防止电堆内部出现缺气等不利现象。一般来讲,空气管理子系统的动态响应是制约燃料电池动力系统变载能力的主要因素,主要原因如下[7]:

燃料电池堆阴极空气压力和空气流量具有极强的耦合关系,具体体现为:当空压机转速提升、节气门开度不变时,空气流量与阴极压力均增大;当节气门开度增大、空压机转速不变时,空气流量增大,但阴极压力降低。此外,对于离心式空压机,运行在不当的流量-压比工况点,或在正常工况点间进行动态调控,都有可能引起空压机的喘振。这种喘振会导致整个空气回路中的气流产生剧烈的压力波动,严重时会对燃料电池堆造成不可逆损伤,缩减电堆的使用寿命[8]。

空压机是系统的第一耗能部件。据统计,在客车用燃料电池系统运行过程中,空气管理子系统的能耗在附属部件总能耗中占比 $55\%\sim87\%$ [9],其中,空压机消耗功率约为电堆发电功率的 15% [10]。

综上所述,燃料电池系统的动态响应特性受空气管理子系统动态特性的制约,安全有效的空气系统管控措施是电堆及系统长久可靠运行的必要前提。基于以上的两点特性,燃料电池空气管理子系统控制技术的研究也主要涉及以下两个层面(见图 3-1-7):

(1) 工作点规划:面向能效、可靠性、耐久性等目标,静态与动态地规划当前电堆的阴极调控目标,如阴极压力、空气流量、空气湿度。

文献[11]建立了燃料电池堆进口加湿效率的模型,通过分析燃料电池性能与进气加湿效率之间的关系,研究确定了能够使电堆输出性能最佳的进气相对湿度范围。文献[12]通过实验研究了运行温度对电堆输出性能的影响,温度升高时电堆活性增加,电池性能得到提高;当电池温度高于或等于阳极加湿水箱温度时,电堆因相对湿度降低而性能下降。这项研究为基于温度优化的电堆性能优化方法奠定了基础。文献[13,14]通过实验分析了电堆腔体压力对电堆输

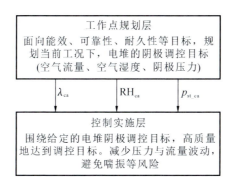

图 3-1-7 空气管理子系统的主要控制任务

出性能的影响机理。文献[15,16]研究了空气计量比对负载条件变化条件下的质子交换膜燃料电池暂态响应的影响。此外,在全电流运行范围内,燃料电池堆具有类似光伏电池的特性,存在最大的输出功率点。文献[17]通过实验获得不同工作电流下使系统净输出功率最大的最优过氧比,同时基于自抗扰控制器实现了系统在不同过氧比跃迁过程中的能耗优化。文献[18]利用系统在不同电流和工作温度下的净功率分布描述了最优的静态过氧比轨迹,采用基于 $H\infty$ 次优输出反馈控制器和参考调节器来跟踪最优的过氧比轨迹,该策略能够确保过氧比快速且稳定地维持在其设定点。文献[19]提出一种过氧比分层控制算法,通过在线监测净输出功率的变化,实时调整过氧比的控制值,并通过超螺旋滑模控制算法维持该过氧比,从而使燃料电池的净输出功率最大。文献[20]考虑了其他附属部件(电堆温度管理回路的散热风扇、水管理回路的水泵)对系统效率的影响,采用神经网络法建立了燃料电池堆和其他部件模型,引入粒子群优化(particle swarm optimization,PSO)算法对燃料电池的功率密度和系统效率进行多目标优化。

(2) 控制实施:围绕给定的调控目标,高质量地达到调控目标;同时减少压力与流量波动,避免喘振等风险。

为解决空气管理子系统压力与流量的耦合带来的安全性问题,多个学者已提出了多种机理模型并开展了相应的控制器设计。Pukrushpan 等[21]建立了最早的燃料电池进气系统模型,该系统为九阶状态模型,该模型可以很好地模拟燃料电池系统内部压力和流量的变化过程,但该模型复杂度较高,不适合控制器的设计。后来的学者如 Suh K W[22]和 Talj R J[23],将九阶模型逐渐简化为四阶、三阶模型,这些模型在某些工作点能较好地描述进气系统的整体特性,但未考虑存在于进气系统的多种约束情况。孙业祺等[24]采用 PID 算法直接对空气压力进行控制,但控制效果较差。卫国爱[25]针对空气管理子系统的压力流量耦合特性,设计了空气流量和电堆腔体压力的双闭环控制系统:对于空气流量,设计了基于电堆机理模型的模糊 PID 复合控制策略;对于电堆腔体压力,设计了基于参数辨识模型和神经网络辨识模型的神经 PID 控制策略。经验证,该控制系统有很好的控制效果。陈凤祥等[26-28]通过扰动辨识法获得了对象的传递函数模型,然后通过内模解耦和局部反馈结合静态前馈补偿解耦实现了空气流量和背压的相对独立控制,并基于自抗扰控制实现了节气门开度的快速精确跟踪。E.S. Kim 等[29]通过滑模观测器来估计燃料电池堆的腔体压力,并设计了非线性状态反馈控制器来控制电堆腔体压力,但他们只给出了控制器设计方法,并未对结果进行相应的讨论。赵靖华等[30]通过多元回归混合优化算法辨识了节气门的模型,实现了节气门阀板角度的跟踪控制。Zhao D D 等[31]基于自适应抗干扰控制策略设计了动态解耦控制器,实现了空气流量和电堆腔体压力的独立控制,对比传统 PI 控制器,该控制器的控制效果更优越。

综上所述,燃料电池动力系统的空气管理是系统设计最重要的工作,关乎燃料电池系统运行过程的稳定性、可靠性、耐久性和经济性。本书以交通领域典型结构的燃料电池动力系统为研究对象,面向未来的产业应用,从空气流量和空气压力两个维度开展研究,示例阐述燃料电池动力系统电效率优化的通用化方法、流量和压力解耦控制的工程实现方法。

3.2 燃料电池空气管理子系统部件建模

为了研究燃料电池空气管理子系统的回路特性,本节首先对回路各部件的特性进行解析,建立了描述其运行特性的数学模型,进而研究回路特性;然后在此基础上研究了空气管理子系统的控制策略。

本节根据图 3-1-1 所示的燃料电池空气管理子系统核心部件来建立模型,图 3-2-1 展示了空气管理子系统部件的建模总体框图。以下各小节将根据总体框图分别建立子系统内各部件模型,根据模型关系解析压力和流量之间的耦合特性,为后文对阴阳极压力控制策略的研究奠定基础。空气管理子系统的管道包括空压机到电堆之间所有的管道,即供应管道和回流管道,供应管道是指从空压机出口开始经过加湿器到电堆入口之间的管道,回流管道包括电堆出口到大气之间的所有管道。

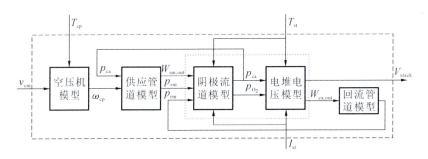

图 3-2-1 空气管理子系统部件建模总体框图

3.2.1 空压机模型

空压机模型的建立同样采用半机理半经验的方式,首先对空压机的输出性能进行测试,然后用测试数据结合物理方程对空压机进行建模。

1. 空压机模型的建立

空压机模型主要包括速度动态模型和静态转速-流量-压比模型(见图 3-2-2),其中速度动态模型采用物理方程描述,静态转速-流量-压比模型是在 Jensen & Kristensen 提出的简化模型[32]基础上采用非线性拟合的方式搭建的。

离心式空压机的速度动态方程表示了空压机转速与空压机的电机转矩及负载转矩之间的关系,具体如下式所示:

$$\frac{d\omega_{cp}}{dt} = \frac{1}{J_{cp}}(\tau_{cm} - \tau_{cp}) \quad (3\text{-}2\text{-}1)$$

式中,ω_{cp} 表示空压机的转动角速度(rad/s);J_{cp} 表示空压机电机的转动惯量(kg·m²);τ_{cm} 和 τ_{cp} 分别表示空压机的电机转矩(N·m)和负载转矩(N·m)。

其中,空压机的负载转矩表达式如下:

$$\tau_{cp} = \frac{C_p}{\omega_{cp}} \frac{T_{atm}}{\eta_{cp}} \left[\left(\frac{p_{sm}}{p_{atm}}\right)^{\frac{\gamma-1}{\gamma}} - 1 \right] W_{cp} \quad (3\text{-}2\text{-}2)$$

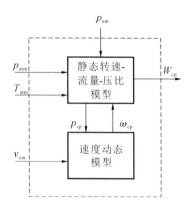

图 3-2-2 空压机模型结构

式中，C_p 表示空气的比定压热容[J/(kg·K)]；T_{atm} 和 p_{atm} 分别表示环境温度（K）和环境压力（Pa）；η_{cp} 表示空压机最大效率；p_{sm} 表示空压机出口压力（Pa）；γ 是空气的比热容比，标况下取值为 1.4；W_{cp} 表示空压机输出的空气质量流量（kg/s）。上述参数中空压机输出的空气质量流量 W_{cp} 和压比 p_{sm}/p_{atm} 都能通过静态转速-流量-压比模型获取。空压机出口温度 T_{cp}(K) 表达式如下：

$$T_{cp} = T_{atm} + \frac{T_{atm}}{\eta_{cp}}\left[\left(\frac{p_{sm}}{p_{atm}}\right)^{\frac{\gamma-1}{\gamma}} - 1\right] \quad (3\text{-}2\text{-}3)$$

空压机的电机转矩可表示为

$$\tau_{cm} = \eta_{cm}\frac{k_t}{R_{cm}}(v_{cm} - k_v\omega_{cp}) \quad (3\text{-}2\text{-}4)$$

式中，η_{cm} 表示空压机电机的机械效率；k_t 表示空压机电机的转矩灵敏度常数；v_{cm} 表示空压机电机的控制电压（V）；k_v 表示空压机电机的反电动势常数[V/(rad/s)]；R_{cm} 表示空压机电机的电枢电阻（Ω）。

关于静态转速-流量-压比模型，Jensen & Kristensen 提出的简化模型中采用无量纲参数 ψ 来表征空压机的静态特性，其表达式如下：

$$\psi = \frac{C_p T_{atm}}{\frac{1}{2}u_c^2}\left[\left(\frac{p_{sm}}{p_{atm}}\right)^{\frac{\gamma-1}{\gamma}} - 1\right] \quad (3\text{-}2\text{-}5)$$

式中，u_c 表示空压机泵头的叶尖转动线速度（m/s），可以用下式计算：

$$u_c = \frac{\pi}{60}d_c n_{cp} \quad (3\text{-}2\text{-}6)$$

式中,d_c 为空压机泵头的叶片长度(m);n_{cp} 表示空压机转速(r/min)。

Jensen&Kristensen 提出的归一化后的空压机输出空气流量率 Φ 定义如下:

$$\Phi = \frac{W_{cp}}{\rho_{air} \frac{\pi}{4} d_c^2 u_c} \tag{3-2-7}$$

式中,ρ_{air} 表示空气密度。则空压机输出空气流量率 Φ 可以通过无量纲参数 ψ 进行修正,修正表达式如下:

$$\Phi = \Phi_{max} \left[1 - \exp\left(\beta\left(\frac{\psi}{\psi_{max}} - 1\right)\right) \right] \tag{3-2-8}$$

式中,Φ_{max}、β 和 ψ_{max} 都是马赫数 M 的函数,通过非线性拟合,得到的表达式如下:

$$\Phi_{max} = \frac{d_5 M^5 + d_4 M^4 + d_3 M^3 + d_2 M^2 + d_1 M + d_0}{e^M}$$

$$\beta = d_{10} M^4 + d_9 M^3 + d_8 M^2 + d_7 M + d_6$$

$$\psi_{max} = \frac{d_{16} M^5 + d_{15} M^4 + d_{14} M^3 + d_{13} M^2 + d_{12} M + d_{11}}{e^M} \tag{3-2-9}$$

式中,$d_0 \sim d_{16}$ 为拟合所得常数。马赫数 M 的定义如下:

$$M = \frac{u_c}{\sqrt{\gamma R_a T_{atm}}} \tag{3-2-10}$$

式中,R_a 为空气的气体常数。

空压机输出的空气质量流量 W_{cp} 可以表示成空压机输出空气流量率 Φ 的函数,具体表达式如下:

$$W_{cp} = \Phi \rho_{air} \frac{\pi}{4} d_c^2 u_c \tag{3-2-11}$$

2. 模型参数辨识及验证

前述建立的空压机机理模型中还存在一些空压机本体参数及待辨识的未知常量,为了获得可准确描述空压机的模型,此处以实验室研发的 65 kW 燃料电池动力系统所采用的两级离心式空压机 XT-FCC300S(势加透博公司)为研究对象,示例阐述通过实验测试数据开展模型参数辨识的全过程。空压机的本体参数取值见表 3-2-1。

表 3-2-1　空压机模型参数表（常量）

参数	取值	单位
C_p	1004	$J \cdot kg^{-1} \cdot K^{-1}$
γ	1.4	—
R_a	287	$J \cdot kg^{-1} \cdot K^{-1}$
d_c	0.053	m
ρ_{air}	1.23	$kg \cdot m^{-3}$
p_{atm}	101325	Pa
T_{atm}	293.15	K

为了获得上述模型中的待拟合参数值（$d_0 \sim d_{16}$），对前述燃料电池动力系统中的空压机开展了特性测试。实验在空压机转速范围为 30～95 kr/min 时进行测试，结果如图 3-2-3 所示。不同转速下的实验数据用 Exp-n_{cp} 标记，图中纵坐标用压比表示，即空压机出口压力与环境压力的比值 p_{sm}/p_{atm}。

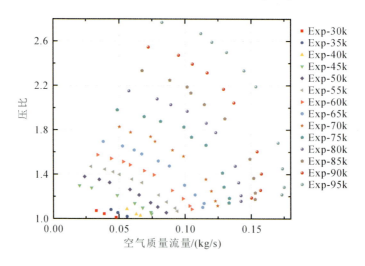

图 3-2-3　实验测得的空压机转速-流量-压比特性

空压机的特性测试主要关注空压机转速 n_{cp}、空气质量流量 W_{cp}、空压机出口压力 p_{sm} 三者之间的关系。对空压机进行性能测试时，以空压机泵头转速为基准，在同一个转速下，将节气门开度从 100% 逐步减小以提高空压机出口压力,直至接近空压机喘振区,记录对应的压比、空气流量以及空压机的消耗功率。

未知参数辨识过程可以转化为非线性最小二乘问题的优化工作,这是优化技术最常见且最重要的应用之一。非线性最小二乘问题的基本原理是给出一个目标函数 $\psi(x)$,用来表示实验结果 y_i 与模型估计结果 $F(x)$ 之间的差值平方和,并找到使得 $\psi(x)$ 最小化的一组参数向量 x,该 x 即为辨识获得的最优参数向量:

$$\min_{x} \psi(x) = \min_{x} \left\{ \sum_{i=1}^{m} [y_i - F(x)]^2 \right\} \tag{3-2-12}$$

非线性最小二乘问题可以用一般的优化方法来求解。为了提高算法的收敛速度,此处介绍一种更有效的方法,即信赖域反射算法(trust region reflection algorithm,TRRA)[33]来加速收敛过程。信赖域反射算法是一种解决非二次非线性规划问题的优化方法。基于信赖域反射的非线性最小二乘法的原理是在当前迭代点邻域内,用二次函数 $q(\boldsymbol{\delta}_k)$ 作为目标函数 $\psi(x_k)$ 的近似函数,并计算试探步长,最终通过最小化 $q(\boldsymbol{\delta}_k)$ 来得到 $\boldsymbol{\delta}_k$。其基本形式如下:

$$\begin{cases} \min_{s} \{ q_k(\boldsymbol{\delta}_k) : \|\boldsymbol{\delta}_k\|_2 \leqslant \Delta_k \} \\ q_k(\boldsymbol{\delta}_k) = \frac{1}{2} \boldsymbol{\delta}_k^T \boldsymbol{H}_k \boldsymbol{\delta}_k + \boldsymbol{\delta}_k^T \boldsymbol{g}_k \end{cases} \tag{3-2-13}$$

式中,x_k 是第 k 组参数向量;$\boldsymbol{g}_k$ 是目标函数 $\psi(x_k)$ 的第 k 组梯度向量;$\boldsymbol{H}_k$ 是 Hessian 矩阵,是关于目标函数 $\psi(x_k)$ 的二阶导数的对称矩阵;$\Delta_k(>0)$ 是置信域半径;$\boldsymbol{\delta}_k$ 是 $F(x)$ 在 x_k 处的迭代方向向量,且满足信赖域约束。

在每个迭代周期中,信赖域反射算法都会生成一个位于信赖域内的新点,并决定是否将其作为新的迭代点。在每个迭代步骤中,实验步长 $\boldsymbol{\delta}_k$ 通常是通过求解式(3-2-13)所定义的信赖域子问题来确定的。通常地,信赖域反射算法使用 p_k 来决定是否接受 $\boldsymbol{\delta}_k$ 以及如何选择下一个置信域半径 Δ_k。p_k 的表达式如下:

$$p_k = \frac{\psi(x_k) - \psi(x_k + \boldsymbol{\delta}_k)}{q(0) - q(\boldsymbol{\delta}_k)} \tag{3-2-14}$$

p_k 的值是目标函数中实际减少量与预测减少量的比值,其值越接近 1,说明模型参数越准确。如果 p_k 低于某个阈值 μ，则拒绝新点并扩大置信域半径 Δ_k；否则，接受新点并缩小置信域半径 Δ_k。当迭代至梯度向量足够小时，停止迭代，得到优化的参数向量值。

使用信赖域反射算法进行空压机模型参数估计的框图如图 3-2-4 所示，输入数据包括 ρ_{air}、n_{cp}、p_{sm}、T_{atm}、p_{atm} 和 W_{cp}，而具有估计参数的空压机模型的输出为 $W_{cp\text{-}est}$，信赖域反射算法的收敛准则如下所示。

$$\psi(\boldsymbol{x}_k) = \sum_{i=1}^{m}[W_{cp}(i) - W_{cp\text{-}est}(\boldsymbol{x}_k)]^2 \quad (3\text{-}2\text{-}15)$$

式中，$W_{cp}(i)$ 是第 i 组实验获得的空压机转速-流量-压比数据；m 为实验总次数；$W_{cp\text{-}est}(\boldsymbol{x}_k)$ 是通过求解机理模型的方程而得到的估计质量流量。

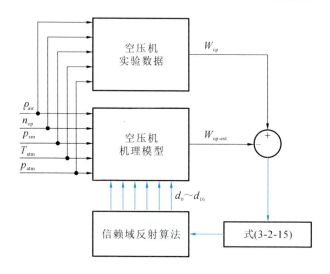

图 3-2-4 基于信赖域反射算法的空压机模型参数辨识

基于信赖域反射算法获得的被测空压机模型的 17 个未知参数如表 3-2-2 所示。

表 3-2-2 计算得到的空压机模型参数表

参数	估计值	参数	估计值	参数	估计值
d_0	0.0934	d_3	12.3464	d_6	3.8843
d_1	1.7199	d_4	−10.0127	d_7	−33.2954
d_2	−7.0136	d_5	3.0072	d_8	142.0109

续表

参数	估计值	参数	估计值	参数	估计值
d_9	−220.3485	d_{12}	67.8671	d_{15}	−212.5729
d_{10}	129.7236	d_{13}	−199.2903	d_{16}	60.6193
d_{11}	−6.0116	d_{14}	292.0267		

将计算得到的参数代入空压机静态模型中,可得到不同工况(n_{cp}、W_{cp}、p_{sm})条件下的模型仿真结果,将仿真结果和实验结果一并绘制,如图 3-2-5 所示,仿真结果用 Sim-n_{cp} 标记,实验结果用 Exp-n_{cp} 标记。为了验证模型的有效性,对相同工况下的仿真结果和实验结果进行了比较,模型仿真结果与实验结果之间的平均绝对误差为 0.97%,最大绝对误差为 1.78%,拟合优度 $R^2=0.995582$。上述结果表明,该模型能够很好地表征空压机在不同工况(n_{cp}、W_{cp}、p_{sm})下的运行特性。

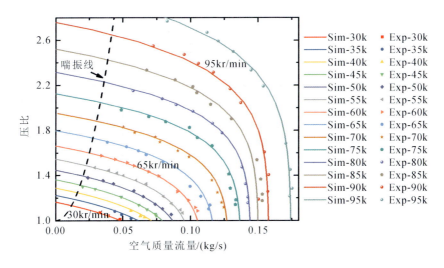

图 3-2-5　不同工况下的模型仿真结果与实验结果对比

3.2.2　供给管道模型

空压机与燃料电池堆之间的管道连接、中冷器以及膜加湿器也会影响进入电堆的空气质量流量、压力、温度以及湿度。对于管道连接,忽略其空间上的分布,将所有管道看作一个整体来建立模型。同时,由于空压机出口温度较高,忽略管道的空间分布后,空气流经管道的温度损失也可以忽略不计,因此认为管道的进出口温度相等且标记为 T_{cp},管道内压力等于空压机出口压力 p_{sm},则由质量守恒定律和理想气体状态方程有[34]:

$$\frac{dm_{sm}}{dt} = W_{cp} - W_{sm,out}$$

$$\frac{dp_{sm}}{dt} = \frac{\gamma R_a T_{cp}}{V_{sm} M_a}(W_{cp} - W_{sm,out}) \tag{3-2-16}$$

式中,m_{sm} 为管道内的空气质量(kg);$W_{sm,out}$ 是管道出口处的空气质量流量(kg/s);V_{sm} 是连接管道的容积,本书的实例化对象取值为 $0.02\ m^3$;M_a 为干空气的摩尔质量,取为 $28.84 \times 10^{-3}\ kg/mol$。

由于阴极流道入口处的管道直径够大,因此阴极压力与管道内部压力的压差小。二者压差与空气质量流量之间呈线性关系,其表达式如下:

$$W_{sm,out} = k_{sm,out}(p_{sm} - p_{ca}) \tag{3-2-17}$$

式中,$k_{sm,out}$ 为管道出口的流量系数,本书的实例化对象取值为 $0.3629 \times 10^{-5}\ kg/(s \cdot Pa)$;$p_{ca}$ 为阴极空气压力(Pa)。

3.2.3 中冷器模型

考虑中冷器的理想降温情况,它只对流经气体进行降温,不影响气体的压力和质量流量,所以中冷器内部气体压力 p_{cl} 与连接管道内部压力 p_{sm} 相等,即 $p_{cl} = p_{sm}$。同时在本模型中考虑流经中冷器后的气体温度与电堆温度(假定为 65 ℃)一致,因此流经中冷器后的气体温度 $T_{cl} = 338.15\ K$。流经中冷器后气体相对湿度 ϕ_{cl} 的表达式如下[34]:

$$\phi_{cl} = \frac{p_{cl}\phi_{atm}p_{sat}(T_{atm})}{p_{atm}p_{sat}(T_{cl})} \tag{3-2-18}$$

式中,ϕ_{atm} 为环境中气体的相对湿度,本书的实例化对象取值为 0.5;$p_{sat}(T)$ 为温度 T 下的饱和蒸汽压。饱和蒸汽压可通过下式计算得到。

$$\lg p_{sat} = -1.69 \times 10^{-10}T^4 + 3.85 \times 10^{-7}T^3 - 3.89 \times 10^{-4}T^2 + 0.143T - 20.92 \tag{3-2-19}$$

3.2.4 加湿器模型

从中冷器流出的气流在进入电堆之前需要通过加湿器来加湿。由于加湿器的容积腔很小,因此将它视作供应管道的一部分。此处建立的加湿器静态模型,计算了因额外注入水而引起的空气湿度的变化。假设气体的温度是恒定的,因此,加湿器内的气体温度 $T_{hm} = T_{cl}$。假设注入水以蒸汽形式存在,根据流出中冷器的条件 (W_{cl}, p_{cl}, T_{cl}, ϕ_{cl}),干空气质量流量 $W_{a,cl}$、蒸汽质量流量 $W_{v,cl}$ 和干空气压力 $p_{a,cl}$ 等参数可以使用热力学性质来计算[34]。

蒸汽压由下式确定:

$$p_{v,cl} = \phi_{cl} p_{sat}(T_{cl}) \tag{3-2-20}$$

由于潮湿空气是干空气和蒸汽的混合物,因此干空气分压是总压和蒸汽压的差值。

$$p_{a,cl} = p_{cl} - p_{v,cl} \tag{3-2-21}$$

由此可计算出湿度比:

$$\eta_{cl} = \frac{M_v}{M_a} \frac{p_{v,cl}}{p_{a,cl}} \tag{3-2-22}$$

式中,M_v 为蒸汽的摩尔质量。从中冷器流出的干空气和蒸汽的质量流量分别为

$$W_{a,cl} = \frac{1}{1+\eta_{cl}} W_{cl} \tag{3-2-23}$$

$$W_{v,cl} = W_{cl} - W_{a,cl} \tag{3-2-24}$$

由于加湿器进、出口干空气质量流量不变,因此,流经加湿器的干空气质量流量 $W_{a,hm} = W_{a,cl}$。流经加湿器的蒸汽质量流量 $W_{v,hm}$ 随着初始注入水质量流量的增加而增加:

$$W_{v,hm} = W_{v,cl} + W_{v,inj} \tag{3-2-25}$$

式中,$W_{v,inj}$ 表示初始注入水的质量流量。

蒸汽压也会发生变化,可由下式计算:

$$p_{v,hm} = \eta_{cl} \frac{M_a}{M_v} p_{a,cl} = \frac{W_{v,hm}}{W_{a,cl}} \frac{M_a}{M_v} p_{a,cl} \tag{3-2-26}$$

蒸汽压 $p_{v,hm}$ 可用于确定出口相对湿度:

$$\phi_{hm} = \frac{p_{v,hm}}{p_{sat}(T_{hm})} = \frac{p_{v,hm}}{p_{sat}(T_{cl})} \tag{3-2-27}$$

由于蒸汽压增加,因此总压也增加:

$$p_{hm} = p_{a,cl} + p_{v,hm} \tag{3-2-28}$$

加湿器出口的空气流量由质量连续性决定：

$$W_{hm} = W_{a,hm} + W_{v,hm} = W_{a,cl} + W_{v,cl} + W_{v,inj} \quad (3\text{-}2\text{-}29)$$

离开加湿器的空气进入燃料电池堆阴极，因此，加湿器出口空气流量也称为阴极入口空气流量。

3.2.5　回流管道和节气门模型

在电堆阴极出口处，通过管路连接节气门，通过控制节气门阀板角度来调节燃料电池堆阴极腔体压力。同理，参照电堆阴极入口处的管路模型，忽略电堆阴极出口处管路的空间分布，则可获得电堆阴极出口管路中的气体压力 p_{rm}[34]：

$$\frac{dp_{rm}}{dt} = \frac{R_a T_{rm}}{V_{rm}}(W_{ca,out} - W_{rm,out}) \quad (3\text{-}2\text{-}30)$$

式中，T_{rm} 为电堆阴极出口管路中的气体温度，与电堆温度相同，所以本文取值为 338.15 K；V_{rm} 表示电堆阴极出口管路的体积，本文的实例化对象取值为 0.005 m³；$W_{rm,out}$ 表示电堆阴极出口管路中的气体质量流量。

由于节气门前端压力与大气压的压差较大，气体压差与流量之间不是线性关系，于是由喷嘴流量方程有

$$W_{rm,out} = \begin{cases} \dfrac{C_{D,rm} A_{T,rm} p_{rm}}{\sqrt{R T_{rm}}} \left(\dfrac{p_{atm}}{p_{rm}}\right)^{\frac{1}{\gamma}} \left\{\dfrac{2\gamma}{\gamma-1}\left[1 - \left(\dfrac{p_{atm}}{p_{rm}}\right)^{\frac{\gamma-1}{\gamma}}\right]\right\}^{\frac{1}{2}}, & \dfrac{p_{atm}}{p_{rm}} > 0.528 \\ \dfrac{C_{D,rm} A_{T,rm} p_{rm}}{\sqrt{R T_{rm}}} \gamma^{\frac{1}{2}} \left(\dfrac{2}{\gamma+1}\right)^{\frac{\gamma+1}{2(\gamma-1)}}, & \dfrac{p_{atm}}{p_{rm}} \leqslant 0.528 \end{cases}$$

$$(3\text{-}2\text{-}31)$$

式中，$C_{D,rm}$ 为节气门流量系数，本文的实例化对象取值为 0.0124；R 是通用气体常数；$A_{T,rm}$ 为出口管道的有效流通截面积（m²）。

结合本文的实例化对象中所采用的北京慨尔康公司的节气门数据，得到 $A_{T,rm}$ 的表达式如下：

$$A_{T,rm} = 2.5 \times 10^{-3} \sin\left(\frac{\theta\pi}{180}\right) \quad (3\text{-}2\text{-}32)$$

式中，θ 是节气门阀板的角度。它与节气门控制信号 PWM 占空比 D 的关系表

达式如下：

$$\frac{d\theta}{dt} = \frac{1}{T_{tr}}(-\theta + D) \tag{3-2-33}$$

式中，T_{tr}为节气门的相对时间常数，本文的实例化对象取值为0.05。

3.3 面向系统效率优化的工作点规划

燃料电池动力系统主要包括燃料电池堆、空气管理子系统、氢气管理子系统、热管理子系统和功率管理子系统，其电效率主要受电堆发电效率和附属部件功耗的影响。电堆的发电效率主要与电流密度、电堆湿度、电堆温度、电堆腔体压力及空气流量有关。电堆湿度在实际应用的动力系统中不可测、不可控，因而没有优化条件；电堆温度变化缓慢，易控制，通常按电流密度分段设定（温度主要作为水管理的调控变量），优化空间小；因此对电堆输出性能的优化聚焦在电堆腔体压力和空气流量这两个指标上。通过实验对附属部件的功耗进行分析，可以得到空气系统的功耗在动力系统的运行过程中占附属部件总功耗的50%以上。空压机作为空气管理子系统功率损耗的主要部件，在提升电堆效率的过程中发挥着至关重要的作用。因此，如何在增加空压机的流量与压比以提升电堆效率的同时，平衡由此产生的附属部件功耗增加，已成为设计中需要重点关注的问题。

3.3.1 空压机的功耗模型

动力系统的电效率优化模型关心的是空压机实际消耗的功率特征，而空压机的实际消耗功率与运行过程中的压比、流量及转速有关。如图3-3-1所示，可通过实验测试获得空压机功率与三者（流量、转速、压比）之间的关系。由图可知，测试获得的数据是一些离散的工作点，只是表征测试条件下的功耗状态。为了获得空压机在全运行区间的功耗状态，需要建立描述空压机功耗特性的模型。

根据文献[35,36]的研究成果，空压机的功耗与压比p_{sm}/p_{atm}、空压机出口的质量流量W_{cp}相关。因此，本文构建如下方程来计算功率损耗：

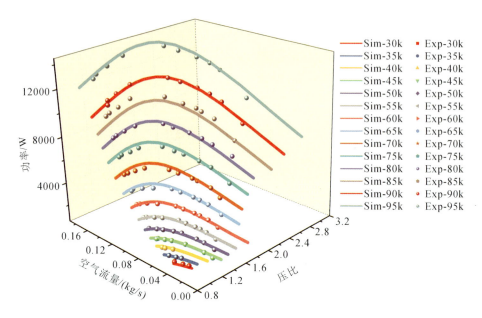

图 3-3-1 空压机的转速-流量-压比-功耗关系图

$$\begin{cases} P_{\text{air}} = w_1 x^2 + w_2 y^2 + w_3 xy + w_4 x + w_5 y + w_6 \\ x = p_{\text{sm}}/p_{\text{atm}} \\ y = n_{\text{cp}} W_{\text{cp}} \end{cases} \tag{3-3-1}$$

其中,$w_1 \sim w_6$ 是功耗模型中待辨识的六个参数。

同样地,未知参数辨识问题可以转化为非线性最小二乘优化问题来计算,迭代算法可采用信赖域反射算法、梯度下降法等。辨识获得的空压机功耗模型中的参数值如表 3-3-1 所示,实验数据与模拟计算结果间的拟合优度 $R^2 = 0.996915$。

表 3-3-1 空压机功耗模型中的参数值

参数	取值	参数	取值
w_1	1402	w_4	942.2
w_2	0.00002537	w_5	0.3095
w_3	-0.1316	w_6	-2070

将表 3-3-1 中估计参数的值代入式(3-3-1)即可计算出各工况下的功耗 (W_{cp}、$p_{\text{sm}}/p_{\text{atm}}$)。为了验证其有效性,将仿真结果与实验数据进行了比较,如图

3-3-1 所示。计算值与实际测量值之间的最大绝对误差为 1.93%，平均绝对误差为 1.15%。因此，认为该模型可以有效表征空压机的实际功耗。

3.3.2 燃料电池堆的发电模型

本节面向系统的优化建立了燃料电池输出电压模型，关注电堆的输出电压与工作条件（λ_{ca}、p_{rm}）（注：λ_{ca} 为阴极空气计量比，又称过氧比）之间的关系。该模型是采用机理结合数据的建模方法，以燃料电池堆实际 V-I（电流-电压）数据为基础构建的半机理-半经验模型；其中，机理模型参考文献[34]中的理论，数据源自前述的动力系统中电堆的特性测试。

根据 2.2 节中建立的稳态电压模型，燃料电池堆的输出电压可简化表示为

$$\begin{cases} V_{st} = N_{st} v_{st} \\ v_{st} = E_{ocv} - v_{act} - v_{ohm} - v_{conc} \\ E_{ocv} = 1.229 - 0.85 \times 10^{-3}(T_{st} - 298.15) + 4.3085 \times \\ \qquad 10^{-5} T_{st} \left(\ln p_{H_2} + \frac{1}{2} \ln p_{O_2} \right) \\ v_{act} = a_0 + a_1 \ln(p_{rm} - p_{sat}) + \{a_2 [\ln(p_{O_2} + p_{sat})]^2 + \\ \qquad a_3 \ln(p_{O_2} + p_{sat}) + a_4\}(1 - e^{-a_5 i_{st}}) \\ v_{ohm} = i_{st} R_{ohm} \\ v_{conc} = i_{st} \{[b_0 \ln(p_{O_2} + p_{sat}) + b_1] \left(\frac{i_{st}}{i_{max}}\right)\}^{b_2} \end{cases} \quad (3\text{-}3\text{-}2)$$

式中，V_{st} 为燃料电池堆电压；v_{st} 为平均节电压；N_{st} 为电堆的单电池节数；E_{ocv} 为开路电压；v_{act} 是活化损失电压；v_{ohm} 是欧姆损失电压；v_{conc} 是浓度损失电压；T_{st} 为电堆温度；p_{O_2} 为氧气分压；p_{H_2} 为氢气分压；p_{rm} 为电堆阴极压力；p_{sat} 为饱和蒸汽压；i_{st} 为电堆电流密度；R_{ohm} 为欧姆电阻；i_{max} 为极限电流密度；$a_0 \sim a_5$ 和 $b_0 \sim b_2$ 为待辨识的模型参数。

阴极流道内总压力是空气和蒸汽分压的总和。由于阴极中的反应物气体来自环境空气，因此干燥空气中的氧气体积分数 a_{in} 可设置为 0.21。假设从电堆阴极入口到出口的干空气内氧体积分数变化均匀且氧气反应完全，则阴极流道内的氧分压可简化为关于阴极压力 p_{rm}、过氧比 λ_{ca} 和阴极相对湿度 ϕ_{ca} 的

函数：

$$p_{O_2} = \frac{(p_{rm} - \phi_{ca} p_{sat})\alpha_{in}(\lambda_{ca} - 0.5)}{\lambda_{ca} - 0.5\alpha_{in}} \tag{3-3-3}$$

在示例的燃料电池动力系统中，采用高纯氢气作为阳极反应气体，故电堆模型中的氢分压值可假定为阳极入口压力；在实际运行中，需保持电堆阴阳极的压力平衡，阳极压力与阴极压力近似相等，故认为氢分压值可通过阴极压力 p_{rm} 和阳极相对湿度 ϕ_{an} 计算：

$$p_{H_2} = p_{rm} - \phi_{an} p_{sat} \tag{3-3-4}$$

燃料电池堆的电流密度 i_{st} 是电堆总电流 I_{st} 与单电池有效反应面积 A_{st} 之比：

$$i_{st} = \frac{I_{st}}{A_{st}} \tag{3-3-5}$$

欧姆电阻 R_{ohm} 主要指质子的传导电阻，与质子交换膜的状态紧密相关，可用下式计算：

$$R_{ohm} = \frac{t_{mb}}{\sigma_{mb}} \tag{3-3-6}$$

式中，t_{mb} 是质子交换膜的厚度（cm）；σ_{mb} 表示质子交换膜的膜电导率（$\Omega^{-1} \cdot cm^{-1}$）。膜电导率是关于电堆温度 T_{st} 与膜的含水量 λ_m 的函数：

$$\sigma_{mb} = (c_0 \lambda_m - c_1) \exp\left[c_2 \left(\frac{1}{303} - \frac{1}{T_{st}}\right)\right] \tag{3-3-7}$$

式中，$c_0 \sim c_2$ 为待拟合的未知参数，质子交换膜的含水量（λ_m）可设置为 14（膜处于 100% 水饱和状态下的含水量），以确保燃料电池的良好运行[37]。

为了确定式(3-3-2)至式(3-3-7)中的未知参数，对本文的实例化对象中的燃料电池堆进行了一系列实验。被测电堆的基本参数如下：有效反应面积 A_{st} = 406 cm²；质子交换膜厚度 t_{mb} = 0.0018 cm；电堆温度 T_{st} = 338.15 K。燃料电池特性测试关注的重点是电池平均节电压 v_{st} 与工作条件（λ_{ca}、p_{rm}）之间的关系。

实验按照表 3-3-2 所示的 11 种（λ_{ca}，p_{rm}）组合条件依次进行，在每组（λ_{ca}，p_{rm}）条件下，电堆电流密度 i_{st} 从 0.1 A/cm² 步进到 1.2 A/cm²，间隔为 0.1 A/cm²，得到 v_{st} 的数据，如图 3-3-2 所示。实验数据在图中用点表示，并用"Exp-λ_{ca}/p_{rm}-值"来标记。

表 3-3-2 燃料电池电堆特性测试条件表

序号	氢气计量比	空气计量比 λ_{ca}	电堆阴极压力 p_{rm}/kPa
1	1.6	1.8/2.2/2.6	110
2	1.6	2.2	130
3	1.6	1.8/2.2/2.6	150
4	1.6	2.2	170
5	1.6	1.8/2.2/2.6	190

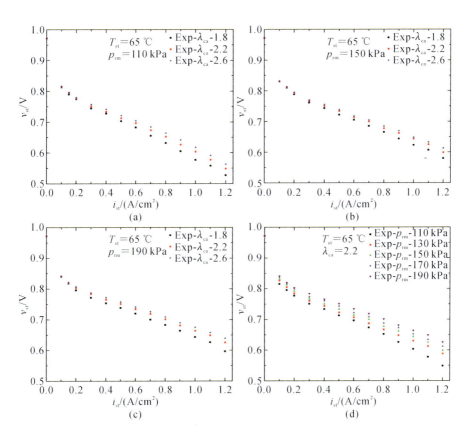

图 3-3-2 不同实验条件下燃料电池堆的性能

同样地,未知参数的辨识过程可采用信赖域反射算法进行,辨识得到的燃料电池堆模型参数如表 3-3-3 所示。

表 3-3-3 燃料电池堆模型的参数辨识结果

参数	估计值	参数	估计值	参数	估计值
a_0	0.1956	a_4	0.22	b_2	1.15
a_1	−0.01753	a_5	9.5	c_0	0.5139
a_2	−0.03837	b_0	−0.09606	c_1	0.00326
a_3	−0.003576	b_1	0.4107	c_2	350

将表 3-3-3 中的参数辨识结果代入前述的燃料电池发电模型中,可以得到不同(λ_{ca}、p_{rm})条件下的模拟仿真结果。将该结果绘制在图 3-3-3 中,并用"Sim-λ_{ca}/p_{rm}-值"标记。

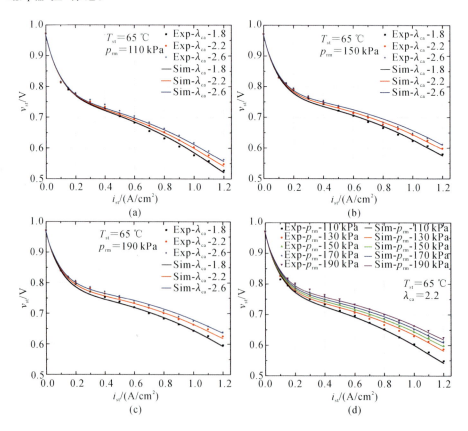

图 3-3-3 不同运行条件下实验结果与模型仿真结果对比

比较图 3-3-3 中的实验数据和仿真数据，最大绝对误差为 1.06%，平均绝对误差为 0.62%。从统计角度来看，拟合优度 R^2 为 0.994713。综上所述，所建立的燃料电池堆模型可以很好地表征电堆性能，并可用于计算不同工作条件下的电堆电压。

3.3.3 面向效率优化的工作点匹配

燃料电池堆功率 P_{st} 的计算如下：

$$P_{st} = V_{st} I_{st} = N_{st} v_{st} A_{st} i_{st} \tag{3-3-8}$$

在本书的实例化对象中，所采用的电堆节数为 280 节，因此 $N_{st}=280$。

燃料电池堆效率的表达式如下：

$$\eta_{st} = \frac{P_{st}}{W_{H_2} LHV_{H_2}} \times 100\% \tag{3-3-9}$$

式中，η_{st} 为电堆效率；W_{H_2} 为当前运行状态下消耗的氢气质量流量；LHV_{H_2} 是氢气的低热值，取值为 1.2×10^5 kJ/kg。

通过前面的分析可知，燃料电池堆功率 P_{st} 是与 i_{st}、p_{rm} 和 λ_{ca} 有关的函数，即 $P_{st}=f(i_{st}, p_{rm}, \lambda_{ca})$。在燃料电池系统运行过程中，通过工作电流和空气计量比可以计算出所需的空气质量流量，即 $W_{cp} \propto (i_{st}, \lambda_{ca})$，而空压机的转速、流量和压比间存在约束关系。因此，空压机的功耗 P_{air} 可以表示为 i_{st}、p_{sm} 和 λ_{ca} 的函数，即 $P_{air}=f(i_{st}, p_{sm}, \lambda_{ca})$，其中 p_{rm} 和 p_{sm} 通过 3.2.2 节中的供给管道模型来关联。

综上所述，在忽略氢气管理和热管理子系统的功率损耗，仅考虑空气管理子系统中空压机这一主要部件损耗的情况下，燃料电池动力系统的净功率输出 P_{sys} 和效率 η_{sys} 可表示为

$$\begin{cases} P_{sys} = P_{st} - P_{air} \\ \eta_{sys} = \dfrac{P_{sys}}{W_{H_2} LHV_{H_2}} \times 100\% \end{cases} \tag{3-3-10}$$

因此，P_{sys} 是关于 i_{st}、p_{rm} 和 λ_{ca} 的函数，即 $P_{sys}=f(i_{st}, p_{rm}, \lambda_{ca})$。系统效率优化是在相同的工作电流密度 i_{st} 即相同的氢气消耗量下，通过改变工况 p_{rm} 和 λ_{ca}，使净输出功率 P_{sys} 最大化的过程。

在燃料电池系统应用中，燃料电池堆一般通过 DC/DC 变换器与储能电池

并联向负载供电。在稳态工作条件下,燃料电池堆工作在恒流模式,参考电流由车辆的能量管理策略根据电池的荷电状态(SOC)确定。类似地,映射到燃料电池则是需要调控电堆的电流密度 i_{st}。根据上述模型分析,通过优化在不同电流密度条件下的运行工作点(λ_{ca}, p_{rm})可以最大化燃料电池系统的净输出功率,从而减少系统的运行氢耗。最大效率计算思路如图 3-3-4 所示,通过前述机理和数据分析建立净功率的系统计算模型,遍历(λ_{ca}, p_{rm})可行区内的所有可行解,可以找到过氧比和阴极压力对应的系统效率图,以此确定最大净效率的工作条件。通过改变工作电流密度 i_{st},重复遍历求解,即可得到整个电流范围内的最佳工作点。

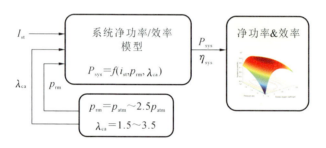

图 3-3-4 面向系统效率优化的工作点规划思路

本书以电流密度 $i_{st}=0.9 \text{ A/cm}^2$ 为例来说明该方法,将过氧比 λ_{ca} 和阴极压力 p_{rm} 两个自变量的取值区间分别设置为 1.5~3.5 和 p_{atm}~2.2 p_{atm},取值间隔均为 0.01。遍历这些二维自变量,得到如图 3-3-5 所示仿真结果。为了直观地表达工作点,结合空压机的转速-流量-压比特性(见图 3-2-3),在后续的讨论中用空压机出口压力 p_{sm} 代替阴极压力 p_{rm} 来展开分析。由图 3-3-5(a)可知,电堆功率随着过氧比 λ_{ca} 和压比(p_{sm}/p_{atm})的增加而增加,但增长趋势逐渐减慢。如图 3-3-5(b)所示,空压机的功耗也随着过氧比和压比的增加而增加,且增长趋势逐渐增大。如图 3-3-5(c)(d)所示,燃料电池系统的净功率和系统效率均可在参考工作范围内获得最大值。在电流密度 $i_{st}=0.9 \text{ A/cm}^2$ 的条件下,燃料电池效率最高的最佳工作点为($\lambda_{ca}=2.24, p_{sm}/p_{atm}=1.42$),此时,系统净功率和效率达到最高值,分别为 69.51 kW 和 51.66%。

同样地,可以得到其他电流密度下的系统效率仿真结果。电流密度 i_{st} 为

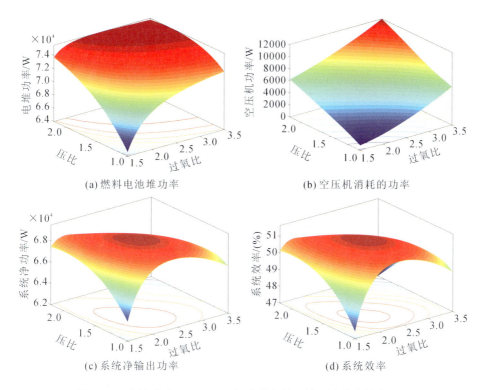

图 3-3-5 电流密度 $i_{st}=0.9$ A/cm² 的条件下的系统功率仿真结果

0.3 A/cm²、0.6 A/cm² 和 1.2 A/cm² 时的系统效率仿真结果如图 3-3-6 所示。可以得到这三种电流密度下的最佳工作点和最大效率分别为 ($p_{sm}=p_{atm}$, $\lambda_{ca}=3.27$)，59.9%；($p_{sm}=p_{atm}$, $\lambda_{ca}=2.66$)，55.86%；($p_{sm}=1.75p_{atm}$, $\lambda_{ca}=2.05$)，46.63%。由此可见，随着电流密度的增加，最佳工作点对应的过氧比逐渐减小、阴极压力逐渐增大。

对电流密度 i_{st} 以 0.1 A/cm² 的间隔遍历 0.1～1.2 A/cm² 区间的其他电流密度，可以获得系统效率最大的最佳工作点，详细信息如表 3-3-4 所示。此外，我们在空压机的转速-流量-压比特性图中标出了使得燃料电池系统效率最大的最佳工作点轨迹（用红色方块标记），如图 3-3-7 所示。由图 3-3-7 及表 3-3-4 可知，当电流密度不大于 0.6 A/cm² 时，系统阴极压力在大气压附近（即压比 $p_{sm}/p_{atm}\approx 1.0$）可以达到最佳效率；当电流密度大于 0.6 A/cm² 时，最佳效率在高压比条件下取得。据前文的分析可知，系统最佳效率工作点随电流密度的变化趋

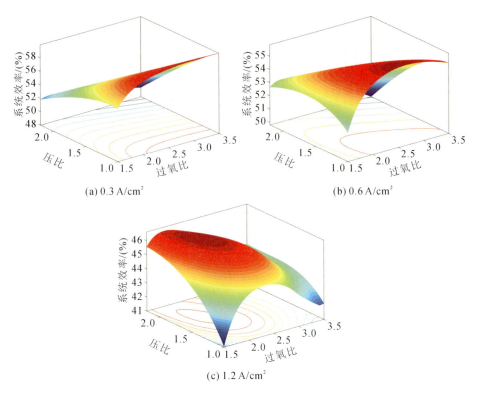

图 3-3-6 其他电流密度下的系统效率图

表 3-3-4 不同策略下获得的最佳工作点及最大效率

电流密度/(A/cm²)	工作点(λ_{ca},p_{sm}/p_{atm})				系统效率/(%)			
	本文方法	策略1	策略2	策略3	本书方法	策略1	策略2	策略3
0.1	(3.50,1.00)	(3.50,1.01)	(3.33,1.01)	(3.50,1)	**66.41**	66.34	66.26	**66.41**
0.2	(3.50,1.00)	(2.93,1.03)	(3.28,1.02)	(3.50,1)	**62.04**	61.68	61.87	**62.04**
0.3	(3.27,1.00)	(2.68,1.08)	(3.07,1.03)	(3.27,1)	**59.92**	59.42	59.76	**59.92**
0.4	(3.05,1.00)	(2.47,1.14)	(2.87,1.05)	(3.05,1)	**58.48**	57.93	58.34	**58.48**
0.5	(2.84,1.00)	(2.33,1.21)	(2.70,1.06)	(2.84,1)	**57.20**	56.68	57.10	**57.20**
0.6	(2.66,1.00)	(2.23,1.30)	(2.57,1.08)	(2.66,1)	**55.86**	55.49	55.82	**55.86**
0.7	(2.46,1.15)	(2.15,1.40)	(2.49,1.10)	(2.52,1)	**54.46**	54.27	54.46	54.38
0.8	(2.33,1.30)	(2.07,1.52)	(2.47,1.13)	(2.43,1)	**53.09**	52.97	52.99	52.72
0.9	(2.24,1.42)	(1.99,1.64)	(2.46,1.17)	(2.39,1)	**51.66**	51.55	51.42	50.91
1.0	(2.16,1.53)	(1.92,1.76)	(2.44,1.21)	(2.38,1)	**50.12**	50.00	49.75	48.96
1.1	(2.10,1.64)	(1.86,1.90)	(2.43,1.26)	(2.36,1)	**48.44**	48.31	47.95	46.85
1.2	(2.05,1.75)	(1.81,2.06)	(2.40,1.31)	(2.33,1)	**46.63**	46.49	46.01	44.57

注:表中加粗字体表示对应电流密度条件下的最大效率值。

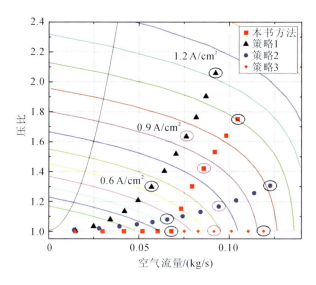

图 3-3-7　不同电流密度下不同方法获得的系统效率最佳工作点

势由燃料电池堆性能和空压机功耗的趋势决定。在低电流密度($\leqslant 0.6$ A/cm^2)条件下,燃料电池堆的性能损失由欧姆损失和活化损失主导,增加压比对燃料电池堆性能的提升幅度很小,此外,空压机本身也工作在低效运行区间。因此,在低电流密度下即使系统阴极压力等于大气压力也能获得较高的系统效率。在高电流密度(>0.6 A/cm^2)条件下,反应物浓度的降低导致燃料电池堆的浓度损失显著增加。提高电堆工作压力可以改善流道内的物质传输作用,有利于克服多孔介质中的黏附效应,加速气体从流道向催化层的扩散,从而降低传质阻抗,改善电堆的输出性能;此外,空压机本身也处于高效运行区间。因此,在高电流密度下加压运行可以获得较高的系统效率。

为了验证本书提出的二维优化策略的有效性,引入文献[37~39]中报道的传统一维过氧比优化策略,即策略1、策略2和策略3进行比较。在这三种策略中,通过固定节气门开度产生的流阻来建立阴极压力。引用的对比策略中,节气门开度是固定的,在系统运行过程中不能调节,三种策略分别对应节气门开度为30%、70%和100%。应用一维过氧比优化策略可以得到这三种策略的最佳工作点,如图3-3-7所示,四种方法在相应条件下的工作点在图上标记为:■—本书方法(P.)、▲—策略1(1#)、●—策略2(2#)、◆—策略3(3#)。工作点数据也总结在表 3-3-4 中。

为了直观地对比不同方法获得的系统效率最佳工作点,采用等高线图表示四种参考电流密度($i_{st}=0.3\ \text{A/cm}^2$、$0.6\ \text{A/cm}^2$、$0.9\ \text{A/cm}^2$ 和 $1.2\ \text{A/cm}^2$)下的系统效率,如图 3-3-8 所示。从图 3-3-8 中不难看出,本书所提出的策略在这四种电流密度下都可以获得最高的系统效率。

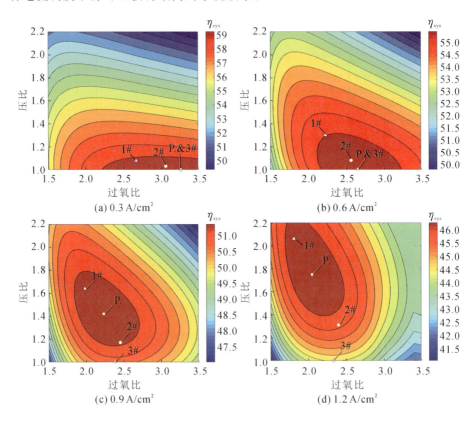

图 3-3-8 不同电流密度下获得的系统效率及工作点

将上述四种策略的最佳工作点代入系统效率模型中。不同电流密度下的效率比较如表 3-3-4 和图 3-3-9 所示。结果表明,与一维过氧比优化策略(策略 1、策略 2 和策略 3)相比,本书所提的优化方法在各个电流密度下都有更高的系统效率。在大气压(压比 $p_{sm}/p_{atm}=1.0$)下,电流密度不大于 $0.6\ \text{A/cm}^2$ 时,通过本书方法和策略 3 均可以获得最优系统效率。当电流密度超过 $0.6\ \text{A/cm}^2$ 时,本书方法、策略 1 和策略 2 的系统效率均高于策略 3,并且本书方法与策略 3

相比在 1.2 A/cm² 的电流密度下可以实现最大 2.06 个百分点的系统效率提升。因此，基于过氧比和阴极压力二维寻优的优化算法可以获得最大的系统效率，从而提高电力系统的运行效率和经济性。

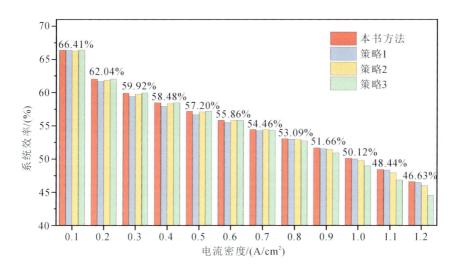

图 3-3-9　不同效率优化方法获得的系统最大效率对比图

燃料电池空气管理子系统是能耗最大的辅助子系统，通过优化空气管理子系统中的过氧比和阴极压力两个独立变量可以优化工作点，以实现燃料电池系统效率的最大化。本节通过机理分析和实验数据拟合，建立了燃料电池堆的发电模型和空压机的功耗模型，模型具有很好的可信度，可以准确地反映部件性能。通过在可行区间（λ_{ca}，p_{sm}）内搜索系统净输出功率的极值，即可得到系统最大效率点对应的工作条件。该方法简单实用，具有重要的工程应用价值。

3.4　空气管理子系统的耦合特性分析

上一节规划了燃料电池系统效率最大化的工作点，本节聚焦于如何又快又好地调控空气管理子系统部件去实现该目标工作点。由于空压机和节气门的压力流量机理模型呈现高度的非线性特性，单独调控空压机或节气门均会改变电堆阴极的压力和流量，且压力和流量之间存在强耦合关系，二者相互影响，因此在维持电堆所需压力的同时调节流量的思路不具有可行性。该特性导致难以设计合适的控制器，本节将用局部线性化模型表征阴极系统压力和流量特性，并使用参数辨识方法对线性化模型进行辨识，将已辨识模型分别用有/无前馈补偿解耦的双 PI 控制进行压力和流量的控制，并对比分析控制效果。

系统辨识方法是通过实验的输入输出数据来辨识系统的数学模型的，通过建立某种评价准则，在实验数据的基础上，选择一种最符合该评价准则的参数模型，并用该参数模型表征所辨识的系统。系统辨识的过程主要包括：开环响应特性测试、激励信号的选取与设计、传递函数的辨识。常用的系统模型估计方法包括频域响应法、最小二乘法、极大似然估计法、神经网络辨识法等[40]。本节采用最小二乘法来辨识空气管理子系统的模型参数。

3.4.1 开环响应特性测试

开环响应特性测试主要是为了获取系统的响应速度、频率带宽、滞后性、非线性特性等相关信息，为后续激励信号的设计和辨识实验的进行提供指导。此处分别对空压机和节气门进行开环阶跃实验，实验设计图如图 3-4-1 所示。

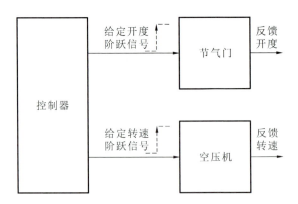

图 3-4-1 开环阶跃实验设计图

在空压机初始转速为零的情况下，设定空压机的转速为 90000 r/min，按照 100 ms 的采样时间进行空压机转速反馈采样，得到空压机转速阶跃响应曲线如图 3-4-2 所示。根据图中数据可以得到，空压机具有约 300 ms 的响应滞后，响应的上升时间 t_r = 1500 ms。

用二阶欠阻尼系统来近似模拟上述响应曲线，其二阶系统响应传递函数为

$$G(s) = \frac{6.5 e^{-0.3}}{s^2 + 4s + 6.5} \quad (3\text{-}4\text{-}1)$$

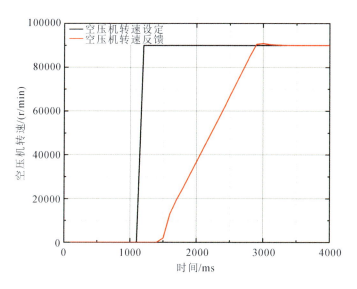

图 3-4-2　空压机转速阶跃响应曲线

根据公式(3-4-1)可以计算该传递函数的截止频率 $f_m=0.36$ Hz，调整时间 $t_s=1.5$ s。

在节气门初始开度为 88%(较大开度)的情况下，通过控制器将节气门的开度降为 7%(较小开度)，按照 100 ms 的采样时间进行节气门的开度反馈采样，得到节气门开度阶跃响应曲线如图 3-4-3 所示。

用二阶欠阻尼系统来近似模拟上述响应曲线，得到二阶系统响应传递函数为

$$G(s)=\frac{256e^{-0.2}}{s^2+28s+256} \tag{3-4-2}$$

根据公式(3-4-2)可以计算得到，该传递函数的截止频率 $f_m=1.96$ Hz，调整时间 $t_s=0.21$ s。

3.4.2　激励信号的选取与设计

将非线性系统线性化的方法是在稳态工作点附近施加小幅度的扰动。该小幅度的扰动信号(即激励信号)的选取需考虑以下两个原则：①足以扰动系统，使系统产生可辨识的响应信号；②不会给正常工作的系统带来影响，处于近似线性化的区域。通常用于系统辨识的激励信号有 M 序列(又称二进制伪随

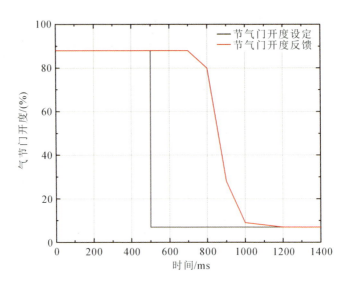

图 3-4-3 节气门开度阶跃响应曲线

机序列)、滤波白噪声和复合正弦波信号等。这些信号具有幅值小和功率谱高的特点。由于 M 序列在工程中相对于其他信号更容易实现,同时可以重复产生[41],因此本书选择 M 序列作为系统辨识的激励信号。

假设 M 序列每个码元的保持周期为 Δt_{m_seq},M 序列阶数为 d_{seq},一个周期内码元总数为 N_{seq_num},辨识系统的截止频率为 f_m,调整时间为 t_s。为了获取较好的辨识效果,输入信号的频率需要在合适的范围内,否则系统将不会对输入信号产生有效的响应。此外,M 序列中码元保持周期 Δt_{m_seq} 和码元总数 N_{seq_num} 需要满足以下关系[42]:

$$\Delta t_{m\_seq} \leqslant \frac{1}{3f_m} \quad (3\text{-}4\text{-}3)$$

$$N_{seq\_num} > \frac{t_s}{\Delta t_{m\_seq}} + 1 \quad (3\text{-}4\text{-}4)$$

根据上一节得到的开环频率测试结果可知:与空压机相比,节气门具有更快的响应速度和更宽的通频带。因此,M 序列的参数选择主要受空压机的截止频率和调整时间的限制,将空压机开环测得的截止频率代入式(3-4-3),可计算出 Δt_{m_seq} 的上限,同时 Δt_{m_seq} 应大于系统控制周期 $T_c=0.1$ s,故可以得到 0.1 s $<\Delta t_{m\_seq}<0.926$ s,本书取 $\Delta t_{m\_seq}=0.5$ s。由空压机调整时间 $t_s=1.5$ s 可以得

到，一个周期内码元总数需满足 $N_{seq\_num} > 4$，因为 $N_{seq\_num} = 2^d - 1$，这里取 $N_{seq\_num} = 15$，即阶数 $d = 4$。

按照 M 序列的幅值选取原则，根据空压机的转速及节气门的开度范围，本书将空压机转速的 M 序列扰动幅值选取为 ±500 r/min，节气门开度的 M 序列扰动幅值选取为 ±2%。综合幅值和序列要求，最终本书采用的 M 序列的激励信号均如图 3-4-4 所示。

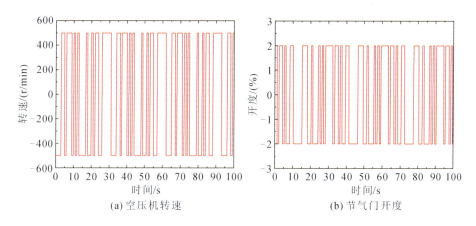

(a) 空压机转速   (b) 节气门开度

图 3-4-4 M 序列输入激励信号

3.4.3 传递函数的辨识

系统辨识常用的参数估计方法包括频域响应法、神经网络辨识法、最小二乘法等。本书采用最小二乘法[43]来辨识空气管理子系统的模型参数。

待辨识的系统为双输入双输出系统，且在稳态工作点施加的 M 序列激励信号幅值小，系统处于线性工作区。因此，激励信号、响应信号及被控系统的关系可用如下的简化模型来表示：

$$\begin{bmatrix} y_1 \\ y_2 \end{bmatrix} = \begin{bmatrix} \dfrac{k_{11}}{T_{11}s+1} & \dfrac{k_{12}}{T_{12}s+1} \\ \dfrac{k_{21}}{T_{21}s+1} & \dfrac{k_{22}}{T_{22}s+1} \end{bmatrix} \begin{bmatrix} u_{valve} \\ u_{air\_com} \end{bmatrix} \quad (3\text{-}4\text{-}5)$$

式中，y_1 和 y_2 为系统的输出响应；y_1 表示入堆压力，单位为 kPa；y_2 表示入堆质量流量，单位为 g/s；u_{valve} 和 u_{air_com} 为系统的输入变量，u_{valve} 表示节气门设定开度,单位为％;u_{air_com}表示空压机设定转速,单位为 r/min;传递函数矩阵表示被控对象的特性,需要通过系统模型辨识得到。

将式(3-4-5)中的连续传递函数通过后向差分法离散化可得:

$$\boldsymbol{y}(n+1) = \frac{1}{T+h}[hk\boldsymbol{u}(n) + T\boldsymbol{y}(n)] \tag{3-4-6}$$

式中,$\boldsymbol{u}(n)$、$\boldsymbol{y}(n)$分别表示系统第 n 时刻的输入变量向量和输出响应向量;k 为系统开环增益;h 为系统控制周期;T 为系统惯性时间常数。

假定被辨识的系统模型为如下形式:

$$a_1 \boldsymbol{y}(n) + a_2 \boldsymbol{y}(n-1) = b_1 \boldsymbol{u}(n) + \boldsymbol{\varepsilon}(n) \tag{3-4-7}$$

式中,$\boldsymbol{y}(n)=[y_1(n),y_2(n)]^T$ 表征系统在第 n 时刻的输出压力和输出流量;$\boldsymbol{u}(n)=[u_1(n),u_2(n)]^T$ 表征系统在第 n 时刻的节气门开度和空压机转速;a_1、b_1、b_2 为系统模型的待辨识参数;$\boldsymbol{\varepsilon}(n)$ 为系统输入的随机噪声向量。实验以 M 序列为输入,在 $n=1,2,\cdots,N$ 时刻对系统输出压力和输出流量进行采样,获得 N 组数据。对这 N 组数据进行去均值处理,得到待辨识的数据后,将该数据导入 MATLAB 软件中的 System Identification 工具箱中,之后在工具箱中匹配辨识模型,选择最小二乘法作为辨识方法,点击"辨识"按钮后,工具箱即可给出辨识结果。

3.4.4　系统辨识结果及耦合特性分析

1. 辨识结果

选取以下稳态工作点:压力为 125 kPa、质量流量为 53.88 g/s。此时对应的节气门开度为 35％,空压机转速为 50000 r/min。在此基础上叠加图 3-4-4 所示的 M 序列作为节气门开度和空压机转速的设定值,根据最小二乘法原理对空气管理子系统进行辨识,可得到如下辨识结果:

$$\begin{bmatrix} y_1 \\ y_2 \end{bmatrix} = \begin{bmatrix} \dfrac{0.000977}{1.298s+1} & \dfrac{0.0215}{2.012s+1} \\ \dfrac{0.099}{1.436s+1} & \dfrac{-1.132}{1.803s+1} \end{bmatrix} \begin{bmatrix} u_1 \\ u_2 \end{bmatrix} \tag{3-4-8}$$

为了评估系统的辨识效果,将实际系统输出的响应数据与式(3-4-8)计算结果进行对比,减去稳态工作点的压力和流量值后,得到实验数据和辨识数据的对比结果如图 3-4-5 所示。

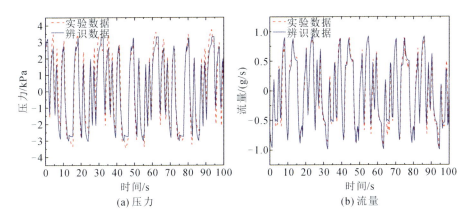

图 3-4-5　实验数据与模型计算结果对比

由实验数据和辨识数据可计算出压力辨识结果的拟合优度 $R^2=0.9545$，流量辨识结果的拟合优度 $R^2=0.9086$，上述数据均大于 0.9，表明辨识模型与实验数据之间的拟合度较好。结合图 3-4-5 可知，辨识数据和实验数据仅在局部的变化尖峰处存在偏差，说明辨识的传递函数矩阵可以良好地表征对象在该稳态工作点的运行特性。同样地，在对象的其他稳态工作点，也可以得到描述对象运行特性的传递函数矩阵。

2. 耦合度分析

对于系统的关联程度和耦合性质，可以使用 Bristol[44] 提出的相对增益和相对增益矩阵来评估，它揭示了多变量耦合系统内部的耦合关系，并以此来确定变量间的配对选择，同时相对增益矩阵是系统是否需要解耦的重要判据。

首先，在相互耦合的 $s\times s$ 被控过程中选择第 i 个回路，使其他控制量 $u_k(k=1,2,\cdots,s,k\neq j)$ 都保持不变，即相当于其他回路开路，通过给控制量 u_j 施加一个扰动 Δu_j，得到 y_i 的变化量与 u_j 的变化量之比 k_{ij}。该比值称为 u_j 到 y_i 通道的开环增益，即

$$k_{ij}=\frac{\partial y_i}{\partial u_j}\bigg|_{\substack{u_k=\text{const}\\k=1,2,\cdots,s,k\neq j}} \quad (3\text{-}4\text{-}9)$$

其次，使其他回路的 $y_k(k=1,2,\cdots,s,k\neq i)$ 闭合，只改变被控量 y_i，得到 y_i

的变化量与 u_j 的变化量之比 k'_{ij}。该比值称为 u_j 到 y_i 通道的闭环增益，即

$$k'_{ij} = \frac{\partial y_i}{\partial u_j}\bigg|_{\substack{y_k = \text{const} \\ k = 1, 2, \cdots, s, k \neq i}} \quad (3-4-10)$$

将开环增益与闭环增益之比定义为相对增益，即

$$\lambda_{ij} = \frac{k_{ij}}{k'_{ij}} \quad (3-4-11)$$

依次求取系统从 u_j 到 y_i 通道的相对增益，即可构成系统的相对增益矩阵。

由上述描述方法可计算出系统在不同稳态工作点下的相对增益矩阵，结果如表 3-4-1 所示。

表 3-4-1　系统在不同稳态工作点下的传递函数矩阵及相对增益矩阵

稳态工作点	传递函数矩阵	相对增益矩阵
$y_1 = 105$ kPa $y_2 = 32.33$ g/s $u_1 = 35\%$ $u_2 = 40000$ r/min	$\begin{bmatrix} \dfrac{0.001026}{1.7023s+1} & \dfrac{0.0177}{2.4471s+1} \\ \dfrac{0.07185}{1.7835s+1} & \dfrac{-0.72699}{2.0729s+1} \end{bmatrix}$	$\begin{bmatrix} 0.3697 & 0.6303 \\ 0.6303 & 0.3697 \end{bmatrix}$
$y_1 = 125$ kPa $y_2 = 53.88$ g/s $u_1 = 35\%$ $u_2 = 50000$ r/min	$\begin{bmatrix} \dfrac{0.000977}{1.298s+1} & \dfrac{0.0215}{2.012s+1} \\ \dfrac{0.099}{1.436s+1} & \dfrac{-1.132}{1.803s+1} \end{bmatrix}$	$\begin{bmatrix} 0.3419 & 0.6581 \\ 0.6581 & 0.3419 \end{bmatrix}$
$y_1 = 132$ kPa $y_2 = 75.43$ g/s $u_1 = 41\%$ $u_2 = 60000$ r/min	$\begin{bmatrix} \dfrac{0.0011}{0.979s+1} & \dfrac{0.0189}{1.7117s+1} \\ \dfrac{0.11013}{1.1083s+1} & \dfrac{-2.0733}{1.736s+1} \end{bmatrix}$	$\begin{bmatrix} 0.5228 & 0.4772 \\ 0.4772 & 0.5228 \end{bmatrix}$
$y_1 = 150$ kPa $y_2 = 88.36$ g/s $u_1 = 40\%$ $u_2 = 70000$ r/min	$\begin{bmatrix} \dfrac{0.001094}{1.3075s+1} & \dfrac{0.017221}{2.651s+1} \\ \dfrac{0.14922}{1.3495s+1} & \dfrac{-2.2048}{2.4802s+1} \end{bmatrix}$	$\begin{bmatrix} 0.4842 & 0.5158 \\ 0.5158 & 0.4842 \end{bmatrix}$
$y_1 = 180$ kPa $y_2 = 94.82$ g/s $u_1 = 38\%$ $u_2 = 80000$ r/min	$\begin{bmatrix} \dfrac{0.00116}{1.383s+1} & \dfrac{0.0325}{2.228s+1} \\ \dfrac{0.217}{1.552s+1} & \dfrac{-4.401}{2.17s+1} \end{bmatrix}$	$\begin{bmatrix} 0.4199 & 0.5801 \\ 0.5801 & 0.4199 \end{bmatrix}$

通过上述分析可知，空压机转速对压力的通道与节气门开度对流量的通道

的相对增益 λ_{12} 在 0.5～0.65 之间,表明系统中存在严重的耦合现象,需要在控制算法的设计中实现对流量与压力的解耦控制,以获得良好的控制效果,减少动态过程的流量和压力波动。

3.5 空气管理子系统调控策略设计

空气管理子系统调控压力和流量的设备仅为空压机和节气门,使用工程界常规的双闭环 PI 控制,可以控制节气门的流量和空压机的压力,然而由于两台设备均表现出压力和流量的非线性特性,压力和流量的耦合关系不容忽视,因此双 PI 控制逻辑的控制效果不佳。本节使用了两种控制策略对压力和流量进行控制,分别是双 PI 控制和前馈解耦控制,并对比分析了这两种策略的控制效果。

在过程控制当中,通常对设定值和实际反馈值的误差进行比例、积分、微分的计算,以形成受控设备的控制量。这种控制方法称为 PID 控制,具有易于实现、参数设置简单、应用范围广泛等优点。PID 控制器的控制原理框图如图 3-5-1 所示,通过计算反馈控制量的偏差值来得到控制量,其中,$r(t)$ 为设定值,$y(t)$ 为输出值,$e(t)$ 为设定值与输出值的偏差,$u(t)$ 为控制量。控制器包括三个环节:比例环节、积分环节、微分环节。

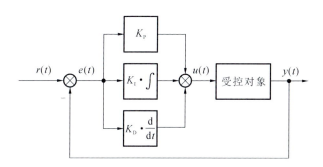

图 3-5-1 PID 控制原理框图

偏差 $e(t)$ 表示为

$$e(t) = r(t) - y(t) \tag{3-5-1}$$

根据图 3-5-1,可以将 PID 控制原理写成如下公式:

$$u(t) = K_P \cdot e(t) + K_I \int_0^t e(t) dt + K_D \frac{de(t)}{dt} \tag{3-5-2}$$

其中，K_P 为比例控制系数，K_I 为积分控制系数，K_D 为微分控制系数。

比例环节可以调节系统的响应速度，当系统设定偏差产生时，比例环节可以迅速发挥控制作用以降低偏差，但不能消除偏差，因此纯比例环节控制会存在系统静态误差。积分环节主要用来消除比例环节带来的系统静态误差，误差随着时间累积会增加控制量，在计算机控制中，积分控制系数越大或者控制周期越短，积分环节作用越强，但在积分环节开始时可能造成积分饱和现象，容易产生过大的超调，从而对系统产生不利影响。微分环节可以反映系统偏差的变化率，具有超前性，因此可以改善系统的动态性能，减少调节时间，但是过强的微分作用可能放大噪声对系统的干扰作用。

考虑到微分作用对噪声敏感，对于空气管理子系统压力和流量的控制只采用比例和积分环节，组成 PI 控制器为节气门和空压机提供控制量，控制框图如图 3-5-2 所示。

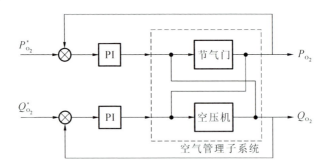

图 3-5-2　空气管理子系统双 PI 控制框图

3.5.1　前馈补偿解耦控制策略

当多变量系统各变量之间的关联性很强时，可以在系统中加入解耦项来消除或者减弱系统变量之间的耦合关系，本节研究的前馈解耦控制是在双 PI 控制的基础上，根据不变性原理引入前馈量来消除受控系统的耦合关系，其结构原理如图 3-5-3 所示。前馈补偿解耦器在控制器和受控系统之间，只具有消除或减弱受控系统的耦合关系的作用，解耦后各回路的控制性能只由控制器来调节[45,46]。

在未加入前馈补偿解耦器时，空气管理子系统的压力和流量会受到两个 PI

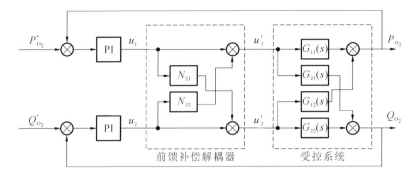

图 3-5-3 前馈解耦控制原理框图

控制器的作用而产生耦合效应,引入前馈补偿解耦器后,为解除压力和流量的耦合关系,它们需要满足如下关系:

$$u_2 \cdot [N_{12} \cdot G_{11}(s) + G_{12}(s)] = 0 \quad (3\text{-}5\text{-}3)$$

$$u_1 \cdot [N_{21} \cdot G_{22}(s) + G_{21}(s)] = 0 \quad (3\text{-}5\text{-}4)$$

根据上述公式可以得到 N_{12} 和 N_{21} 的表达式:

$$N_{12} = -\frac{G_{12}(s)}{G_{11}(s)} \quad (3\text{-}5\text{-}5)$$

$$N_{21} = -\frac{G_{21}(s)}{G_{22}(s)} \quad (3\text{-}5\text{-}6)$$

根据 3.4.4 节对空气管理子系统辨识后的结果可以得到受控系统的传递函数矩阵,以上述前馈解耦控制原理为基础,可以求解前馈项 N_{12} 和 N_{21}:

$$N_{12} = -22.006 \times \frac{1.298s + 1}{2.012s + 1} \quad (3\text{-}5\text{-}7)$$

$$N_{21} = 0.0875 \times \frac{1.803s + 1}{1.436s + 1} \quad (3\text{-}5\text{-}8)$$

3.5.2 空气管理策略仿真分析

为验证不同控制策略对空气系统压力和流量的控制效果,在 MATLAB/Simulink 软件中,根据不同的控制策略搭建了对应的空气系统压力流量控制模型,以 3.4.3 节创建的空气管理子系统模型作为受控对象,根据 3.5.1 节的控制原理设计控制器,最后进行仿真控制效果对比。

1. 双 PI 无解耦控制

在双 PI 闭环控制仿真模型中,分别改变设定压力和设定流量来评估压力和流量的控制效果,其结果如图 3-5-4 和图 3-5-5 所示。

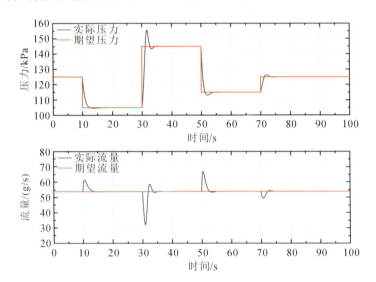

图 3-5-4 双 PI 控制改变设定压力的控制效果

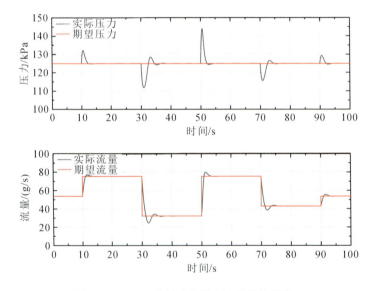

图 3-5-5 双 PI 控制改变设定流量的控制效果

由图 3-5-4 可知,保持设定流量不变,改变设定压力,压力可以在设定值阶跃变化后 5 s 之内达到稳态,但流量因为耦合关系会受到压力变化的影响。例如,当时间 $t=10$ s 时,压力设定值从 125 kPa 降低为 105 kPa,流量从稳态值 53.88 g/s 突变到 61.43 g/s,再通过控制器调节回到原稳态值,流量波动幅度为 7.55 g/s;当时间 $t=30$ s 时,压力设定值从 105 kPa 增加到 145 kPa,流量从稳态值突变到 32.10 g/s,经过一次振荡之后重新稳定到原稳态值,流量波动幅度达到 26.52 g/s。压力设定值的变化,会导致流量出现较大的波动,这会影响空气系统提供的氧气反应量。特别是,增加压力设定值会导致流量降低,这不仅减少了反应氧气的供给,降低了燃料电池堆的输出功率,同时会对电堆寿命产生负面影响。

由图 3-5-5 可知,保持设定压力不变,改变设定流量,流量可以在设定值阶跃变化后 5 s 之内达到稳态,但压力会受到流量变化影响而产生波动。例如,当时间 $t=10$ s 时,流量设定值从 53.88 g/s 增加到 75.43 g/s,压力从稳态值 125 kPa 增加到 132.11 kPa,然后逐渐回到原稳态值,压力波动幅度为 7.11 kPa;当时间 $t=30$ s 时,流量设定值从 75.43 g/s 减小到 32.33 g/s,压力从稳态值 125 kPa 减小到 111.75 kPa,经过一次振荡才重新稳定到原稳态值,压力波动幅度为 16.75 kPa。流量设定值的变化同样会带来较大的压力波动,空气系统进出口压力的大幅度波动同样会影响燃料电池堆的输出功率,最重要的是大幅度压力波动会对燃料电池堆质子交换膜产生较大危害,极大程度影响电堆的寿命。

通过仿真可以知道,双 PI 控制可以使系统稳定在目标压力和流量,但阶跃变化的动态响应过程性能较差,由于压力和流量的耦合关系,一个因素的变化会对另一个因素产生较大的影响,同时也影响 PI 控制的响应速度。若改变 PI 参数以缩短上升和调整时间,则会导致超调量的增加,使得压力和流量波动幅度更大,从而加剧对电堆的负面影响。

2. 前馈补偿解耦控制

在前馈补偿解耦控制仿真模型中,分别改变设定压力和设定流量来评估压力和流量的控制效果,其结果如图 3-5-6 和图 3-5-7 所示。

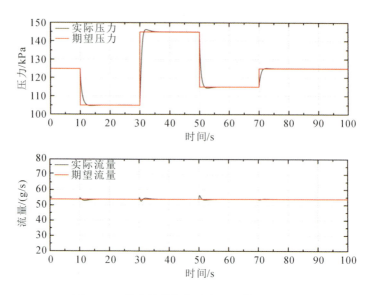

图 3-5-6　前馈补偿解耦改变压力的控制效果

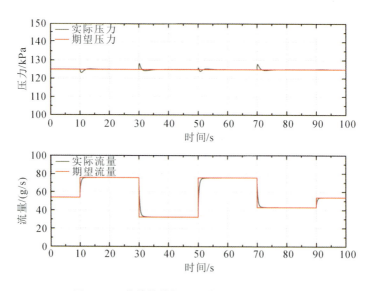

图 3-5-7　前馈补偿解耦改变流量的控制效果

由图 3-5-6 可知,保持设定流量不变,改变设定压力,通过调节 PI 参数可以控制压力在设定值阶跃变化后 5 s 之内迅速达到稳态,流量波动幅度对比双 PI 控制明显减小。例如,当时间 $t=10$ s 时,压力设定值从 125 kPa 降低为 105 kPa,流量波动幅度仅为 0.84 g/s;当时间 $t=30$ s 时,压力设定值从 105 kPa 增加到

145 kPa，流量波动幅度仅为 2.24 g/s。

由图 3-5-7 可知，保持设定压力不变，改变设定流量，通过调节 PI 参数可以控制流量在设定值阶跃变化后 5 s 之内迅速达到稳态，压力波动幅度对比双 PI 控制明显减小。例如，当时间 $t=10$ s 时，流量设定值从 53.88 g/s 增加到 75.43 g/s，压力从稳态值 125 kPa 降低到 123.15 kPa，压力波动幅度仅为 1.85 kPa；当时间 $t=30$ s 时，流量设定值从 75.43 g/s 减小到 32.33 g/s，压力从稳态值 125 kPa 增加到 128.24 kPa，然后经过一个小幅振荡后回到稳态值，压力上下波动幅度仅为 3.93 kPa。

前馈补偿解耦可以极大程度地减弱压力和流量的耦合关系，从而使得燃料电池动力系统的压力和流量实现独立控制而互不影响，燃料电池堆得以运行在理想的压力流量工作区，整个系统运行在最优效率点而不会对系统产生负面影响。

燃料电池动力系统在实际运行中会因外部设备功率需求变化而改变实际的输出功率，燃料电池动态过程主要表现为空气目标压力和流量随电堆输出功率变化而变化，动力系统在不同输出功率之间切换意味着阴极系统空气压力和流量工作点需要进行变化。因此，对于阴极子系统，燃料电池动态过程是空气压力和流量目标值变化的过程。

在双 PI 控制下，改变空气目标压力和流量让空气系统在不同稳态工作点之间变化，在 MATLAB/Simulink 中进行空气系统压力和流量控制仿真。逐步增加目标压力和流量，将仿真过程中的压力和流量的变化反映在流量-压力特性图中，绘制的轨迹如图 3-5-8 所示。

由图 3-5-8 可知，空气系统需要在燃料电池运行过程中满足其压力和流量要求。在双 PI 控制下，当工作点发生变化时，为满足目标压力和流量的要求，空气系统的压力或流量会发生较大的波动。考虑从工作点(43.10 g/s,120 kPa)到工作点(43.10 g/s,140 kPa)，空气流量首先从 43.10 g/s 跌落到 31.30 g/s，然后经过一次振荡后回到 43.10 g/s，空气压力出现超调(最高为 145.7 kPa)，再经过小幅振荡后稳定在 140 kPa，到达稳定状态需要 6 s。在工作点变化过程中，虽然双 PI 控制可以调节系统达到稳定状态，但调节过程中流量波动幅度较大，燃料电池堆出现了短暂"氧饥饿"现象，此外压力波动可能导致质子交换膜受到损害。

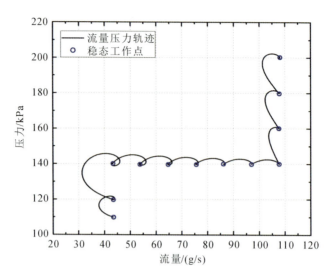

图 3-5-8 双 PI 控制下压力流量轨迹图

引入前馈补偿解耦项后,综合比较两种控制策略在系统工作点变化时的控制效果,如图 3-5-9 所示。

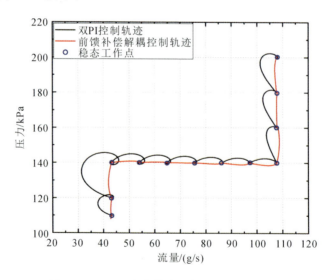

图 3-5-9 双 PI 和前馈补偿解耦控制效果对比

根据图 3-5-9 可知,前馈补偿解耦控制的控制效果明显优于双 PI 控制,当改变系统目标压力或者流量时,尽管两种控制策略均会将系统调节至稳定,但双 PI 控制会产生大幅度的流量或压力波动,而前馈补偿解耦控制所产生的流量或压力波动幅度较小,从而保证燃料电池堆处于安全运行状态。

在图 3-5-9 中,从工作点(43.10 g/s,120 kPa)到工作点(43.10 g/s,140 kPa)再到工作点(53.88 g/s,140 kPa),两种控制策略下空气系统的动态性能如图 3-5-10 和图 3-5-11 所示。

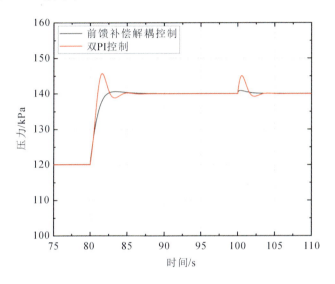

图 3-5-10　两种控制策略下空气系统的压力响应曲线对比

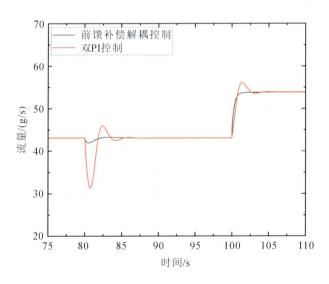

图 3-5-11　两种控制策略下空气系统的流量响应曲线对比

由图 3-5-10 可知,当系统工作点从(43.10 g/s,120 kPa)变化到(43.10 g/s,140 kPa)时,目标流量不变,目标压力变化,在双 PI 控制下压力经过一次振荡后在 5 s 内达到稳定,超调量为 4.07%,而在前馈补偿解耦控制下,压力超调量很小,在 3 s 内达到稳定。由于压力和流量的耦合关系,压力波动带来了流量的波动(见图 3-5-11),在双 PI 控制下,流量波动幅度达到了 14.67 g/s,而在前馈补偿解耦控制下,流量波动幅度仅为 1.34 g/s。如图 3-5-10 和图 3-5-11 所示,当系统工作点从(43.10 g/s,140 kPa)变化到(53.88 g/s,140 kPa)时,目标压力不变,目标流量变化,在双 PI 控制下流量经过两次振荡后在 5 s 内达到稳定,超调量为 4.09%,而在前馈补偿解耦控制下,流量超调量很小,在 2 s 内达到稳定。由于压力和流量的耦合关系,流量波动带来了压力的波动(见图 3-5-10),在双 PI 控制下,压力波动幅度达到了 5.81 kPa,而在前馈补偿解耦控制下,压力波动幅度仅为 0.91 kPa。

由此可知,从解耦效果和系统稳定的动态性能来看,前馈补偿解耦控制效果优于双 PI 控制,在系统工作点变化时,前馈补偿解耦控制策略能及时响应并稳定在目标压力和流量下,产生的压力或流量波动较小,可以保证燃料电池堆处于安全稳定的状态。

本 章 小 结

适宜的湿度、足量的空气流量和恰当的空气压力是保证燃料电池稳定、高效运行的关键因素。燃料电池系统的动态响应特性主要受空气管理子系统动态特性的制约,安全有效的空气系统管控措施是电堆系统长久可靠运行的必要前提。基于以上两点特性,本章从燃料电池空气管理子系统关心的两个层面介绍了具体实施方案。在工作点规划方面,首先对燃料电池空气管理子系统主要部件进行建模分析,得到了相应的数学模型;其次,综合电堆模型和空压机模型以及空气系统中的关键部件模型,建立了燃料电池动力系统效率模型;最后,面向系统效率优化的目标,建立了过氧比和压比的二维优化方法,可获得最大 2.06 个百分点的效率提升。在控制实施方面,首先详细设计了基于 M 序列及最小二乘法的系统传递函数矩阵辨识方法,并将其应用于实际的空气管理实验系统，从而获得了不同稳态工作点下的传递函数矩阵。其次，引入了相对增益矩阵来评估实验系统的压力和流量耦合特性，并设计了基于前馈补偿解耦的控制策略，大幅减少了工作点跃迁过程中的压力和流量波动。总体来说，本章所建立的模型符合燃料电池动力系统的相关特性，所研究的设计及控制方法具有良好的工程应用价值，对燃料电池的安全、可靠运行以及运行氢耗的降低具有重要意义。

本章参考文献

[1] 郝冬,朱凯,张妍懿,等.燃料电池电动汽车专用空压机技术简析[J].汽车零部件,2019(8):96-100.

[2] 周拓,白书战,孙金辉,等.车用燃料电池专用空压机的现状分析[J].压缩机技术,2021(1):39-44.

[3] 何锦涛.质子交换膜燃料电池空气加湿系统研究[D].北京:北京交通大学,2022.

[4] 许思传,程钦,马天才.燃料电池汽车用加湿器研究现状与发展展望[J].中国科技信息,2006(2):60,63.

[5] VU H N, NGUYEN X L, YU S. A lumped-mass model of membrane humidifier for PEMFC[J]. Energies,2022,15(6):2113.

[6] 郭腾飞,许思传,常国峰.燃料电池系统膜加湿器的研究进展[J].电源技术,2013,37(1):144-146.

[7] 马强.车用燃料电池空气供给系统联合控制研究[D].西安:长安大学,2023.

[8] CHEN S Y, ZUO S G, WU Z P, et al. Comprehensive vibro-acoustic characteristics and mathematical modeling of electric high-speed centrifugal compressor surge for fuel cell vehicles at various compressor speeds[J]. Mechanical Systems and Signal Processing,2022,178:109311.

[9] GE X Y, LI K, TIAN W, et al. Efficiency improvement strategy of fuel cell system based on oxygen excess ratio and cathode pressure two-

dimensional optimization[J]. International Journal of Hydrogen Energy, 2024,57:136-147.

[10] ZHAO D D, XU L C, HUANGFU Y G, et al. Semi-physical modeling and control of a centrifugal compressor for the air feeding of a PEM fuel cell[J]. Energy Conversion and Management,2017,154:380-386.

[11] LIU Y F, FAN L, PEI P C, et al. Asymptotic analysis for the inlet relative humidity effects on the performance of proton exchange membrane fuel cell[J]. Applied Energy,2018,213:573-584.

[12] YAN W M, CHEN C Y, MEI S C, et al. Effects of operating conditions on cell performance of PEM fuel cells with conventional or interdigitated flow field[J]. Journal of Power Sources,2006,162(2):1157-1164.

[13] SHIM J Y, TSUSHIMA S, HIRAI S. Experimental and modeling studies on the effect of oxygen partial pressure on membrane degradation in PEMFCs[J]. Journal of the Electrochemical Society,2009,156(6):B690.

[14] KO D, DOH S, PARK H S, et al. Investigation of the effect of operating pressure on the performance of proton exchange membrane fuel cell: in the aspect of water distribution[J]. Renewable Energy, 2018, 115: 896-907.

[15] KIM B, CHA D, KIM Y. The effects of air stoichiometry and air excess ratio on the transient response of a PEMFC under load change conditions[J]. Applied Energy,2015,138:143-149.

[16] QU S G, LI X J, HOU M, et al. The effect of air stoichiometry change on the dynamic behavior of a proton exchange membrane fuel cell[J]. Journal of Power Sources,2008,185(1):302-310.

[17] SUN L, SHEN J, HUA Q S, et al. Data-driven oxygen excess ratio control for proton exchange membrane fuel cell[J]. Applied Energy,2018, 231:866-875.

[18] LI Q, CHEN W R, LIU Z X, et al. Net power control based on linear

matrix inequality for proton exchange membrane fuel cell system[J]. IEEE Transactions on Energy Conversion,2013,29(1):1-8.

[19] 李奇,杨文钰,尹良震,等. 基于最大净功率的PEMFC系统过氧比分层控制[J]. 中国电机工程学报,2021,41(8):2791-2802.

[20] TAN J Q,HU H Q,LIU S N,et al. Optimization of PEMFC system operating conditions based on neural network and PSO to achieve the best system performance[J]. International Journal of Hydrogen Energy,2022,47(84):35790-35809.

[21] PUKRUSHPAN J,STEFANOPOULOU A,VARIGONDA S,et al. Control-oriented model of fuel processor for hydrogen generation in fuel cell applications[J]. Control Engineering Practice,2006,14(3):277-293.

[22] SUH K W. Modeling,analysis and control of fuel cell hybrid power systems[D]. University of Michigan,2006.

[23] TALJ R J,HISSEL D,ORTEGA R,et al. Experimental validation of a PEM fuel-cell reduced-order model and a moto-compressor higher order sliding-mode control[J]. IEEE Transactions on Industrial Electronics,2009,57(6):1906-1913.

[24] 孙业祺,许思传,倪淮生,等. 高压燃料电池发动机进气压力控制试验研究[J]. 车用发动机,2008(5):22-25.

[25] 卫国爱. 车用PEMFC空气供给系统建模及控制策略研究[D]. 武汉:武汉理工大学,2010.

[26] 陈凤祥,陈兴. 燃料电池系统空气供应内模解耦控制器设计[J]. 同济大学学报:自然科学版,2016,44(12):1924-1930.

[27] 陈凤祥,陈俊坚,许思传,等. 高压燃料电池系统空气供应解耦控制器设计[J]. 同济大学学报:自然科学版,2014,42(7):1096-1100.

[28] 陈凤祥,刘玲,章桐. 基于自抗扰控制技术的电子节气门控制[J]. 中国科技论文,2014,9(10):1188-1191.

[29] KIM E S,KIM C J. Nonlinear state feedback control of PEM fuel cell

systems[C]//Proceedings of the 2009 International Conference on Electrical Machines and Systems. Tokyo:IEEE,2009:1-5.

[30] 赵靖华,张博文,王建森.基于多元回归混合优化算法参数辨识的电子节气门开度跟踪控制研究[J].吉林师范大学学报:自然科学版,2020(4):98-106.

[31] ZHAO D D,ZHENG Q,GAO F,et al. Disturbance decoupling control of an ultra-high speed centrifugal compressor for the air management of fuel cell systems[J]. International Journal of Hydrogen Energy,2014,39(4):1788-1798.

[32] MORAAL P,KOLMANOVSKY I. Turbocharger modeling for automotive control applications[C]//SAE International Congress and Exposition. 1999.

[33] LE T M,FATAHI B,KHABBAZ H,et al. Numerical optimization applying trust-region reflective least squares algorithm with constraints to optimize the non-linear creep parameters of soft soil[J]. Applied Mathematical Modelling,2017,41:236-256.

[34] PUKRUSHPAN J T,STEFANOPOULOU A G,PENG H. Control of fuel cell power systems:principles,modeling,analysis and feedback design[M]. London:Springer Science & Business Media,2004.

[35] MENG C,ZUO Z T,GUO W B,et al. Experimental and numerical investigation on off-design performance of a high-pressure centrifugal compressor in compressed air energy storage system[J]. Journal of Energy Storage,2022,53:105081.

[36] CHEN H C,LIU Z,YE X C,et al. Air flow and pressure optimization for air supply in proton exchange membrane fuel cell system[J]. Energy,2021,238:121949.

[37] XING L,DAS P K,SONG X G,et al. Numerical analysis of the optimum membrane/ionomer water content of PEMFCs:The interaction of Nafion® ionomer content and cathode relative humidity[J]. Applied

Energy,2015,138:242-257.

[38] HARRAG A,MESSALTI S. How fuzzy logic can improve PEM fuel cell MPPT performances?[J]. International Journal of Hydrogen Energy,2018,43(1):537-550.

[39] ZHONG Z D,HUO H B,ZHU X J,et al. Adaptive maximum power point tracking control of fuel cell power plants[J]. Journal of Power Sources,2008,176(1):259-269.

[40] 李言俊,张科. 系统辨识理论及应用[M]. 北京:国防工业出版社,2003.

[41] 周红,凌燮亭. 有限精度混沌系统的 M 序列扰动实现[J]. 电子学报,1997,25(7):95-97.

[42] 叶甲秋. 自动导向小车(AGV)驱动系统辨识与动态特性分析[D]. 南京:南京航空航天大学,2010.

[43] 张虎,李正熙,童朝南. 基于递推最小二乘算法的感应电动机参数离线辨识[J]. 中国电机工程学报,2011,31(18):79-86.

[44] BRISTOL E. On a new measure of interaction for multivariable process control[J]. IEEE Transactions on Automatic Control,1966,11(1):133-134.

[45] MIŠKOVIĆ L,KARIMI A,BONVIN D,et al. Correlation-based tuning of decoupling multivariable controllers[J]. Automatica,2007,43(9):1481-1494.

[46] ZHANG C,LIAO Z,ZHOU B,et al. Research on coupling characteristics of fuel cell air supply system with centrifugal air compressor[C]// Proceedings of the 2022 IEEE International Conference on Industrial Technology (ICIT). Shanghai:IEEE,2022:1-7.

第 4 章
燃料电池动力系统的氢气管理

4.1 燃料电池堆的氢气管理概述

4.1.1 氢气管理子系统的设计需求

根据第 2 章的分析,燃料电池堆输出电压性能主要受阴极空气压力、阴极空气计量比、阴极空气湿度、阳极氢气压力、阳极氢气计量比、阳极氢气湿度、电堆温度这七个操作条件的影响。燃料电池动力系统的氢气管理子系统负责为电堆阳极提供适量的氢气流量、适宜的湿度和氢气压力。同样地,氢气管理子系统也在不同的电流密度工作点下面临着气体流量、湿度和压力供应需求的变化。

氢气是燃料电池发电所需的燃料。在燃料电池的发电过程中,无论是在稳态还是在动态工况下,都需为电化学反应供应足量的氢气,否则会发生燃料饥饿,从而导致燃料电池性能的不可逆衰减。"足量的氢气"指的是在电堆内各节电池的阳极催化层存在维持当前的负载电流所需的足量氢分子。由此氢气系统需满足以下要求:①电堆阳极入口的氢气总供应流量至少应大于电堆当前反应所需的气量(即堆内氢气供应实际计量比＞1);②电堆内反应界面处的氢气浓度足够高,能抑制杂质气体(包括氮气、水汽等)的浓度;③由于车用电堆的反应面积一般都很大($>300 \text{ cm}^2$),为了确保反应区的均一性、避免区域性的燃料饥饿,通常需要使电堆的实际氢气计量比在 1.5 以上。此外,由于液态水会通过跨膜渗透在阳极积累,从而阻碍氢气的扩散(这同样会导致燃料饥饿),因此我们期望通过提高阳极氢气计量比来将液态水排出电堆。有研究表明,当反应界面处氢气的分压足够时,持续增加阳极氢气计量比,对于电堆输出电压的提升作用很小。

当前主流的质子交换膜的厚度在数十微米级,一般认为其压差耐受能力为几十千帕。为了避免因为阴阳极压差过大而导致膜的机械损伤,系统需要保持电堆阴阳极压力的动态平衡(可近似为相当),一般要求阳极氢气压力的控制跟随阴极空气压力的变化,这是因为氢气由高压储氢罐供应,阳极压力的控制可以具有良好的动态响应。同时提高阴阳极压力,可提升交换电流密度,从而降低活化损失,提升电堆性能;此外,压力提升有利于气体从流道向催化层的扩散,能改善流道内的对流传质作用,从而进一步提升电堆性能。阳极压力的建立是通过高压储氢罐减压实现的,压力的大小与控制阀的能耗没有关系,因此,电堆阴阳极压力的设定主要基于空气回路中空压机的能耗来考量,不受阳极的约束。

阳极湿度调控的目的也是保持质子交换膜的湿润,以确保质子交换膜具有良好的质子传导性。质子传输以水合的形式进行,反应过程中质子携带几个水分子从阳极穿过质子交换膜到达阴极(电渗拖曳作用)。保持质子交换膜的湿润可以确保质子在膜内的高效传输,从而提高燃料电池的性能。如果质子交换膜没有完全加湿,其电导率会降低,欧姆阻抗变大,质子传输过程将消耗更多的能量。此外,也应避免过量的液态水在流道中积累,否则会导致氢气扩散速度降低、质子传递速度降低、系统效率和反应物利用率的降低,从而使得电堆输出性能大幅度下降。理想的相对湿度既能提高系统效率,也能最大限度地减少对质子交换膜的损伤。

此外,"燃料"——氢气的利用率是燃料电池系统设计、管理的重点。为了提高氢气的利用率,电池系统在设计时应考虑到氢气的回收和再利用。这包括氢气回收系统的设计,即将未使用的氢气回收并重新供应给燃料电池,以及氢气再利用策略的设计,以减少氢气的浪费。燃料电池的氢气高利用率对于提高能源效率、促进可持续发展、降低运行成本以及减小环境影响都具有重要意义。

4.1.2 氢气管理子系统的典型回路及部件

1. 氢气管理子系统的配置模式

氢气管理子系统作为燃料电池发动机的核心子系统之一,其作用是为燃料电池动力系统提供稳定流量和压力的氢气,使燃料电池堆内部水分维持平衡状态。氢气管理回路的设计及其控制对于实现系统需求至关重要。根据不同应用场景的不同应用需求,燃料电池阳极供氢系统具有三类配置模式,分别是直排流通模式(flow-through)、闭端模式(dead-end)和循环模式(recirculation)。

1) 直排流通模式

直排流通模式指的是燃料电池系统在运行过程中将未反应的氢气直接排放到外界环境中。此种方法不需要氢气循环装置,具有结构简单、成本低的特点。受传质阻力和反应效率的限制,燃料电池阳极侧通入的氢气不能完全参与电化学反应,将电堆内未反应的氢气直接排放到环境中,不仅会造成一定的氢安全隐患,而且还会降低燃料电池发动机的氢气利用率和发电效率。此外,电堆中未反应的氢气中含有大量的水分,因此在没有阳极加湿系统存在的情况下,直接排放会引起质子交换膜的膜干现象,进而导致燃料电池水分失衡,降低燃料电池的性能,并减少燃料电池的寿命[1]。该模式通常在电堆测试平台中采用,优势在于可以通过质量流量控制器(mass flow controller,简称 MFC)准确地调控氢气进气流量(阳极氢气计量比)以准确评估电堆在不同计量比条件下的输出性能,为电堆的优化设计及优化运行提供依据。

2) 闭端模式

在闭端模式下,燃料电池阳极供氢系统的出口被封堵,供氢系统形成封闭的系统。由于供氢系统是封闭的,因此氢气会在电堆内部停留更长的时间,提高了氢气的利用率。但是燃料电池在正常工作过程中,阴极侧氮气和惰性气体等杂质在压差或浓度梯度的作用下,会扩散至阳极并形成聚集,随着运行时间的延长,杂质在阳极侧累积程度也会增加,氢气浓度因此被稀释。与此同时,阴极侧反扩散至阳极侧的水也极易导致阳极侧发生水淹,造成氢气饥饿。这些都会降低燃料电池的发电性能,因此闭端供氢模式难以满足燃料电池动力系统耐久性及可靠性的使用要求[1]。虽然间歇性地排气可以提高流道内的氢气浓度,有利于排出流道内的液态水,但是其作用有限,因此,闭端模式常见于小功率、对性能要求不高、对体积/重量/成本敏感的场合,如无人机用空冷燃料电池系统。

3) 循环模式

在循环模式下,未反应完的湿润氢气经由循环装置被运送至电堆阳极入口前,并与流量控制阀(喷氢阀或比例阀)侧来自储氢罐中的纯氢一同运送至电堆阳极流道再次参与反应。循环模式提高了氢气的利用率,堆内实际的氢气计量比大于1,因而提高了电堆的性能,增强了排水能力(避免水淹);此外,循环的水汽可给入口的干氢气加湿,在一定的条件下有利于电堆性能的提升。该运行模式适用于需要长时间运行的中大功率系统(包括车用动力和发电系统)。目前各车企主要采用的氢气再循环方法包括氢气循环泵(简称氢泵)、单引射器、双引射器并联、引射器和氢泵并联、引射器和喷射器并联等。虽然循环模式提高了电堆效率,但增加了氢气循环辅助设备,增加了燃料电池的生产和运营成本[2]。如图 4-1-1 所示,文献[3]以 200 kW 大功率燃料电池汽车氢循环系统为例,研究并对比分析了单引射器、氢泵、引射器和氢泵并联、引射器和氢泵串联四种氢循环方案的性能特点。结果表明,仅依靠引射器很难满足大功率燃料电池汽车在宽功率范围内的运行需求。通过优化设计,能够满足氢循环需求的功率范围为 80~200 kW。然而,当功率低于 80 kW 时,引射器的性能会迅速下降,无法满足氢循环的需求。引射器和氢泵并联模式特征为"等压升,分流量",串联模式特征是"等流量,分压升"。引射器与氢泵联合使用可以减小氢泵的功率消耗,相比于仅氢泵运行模式,在并联模式下氢泵最大功率下降 81.4%,在串联模式下氢泵最大功率下降 85.3%。引射器和氢泵的联合使用,还可以提高系统效率,使得氢泵的设计难度降低,系统的生产成本降低。循环氢贡献率和功耗的分析结果表明,引射器和氢泵的串联模式更能充分利用引射器的性能,因此从经济性角度考虑,建议大功率燃料电池汽车的氢循环系统采用引射器和氢泵串联的模式。

通过上述三大类供氢模式的对比分析可知:① 直排流通模式下,阳极出堆口未完全参与反应的残余氢气被直接排放到外界环境中,这不仅会降低氢气利用率和氢燃料经济性,还会带来巨大的安全隐患。因此,这种供氢模式

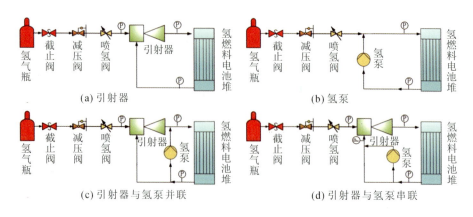

图 4-1-1 四种不同氢循环方案的回路结构[3]

在燃料电池发动机系统运行过程中不适用。②闭端模式在有效增加阳极压力的同时能显著提高氢气的利用率,仅在排气阀打开时存在氢气的损耗,然而在电堆阳极出口附近,单电池及其反应区的气体浓度较低且流速较慢,这会导致节电压偏差增大和局部水淹等问题,因此,需要频繁开启排气阀,以致氢气利用率不高。③循环模式通过循环调节装置将未反应完全的湿润氢气循环至阳极入堆口再次参与反应,起到了提升氢气计量比和提高氢气利用率的作用;同时,循环回流过程能实现氢气的自增湿,电堆的湿润水平得以改善,这也间接提高了电堆的性能。综上,在燃料电池发动机系统中常采用循环供氢模式。

2. 氢气管理子系统的典型结构

本节以目前市场应用最广的氢泵为例来阐述氢气管理子系统的结构,如图 4-1-2 所示。

由图 4-1-2 可知,系统从高压储氢罐中获得高压氢气后,经过减压阀减压后流经电磁阀,通过调节比例阀来控制进堆氢气流量以改变电堆阳极氢气压力;氢气出口端的吹扫阀一般处于关闭状态,打开该阀可以排出电堆阴极渗透过来的氮气、其他杂质气体和水汽;氢泵将电堆未反应完全的氢气循环利用,重新送入电堆参与反应以提高氢气利用率。这种方式有利于电堆内部水的排出,能降低电堆内部水淹的概率。电堆出口的气液分离器负责排出阳极流道的液态水。通常将图 4-1-2 所示的高压储氢罐、减压阀等归入车载储/供氢系统;此外,车载

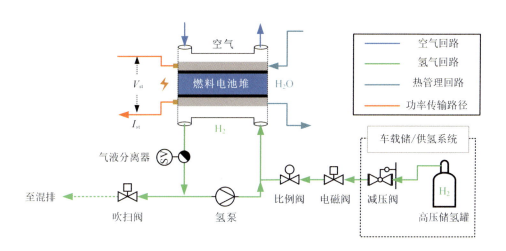

图 4-1-2　燃料电池动力系统氢气管理子系统典型结构

储/供氢系统还包括加注口、单向阀、氢气管路、控制器、传感器等零部件,旨在为燃料电池动力系统提供安全稳定的氢气。因此,燃料电池动力系统的氢气管理子系统的核心部件有比例阀(或喷射阀)、氢泵、吹扫阀以及管道。

3. 氢气管理子系统关键部件

1)流量控制阀

氢气流量控制阀(比例阀、喷射阀和质量流量控制器的统称)在燃料电池动力系统中发挥着关键作用,主要用于精确地控制和调节氢气的流量,以确保燃料电池或其他氢气使用设备能够获得稳定且适量的氢气供应,从而保持系统高效、稳定地运行。除了流量调节,氢气流量控制阀还能够控制氢气通过时的压力。通过调整阀门的开度,可以实现对氢气压力的精确控制,防止因压力过高或过低而对系统造成损害。在氢气供应过程中,如果出现异常情况,如氢气泄漏或压力异常,氢气流量控制阀能够迅速响应,通过关闭阀门或调整流量来确保系统的安全。

燃料电池动力系统中常用的流量控制阀包括喷射阀和比例阀,两种阀件的对比如表 4-1-1 所示。在实际应用中,为了简化系统的集成,通常将一个或多个喷射阀/比例阀与电磁阀、减压阀、压力传感器集成为一体,构成阀组。图 4-1-3 为浙江宏昇汽车部件有限公司开发的流量控制阀及阀组产品。

表 4-1-1　两种流量控制阀对比

项目	喷射阀	比例阀
调控方式	调节开通时间	调节阀门开度
阀前压力	一般很高	可适应宽范围的阀前压力
控制方式	Peak-hold(峰值保持)分时控制,调节脉冲宽度	功率型PWM(脉冲宽度调制)控制,调节占空比
调压性能	压力控制有一定的波动	压力控制更平稳
与引射器的集成	可实现集成,如本田	可实现集成,如现代
大功率应用	共轨喷射器	比例阀并联
价格	低	偏高

(a) 喷射阀　　　　(b) 喷射阀组

(c) 比例阀　　　　(d) 比例阀组

图 4-1-3　流量控制阀及阀组产品

目前国内外从事氢气喷射阀研发制造的企业,主要有浙江宏昇、英嘉动力、申氢宸、威孚高科、博世、丰田等。其中,浙江宏昇已开发了适用于15～300 kW燃料电池汽车系统的氢气喷射阀,可根据电堆系统的不同功率选择不同口径流量的产品。生产氢气比例阀的企业包括浙江宏昇、宝帝、艾默生、ASCO等。

喷射阀通过调节各喷嘴开启时间和频次来调节氢气供给量。氢气喷射阀会根据实际工况为燃料电池堆供给所需的氢气量,具有喷射速度快、压力调节灵敏等特点。氢气比例阀通过连续调节阀体的开度来控制输出压力或流量，能够实现空气、气体或水的快速精确控制，简化应用过程，确保控制的可重复性，并实现预期的输出效果。虽然两种流量控制阀的调压性能不一样，控制方式存在区别，但均可满足燃料电池动力系统的流量控制需求，因此两种阀件在目前的系统中均有应用。

虽然两种阀件在燃气汽车和化工工业领域已实现广泛的应用，但在燃料电池应用中还面临新的挑战。首先是氢脆问题。氢气具有很强的渗透性，流量控制阀长期处于高浓度氢气环境中，在氢气的渗透下其材料结构会逐渐变形并脆化，同时机械性能也会急剧下降。其次是密封性。流量控制阀控制着供给燃料电池的氢气流量，必须进行严格的密封处理，如果密封不良则会导致氢气泄漏，降低氢的使用率和燃料电池的效率，严重时还会让电池无法工作。最后是干摩擦损坏。由于氢气不具备润滑性，零件之间处于干摩擦状态，流量控制阀在频繁的干摩擦运动下会产生较大的摩擦功耗及磨损，如果处理不好就会严重影响氢气喷射器的使用寿命。

2）氢泵

氢气循环系统的关键零部件是氢气循环装置。目前国内外车企主要采用电动氢泵和引射器两种循环装置。氢泵具有响应速度快、工作范围宽、氢气利用效率高等优点，但是存在结构复杂、振动噪声大等问题。随着氢燃料电池往大功率方向发展，需要研发与之匹配的大流量氢泵，但大流量氢泵存在机械功率消耗增加、振动和噪声增大等问题。如何提高氢泵的容积效率，降低振动和噪声，成为氢泵技术研发的关键。与氢泵相比，引射器利用来自储氢罐的高压气流来引射阳极出口未反应的氢气，装置不存在运动部件，不产生寄生功率，但是其工作范围窄，单一引射器难以满足车辆低功率工况下的氢气流量需求。

目前，氢泵从结构形式上来分，主要有旋涡式、涡旋式、凸轮式和爪式等。旋涡式氢泵通过高速旋转叶片将能量传递给介质来实现氢气的输送。涡旋式氢泵由进气口、固定涡旋盘、运动涡旋盘和出气口组成，借助运动涡旋盘转动过程中容积的周期性变化来实现输运介质的吸入—压缩—排出的过程。凸轮式和爪式氢气循环泵均是通过转子旋转运动中容积的变化来实现氢气输送的[1-3]。

图 4-1-4(a)为丰田汽车公司 2020 年推出的第二代 Mirai 燃料电池乘用车所采用的第四代氢泵。该循环泵仍采用两叶罗茨式的结构设计,通过采用 H 形带凸起的新型密封结构,提高了泵的密封性和耐腐蚀性,同时将泵体材料由不锈钢换成铝材,实现了质量降低 41% 的轻量化设计,泵最高转速为 7200 r/min,最大输出功率为 1000 W。德国 Busch 研发的爪式氢泵如图 4-1-4(b)所示,该循环泵采用无刷直流电机驱动,最高转速为 6000 r/min,额定功率为 500 W,体积流量为 18 m³/h,升压达到 40 kPa,具有无油、压力高、可靠性好等优点,但转子型线设计要求高,转子间易发生碰撞摩擦而变形。日本 Ogura 公司研制了一款如图 4-1-4(c)所示的罗茨式氢泵,其转子采用耐氢蚀涂层,允许转子和泵壳间存在极小工作间隙,从而提高泵的效率。其转子和泵壳均采用铝合金制造,在泵运行时热膨胀程度一致,不存在转子干涉现象,具有高可靠性。同时,该循环泵内设计有一个正压密封腔,防止齿轮油泄漏到氢气中污染氢气。思科涡旋科技(杭州)有限公司研制了一款如图 4-1-4(d)所示的涡旋式氢泵,它采用浮动式涡旋压缩技术,通过精细的力平衡使动定涡旋盘间的摩擦损失最小化,提高了压缩效率,电机功率为 350 W,适用于 5~18 kW 的氢燃料电池。雪人股份研制了一款如图 4-1-4(e)所示的螺杆式氢泵,它采用的是无油同步螺杆压缩技术,最高转速为 12000 r/min,电机功率为 500 W,升压达到 45 kPa。该循环泵通过悬臂转子的设计,减少了密封圈的数量,降低了密封的难度,同时通过调节电机转速来实现流量的控制。杰锋科技研制的氢泵如图 4-1-4(f)所示,最大流量为 1200 slpm,升压达到 50 kPa,具备低温除冰能力,可以满足 150 kW 氢燃料电池的氢回收需求[2]。目前,国内氢泵研发尚处在起步阶段,虽然已经有企业开发了配套的氢泵,但在实际应用中尚不成熟,离大规模商业应用还有较大差距。

4.1.3　氢气管理子系统的调控技术

燃料电池动力系统的性能和寿命依赖于氢气供给的精确控制及快速响应,而该系统是一个多组分多参数的非线性复杂系统,存在气量和组分不可测量、多物理量强交叉耦合、湿度响应滞后等难题,国内外针对阳极氢气管理技术做了大量研究工作,主要可以分为供氢控制(包括压力、计量比)、气体状态观测及其控制(主要是气体浓度)算法两大类。供氢控制(主要是压力控制)算法通过

(a) 丰田Mirai搭载的氢气循环泵　　(b) 德国Busch爪式氢气循环泵　　(c) 日本Ogura公司罗茨式氢气循环泵

(d) 思科涡旋式氢气循环泵　　(e) 雪人股份螺杆式氢气循环泵　　(f) 杰锋科技汽车动力氢气循环泵

图 4-1-4　氢气循环泵产品图[2]

建立部件及系统的特性方程，解析复杂化工过程中的多组分多参数耦合关系，实现扰动条件下氢气管理子系统的优化控制，提升核心部件的动态响应能力。气体状态观测及其控制算法主要通过测量关联的物理量，构建状态观测器，实现氢气组分、分压和湿度的准确估计，在此基础上，研究排气阀的调控方式，维持阳极氢气的浓度。

1. 阳极供氢（压力）控制算法研究

阳极供氢（压力）控制算法主要有经典状态反馈控制和非线性控制两种算法。

1）经典状态反馈控制算法

最早在 2006 年，国内清华大学汽车安全与节能国家重点实验室（现更名为智能绿色车辆与交通全国重点实验室）中的 Bao Cheng 等人[4,5]对燃料电池空气管理子系统和氢气管理子系统进行了建模，建立了一个面向控制的动态模型。该模型不仅考虑了气体流量、气压、湿度的综合影响，还考虑了液态水堆积现象,其中的暂态响应现象可以由空压机的机械惯性和阳极、阴极、流道中的流动过程捕获到。同年,该团队在建立的面向控制的动态模型基础上进行了模型线性化,解耦了空气管理子系统和氢气管理子系统,基于反馈观测器设计了线性高斯算法(LQG)来进行定点跟踪,还设计了基于在线神经网络识别的模型预测控制器来提高系统的鲁棒性,最后通过对比实验和比例-积分控制器证明了所设计的控制器能提高系统的暂态响应性能,能增强系统的鲁棒性。自2008年起,美国奥本大学机械学院 He Jinglin 等[6,7]对燃料电池混合燃料供给系统进行了相关研究,其氢气循环回路采用循环泵和引射器并联方案,通过经典比例-积分-微分控制和状态反馈控制两种控制方式对燃料电池氢气气压和氢气计量比进行控制,结果有良好的跟踪性和抗干扰性。进一步地,该团队在考虑阳极气液两相流下设计了最优状态反馈控制器和观测器来控制氢气气压和氢气过量比,对比分析了比例-积分控制、静态前馈控制、状态反馈控制的压力跟踪性能和抗干扰能力。

2) 非线性控制算法

洪凌[8,9]为具有阳极再循环和阳极排气功能的氢气管理子系统建立了一个面向控制的动态模型。基于该动态模型,他提出了多输入多输出(MIMO)状态反馈控制算法,将燃料电池系统气压和燃料电池阳极流道氢含量作为双重控制目标。考虑到同时控制气压和气体质量分数存在较强的耦合性,他提出了两种控制策略:一是控制供气流道气压、电堆阳极内的氢气质量分数;二是控制阳极气体压强、供气流道中氢气的质量分数。实验结果表明第二种策略的控制效果更好,但供气流道中氢气质量分数的控制效果不佳。洪凌后来基于第一种控制策略设计了非线性状态反馈控制算法,在与单输入单输出比例-积分控制器的仿真效果对比中,MIMO状态反馈控制器的控制性能优良,静态误差及超调量更小。Ziogou 等[10]针对质子交换膜燃料电池的非线性以及输出电流、温度、湿度影响等问题提出实时非线性模型预测控制(NMPC)算法,NMPC算法首先将电堆状态参数和控制过程离散化,使最优控制问题转换为非线性规划问题(NLP)。控制目标是稳定燃料电池的功率输出、电流输出,提高响应速度,同时使燃料电池以最低的化学能消耗快速准确地实现设定点跟踪。

2. 阳极气体状态观测及其控制研究

如前所述,采用阳极气体循环的燃料电池系统,其阳极流道内气体组分、流量等均不可测。为了估计电堆内部气体分压、湿度等状态量,通常引入阳极气体观测器解决此问题。在此基础上,通过实施氢回路的调控,可以实现整个燃料电池系统能效、可靠性、耐久性的提升。

1) 阳极气体状态观测方面

这些研究工作通常可以分为基于模型和外围激励信号的算法[11-19]和数据驱动算法[20-24]两大类。

在基于模型和外围激励信号的算法方面,可以估计的内部状态包括膜湿度、阳极氢分压、水在膜上的传输、含水量和氮浓度[11-19]。Arcak[13]研究了阳极氢分压的非线性观测器,论证了该观测器在一定的操作条件下对变化的鲁棒性。Kunusch[14]利用广义超扭曲算法设计了氢气进堆流量和水在膜上传输的状态观测器。氢气进堆流量观测器观测效果与实测值对比如图 4-1-5 所示,可以看出在 2.5 s 后,观测值与实测值两条曲线基本重合,观测准确度较为理想。Luna 等[18]采用经典的 Luenberger 结构设计了阳极气体分压状态观测器,实现了阳极系统的闭环状态反馈控制。电流发生改变后,状态会从其有效区域移开,但观测器总体误差仍在可接受范围内。Xu 等[19]提出了一种利用电堆电压、电流、温度和相对湿度来估计内部状态的自适应无迹卡尔曼滤波(UKF)算法。

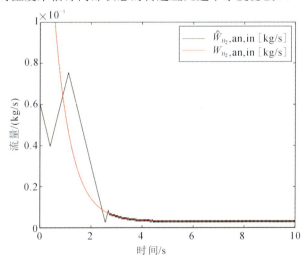

图 4-1-5 氢气进堆流量观测值与实测值对比[14]

在数据驱动算法方面,迄今为止,学术界还没有精确的、可以完全描述燃料电池特性的燃料电池堆模型,微观结构中的热量和质量传输机制,以及质量传输和电化学反应之间的耦合效应尚不完全清楚。因此,人们发展了基于数据驱动模型的观测方法[20-23]。

2) 基于气体状态观测的排放策略

在燃料电池发动机运行过程中,阳极尾端排气阀通常处于闭合状态,阴极侧氮气在膜两端气体浓度差的驱动下向阳极侧跨膜渗透,阴极侧反应产物水也通过扩散作用向阳极侧扩散。随着反应进行,阳极侧氮气不断积累,液态水不断聚集,如果不及时进行排水排氮会导致阳极侧氢气分压过低、氢气与催化剂层的接触减少,造成电堆输出性能下降,甚至出现局部氢饥饿和电化学腐蚀等现象,从而对电堆造成不可逆的损伤。通过调节排气阀间歇性开闭,可以有效地排出阳极氢回路杂质气体,并帮助排除积水。因此,在燃料电池发动机运行过程中,合理的间歇性排放策略至关重要。

排放策略主要包括改变排气时长、排气间隔和基于不同排气触发条件实现阳极排气。排气间隔设置过短会造成频繁排气,导致氢气利用率降低且不利于阳极流道压力稳定,排气间隔设置过长可能造成流道内氮浓度过高和液态水的积累,不利于系统高效率运行。排气时长较短时,虽然单次排气量减少但不利于清除流道内的氮气,排气时长太长则可能造成氢气利用率的下降。因此排气间隔和排气时长的选择十分重要。

排气触发条件包括阳极氮浓度和电堆电压降。阳极流道内氮气作为主要杂质气体通过跨膜传输在阳极流道内积累,氮气浓度过高会严重影响系统输出性能,甚至出现局部缺气现象。目前实现阳极氮浓度在线监测仍然存在一定困难,主要通过实验数据对不同电流点下氮浓度进行估算,但这种方式对于电堆实时性能波动不敏感。基于节电压降控制排气的方式与电堆实时性能紧密关联,运行过程中出现的水淹、膜干、氮浓度过高等情况都会明显地反映在节电压上。运行过程中温度、湿度变化对节电压变化也有较大影响,因此动态运行过程中基于节电压降的排放策略需要排除温度、湿度变化的影响。

综合上述分析,排气过程对阳极流道压力、节电压稳定、氢气消耗等方面有明显影响,不同排放策略的选择对杂质气体的清除和氢气利用率的提高十分重要。因此,排气过程应以最小化阳极压力波动、最小化输出性能波动、最小化氢耗和确保不产生缺气现象为目标,制定适宜的排放策略。

4.2 燃料电池氢气管理子系统部件建模

燃料电池动力系统作为多学科交叉、多物理域耦合的复杂系统,针对其特性进行系统建模和控制策略研究存在相当程度的困难。本书结合实例化对象中的氢气管理回路特性分析结果,对氢气循环及排放过程的模型进行研究。我们采用机理建模与数据回归模型相结合的方式,对燃料电池氢气管理子系统进行建模,主要包括比例阀模型、氢泵模型、排气阀模型、电堆氢耗模型、气体跨膜渗透模型,并联立各种模型形成了阳极氢回路集总模型,为后续控制器的设计奠定基础。

模型具有以下假设:

① 氢罐中供应气体为纯氢,不含其他杂质,且压力稳定;

② 燃料电池堆及阳极管道为绝热系统,各部分处于相同的温度、湿度;

③ 燃料电池发动机系统的温度管理子系统运行良好,发动机系统运行过程中温度始终保持在被控温度点;

④ 质子交换膜湿度良好,管道及流道中的气体相对湿度保持在95%;

⑤ 由于氢循环过程的存在,管道及流道中气体分布均匀,氢回路中气体适用理想气体状态方程;

⑥ 阴极流道中气压始终保持在标准大气压下;

⑦ 燃料电池发动机系统中管道较短,阴阳极流道容积远大于管道容积。

图4-2-1展示了前文叙述的典型阳极供氢子系统建模总体框图,后续内容将根据总体框图分别介绍各部件模型以及电堆模型,根据模型关系可以了解压力与流量的耦合关系,为后文阳极计量比控制以及阳极压力控制提供参考。图中虚线方框外标注了多个关键的模型输入变量:α为比例阀开度系数;α_p为排气阀开度系数;$p_{v,i}$为比例阀进口压力;n为氢泵转速。

4.2.1 比例阀模型

燃料电池发动机的氢气主要来源于储氢罐中的高纯度氢气,但储氢罐中气

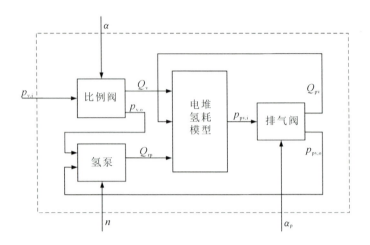

图 4-2-1　阳极供氢子系统建模总体框图

体压力超高,通常无法直接利用。因此需要通过如图 4-1-1 所示阳极氢回路中的减压阀进行减压,同时加装比例阀,以实现阳极氢回路氢气的流量控制和阳极流道的压力控制。通过调节比例阀开度,可以实现比例阀侧氢气的流量控制。本节实例化研究对象中的比例阀为德国 Burkert 公司的 DS2875,其流量系数 $K_{v,sup}$ 的计算公式如下:

$$K_{v,sup} = \begin{cases} \dfrac{Q_N}{514}\sqrt{\dfrac{T_m \rho_N}{p_{v,o}(p_{v,i}-p_{v,o})}}, & p_{v,o} \geq \dfrac{p_{v,i}}{2} \\ \dfrac{Q_N}{257 p_{v,i}}\sqrt{T_m \rho_N}, & p_{v,o} < \dfrac{p_{v,i}}{2} \end{cases} \quad (4\text{-}2\text{-}1)$$

式中,$K_{v,sup}$ 为比例阀流量系数(即单位时间内、在测试条件中管道保持恒定的压力,管道介质流经阀门的体积流量),m^3/h;Q_N 为标况下的气体体积流量,m^3/h;T_m 为介质温度,K;ρ_N 为标况下的气体密度,kg/m^3;$p_{v,o}$ 为比例阀出口压力,bar;$p_{v,i}$ 为比例阀进口压力,bar。

不同比例阀内孔径与比例阀阀门全开下的流量系数关系如表 4-2-1 所示,所用比例阀内径为 4 mm,故比例阀阀门全开下其流量系数 $K_{v,sup}$ 为 0.45 m^3/h。比例阀输出特性如图 4-2-2 所示,当比例阀开度大于最低阈值时比例阀逐渐开启,其输出流量大小与超过最低阈值的开度大小呈现近似线性关系,当达到比例阀开度的最高阈值时,比例阀完全开启。

表 4-2-1　比例阀内孔径与流量系数关系

内孔径/mm	流量系数/(m³/h)
2	0.12
3	0.25
4	0.45
6	0.80

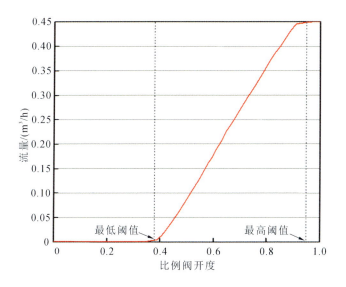

图 4-2-2　比例阀流量特性曲线

在实际使用过程中,比例阀进口压力等于储氢罐减压后的压力,通常情况下其进口压力(8 bar 以上)的一半大于比例阀出口压力(3 bar 以下),结合上述流量特性曲线可知,比例阀出口流量 Q_v 可通过式(4-2-2)表示:

$$Q_v = \alpha Q_N = \alpha \frac{257 p_{v,i} K_{v,\sup}}{\sqrt{T_m \rho_N}} \tag{4-2-2}$$

式中,α 为比例阀开度系数,其取值范围为 0~1,可由式(4-2-3)表示。

$$\alpha = \begin{cases} 0, & D < \text{mit} \\ \dfrac{D - \text{mit}}{\text{mat} - \text{mit}}, & \text{mit} \leqslant D < \text{mat} \\ 1, & D \geqslant \text{mat} \end{cases} \tag{4-2-3}$$

式中,D 为比例阀实际开度比例;mit 为比例阀开启的最低阈值;mat 为比例阀开启的最高阈值。

因此,比例阀出口的摩尔流速$\dot{n}_v$可以表示为

$$\dot{n}_v = \frac{5Q_v}{18V_m} \tag{4-2-4}$$

式中,V_m为氢气的摩尔体积,L/mol;$\dot{n}_v$为比例阀出口的氢气摩尔流速,mol/s。

4.2.2 氢泵模型

阳极氢回路系统中循环装置为氢泵,本节研究所用氢泵为爪式循环泵,它具有安全稳定性能好、流量大、能耗低、使用寿命长、维护成本低等特点。其工作原理为通过两个爪形转子反向旋转,推动介质流动并使泵腔的工作容积发生变化,实现气体的吸入和排出过程,如图 4-2-3 所示。

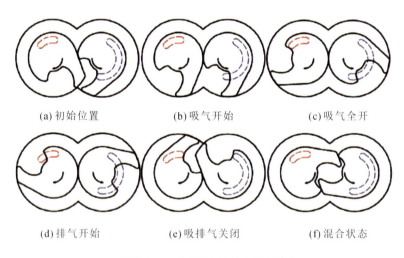

(a) 初始位置　　　(b) 吸气开始　　　(c) 吸气全开

(d) 排气开始　　　(e) 吸排气关闭　　　(f) 混合状态

图 4-2-3　爪式循环泵工作原理图[24]

图 4-2-3 表示转子旋转的一个工作周期,其中浅红色虚线区域为出气口,浅蓝色虚线区域为进气口,左转子始终顺时针旋转,右转子始终逆时针旋转。如图 4-2-3(a)所示,转子位于初始位置时,进气口和出气口被转子的侧壁封堵,处于闭合状态,两转子中间夹层区域为进气腔,外围非夹层区域为排气腔;如图 4-2-3(b)所示,吸气开始时,进气口逐渐打开,进气腔开始进气,排气腔气体开始被压缩;如图 4-2-3(c)所示,吸气全开时,进气口完全打开,进气腔空间不断扩大,排气腔气体不断被压缩;如图 4-2-3(d)所示,排气开始时,左转子转至排气

口打开,排气腔气体不再压缩,吸气持续进行;如图 4-2-3(e)所示,吸排气关闭时,左右转子刚好转至使进、排气口关闭位置,排气和吸气过程结束;如图 4-2-3(f)所示,当转子转至中间时,排气腔内气体进入进气腔,进气腔气体进入排气腔。由工作原理可知,其流量与转速、进气腔容积、排气腔容积、进气压力、排气压力等相关,而其进气腔容积和排气腔容积等参数的获得存在一定困难,故对该循环泵进行机理建模存在一定难度。

为解决上述机理模型构建困难的问题,本节从系统集成应用需求的视角,通过搭建氢泵测试平台来获得不同进泵压力下的氢泵转速-流量-压差特性图;在此基础上,通过数据驱动(基于神经网络)的方法建立描述转速-流量-压差特性的函数表达式,从而建立氢泵的特性模型。

本节选用 Busch 公司所生产的氢泵 MH0018A 作为阳极氢气循环系统的核心部件,该泵属于爪式泵,具体性能参数如表 4-2-2 所示。

表 4-2-2　氢泵 MH0018A 的性能参数

性能指标	参数值
最大抽速/(m^3/h)	18
正常工作电压/V	24
转速范围/(r/min)	480~6000
最大允许入口压力/bar	1.8
重量/kg	6.5
尺寸大小/(mm×mm×mm)	249.5×120×99

通过测试获得的氢泵转速-流量-压差特性如图 4-2-4 所示,由图可知,氢泵在不同进泵压力下的流量随转速、压差的特性变化趋势无明显差异;同一转速下,其流量随着压差的上升而下降;相同压差下,其流量随着转速的上升而上升;进泵压力越大,同一转速和压差下,其流量越大。可知,进泵压力、压差和转速这三个特征是影响氢泵流量的主要因素。

根据其转速-流量-压差特性图,可以拟合得到不同进泵压力下压差、转速与流量的关系,但所得曲线为转速非连续变化下的对应关系,无法表征转速连续变化下的对应关系。因此本书采用基于神经网络的方法进行回归预测,得到氢泵压差、转速与流量间的连续对应关系。具体步骤如下:首先,根据转速-流量-

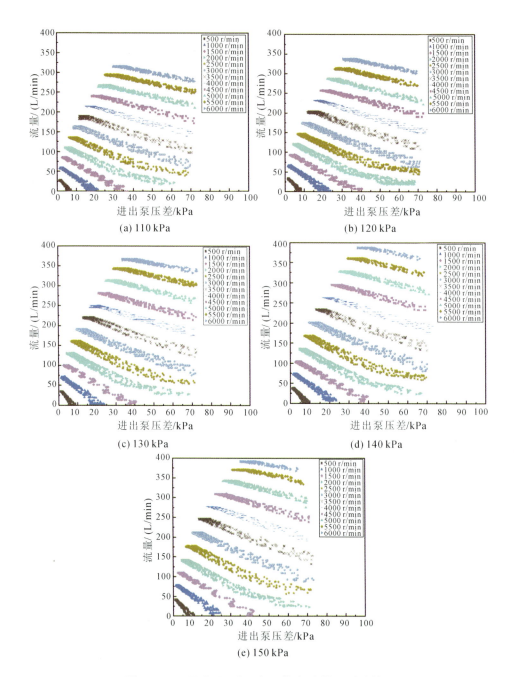

图 4-2-4 不同进泵压力下氢泵转速-流量-压差特性图

压差特性图进行特征选择以确定神经网络结构和模型输入输出量；其次，利用所得数据对神经网络模型进行训练和验证；最后，得到基于神经网络的回归预测模型。

神经网络是一种模拟大量神经突触相互联结进行信息处理的数学模型，其优点在于能够通过学习算法从已有数据中实现自学习过程，完成节点间权值的计算和更新，从而建立输入和输出变量之间的映射关系。特别是对于复杂变量间的非线性映射关系，神经网络能取得很好的效果。本节为获得氢泵压差、转速和流量之间的映射关系，根据前文所述实验过程获得的大量实验结果，基于神经网络对氢泵的流量特性进行回归预测，取得了良好的建模效果，为后续氢回路建模和控制策略研究奠定了基础。

根据上一节的实验结果可知，氢泵在不同进泵压力下，其流量特性趋势无明显差异，但随着进泵压力的升高，其流量有明显上升，因此本节将实验数据中的进泵压力、进出泵压差、氢泵转速作为神经网络输入量，将氢泵的实际流量值作为输出量，进行神经网络建模。本节采用的三层神经网络结构如图 4-2-5 所示，其中包含输入层、隐藏层、输出层三层节点，各层节点之间全连接，其输入层节点个数为 3，输出层节点个数为 1，其隐藏层节点个数依据 Kolmogorov 定理采用式(4-2-5)中计算式进行近似计算，通过对比实际建模效果，确定隐藏层节点数为 10。

$$\text{num} = \sqrt{m+n+1} + \sigma \tag{4-2-5}$$

式中，num 为隐藏层节点数；m 为输入层节点数；n 为输出层节点数；σ 为 1～10 之间的常数。

图 4-2-5 中输入层的输入为如式(4-2-6)所示的三维矩阵：

$$\boldsymbol{x} = [x_1, \quad x_2, \quad x_3]^{\mathrm{T}} \tag{4-2-6}$$

输入层向隐藏层输入值 x_p 的表达式如下。

$$x_\mathrm{p} = (x - x_\mathrm{offset})x_\mathrm{gain} + x_\mathrm{min} \tag{4-2-7}$$

式中，x 为输入层的输入值；x_offset 为输入偏移量；x_gain 为输入增益；x_min 为最小偏移量。

输入层和隐藏层之间阈值加权和的计算公式如下。

$$a_1 = w_1 x_\mathrm{p1} + b_1 \tag{4-2-8}$$

式中，a_1 为阈值加权和；w_1 为权重系数；b_1 为阈值；x_p1 为来自输入层的输入值。

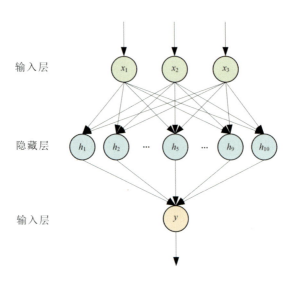

图 4-2-5　神经网络结构

输入层与隐藏层之间的激活函数公式如式(4-2-9)所示,其激活函数曲线如图 4-2-6 所示。

$$h = g(a_1) = \frac{2}{1+e^{-2a_1}} - 1 \qquad (4\text{-}2\text{-}9)$$

式中,h 为激活函数输出值。

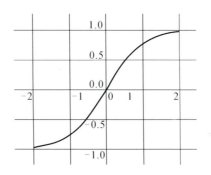

图 4-2-6　隐藏层激活函数

隐藏层与输出层之间的阈值加权和的计算公式如下。

$$a_2 = w_2 h + b_2 \qquad (4\text{-}2\text{-}10)$$

式中,a_2 为隐藏层与输出层之间的阈值加权和;w_2 为权重系数;b_2 为阈值;h 为来自隐藏层的输入值。

输出层的输出值 y 的计算式如下。

$$y = \frac{a_2 - y_{\min}}{y_{\text{gain}}} + y_{\text{offset}} \tag{4-2-11}$$

式中，y 为输出层输出值；$y_{\min}$ 为最小偏移量；y_{offset} 为输出偏移量。

神经网络训练过程将前文所述实验数据按照 70％、15％、15％ 的比例随机划分为训练集(Train)、验证集(Validation)和测试集(Test)，选取均方差函数作为代价函数，用神经网络输出值与实际目标值之间的均方差(mean squared error, MSE)表征训练结果距离实际目标的偏差程度，并采用 Levenberg-Marquardt 训练算法实现神经网络参数的快速迭代更新，当迭代次数达到上限或连续六次训练检验误差不再下降时，停止神经网络的自学习过程。

图 4-2-7 为 MSE 在每一代中的表现与误差分布情况。如图 4-2-7(a)所示，均方差(MSE)随迭代次数的增加而逐渐下降，当迭代次数达到 431 时，模型的均方差最小，迭代次数达到 437 时，训练停止；图 4-2-7(b)所示为模型输出在各训练集的误差分布情况，可知神经网络预测值在各数据集中误差普遍较低，且误差值主要集中在零差(Zero Error)附近。在神经网络回归预测过程中，通常通过比较决定系数与 1 的接近程度来表示系统的回归预测效果，所得神经网络模型在测试集中拟合优度为 0.991，表明该模型准确度较高，预测效果良好。

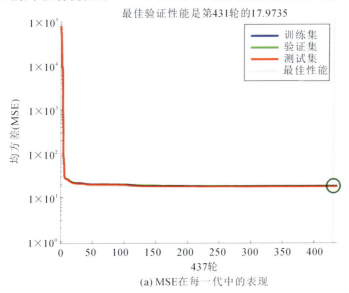

(a) MSE 在每一代中的表现

图 4-2-7　MSE 在每一代中的表现与均方差分布情况

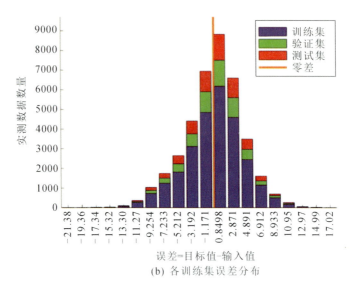

(b) 各训练集误差分布

续图 4-2-7

为进一步验证模型的准确度,将未在训练集中的通过实验测得的 115 kPa 进泵压力下的压差、转速、流量数据与神经网络模型预测结果进行对比,得到如图 4-2-8 所示循环泵流量随压差变化的对比图,预测值与实测值间的偏差始终维持在±5%内。

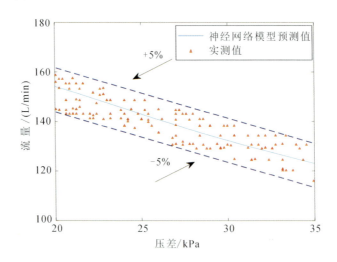

图 4-2-8 氢泵转速为 3000 r/min 时循环流量随压差变化的情况

进一步地,将未在训练集中的进泵压力分别为 115 kPa、125 kPa、135 kPa 的实测流量数据与训练得到的神经网络模型预测的流量值进行对比,不同进泵压力下转速在 500~6000 r/min 内变化,转速变化步长为 500 r/min,对比结果如图 4-2-9(a)~(c)所示。图 4-2-9 中连续曲线部分由下到上依次是转速逐渐增加过程的神经网络模型流量预测结果,图中散点部分由下到上依次为转速逐渐增加过程的氢泵流量实测值。从图 4-2-9(a)~(c)中可知,连续曲线所示流量预测结果与实验测得结果十分接近,预测曲线基本落在实验测得的散点图上,表明该模型对于未在训练集中的数据依然能保持较好的预测效果。

综合上述模型验证结果可知,基于神经网络的氢泵模型在各种进泵压力、进出泵压差、氢泵转速条件下的流量预测效果较好,模型预测值与实测值吻合程度高,表明所得氢泵模型有很好的泛化能力。基于神经网络的氢泵模型可以得到转速、压差连续变化状态下的循环泵流量。

因此,循环过程中循环流量 Q_{rp} 可以由如下公式表示:

$$Q_{rp} = f_{net}(n, p_{H_2\_pump\_in}, \Delta p_{H_2\_pump}) \tag{4-2-12}$$

式中,Q_{rp} 为循环过程中循环流量,L/min;f_{net} 为神经网络预测模型的映射函数,具体映射关系用式(4-2-6)~式(4-2-11)表示;n 为循环泵转速,r/min;$\Delta p_{H_2\_pump}$ 为出泵侧与进泵侧的压差,kPa;$p_{H_2\_pump\_in}$ 为循环泵进口压力,kPa。

循环过程中其摩尔流速 $\dot{n}_{rp}$ 可以表示为

$$\dot{n}_{rp} = \frac{Q_{rp}}{60V_m} \tag{4-2-13}$$

式中,$\dot{n}_{rp}$ 为循环过程中氢气摩尔流速,mol/s。

4.2.3 排气阀模型

排气阀流量公式与比例阀流量公式类似,可利用 4.2.1 节所述公式进行推导。排气阀入口压力等于电堆出口侧管道压力,排气阀出口压力为大气压,因此通常情况下排气阀出口压力大于排气阀入口压力的一半。因此,排气阀出口流量 Q_{pv} 可由下式表示:

$$Q_{pv} = \alpha_p Q_N = \alpha_p \frac{514 K_{pv} \sqrt{p_{pv,o}(p_{pv,i} - p_{pv,o})}}{\sqrt{T_{sm}\rho_N}} \tag{4-2-14}$$

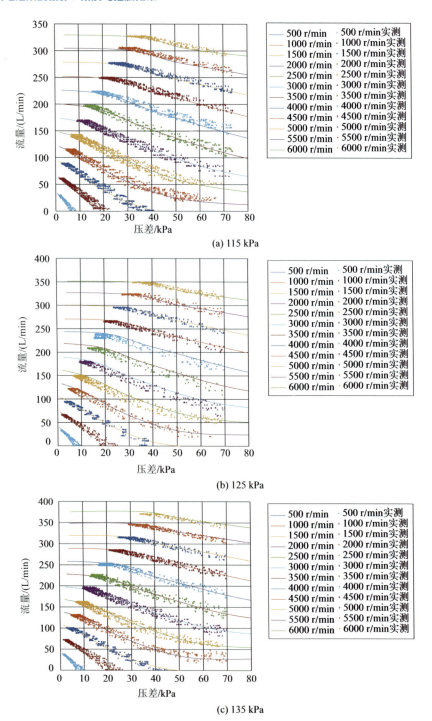

图 4-2-9 不同进泵压力下氢泵神经网络模型特性图与实测数据对比

式中，T_{sm} 为排气管道内气体温度，K；$p_{pv,o}$ 为排气阀出口压力，bar；$p_{pv,i}$ 为排气阀进口压力，bar；K_{pv} 为排气阀流量系数，m^3/h；Q_{pv} 为排气阀出口流量，m^3/h；α_p 为排气阀开度系数，其取值为 0 或 1，当排气阀打开时，取为 1，当排气阀关闭时，取为 0。

因此，排气阀出口的摩尔流速 $\dot{n}_{pv}$ 可以表示为

$$\dot{n}_{pv} = \frac{5Q_{pv}}{18V_m} \tag{4-2-15}$$

式中，$\dot{n}_{pv}$ 为排气阀出口的氢气摩尔流速，mol/s。

4.2.4 电堆氢耗模型

在燃料电池发动机系统运行过程中，质子交换膜上会发生电化学反应，氢气和氧气被消耗，放出电能并产生水，其反应方程为

$$\begin{cases} H_2 \longrightarrow 2H^+ + 2e^- \\ \frac{1}{2}O_2 + 2H^+ + 2e^- \longrightarrow H_2O \end{cases} \tag{4-2-16}$$

基于质子守恒定律可以得到反应消耗氢气的物质的量 n_{H_2} 与反应产生电荷数的关系：

$$Q = 2e \cdot n_{H_2} N_A \tag{4-2-17}$$

式中，e 为单位电子所带电荷量，取 1.60×10^{-19} C；n_{H_2} 为反应消耗的氢气的物质的量，mol；N_A 为阿伏伽德罗常量，取 6.02×10^{23}；Q 为燃料电池运行过程中所产生的电荷数，C。

电流定义为单位时间内通过导体任一横截面的电量，即

$$I = \frac{Q}{t} \tag{4-2-18}$$

因此，反应过程中单位时间内单节膜电极的氢耗量 Q_{cell} 可以表示为

$$Q_{cell} = \frac{n_{H_2} V_m}{t} = \frac{I V_m}{2Ft} \tag{4-2-19}$$

式中，F 为法拉第常数，取为 96485 C/mol，表示每摩尔电子所带电荷数。

对于有 n 节膜电极的燃料电池系统，其单位时间内的氢耗量为

$$Q_{stack} = \frac{n I V_m}{2Ft} \tag{4-2-20}$$

式中,n 为膜电极节数;I 为燃料电池电流,A;Q_{stack} 为单位时间内有 n 节膜电极的燃料电池系统氢耗量,L/s。

综上所述,燃料电池的电化学反应过程中阳极消耗的氢气摩尔流速 $\dot{n}_{react}$ 为

$$\dot{n}_{react} = \frac{nI}{2F} \tag{4-2-21}$$

式中,$\dot{n}_{react}$ 为阳极消耗的氢气摩尔流速,mol/s。

4.3　燃料电池动力系统的氢气管理策略

由前面的分析可知,氢气管理子系统的执行部件主要有比例阀、氢泵和排气阀。在实际的应用系统中,三个执行部件对应的控制任务简述如下。

比例阀的主要作用是稳定电堆阳极侧的氢气压力。该部件需要实现快速准确地跟踪氢气压力目标值的变化,以实现阴阳极的压力平衡;在电堆负载电流变化、氢泵转速变化、排气阀启闭等扰动条件下,比例阀应能克服扰动的影响,维持氢气压力的平稳。鉴于其重要性,本节将重点阐述比例阀在氢气管理子系统中的作用。

氢泵的主要作用是增大电堆内的实际氢气计量比。增大氢气计量比一方面可以提高反应物浓度,提高大面积电堆反应区内的均一性;另一方面可以增加气体的流速和进出堆压力差,将阳极流道内的液态水带出电堆,系统通过回路中的气液分离器将液态水排出回路,避免阳极水淹故障。该任务是氢气管理的重点任务,本节也将重点阐述。

排气阀的主要作用是排出阳极流道内的杂质气体。在循环模式下,从阴极渗透过来的氮气等杂质气体会在阳极累积,长时间后造成氢气浓度的降低,从而影响电堆的性能(降低系统效率),因而需要间歇性地将杂质气体排出。当排气阀开启时,阳极流道内的氢气、杂质气体(氮气、二氧化碳等)、水汽将排出电堆,此时,阳极压力会发生跌落,为保持氢气压力稳定需增大进口干纯氢气流量,这样就提高了阳极流道的氢气纯度,同时也会带出更多的液态水。系统设计时,一般通过估算阳极流道内的氮浓度来确定排气阀的开启间隔及开启时长。在工程应用中,通过将不同电流密度作为工况点来离线估算氮气的渗透率,并以此为依据来构建排气阀的开关逻辑,从而获得良好的运行效果。因此,本节对此不进行过多阐述。

4.3.1 入堆压力控制策略

1. 电堆压力影响因素分析

在确保氢气供应的同时，系统还需要维持燃料电池堆内部压力的稳定。压力不仅影响反应的效率，而且剧烈波动的压力会导致质子交换膜两侧压差过高，继而造成膜的损坏。

根据燃料电池动力系统供氢和各部件耗氢的特点，建立氢气系统的气体供应和消耗模型。模型不考虑氢泵对氢气系统流量的影响，并假设燃料电池动力系统各部分处于相同的工作温度、湿度以及电堆处于正常的负载情况下。由氢气流量和氢气压力的关系，可以得到简单的燃料电池氢气系统的压力模型，通过仿真分析可以很好地观察电堆内部压力的变化情况。

由燃料电池动力系统的供氢和耗氢特点，可以建立如下等式关系。

$$m_{\text{supply}} = m_{\text{stack}} + m_{\text{purge}} + m_{\text{remain}} \tag{4-3-1}$$

式中，m_{supply}是储氢设备经减压后通过比例阀供应的氢气质量；m_{stack}是电堆负载消耗的氢气质量；m_{purge}是尾排阀打开时消耗的氢气质量；m_{remain}是保存在氢气管道和电堆内部流道的氢气质量。

系统运行时，影响系统氢气质量变化的因素有比例阀开度变化、电堆内部消耗程度和尾排阀开关状态。假设氢气管道较短，其容积远低于电堆内部流道容积，则系统中氢气主要集中在电堆内部，式(4-3-1)可以简化为

$$\Delta m_{\text{H}_2} \approx m_{\text{remain}} = m_{\text{supply}} - m_{\text{stack}} - m_{\text{purge}} \tag{4-3-2}$$

式中，Δm_{H_2}是电堆内部的氢气质量变化量。把电堆内部当作充满气体的腔体，根据理想气体状态方程可以得到电堆的氢气压力变化，如式(4-3-3)所示：

$$\mathrm{d}P = \frac{R_{\text{H}_2} T}{V} \mathrm{d}\Delta m_{\text{H}_2} \tag{4-3-3}$$

式中，P为电堆内部氢气压力，kPa；R_{H_2}为氢气气体常数，取4214 J/(kg·K)；T为介质温度，K；V为电堆内氢气流道的容积，m^3。由此可以得到电堆内部氢气压力$P(s)$和流量$\Delta m_{\text{H}_2}(s)$的传递函数$G_{\text{H}_2}(s)$：

$$G_{\text{H}_2}(s) = \frac{P(s)}{\Delta m_{\text{H}_2}(s)} = \frac{R_{\text{H}_2} T}{sV} \tag{4-3-4}$$

式中，s 表示复变量。

根据式(4-3-2)和式(4-3-3)可以归纳氢气系统回路流量和压力的关系，如图 4-3-1 所示。

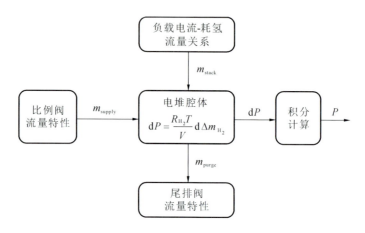

图 4-3-1　氢气系统回路流量和压力的关系

反应消耗的氢气质量主要与燃料电池堆节数和负载电流大小有关，因此，当燃料电池堆节数和电流确定时，反应消耗的氢气随即确定。根据式(4-2-20)可以得到电堆氢气消耗质量流量 $Q_{\text{stack}}(s)$，进而得到 $Q_{\text{stack}}(s)$ 与电堆负载电流 $I(s)$ 的传递函数如下。

$$G_{\text{stack}}(s) = \frac{Q_{\text{stack}}(s)}{I(s)} = \frac{nM_{H_2}}{2eN_A} \qquad (4\text{-}3\text{-}5)$$

综合上述模型可以得到氢气系统的压力模型，氢气系统压力的传递函数框图如图 4-3-2 所示。

如图 4-3-2 所示，比例阀为氢气系统压力模型的执行机构，电堆内部的流量压力特性为受控对象，因此系统前向通道的传递函数为 $G_{\text{supply}}(s) \cdot G_{H_2}(s)$，而电堆的负载电流和尾排阀的开关状态作为系统的扰动项对系统压力产生影响。

2. 入堆压力控制策略设计

1) 基于反馈调节的压力控制策略

在氢气压力模型中，通过加入 PI 反馈调节，将电堆内部期望压力与实际压力进行比较，得到压力偏差。将这个压力偏差输入到 PI 控制器中可计算出比

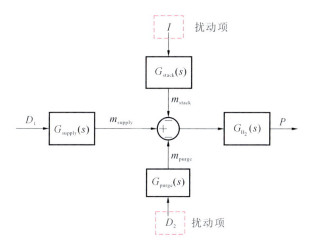

图 4-3-2　氢气系统压力的传递函数框图

例阀的开度,进而控制比例阀的输入,实现对燃料电池氢气回路压力的控制。系统控制框图如图 4-3-3 所示。

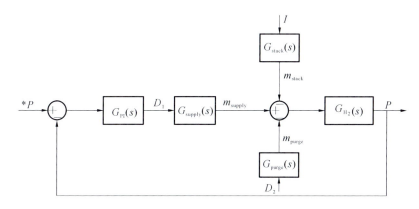

图 4-3-3　氢气回路的 PI 反馈控制框图

PI 控制器的传递函数如下。

$$G_{\mathrm{PI}}(s) = k_{\mathrm{P}} + \frac{k_{\mathrm{I}}}{s} \quad (4\text{-}3\text{-}6)$$

式中,k_{P} 为比例环节参数;k_{I} 为积分环节参数。

为计算 PI 控制参数,分析 PI 反馈对系统的调节作用,假设扰动量 $I=0$、$D_2=0$,得到闭环传递函数如下。

$$G(s) = \frac{G_{PI}(s)G_{supply}(s)G_{H_2}(s)}{1 + G_{PI}(s)G_{supply}(s)G_{H_2}(s)} \tag{4-3-7}$$

取介质温度 $T=298.15$ K，比例阀进口压力 $p_1=5$ bar，比例阀流量系数 $K_{v,sup}=0.25$，将它们代入式(4-3-7)可以得到：

$$G(s) = \frac{636.97k_P \cdot s + 636.97k_I}{s^2 + 636.97k_P \cdot s + 636.97k_I} \tag{4-3-8}$$

由式(4-3-8)可知，加入 PI 反馈调节后的系统为非典型二阶系统，通过确定二阶系统的动态性能指标可以计算 PI 反馈控制的系数 k_P 和 k_I。本研究的主要目的为控制氢气压力，二阶系统处于欠阻尼状态利于系统的稳定和控制。以下对 k_P 和 k_I 的计算过程均假设二阶系统处于欠阻尼状态。非典型二阶欠阻尼系统的传递函数 $G_0(s)$ 形式如下。

$$G_0(s) = \frac{2\xi\omega_n s + \omega_n^2}{s^2 + 2\xi\omega_n s + \omega_n^2} \tag{4-3-9}$$

其中，ξ 为系统的阻尼比；ω_n 为无阻尼自振角频率。

非典型二阶欠阻尼系统的上升时间 t_r 可表示为

$$t_r = \frac{\arccos\xi}{\omega_n \sqrt{1-\xi^2}} \tag{4-3-10}$$

非典型二阶欠阻尼系统的峰值时间 t_p 可表示为

$$t_p = \frac{2\arccos\xi}{\omega_n \sqrt{1-\xi^2}} \tag{4-3-11}$$

非典型二阶欠阻尼系统的最大超调量 σ 可表示为

$$\sigma = \exp\left(\frac{-2\xi\arccos\xi}{\sqrt{1-\xi^2}}\right) \tag{4-3-12}$$

为使系统有较好的综合性能，取阻尼比 $\xi=0.707$，得到最大超调量 $\sigma=0.2079$；取上升时间 $t_r=0.5$ s，得到 $\omega_n=2.22$。对比式(4-3-11)和式(4-3-12)可以得到，$k_P=0.00493$，$k_I=0.00774$，由此得到 PI 反馈调节的闭环传递函数。

2）带前馈调节的压力控制策略

PI 反馈控制虽然可以在系统压力偏差出现时，将偏差减小到系统可接受范围内，但往往体现一定程度的滞后性，当出现较大的扰动时，这种滞后性导致系统压力难以迅速稳定到正常偏差范围内。在实际工程应用中，当燃料电池堆面临较大的电流负载扰动或尾排阀动作时,电堆内压力均可能发生剧烈波动。此时,PI 反馈调节可能无法及时响应。在反馈环节加入前馈控制,通过前馈来预估扰动带来的偏差改变,可以减小压力的波动。加入电流前馈的 PI 控制框图如图 4-3-4 所示。

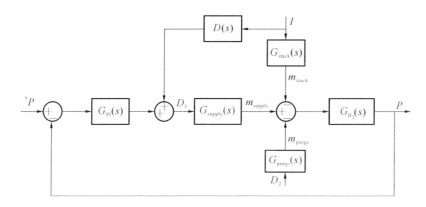

图 4-3-4　氢气回路带电流前馈的 PI 控制框图

为分析电流扰动对系统的影响,假设 $^*P=0$、$D_2=0$ 不变,得到扰动下的系统传递函数公式。

$$G_1(s) = \left(D(s) - \frac{G_{stack}(s)}{G_{supply}(s)}\right)\frac{G_{supply}G_{H_2}}{1+G_{PI}G_{supply}G_{H_2}} \quad (4\text{-}3\text{-}13)$$

为使前馈控制完全补偿扰动的影响,则令 $G_1(s)=0$,得到:

$$D(s) = \frac{G_{stack}(s)}{G_{supply}(s)} \quad (4\text{-}3\text{-}14)$$

代入参数计算,$G_{stack}(s)=0.091$,$G_{supply}(s)=17.323$,得到 $D(s)=0.00525$。

3. 压力控制仿真及分析

根据上文分析的控制策略,计算相关参数得到对应传递函数,建立具有电流前馈的 PI 反馈压力控制 MATLAB/Simulink 仿真模型。

对该系统输入一个压力阶跃信号,观察系统在当前 PI 参数反馈调节下的响应,验证系统的动态指标。其阶跃响应曲线如图 4-3-5 所示,系统的上升时间和最大超调量符合设定值。

输入不同压力阶跃信号,在 10 kPa、20 kPa、30 kPa、40 kPa、50 kPa 阶跃输入信号下,对应的阶跃响应曲线如图 4-3-6 所示。

由图 4-3-5 和图 4-3-6 可知,在当前 PI 参数反馈控制系统下,系统能够及时响应压力输入的变化。对于各种不同的输入阶跃信号,系统都能够顺利进入稳态。

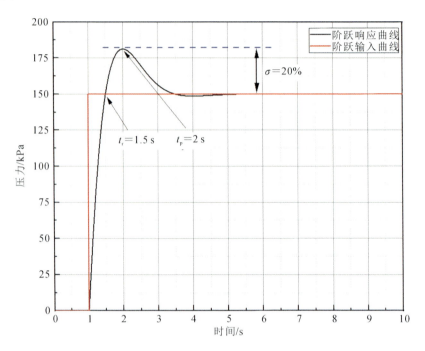

图 4-3-5　系统阶跃响应曲线

考虑燃料电池堆电流负载对系统压力的影响,将系统的负载电流从稳态 50 A 突变为 100 A,对比有无电流前馈控制的仿真效果,如图 4-3-7 所示。

由图 4-3-7 可知,无电流前馈时,负载电流突增会使压力跌落至 115 kPa,通过自身 PI 调节,系统压力逐渐稳定,稳定时间与二阶系统性能有关。加入电流前馈后,系统可以直接对扰动带来的偏差进行补偿,使扰动带来的压力波动为零。在理论情况下,前馈控制可以完全消除扰动带来的偏差,但需要考虑比例阀的调节范围,在过大的扰动下,控制器计算的开度可能会超过比例阀调节阈值,导致系统失调。

同样,我们也研究了尾排阀动作扰动对系统压力的影响,在系统稳态情况下,打开尾排阀 1 s 然后关闭,系统压力波动仿真结果如图 4-3-8 所示。

第4章 燃料电池动力系统的氢气管理

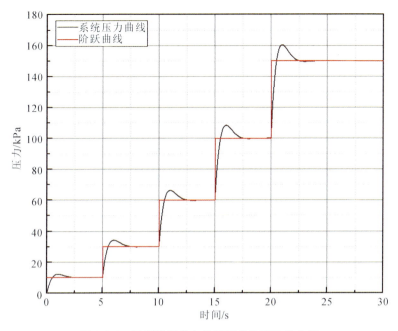

图 4-3-6 不同阶跃输入信号下的阶跃响应曲线

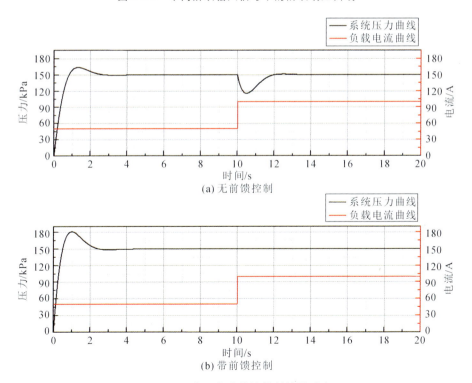

图 4-3-7 有无电流前馈控制效果对比

由图 4-3-8 可知,尾排阀的打开关闭导致系统压力的波动较大,同时压力波动呈现一定的滞后性,同样地,加入前馈调节后可以对偏差进行补偿,可以减小甚至消除尾排阀动作对系统压力的影响。与电流扰动一样,由于比例阀的开度范围有限,前馈调节可能无法完全消除尾排阀带来的扰动影响。

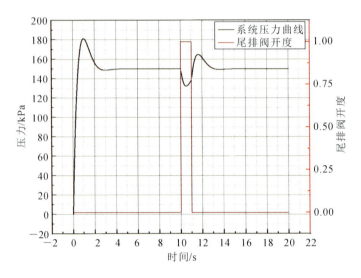

图 4-3-8　尾排阀动作对系统压力的影响

4.3.2　氢泵调控策略

氢泵属于一种非线性辅助部件,其循环流量与进出泵压差、转速有着很强的耦合关系,为了实现更优的控制效果,需要引入一种适用于非线性系统的控制方法。模糊控制正是一种非线性的智能控制方法,因此本节采用模糊 PI(proportional integral)控制策略,针对负载突变过程中氢气计量比的稳定控制,完成了模糊 PI 控制器的设计,并将其控制效果与 PI 控制器进行了仿真比较。

1. 模糊 PID 控制算法

模糊逻辑控制(fuzzy logic control)简称模糊控制,是一种非线性的智能控制方法。早在 1965 年,Zadeh 教授[25]首先提出了模糊集合论的概念,并在此基础上进一步给出了模糊逻辑控制的定理;英国的 Mamdani 教授在 1974 年设计了首个模糊控制器,并将其用于蒸汽机和锅炉的控制[26];1985 年开始,日本富士电机公司、明电舍公司等先后生产出通用的模糊控制器及其相应软件。如今,模糊控制理论被广泛应用在机械、控制、通信、生物、医药等生产生活的各行各业中。模糊控制广泛应用的原因在于其具有适用性广、鲁棒性好、不需要被控对象的精确数学模型等优势,对大多数非线性系统都能取得较好的控制效果。

模糊逻辑主要包含模糊化、知识库、模糊推理、解模糊这四个部分[27,28]。其中,模糊化表示将输入的偏差和偏差变化率经过模糊因子 K_e 和 K_{ec} 模糊化,转化为对应的模糊语言;知识库指根据专家规则和人为经验确立的模糊规则库;模糊推理表示根据模糊规则库的模糊规则,将模糊化后的模糊输入量转化为模糊输出量;解模糊表示将模糊输出量经过解模糊过程转化为被控对象的实际输出量。

模糊 PI 控制器是将偏差 $e(t)$ 和偏差变化率 $ec(t)$ 经过模糊因子 K_e 和 K_{ec} 模糊化后输入模糊控制器,在模糊控制器内部通过模糊推理和解模糊过程对 PI 参数进行在线整定,PI 控制器依据输入的偏差信号和 PI 参数得到控制器输出量并输出给被控对象,最终被控对象执行相应动作达到控制效果。根据上述分析,模糊 PI 控制器结构框图如图 4-3-9 所示。

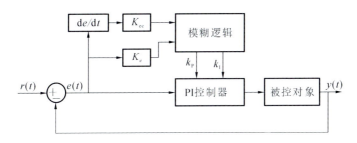

图 4-3-9　模糊 PI 控制器结构框图

本节以燃料电池发动机系统氢气计量比的模糊 PI 控制为例,其模糊控制器的设计包括以下几个步骤:

1) 输入输出的模糊化

输入输出的模糊化表示将输入输出映射到对应的模糊论域,并根据模糊子集和隶属度函数得到该输入输出对模糊子集的隶属度。

首先是确定输入输出的模糊子集,由于 7 种模糊语言能足够准确地表达模糊子集,因此将输入输出的模糊子集定义为{NB,NM,NS,ZO,PS,PM,PB}。

然后将输入输出的物理论域与模糊论域对应。模糊控制器以偏差和偏差变化率作为输入,根据模型输出结果,其偏差和偏差变化率的物理论域分别为[−0.6,0.6]和[−120,120]。将偏差和偏差变化率的实际值与模糊因子 K_e 和 K_{ec} 相乘,可以得到其对应的模糊论域,将 K_e 和 K_{ec} 分别取为 5 和 1.25,则偏差和偏差变化率的模糊论域为[−3,3]和[−150,150]。通过对 PI 参数进行调校,确定比例系数 k_P 的模糊论域为[1000,7000],积分系数 k_I 的模糊论域为[20000,200000]。

最后要确定输入输出的隶属度函数,依据隶属度函数确定输入输出在模糊子集上的隶属度。隶属度是介于 0 和 1 之间的值,用于表示输入量属于某一个模糊子集的程度,隶属度函数则是隶属度值的集合。隶属度函数种类多种多样,由于三角形隶属度函数灵活性大、响应速度快,因此本节选用三角形隶属度函数。图 4-3-10(a)和(b)所示为偏差和比例系数的隶属度函数。

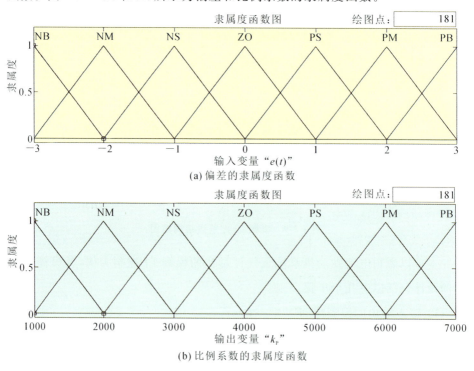

(a) 偏差的隶属度函数

(b) 比例系数的隶属度函数

图 4-3-10 输入输出的隶属度函数

第4章 燃料电池动力系统的氢气管理

2) 确立模糊规则表

模糊推理是模糊控制的基础,为实现模糊推理应根据专家规则和人为经验建立模糊规则库,模糊控制器依据模糊规则库中的模糊控制规则进行模糊推理。模糊控制规则主要由若干条的 if…and…then…条件语句构成,具体选取规则如下:

比例系数 k_P 的选取主要影响系统响应速度,当 k_P 较大时可以提高系统的响应速度,减小稳态偏差。但是当其取值过大时,容易产生较大的超调,不利于整个系统的稳定;当其取值过小时,系统的响应速度会减慢,调节时间也会延长。因此,当偏差和偏差变化率较大时应增大 k_P 值以加快响应速度,当偏差和偏差变化率较小时可以适当减小 k_P 值,避免超调。根据上述描述,比例系数的模糊规则表如表 4-3-1 所示。

表 4-3-1 比例系数的模糊规则表

k_P		\multicolumn{7}{c}{$e(t)$}						
		NB	NM	NS	ZO	PS	PM	PB
ec(t)	NB	PB	PM	PS	NM	NS	NS	ZO
	NM	PB	PM	PS	NS	NS	ZO	PS
	NS	PM	PS	PS	NS	ZO	PS	PS
	ZO	PM	PS	ZO	ZO	ZO	PS	PM
	PS	PS	PS	ZO	ZO	PS	PM	PM
	PM	PS	ZO	ZO	PS	PS	PM	PB
	PB	ZO	ZO	NS	PS	PM	PB	PB

积分系数 k_I 主要用来消除系统稳态误差,当偏差和偏差变化率较大时,应增大 k_I 以加快响应速度和消除系统误差,当偏差和偏差变化率接近零时,应适当减小 k_I 以降低超调。基于上述描述,积分系数的模糊规则表如表 4-3-2 所示。

表 4-3-2 积分系数的模糊规则表

k_I		$e(t)$						
		NB	NM	NS	ZO	PS	PM	PB
ec(t)	NB	NB	NM	NM	ZO	NS	ZO	PS
	NM	NB	NM	NS	ZO	NS	ZO	PS

续表

k_1		$e(t)$						
		NB	NM	NS	ZO	PS	PM	PB
ec(t)	NS	NM	NS	ZO	ZO	ZO	PS	PS
	ZO	NM	NS	ZO	ZO	ZO	PS	PM
	PS	NS	NS	ZO	ZO	PS	PM	PM
	PM	ZO	NS	PS	ZO	PM	PM	PB
	PB	ZO	ZO	PS	ZO	PM	PB	PB

3）解模糊

基于模糊规则库进行的模糊推理,其输出结果为模糊值,需要通过解模糊的方法节转化为实际输出值。由于重心法输出结果更加平滑,计算结果更为精确,因此本节选用重心法作为解模糊方法。

利用 MATLAB 中的模糊逻辑工具箱,根据上文分析结果设置模糊控制器中的模糊规则表、模糊论域、隶属度函数等,得到如图 4-3-11 所示的模糊控制器输出曲面图。

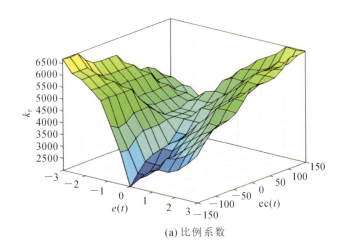

(a) 比例系数

图 4-3-11　输出曲面图

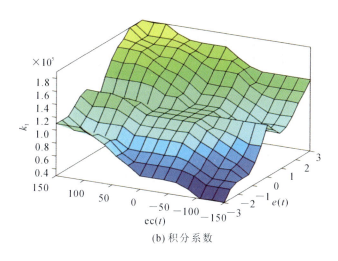

(b) 积分系数

续图 4-3-11

综上所述,将模糊控制和 PI 控制相结合的模糊 PI 控制器应用于阳极氢气计量比的控制,同时使用 PI 控制器来控制阳极流道压力。阳极氢回路的控制框图如图 4-3-12 所示。其中,阳极压力目标值和阳极流道压力输出值之间的偏差为 PI 控制器 1 的输入,氢气计量比目标值和实测值之间的偏差和偏差变化率作为模糊控制器输入,通过模糊控制器的在线整定并输入 PI 控制器 2。PI 控制器 2 将氢气计量比目标值与实测值之间的偏差作为输入,根据整定所得 PI 参数得到控制器输出量,即氢泵转速。

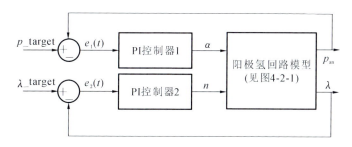

图 4-3-12　阳极氢回路的控制框图

2. 仿真验证与对比分析

基于所得面向控制的阳极氢回路模型和所设计的模糊 PI 控制器进行仿真。仿真过程中,负载电流在 [100 A, 360 A] 区间内大范围波动(见图 4-3-13),

阳极流道压力目标值设置为 115 kPa，氢气计量比目标值设置为 1.6。由于剔除了系统初始化时的曲线，仿真分析过程中的曲线都不会从 0 s 开始。

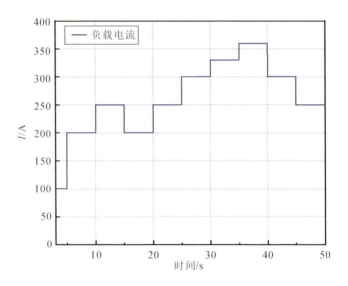

图 4-3-13　负载电流变化曲线

在负载电流变化的过程中，阳极流道压力变化曲线和比例阀开度变化曲线如图 4-3-14(a) 和 (b) 所示。可知阳极流道压力在负载电流突变的情况下有突然跌落和上升的现象，但在模糊 PI 控制器调节下，其压力波动始终维持在目标压力的 ±1.5 kPa 以内。同时，从比例阀开度变化曲线可知，比例阀开度在负载电流突变时也能快速响应且几乎没有超调。上述现象表明，模糊 PI 控制在阳极流道压力控制过程中，能取得很好的控制效果。

图 4-3-15 所示为氢气计量比在负载电流变化时两种控制策略下的变化曲线，图 4-3-15(b) 为图 4-3-15(a) 中红色框的局部放大图。由图 4-3-15(a)(b) 可知，PI 控制策略和模糊 PI 控制策略在负载电流突变时都能取得较好的控制效果，但模糊 PI 控制对不同加减载幅度的鲁棒性更强，能在实现快速响应的同时减小系统超调量。如图 4-3-15(b) 所示，模糊 PI 控制策略在加载瞬间氢气计量比跌落最小，且具有响应速度快和超调量小的特点，相比 PI 控制策略能取得更好的控制效果。

图 4-3-16 所示为氢泵转速在两种控制策略下的变化曲线，图 4-3-16(b) 为

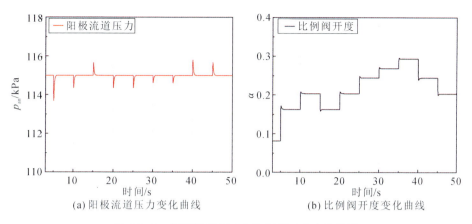

图 4-3-14 阳极流道压力和比例阀开度变化曲线

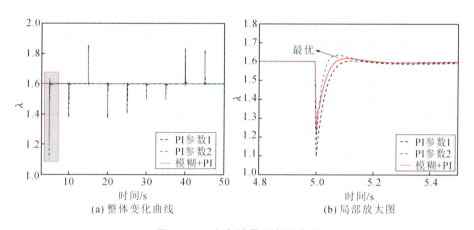

图 4-3-15 氢气计量比变化曲线

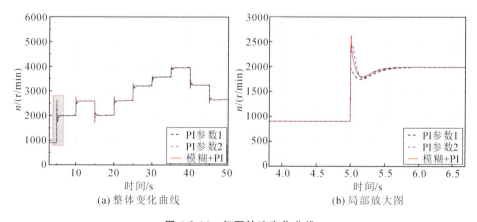

图 4-3-16 氢泵转速变化曲线

图 4-3-16(a)中红色框的局部放大图。由图 4-3-16 可知,当负载突变时,PI 控制策略和模糊 PI 控制策略在调节氢循环泵转速的过程中,控制器的输出都存在尖峰。这是因为在加减载瞬间,为了维持氢气计量比的稳定,需要突然调整循环泵的转速。由图 4-3-16(b)可知,模糊 PI 控制策略下氢泵转速尖峰的峰值与 PI 控制策略相差不大,达到稳态水平的时间也与 PI 控制策略耗时几乎没有差异。考虑到实际操作中循环泵转速调节可能存在迟滞和步长精度问题,转速的突变往往较为平缓。为了防止过快的转速调节对部件寿命产生负面影响,建议采用前馈控制或限制循环泵转速的调整步长。

综上所述,阳极流道压力在 PI 控制策略下能达到很好的控制效果,阳极流道压力被控制在目标压力的 ±1.5 kPa 范围内,而针对氢气计量比的控制,模糊 PI 控制策略和 PI 控制策略都能取得较好的控制效果。相比之下,模糊 PI 控制策略能取得更好的控制效果。

本 章 小 结

氢气管理子系统作为燃料电池动力系统的燃料供给单元,无论是在稳态还是在动态工况下,均需为电化学反应提供足量的氢气,否则会发生燃料"饥饿",最终导致燃料电池寿命的不可逆衰减。本章针对燃料电池动力系统氢气供应需求对比分析了三类供氢配置模式和四种不同氢循环方案,并选择了采用氢泵的循环模式进行探讨。首先,以目前燃料电池动力系统中最常用的氢气管理子系统结构为例,阐述了氢气回路特性及各部件的设计及控制需求。其次,采用机理分析与数据驱动建模相结合的方式,对典型氢气回路部件进行了建模。该模型主要包括比例阀模型、氢泵模型、排气阀模型、电堆氢耗模型。最后,通过建立燃料电池系统输入输出及扰动相关的传递函数模型,设计了包含前馈与反馈的控制方案用于压力控制,同时针对计量比控制开发了基于模糊逻辑的调控策略。这些成果对工程实践具有重要的参考价值。

本章参考文献

[1] 马明辉,郝冬,郭帅帅,等.燃料电池发动机氢气供给系统技术分析[J].汽车零部件,2021(5):95-98.

[2] 张立新,李建,李瑞懿,等.车用燃料电池氢气供应系统研究综述[J].工程热物理学报,2022,43(6):1444-1459.

[3] 韩济泉,孔祥程,冯健美,等.大功率燃料电池汽车氢循环系统性能分析[J].汽车工程,2022,44(1):1-7,35.

[4] BAO C,OUYANG M G,YI B L. Modeling and control of air stream and hydrogen flow with recirculation in a PEM fuel cell system—I. Control-oriented modeling[J]. International Journal of Hydrogen Energy,2006,31(13):1879-1896.

[5] BAO C,OUYANG M G,YI B L. Modeling and control of air stream and hydrogen flow with recirculation in a PEM fuel cell system—II. Linear and adaptive nonlinear control[J]. International Journal of Hydrogen Energy,2006,31(13):1897-1913.

[6] HE J L,AHN J,CHOE S Y. Analysis and control of a fuel delivery system considering a two-phase anode model of the polymer electrolyte membrane fuel cell stack[J]. Journal of Power Sources,2011,196(10):4655-4670.

[7] HE J L,CHOE S Y,HONG C O. Analysis and control of a hybrid fuel delivery system for a polymer electrolyte membrane fuel cell[J]. Journal of Power Sources,2008,185(2):973-984.

[8] 洪凌.车用燃料电池发电系统氢气回路控制[D].杭州:浙江大学,2017.

[9] HONG L,CHEN J,LIU Z Y,et al. A nonlinear control strategy for fuel delivery in PEM fuel cells considering nitrogen permeation[J]. International Journal of Hydrogen Energy,2017,42(2):1565-1576.

[10] ZIOGOU C,PAPADOPOULOU S,GEORGIADIS M,et al. On-line

nonlinear model predictive control of a PEM fuel cell system[J]. Journal of Process Control,2013,23(4):483-492.

[11] MCKAY D,STEFANOPOULOU A. Parameterization and validation of a lumped parameter diffusion model for fuel cell stack membrane humidity estimation[C]//Proceedings of the 2004 American Control Conference. Boston:IEEE,2004:816-821.

[12] XU L F,HU J M,CHENG S L,et al. Robust control of internal states in a polymer electrolyte membrane fuel cell air-feed system by considering actuator properties[J]. International Journal of Hydrogen Energy,2017,42(18):13171-13191.

[13] ARCAK M,GORGUN H,PEDERSEN L M,et al. A nonlinear observer design for fuel cell hydrogen estimation[J]. IEEE Transactions on Control Systems Technology,2004,12(1):101-110.

[14] KUNUSCH C,MORENO J A,ANGULO M T. Identification and observation in the anode line of PEM fuel cell stacks[C]//52nd IEEE Conference on Decision and Control. Firenze:IEEE,2013:1665-1670.

[15] PIFFARD M,GERARD M,BIDEAUX E,et al. Control by state observer of PEMFC anodic purges in dead-end operating mode[J]. IFAC-PapersOnLine,2015,48(15):237-243.

[16] GORGUN H,BARBIR F,ARCAK M. A voltage-based observer design for membrane water content in PEM fuel cells[C]//Proceedings of the 2005 American Control Conference. Portland:IEEE,2005:4796-4801.

[17] FĂRCAS A C,DOBRA P. Adaptive control of membrane conductivity of PEM fuel cell[J]. Procedia Technology,2014,12:42-49.

[18] LUNA J,OCAMPO-MARTINEZ C,SERRA M. Nonlinear predictive control for the concentrations profile regulation under unknown reaction disturbances in a fuel cell anode gas channel[J]. Journal of Power Sources,2015,282:129-139.

[19] XU L F,HU Z Y,FANG C,et al. Anode state observation of polymer electrolyte membrane fuel cell based on unscented Kalman filter and relative humidity sensor before flooding[J]. Renewable Energy,2021,168:1294-1307.

[20] STEINER N Y, HISSEL D, MOÇOTÉGUY P, et al. Diagnosis of polymer electrolyte fuel cells failure modes(flooding & drying out) by neural networks modeling[J]. International Journal of Hydrogen Energy,2011,36(4):3067-3075.

[21] CHANG K Y. The optimal design for PEMFC modeling based on Taguchi method and genetic algorithm neural networks[J]. International Journal of Hydrogen Energy,2011,36(21):13683-13694.

[22] CHANG K Y,TENG Y W. The optimal design for PEMFC modeling based on BPNN and Taguchi method[J]. International Journal of Green Energy,2012,9(2):139-159.

[23] STEINER N Y, CANDUSSO D, HISSEL D, et al. Model-based diagnosis for proton exchange membrane fuel cells[J]. Mathematics and Computers in Simulation,2010,81(2):158-170.

[24] 武涛. 爪式真空泵结构优化设计及流场特性研究[D]. 太原:中北大学,2019.

[25] ZADEH L A. Fuzzy sets[J]. Information and Control,1965,8(3):338-353.

[26] MAMDANI E H. Applications of fuzzy algorithm for control of a simple dynamic plant[J]. Proceedings of IEEE,1974,121:1585-1588.

[27] 王建. 非线性不确定性结构自适应模糊分散控制理论与试验研究[D]. 哈尔滨:哈尔滨工业大学,2011.

[28] PASSINO K M,YURKOVICH S. Fuzzy control[M]. Beijing:Tsinghua University Press,2001.

第 5 章
燃料电池动力系统的热管理

5.1 燃料电池堆的热管理概述

5.1.1 热管理子系统的设计需求

质子交换膜燃料电池的正常运行温度因燃料电池的类型和设计差异而有所不同。目前已实现广泛应用的是低温质子交换膜燃料电池,其工作温度在 60 ℃ 到 85 ℃ 之间,这一温度范围主要是由质子交换膜的特性来决定的。随着科技的进步,研究者们也在不断探索新的质子交换膜和更高的工作温度范围;据报道,北京亿华通科技股份有限公司开发的高温质子交换膜燃料电池的操作温度已超过 100 ℃[1]。本章以低温质子交换膜燃料电池为例,阐述其热管理系统的设计与控制策略。在实际运行过程中,温度过高或过低均会对燃料电池堆的性能和寿命造成不利影响。

当燃料电池堆的温度过高时,燃料电池内部水分子会加速汽化,导致质子膜中的水量减少。这会降低质子交换膜的质子传导率,增加欧姆阻抗,进而影响燃料电池的性能。如果电堆内水蒸气气压过高,还可能引发膜脱水、收缩、破裂的现象,这不仅会造成质子膜损坏,影响燃料电池的正常工作,还可能产生安全隐患。此外,过高的环境温度还可能对燃料电池的材料和结构产生负面影响。

当燃料电池堆的温度过低时,电堆内的催化剂活性减弱,电化学反应速率降低,活化阻抗和传质阻抗增大,导致燃料电池的输出性能下降。另外,反应生成的水不易转化为水蒸气排出,水蒸气可能在电池内部积聚,造成水淹故障。

此外,当环境温度低于 0 ℃时,水会凝固结冰。冰可能堵塞燃料电池的微孔结构,阻碍气体扩散和电化学反应的进行;电堆冷启动过程所产生的热量可能不足以融化冰,导致电极被持续覆盖,反应区域被阻断,从而导致启动失败。

因此,开发高效、稳定的燃料电池热管理系统,是燃料电池汽车开发过程中的重要一环,对于提高燃料电池汽车动力性、经济性和环境适应性具有至关重要的意义。当前燃料电池动力系统的热管理面临的挑战主要有以下几个方面[2]:

(1) 燃料电池堆的热负荷较大,且在不同工况下的热负荷变化显著。燃料电池的电效率通常处于40%～60%之间,也就是说电池在产生电能的同时会释放60%～40%热量[3]。与传统内燃机散热机制不同,燃料电池反应气体带走的热量和辐射换热占比很小,燃料电池95%以上的热量需通过热管理系统进行散热[4],由于燃料电池的工作温度和环境温度的温差一般为40～60 ℃,比传统内燃机的温差小,因此,燃料电池的热管理面临更大的挑战[5]。此外,当车辆在实际道路上行驶时,燃料电池堆的功率发生变化,其产热量会随着输出功率的变化而变化,因此不同工况下的热负荷变化较大。这也为燃料电池汽车的热管理增加了难度。

(2) 燃料电池堆对温度控制要求较高。燃料电池堆的运行温度对电堆内的水含量和水状态有很大的影响,水与热紧密相关且相互影响。一般而言,电堆在不同的运行电流密度下,存在不同的温度控制目标,当电流密度发生变化时,温度也需要随之调整。此外,从电堆设计及运行一致性的角度来看,希望电堆内部的温度场分布均匀,这就对热管理系统的温度控制能力提出了较高的要求。

(3) 燃料电池机舱空间小,换热空间受限。随着燃料电池堆功率密度的增加,单位体积内的热负荷增加;由于燃料电池的工作温度和环境温度的温差较小,电堆需要更大的散热面积。然而在实际动力系统的应用中,散热往往受到物理布局的限制[2]。

(4) 绝缘阻抗低,存在电气安全风险。热管理系统的冷却液直接流经燃料电池堆并和高电压接触,存在绝缘阻抗低的问题,因此冷却液需要具有低的电导率。研究表明,当燃料电池冷却液的电导率高于 5.0 μS/cm 时,电堆双极板存在被击穿的风险;此外,为了避免冷却液中导电离子增加,燃料电池系统需要采用单独的热管理回路,回路的支撑件也需要做绝缘处理。

综上所述,燃料电池热管理回路的设计及温度控制应注意以下几点:① 燃料电池最高温度保护。高温下燃料电池会出现膜干现象,这将对燃料电池输出性能与电堆节电压均一性产生负面影响,严重时可能导致膜电极烧穿,因此,需要将最高温度限定在某一温度值(如 85 ℃),当温度高于该温度时,系统执行紧急保护程序。② 控制燃料电池冷却液进出电堆温差。冷却液进出电堆温差反映了电堆内部的温度分布情况,温差越小,电堆进出口方向温度分布越均匀,但温差的减小是以增大附属部件的功率损耗为代价的,因此系统效率也会降低。通常将温差限定在 6 ℃ 以内,最高不超过 8 ℃。③ 控制冷却液入/出电堆温度。常压燃料电池的最优工作温度通常在 60~70 ℃ 之间,为了保持燃料电池稳定运行在高效率工作区间,提高系统效率,可以将冷却液的入堆或出堆温度作为控制目标,通过调控加热棒功率或散热风扇来调控温度。④ 满足低温情况下的快速升温需求。为了尽快地完成动力系统的热待机(具备快速的功率响应能力),在升温启动过程中,通常利用升温回路和加热设备来实现系统的快速升温,将冷却液温度快速升至最优工作温度,减少电堆低效率运行的时间。

5.1.2　热管理子系统的典型回路及部件

1. 典型热管理回路结构

图 5-1-1 所示为典型燃料电池动力系统的热管理子系统结构图。热管理回路包括燃料电池堆、水泵、节温器、散热器及散热风扇、去离子器、补水箱、过滤器、温度传感器和管路等。在实际应用中,回路中有可能存在与电堆并联的附属部件(见图 5-1-1 中 BoP,balance of plants),如空气管理子系统的中冷器、氢气管理子系统的氢气预热器。空气管理子系统的中冷器用于调节空压机出口的空气温度,当空压机出口温度较低时,中冷器起加热作用,当空压机出口温度较高时,中冷器起降温作用。氢气管理子系统的氢气预热器用于预热通过流量控制阀补给的干冷氢气,避免干冷氢气与循环的温湿气体混合后产生液态水。由于中冷器及氢气预热器的热负荷很小,因此,本书仅考虑电堆热管理需求。

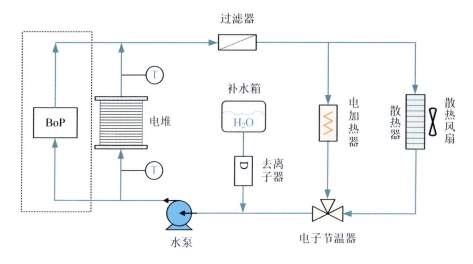

图 5-1-1　燃料电池动力系统的热管理子系统结构图

图 5-1-1 中燃料电池动力系统的热管理回路部件的作用介绍如下：

水泵：水泵是氢燃料电池热管理子系统中冷却液循环流动的动力来源，它给系统冷却液做功，使冷却液循环，将电堆所产生的热量带出。水泵的流量可调，可以根据电堆的散热需求（进出堆温差、出/入堆温度）来调控循环流量，实现电堆的快速、有效散热。对于水泵，设计时需关注其流量及扬程等核心参数指标，此外，还要求水泵有良好的绝缘性能、电磁兼容性能，可实时反馈当前的运行状态信息。

去离子器：在氢燃料电池的运行过程中，冷却液的离子含量会增高，导致其电导率增大，系统绝缘性降低，去离子器就是用来改善这种状况的。去离子器由壳体、过滤网、树脂及进出口管组成。去离子器通过吸收热管理系统中零部件释放的阴阳离子来降低冷却液的电导率，使系统保持在较高的绝缘水平。

电加热器：在环境温度较低的情况下，燃料电池面临低温启动挑战。电加热器用于在低温环境下为电堆的冷却液提供辅助加热，使冷却液尽快达到需求的温度，缩短燃料电池系统的冷启动时间。电加热器由加热芯体、控制板及壳体组成，其应具备响应快、功率稳定的特性。

节温器：节温器用于控制冷却系统的大小循环。当冷却液温度较低时，节温器通过控制冷却液的流向使冷却液不经过外部散热器及散热风扇，形成冷却液的小循环回路。当冷却液温度不断升高,超出系统所需求的合适温度时,节温器会逐渐打开,使部分冷却液流经外部散热器进行散热,从而降低冷却液温度。当散热需求很大时,节温器将完全打开,所有冷却液都通过外部散热器,此时冷却液的流向称为大循环回路。

散热器:散热器的作用是将冷却液从电堆中带出的热量散发到环境中,平衡电堆产热。散热器需要具备大的散热能力、高清洁度要求以及低离子释放率。散热风扇则需要满足大风量、低噪声、无级调速的要求,并能够提供其运行状态的反馈。

冷却管路:冷却管路连接着各零部件,使冷却液形成完整的循环。与所有零部件要求一样,冷却管路也要求具备较高绝缘性及较高的清洁度。

燃料电池热管理子系统根据节温器的开口方向不同,可将温度回路划分为三个阶段/模式:升温阶段、循环转换阶段与散热阶段[6]:

阶段一:升温阶段。燃料电池启动时通常温度较低,系统需要快速将电堆温度提升至最优工作温度以保证动力高效率输出。此过程通过调节电子节温器使冷却液在小循环回路流动,利用电加热器、水泵与燃料电池产热使冷却液迅速升温,如图 5-1-2 所示。

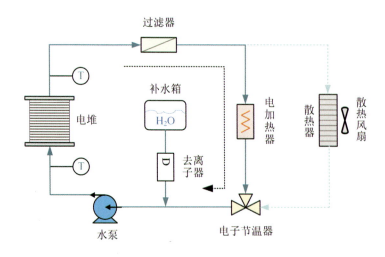

图 5-1-2　升温阶段(阶段一)热管理回路原理简图

阶段二:循环转换阶段。待电堆温度达到预设最优工作温度时,关闭电加热器,开始调节电子节温器开度,使小循环回路内温度较高的冷却液与大循环回路内温度较低的冷却液混合,将温度稳定在最优工作温度。此过程中大循环回路内冷却液温度将不断上升,直至达到最优工作温度,此时电子节温器全部开向大循环回路方向,冷却液仅在大循环回路中流动,完成冷却液由小循环到大循环的转换,如图 5-1-3 所示。

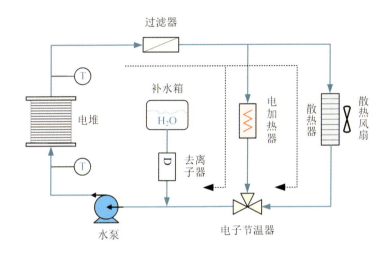

图 5-1-3　循环转换阶段(阶段二)热管理回路原理简图

阶段三:散热阶段。此阶段电子节温器开度最大,冷却液仅在大循环回路中流动,通过控制散热器风扇转速来平衡电堆的产热,将温度稳定在最优工作温度附近。在动力系统的加减载动态过程中,系统需要将温度稳定、快速地控制在最优工作温度附近,如图 5-1-4 所示。

2. 热管理子系统关键部件

1) 水泵

水泵的作用是使循环回路内冷却液流动,将电堆产生的热量带至散热器处进行散热。因此,水泵的选型主要考虑其在克服回路流阻的前提下能否提供足够的流量,以带走电堆的最大发热量。首先根据最大发热量和进出堆温差要求来确定需求的流量,其次根据回路的流阻来确定扬程,最后结合水泵的扬程-流量特性来评估水泵的适用性。水泵流量需求与散热功率及电堆进出口冷却液温差相关,如式(5-1-1):

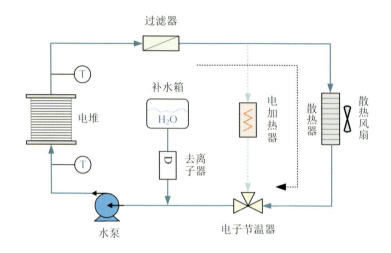

图 5-1-4　散热阶段（阶段三）热管理回路原理简图

$$Q_{\text{pump}} = \frac{Q_{\text{gen}}}{c_{\text{cl}} \rho_{\text{cl}} \Delta T_{\text{cl}}} \quad (5\text{-}1\text{-}1)$$

式中，Q_{pump} 为由冷却泵驱动的冷却液流量，L/min；Q_{gen} 为电堆产热功率，kW；c_{cl} 为冷却液比热容，J/(kg·K)；ρ_{cl} 为冷却液密度，kg/m³；ΔT_{cl} 为电堆进出口冷却液的温差，K。

若电堆最大输出功率为 60 kW，电堆发电效率为 50%，则电堆最大会产生约 60 kW 的热能。为确保电堆进出口冷却液温差不超过 6 ℃，则所需冷却液流量为 142.8 L/min。在最大功率条件下，大循环回路的流阻在 80 kPa 以内。根据以上需求，本书实例化对象中选用的是 LQY-P60 电子水泵，该泵可在 2000～6500 r/min 内实现转速的无级调节，如图 5-1-5 所示。

相比于其他应用，燃料电池动力系统内水泵要求具备低离子析出率和高绝缘阻抗特性。目前，国内的新沪、国外的 TNE 等厂家已开发多种型号水泵可供选择，如图 5-1-6 所示。设计时可根据系统集成的需求选择水泵的供电电压（24 V、>450 V 等）、控制方式（PWM、CAN 总线控制等），也可定制泵头的进出口方向。

2）散热器及散热风扇

板翅式散热器通过风扇使空气与散热器内冷却液进行热交换，因其具有传热效率高、结构紧凑、轻巧而牢固、经济性好等特点而在车用燃料电池领域得到

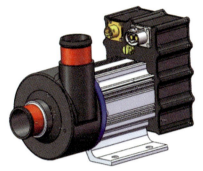

(a) LQY-P60电子水泵

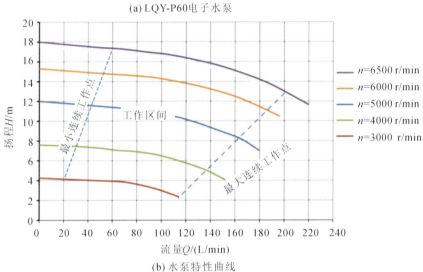

(b) 水泵特性曲线

图 5-1-5 LQY-P60 电子水泵及其特性曲线

广泛的应用。

在发热功率最高时,散热器最大需求风量 V_{air} 为

$$V_{air} = \frac{Q_{gen}}{\rho_{air} c_{air} \Delta T_{air}} \tag{5-1-2}$$

式中,ρ_{air} 为空气密度,kg/m^3;c_{air} 为空气比热容,$J/(kg \cdot K)$;ΔT_{air} 为进出散热器的空气温差,K。

散热器芯体面积 S_r 为

$$S_r = \frac{V_{air}}{v_{air}} \tag{5-1-3}$$

式中,v_{air} 为散热器空气侧流速,m/s。

(a) 新沪水泵　　　　　　　　　　　(b) TNE水泵

图 5-1-6　国内外典型水泵

散热器空气侧流速可通过调节风机转速来调控，在系统设计时，需考虑在系统运行的极端工况条件下（例如，环境温度在 40 ℃），散热器及散热风扇（对应最大转速）能够满足系统的最大散热需求。值得注意的是，散热器及其管路要求做专门的处理，尽量降低离子的析出率，否则去离子器的更换会非常频繁。

在实际应用中，散热器、散热风扇及补水箱常布置在车顶（如图 5-1-7 所示），新能源汽车一般采用多个散热器及散热风扇，并对散热器进行分组控制，通过调节散热风扇的转速来实现对温度的精细调控。

图 5-1-7　散热系统车顶布置图（驿力科技）

3）节温器

节温器用于切换冷却系统的大小循环回路,在传统的内燃式汽车中也有广泛应用,包括机械节温器和电子节温器两种类型。

机械节温器主要基于热膨胀的特性,通过调节冷却液的流动来控制燃料电池堆的温度。其核心部件包括感温元件、膨胀元件、控制阀等。当电堆冷却液温度较低时,膨胀元件处于收缩状态,冷却液在动力系统内部进行小循环,即不经过散热器,以确保电堆温度迅速上升。当温度上升至节温器开启温度时,感温元件感知到温度变化并驱动膨胀元件开始膨胀以推动控制阀打开,使冷却液通向大循环回路,冷却液经过散热器后再回流到电堆内部,从而有效降低电堆温度。

机械节温器内不存在电子元件,不需要控制系统的参与,可靠性高。但当温度升至其开启温度附近时,机械节温器可能导致电堆出现温度波动(如图5-1-8所示)。此外,在动力系统停机时,由于冷却液温度无法降至机械节温器开启温度以下,这会妨碍电堆内液态水的吹扫过程,从而影响燃料电池动力系统的下一次启动。

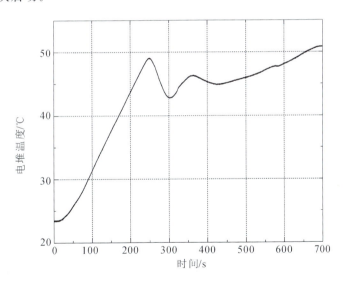

图 5-1-8　机械节温器散热回路升温时的温度波动

因此,目前的动力系统中常采用电子节温器(如图5-1-9所示),电子节温器由电机执行机构、阀体、进出口及壳体组成。其开度可由程序设定,实现大小循环的流量分配,具有响应速度快、内部泄漏量低、能反馈位置信息等优点。

4)电加热器

在燃料电池系统启动阶段,应尽快将温度升至最优工作温度附近。最大加热功率的计算涉及多个变量和因素,需要考虑动力系统运行所处的极端环境条件、期望的目标温度及升温速率、系统与环境之间的热损失等。

燃料电池动力系统通常选用具有正温度系数(positive temperature coefficient,PTC)的电加热器,PTC材料的电阻值随温度的升高而增加,因此电流通过时会产生大量的热量,使得PTC材料及周围环境升温。这种加热过程实现了电能到热能的转换。随着温度的升高,PTC材料的电阻值增加,将限制电流的流动,这种自限流特性使得加热功率减小,可以实现自稳定。因此,PTC电加热器能够在一定温度范围内保持稳定的加热功率,避免过热或过载。

图 5-1-10 所示为东方电热公司的 PTC 电加热器,该产品在传统汽车的暖风空调系统中广泛应用,具有高功率密度、出色的温度调节与节能性能、低热惯性、无明火、无辐射、良好的抗振性等优点。该产品的供电范围为 DC 450~750 V,能覆盖大多数燃料电池车辆的直流母线电压范围,其峰值加热功率为 6 kW,热效率大于 92%,内部加热单位分成 4 组,可以分组控制加热功率,此外还具有温度保护及故障反馈功能。该电加热器需要额外供应 24 V 的控制电压,控制方式为 CAN 总线控制。

图 5-1-9 电子节温器实物图

图 5-1-10 电加热器实物图

5.1.3 热管理子系统的调控技术

质子交换膜燃料电池在能量转换过程中约有 50% 的能量以热量的形式转

化[5]，在提高燃料电池堆功率等级的同时势必会对其温度控制精度提出高要求。由于工作温度对燃料电池的性能、可靠性和耐久性有直接影响[6]，因此，缩短燃料电池动力系统的预热时间并减少温度波动，已经成为国内外学者长期研究的重点问题。

1. 电堆及热管理部件的特性研究

燃料电池系统中的热效应不仅存在于电堆及热管理子系统的各个组件之中，而且各个组件之间也存在有多种耦合关系，为了保证燃料电池的稳定运行，需要对系统的热管理特性进行深入研究。

在冷却方式上，Zhang G S 等[7]基于大量文献以及专利，总结了目前质子交换膜燃料电池的四种冷却方式：分离气流冷却、液体（去离子水或防冻液）冷却、热扩散器冷却以及相变冷却。他们通过研究指出对于较高功率的燃料电池，液体冷却是目前最佳的冷却方式。Choi E J 等[8]提出了一种两相冷却法用于燃料电池的热管理，模拟结果表明该方法在维持电堆温度和保持温度均匀性方面，效果优于液体冷却方案。Baroutaji A 等[9]发现使用纳米流体对燃料电池进行冷却是一种很有前途的新趋势，它可以在减小冷却系统体积和重量的同时提供更好的冷却能力；同时指出除了冷却外，利用余热回收技术对废弃热量重新利用可以大幅提高燃料电池电力系统的经济价值。Sasmito A P 等[10]建立了一个燃料电池的机理模型，结合性能、尺寸、重量和复杂性四个方面对不同的冷却方式进行了比较，结果表明液体冷却的效果最好，但该冷却方式需要复杂的辅助系统支撑。

燃料电池热管理子系统散热性能的问题主要集中在散热器方面，Phan T-L 等[11]研究了散热器翅片间距和冷却液进口相对湿度对于百叶翅片管散热器空气侧散热性能的影响，结果表明，减小散热器翅片间距，散热器的散热性能会降低，而冷却液进口相对湿度对散热器的散热性能影响较小。Park J-S 等[12]提出了一种涡流式的翅片结构，降低了百叶窗的阻塞率，通过改善散热器传热的均匀性来提升散热器的散热性能。

燃料电池工作温度对燃料电池稳定运行有着重要作用，作为影响燃料电池寿命和性能的敏感因素，一直受到国内外学者的广泛关注，已有许多学者对燃料电池的温度特性进行了大量研究。Harms C 等[13]通过实验测试,发现温度对质子交换膜的干湿程度有直接的影响,进而影响了质子交换膜传导质子的性能,当温度较高时,质子交换膜会因干燥而导致电堆平均电压的下降。Han J 等[14]和 Zhang G B 等[15]认为电堆温度过高,容易使质子交换膜出现脱水现象,减弱质子交换膜的导电性;当电堆温度较低时,燃料电池电化学反应活性低,同时低温下水的饱和蒸汽压更低,液态水更容易聚积产生,从而造成电堆水淹现象,对电堆寿命产生负面影响。裴后昌[16]研究发现,当负载电流增大时,电堆内部的温差也会增大,电堆中部温度较高而电堆两端温度较低,在增大冷却液流量之后,电堆内部的温差则会减小。温小飞等[17]通过建立燃料电池堆的三维模型发现,燃料电池内部温度分布与电流密度有关,电流密度越大,电堆内部温差越大,而较低电流密度下温度分布则较为均匀。

综上所述,温度对燃料电池性能有重要影响[18],需设计合适的温度控制系统使燃料电池温度维持在合理范围内,同时需减小冷却液进出电堆的温差,以防止出现局部膜干或水淹的现象。同时,几种燃料电池热管理的冷却方式各有优点,但是根据目前已有的研究来看,液体冷却仍然是最适合大功率燃料电池的冷却方式,特别是对于车用燃料电池系统以及千瓦级以上的燃料电池测试平台。在燃料电池的热管理子系统中,选用合适的散热器可以在降低燃料电池发电系统辅助设备功耗的情况下满足系统的散热需求,从而提高系统的电效率。

2. 热管理回路的模型研究

为了快速稳定地对燃料电池温度进行控制,需建立合适的燃料电池动力系统散热回路模型。模型按目的不同一般分为针对系统设计分析的模型与针对控制器设计的模型;按建模方法的不同又分为经验模型、半经验模型与机理模型;按空间维度不同可分为零维模型和多维模型。国内外有关燃料电池热管理的模型大多数从热管理子系统的结构出发,通过机理与实验结合的方式对热管理子系统进行动态建模。

罗马吉等[19]建立了 30 kW 的燃料电池冷却系统的一维仿真模型,该模型包含水泵、电堆、散热器等部件,并对该系统在不同工况条件下进行了散热仿真分析,仿真结果与实测结果误差在 5% 以内。Rabbani A 等[20]针对某燃料电池汽车发动机的热管理子系统建立了散热系统模型，该模型包括恒温器、散热器、水泵和加热器等部件，研究了水泵和散热器对温度的影响，提出了一种新型的燃料电池发动机温度控制方案，测试了在不同负载和冷却液进入电堆温度条件下的系统可靠性，以防止电堆过热或者过冷。

也有部分学者通过建立多维度的模型来模拟温度的分布特性。Yu S 等[21]建立了一个二维传热模型来研究燃料电池反应活性区域的温度分布，用来模拟对温度敏感的电化学反应，得到了温度分布对燃料电池性能的影响规律，还探究了包括散热器、水泵、风扇在内的热管理子系统在温度分布效应与寄生损耗之间的平衡问题，提出了一种用于最小化寄生损耗的热管理策略。Mayyas A R 等[22]基于有限差分变换方法，结合基于经验的边界条件开发了 3D 热管理子系统模型，通过模拟仿真获得了燃料电池的性能参数及表面温度，该模型的模拟温度分布与实验中用红外探测器所记录的温度分布一致，可以帮助设计工程师更快速地进行系统设计。Zhang Q G 等[23]通过模拟电堆空气侧的流动特性建立了风扇以及散热的三维仿真模型，并对气流分布进行仿真，同时搭建了一维热管理子系统仿真模型，通过一维和三维的协同模型对热管理的温度特性进行了仿真验证，结果表明，该协同模型可以更准确地模拟流体的流动分布，与实验数据吻合性较好。

在实时控制系统中，由于多维模型涉及计算量较大，实时控制器通常不能满足实时计算的要求，因此在控制领域大多采用集总参数模型或参数辨识模型等计算量较小的模型。Saygili Y 等[24]建立了一个基于闭环水循环系统的半经验模型，其冷却系统包括循环水泵、散热器与燃料电池堆，他通过动态实验测试识别模型中的参数，实现了对 3 kW 燃料电池冷却系统的温度控制。Vasu G 等[25,26]建立了 5 kW 燃料电池散热回路的集总参数动态模型，包含电堆模型、水泵模型、由 Pukrushpan 等开发的空压机模型和燃料电池 V-I 极化曲线模型，利用该模型进行闭环仿真并对燃料电池温度控制进行了分析。朱柳[27]根据连续方程与质量守恒定律，建立了机理与经验公式结合的燃料电池堆与冷却液温度的动态模型，简化了电池内部复杂的热传导过程，并利用鲁棒自适应控制器开发了适用于电堆温度实时控制的系统。Cheng S L 等[28]建立了由电堆、补水箱与散热器组成的冷却系统模型，在模型中加入由非线性前馈和 LQR(线性二次型调节器)状态反馈组成的基于模型的控制器并且用于实际系统,结果表明电堆的温度波动始终保持在±0.5 ℃的范围内。

综合来看,对于燃料电池模型的选择要根据具体需求去确定,在设计实时控制系统时大多使用集总参数模型或参数辨识模型,以简化计算量,易于在嵌入式系统中实现;多维模型常用于系统的结构、温度分布等分析,在燃料电池系统设计方面有重要作用。本书针对燃料电池动力系统启动过程的温度控制问题,建立了燃料电池散热回路的集总参数模型,为后续控制模型的构建奠定基础。

3. 温度控制策略研究

在燃料电池的热管理中,需要采取适当的控制策略来对电堆的工作温度进行控制,以满足工作过程中的燃料电池温度需求,避免燃料电池在运行过程中出现局部温度过高或者进出堆温差较大的情况。燃料电池动力系统温度控制量通常包括散热器风扇转速、水泵转速、冷却液流量、冷却液温度、气体流量等,控制量之间耦合作用明显。许多学者针对燃料电池的温度控制方法展开了广泛研究,包括较为传统的控制方法与近年来发展的智能控制算法。

传统控制器停留在反馈原理的调节基础上,不需要知道对象模型,易于调试,适合于工业过程的控制,但难以保证良好的全局性能。Vega-Leal A P 等[29]使用 PI 控制器根据电堆的实际温度和期望温度来确定散热器风扇转速。刘洋等[30]在对燃料电池散热回路进行分析的基础上建立了部件及回路模型,并基于简化的燃料电池模型设计了模糊 PID 温度控制算法。谢雨岑等[31]针对模糊控制算法仅适用于固定系统参数的缺陷,建立了燃料电池热管理子系统的模型,然后基于该模型设计了一种变论域的模糊增量控制器,并通过动态调节控制器中的量化因子和比例因子,提高了控制器的灵敏性和精确度,最后在 10 kW 燃料电池系统中对该模型进行了验证。牛茁[32]通过研究散热器和循环水泵之间的强耦合关系,提出了一种流量跟随电堆功率的温度控制策略,使热管理子系统能够迅速跟随负载变化,满足系统的温度控制要求。

近年来,随着控制器和控制技术的发展,燃料电池的温度控制系统越来越多地使用了智能控制算法。Cheng S L 等[28]研究了非线性前馈控制和线性二次调节器状态反馈控制在燃料电池温度控制中的可行性,并提出了在不同工况下保证燃料电池输出性能稳定的热管理控制方法。Chatrattanawet N 等[33]通过分析输入参数对电堆电压和温度的影响,提出了基于线性时变模型的模型预测控制和离散鲁棒模型预测控制,取得了良好的效果。Sankar K 等[34]建立了基于模型的滑模控制器,并与估计未测量状态信息所需的非线性滑模观测器结合,提升了燃料电池温度控制的稳定性。Sun L 等[35]结合了基于模型和数据驱动方法的优点,提出了一种混合冷却控制策略,通过扩展状态观测器设计了改进的自抗扰控制器,与传统 PID 控制和自抗扰控制相比,响应速度更快,鲁棒性更强。Yan C Z 等[36]提出了一种针对传感器故障的燃料电池热管理子系统 AFTC 控制策略,主要通过结构分析与 Dulmage-Mendelsohn 分解得到 FDI 残差,然后使用滑模控制算法重新设置了滑模面,实现了 AFTC 控制策略。

随着算法的不断迭代发展,许多学者将各种寻优算法与智能算法应用于燃料电池热管理子系统的温度控制策略。王瑞敏[37]分别将神经网络和自适应模糊神经网络与 PID 控制相结合,在温度辨识模型中对其控制效果进行了仿真研究,结果表明,两种控制器均可以满足系统的温度控制需求。姜万录等[38]通过蚁群优化算法对神经网络的权重系数初值进行了寻优,进而通过 BP 神经网络对 PID 参数进行整定,这种控制策略下,BP 算法在训练过程中收敛慢和易陷入局部极小值的缺陷得到改善,仿真结果表明,该复合控制策略具有较好的动态特性以及抗扰动能力。李鹏程[39]根据电堆在不同电流密度时对应的最佳工作温度存在差异这一特性,设计了模糊 PID 控制器,通过调节循环水流量来维持电堆的最佳工作温度,仿真结果表明当电堆以 15 A 电流幅度进行变载时,电堆的温度波动保持在 1.6 ℃ 以内,且电堆温度始终维持在最佳工作温度区间。

5.2　燃料电池热管理子系统部件及回路建模

散热回路主要包含燃料电池堆、散热器、电加热器、电子节温器、水泵与各部件间连接的管路,本节主要对以上部件进行建模。根据 5.1.2 小节中所设计的回路结构,散热回路中各部分模型参数传递路线如图 5-2-1 所示。

电堆模型中的电压模型是通过实验测取电堆电压随电流与温度变化的数

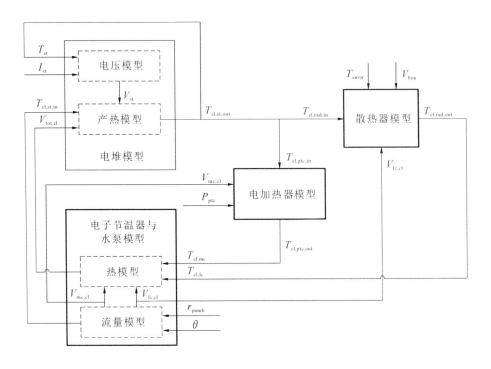

图 5-2-1　燃料电池动力系统散热回路总体模型结构示意图

据,并基于这些数据进行拟合得到的,即 $V_{st}=f(I_{st},T_{st})$;电堆产热模型通过建立能量守恒关系得到。各部件间的管路模型及输出温度与管路的入口温度及冷却液流速有关。电加热器出口温度 $T_{cl,ptc,out}$ 与电加热器入口温度 $T_{cl,ptc,in}$、大循环冷却液流速 $V_{mc,cl}$ 及自身发热功率 P_{ptc} 有关。散热器出口温度 $T_{cl,rad,out}$ 受散热器入口温度 $T_{cl,rad,in}$、环境温度 T_{envir}、小循环冷却液流速 $V_{lc,cl}$ 以及风扇转速 V_{boa} 的影响。水泵和电子节温器由于耦合性强,难以单独建立各部件的数学关系,因此将水泵和电子节温器看作一个整体来建立模型,小循环冷却液流量 $V_{mc,cl}$ 与大循环冷却液流量 $V_{lc,cl}$ 受水泵转速 r_{pump} 与电子节温器开度 θ 的影响,其出口温度除受大小循环流量影响之外,还受大循环冷却液温度 $T_{cl,lc}$ 与小循环冷却液温度 $T_{cl,mc}$ 的影响。下文将对各部件模型建立的具体过程进行介绍。

5.2.1　产热模型

燃料电池堆产热模型可根据能量守恒定律建立,燃料电池中氢气与氧气经过电化学反应将化学能全部转化为电能和热量。其中热量经过冷却液循环、尾气排放、热辐射等多渠道散出,剩下的热量则影响电堆的内部温度,所以有:

$$c_{st} m_{st} \frac{\mathrm{d} T_{st}}{\mathrm{d} t} = Q_{gen} - Q_{gas} - Q_{cl} - Q_{rad} \tag{5-2-1}$$

式中,c_{st} 为电堆平均比热容,J/(kg·K);m_{st} 为电堆质量,kg;T_{st} 为电堆温度,K;Q_{gen} 为燃料电池产生热量的功率,kW;Q_{gas} 为尾气排放带走热量的功率,kW;Q_{cl} 为冷却液循环带走热量的功率,kW;Q_{rad} 为电堆向周围环境热辐射的功率,kW。

燃料电池产生热量的功率为

$$Q_{gen} = Q_{che} - P_{st} \tag{5-2-2}$$

式中,Q_{che} 为电化学反应功率,kW;P_{st} 为燃料电池输出的电功率,kW。

燃料电池电化学反应功率为

$$Q_{che} = \Delta H \frac{n I_{st}}{2F} \tag{5-2-3}$$

式中,ΔH 为氢气标准摩尔燃烧焓,取 -285.8 kJ/mol;n 为电池节数;I_{st} 为电堆电流,A;F 为法拉第常数,取 96485 C/mol。

燃料电池输出功率为

$$P_{st} = I_{st} V_{st} \tag{5-2-4}$$

式中,V_{st} 为电堆总电压,具体 V-I 特性曲线应根据相应电堆参数确定。

循环冷却液散热是质子交换膜燃料电池最主要的散热方式,约有 90% 的余热都是由冷却液带走的,故此处忽略由系统热辐射与尾气排放所带走的热量。冷却液带走热量的功率为

$$Q_{cl} = c_{cl} V_{cl} \rho_{cl} (T_{cl,st,out} - T_{cl,st,in}) \tag{5-2-5}$$

式中,c_{cl} 为冷却液比热容,J/(kg·K);V_{cl} 为冷却液体积流速,m³/min;ρ_{cl} 为冷却液密度,kg/m³;$T_{cl,st,out}$ 为冷却液出电堆温度,K;$T_{cl,st,in}$ 为冷却液入电堆温度,K。电堆整体温度一般采用冷却液出电堆温度来表征,即认为电堆温度 T_{st} 与冷却液出电堆温度 $T_{cl,st,out}$ 相等,则有

$$c_{st} m_{st} \frac{\mathrm{d} T_{cl,st,out}}{\mathrm{d} t} = \Delta H \frac{n I_{st}}{2F} - I_{st} V_{st} - c_{cl} V_{cl} \rho_{cl} (T_{cl,st,out} - T_{cl,st,in}) \tag{5-2-6}$$

由式(5-2-6)可知,冷却液在经过电堆的过程中,除升温之外,对温度波动也

起低通滤波作用。为了验证模型的有效性,根据上述公式在 MATLAB 中搭建 Simulink 模型,将一组实测的电堆进出口温度和电堆性能参数作为输入条件进行仿真,仿真结果如图 5-2-2 所示。仿真结果与实测结果基本吻合,表明所建立的燃料电池堆产热模型是有效的。

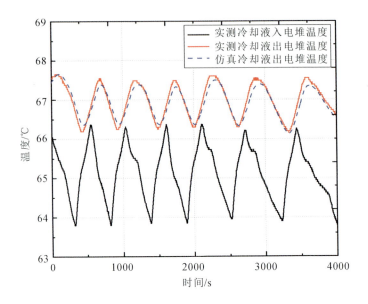

图 5-2-2　冷却液进出堆温度仿真与实测结果对比图

5.2.2　散热器模型

为了阐述散热器模型的建立过程,本节采用实例化燃料电池系统中的板翅式散热器进行建模示例。

1. 散热器传热系数计算

考虑到板翅式散热器具有扩展二次传热面的特点,相较于一般散热器,板翅式散热器的传热系数需引入表面效率。

散热器的总传热系数 K_r 为

$$K_r = \cfrac{1}{\cfrac{S_a}{\alpha_c \cdot S_c} + \cfrac{1}{\alpha_a \cdot \eta_a}} \tag{5-2-7}$$

式中,S_a 为散热器空气侧总传热面积,m^2;α_c 为冷却液对散热器壁面给热系数,

kJ/(m² · s · K);S_c 为散热器冷却液侧总传热面积,m²;$α_a$ 为空气对散热器壁面给热系数,kJ/(m² · s · K);$η_a$ 为空气侧散热器壁面传热效率。

2. 冷却液侧相关计算

冷却液对散热器壁面给热系数 $α_c$ 为

$$α_c = \frac{Nu_c λ_c}{d} \quad (5\text{-}2\text{-}8)$$

式中,Nu_c 为冷却液侧努塞特数;$λ_c$ 为冷却液导热系数,W/(m · K);d 为散热器散热管内径,m。

冷却液努塞特数 Nu_c 为

$$Nu_c = 0.023 Re_c^{0.8} Pr_c^{0.3} \quad (5\text{-}2\text{-}9)$$

式中,Re_c 为冷却液雷诺数;Pr_c 为冷却液普朗特数。

冷却液雷诺数 Re_c 为

$$Re_c = \frac{v_c d ρ_{cl}}{μ_c} \quad (5\text{-}2\text{-}10)$$

式中,v_c 为冷却液在散热器散热管内流速,m/s;$μ_c$ 为冷却液黏性系数,Pa · s。本节实例化对象所用冷却液为去离子水。

3. 空气侧相关计算

空气对散热器壁面给热系数 $α_a$ 为

$$α_a = \frac{j G_a c_{pa}}{Pr_a^{2/3}} \quad (5\text{-}2\text{-}11)$$

式中,j 为柯尔朋传热因子;G_a 为空气质量流速,kg/(m² · s);c_{pa} 为空气等压比热容,kJ/(g · K);Pr_a 为空气普朗特数。

散热器柯尔朋传热因子 j 为

$$j = St Pr_a^{2/3} = \frac{Nu_a}{Re_a Pr_a} × Pr_a^{2/3} \quad (5\text{-}2\text{-}12)$$

式中,St 为斯坦顿数;Nu_a 为空气努塞特数;Re_a 为空气雷诺数。

散热器柯尔朋传热因子 j 与散热器翅片的形式和参数有关,但由于不同工厂所生产翅片的加工方式与制造精度各有不同,因此 j 值的具体数值应当根据具体情况去具体确定,否则将引起较大误差。

散热器翅片表面空气传热效率 η_a 为

$$\eta_a = 1 - \frac{(1-\eta_f)S_f}{S_a} \qquad (5-2-13)$$

式中，η_f 为翅片的肋效率；S_f 为散热器翅片表面积，m^2。

由于翅片很薄，其厚度相比于翅片高度要小得多，同时翅片的导热系数很大，因此认为翅片在壁厚方向的温度梯度可以忽略，翅片的肋效率 η_f 为

$$\eta_f = \frac{\tanh\left(\sqrt{\frac{2\alpha_a}{\lambda_f \delta_f}}l\right)}{\sqrt{\frac{2\alpha_a}{\lambda_f \delta_f}}l} \qquad (5-2-14)$$

式中，l 为翅片高度，m；λ_f 为翅片金属的导热系数，$W/(m \cdot K)$；δ_f 为翅片厚度，m。

4. 散热器散热量计算

散热器散热功率 P_r 为

$$P_r = K_r S_a \Delta T \qquad (5-2-15)$$

式中，ΔT 为冷却液与空气的平均温差，K。

散热器中冷热流体的温差是变化的，与散热器内流体的性质、流体的相对流向、冷热流体的流量比以及散热器两端流体的温差有关。平均温差有多种计算方式，此处所用散热器为错流式散热器，冷、热流体间的温差按指数规律变化，故建模时使用对数平均温差，其表达式为

$$\Delta T = \frac{\Delta t_1 - \Delta t_2}{\ln \frac{\Delta t_1}{\Delta t_2}} \qquad (5-2-16)$$

式中，Δt_1 表示散热器入口冷却液温度与环境大气温度之间的温差，K；Δt_2 表示散热器出口冷却液温度与环境大气温度之间的温差，K。

5. 散热器模型验证

本节实例化对象所用散热器为铝制板翅式散热器，部分参数见表 5-2-1。

表 5-2-1 散热器具体参数

参数	值
翅片类型	平直型

续表

参数	值
翅片高度	2.5 mm
翅片节距	2.5 mm
翅片厚度	0.2 mm
通道数	32

根据上述公式在 MATLAB 中搭建 Simulink 模型，散热器散热量仿真结果与实测结果对比图如图 5-2-3 所示。考虑到散热器换热受环境温度、风速等影响较大，并且散热器自身热容很大，故实验时对散热器进行了预热。综合来看，散热量仿真结果与实测结果接近，模型可以较为准确地描述散热风扇的特性。

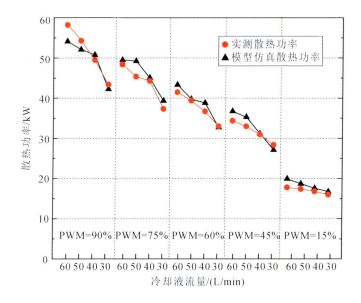

图 5-2-3　散热器散热量仿真与实测结果对比图

5.2.3　冷却液管路模型

燃料电池动力系统冷却液管路容积相对于电堆容积或散热器容积要大得多，会对冷却液温度波动有滤波作用。因此冷却液管路可看作水箱，其热容模型为

$$T_{\mathrm{cl,p}} = \frac{V_{\mathrm{cl}} \rho_{\mathrm{cl}} T_{\mathrm{cl,p,in}}}{V_{\mathrm{cl}} \rho_{\mathrm{cl}} + m_{\mathrm{pipe}}} \tag{5-2-17}$$

式中，$T_{\mathrm{cl,p}}$ 为管路内当前温度，K；V_{cl} 为冷却液体积流量，$\mathrm{m}^3/\mathrm{min}$；$T_{\mathrm{cl,p,in}}$ 为冷却液入管路温度，K；m_{pipe} 为管路内冷却液总质量，kg。

5.2.4 电加热器模型

电加热器本身体积较小，本身热容可以忽略，电能转化为热能的效率在 92% 以上，则冷却液经过电加热后，相关参数满足公式：

$$Q_{\mathrm{ptc}} \cdot \eta_{\mathrm{ptc}} = c_{\mathrm{cl}} V_{\mathrm{cl}} \rho_{\mathrm{cl}} (T_{\mathrm{cl,ptc,out}} - T_{\mathrm{cl,ptc,in}}) \tag{5-2-18}$$

式中，Q_{ptc} 为电加热器的热功率，kW；η_{ptc} 为电加热器将电能转化为热能的效率；$T_{\mathrm{cl,ptc,out}}$ 为电加热器出口冷却液温度，K；$T_{\mathrm{cl,ptc,in}}$ 为电加热器入口冷却液温度，K。

5.2.5 水泵与电子节温器模型

电子节温器的开度会影响冷却液在大、小循环回路内的流量分布，同时因为大、小循环回路内管路压损不同，电子节温器汇流口处与水泵处的背压也会改变。大、小循环回路内的冷却液流量同时受水泵转速与背压的影响，因此电子节温器与水泵在调控大、小循环回路内的冷却液流量时存在较大耦合，难以单独得到电子节温器或水泵与冷却液流量的关系。

本书通过实验测得了大、小循环回路内的冷却液在不同节温器开度以及不同水泵转速共同作用下的流量特性，并基于这些数据进行建模，得到了一个数据驱动模型。

实验设计参数如表 5-2-2 所示。

表 5-2-2 大、小循环流量实验参数

参数	变化步长	变化范围
水泵转速	500 r/min	2100～5100 r/min
电子节温器开度	5°	0～180°

实验测得的小循环冷却液流量与大循环冷却液流量分别如图 5-2-4 与图 5-2-5 所示。

总体来说，水泵转速越高，回路中冷却液流量越大；电子节温器开度在 0°～

30°时,基本全部开向小循环方向,开度在150°~180°时,基本全部开向大循环方向;开度在30°~150°时,大、小循环均有一定流量。在同一水泵转速下,小循环冷却液最大流量要高于大循环冷却液最大流量,这是因为虽然大、小循环的管道管径相同,但是大循环回路数倍长于小循环回路,并且经过了散热器,导致大循环回路的流阻较大,冷却液流量有所降低。

最后,对测得的流量数据进行最小二乘法的多项式拟合,得到大、小循环流量关于水泵转速与电子节温器开度的数学关系。

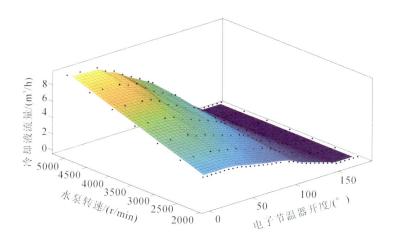

图 5-2-4 小循环冷却液流量随水泵转速与电子节温器开度的变化规律

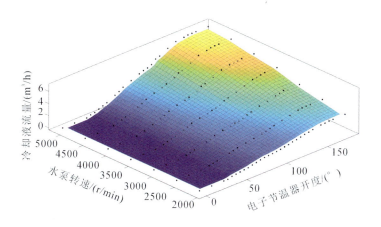

图 5-2-5 大循环冷却液流量随水泵转速与电子节温器开度的变化规律

5.2.6 系统散热回路总体模型验证

为了验证总体模型的有效性,根据上文构建的各部件数学模型,按照图 5-1-1 原理简图连接方式在 MATLAB 中搭建了 Simulink 模型,如图 5-2-6 所示。Simulink 模型主要包括燃料电池堆、冷却液管路、电加热器、散热器、水泵和电子节温器等模块。模型中一些具体参数,如电堆平均比热容与管路中冷却液质量等,均根据实际系统计算或估算。为了简化系统,做了以下假设:①各模块模型均为集总参数模型;②忽略系统的热辐射;③忽略由反应气体带走的热量。

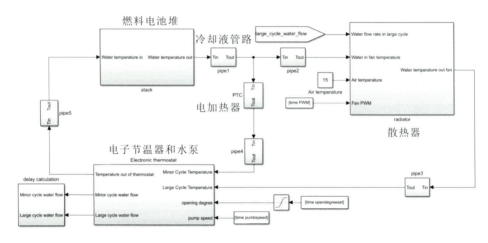

图 5-2-6 热管理子系统 Simulink 模型图

模型主要输入参数有电堆电流、电加热器功率、环境温度、散热器风扇 PWM、电子节温器开度、水泵转速等,各模块的输出均为冷却液经过各模块后的温度。在实际系统中仅在燃料电池堆出入口处有温度传感器,因此将燃料电池堆入口冷却液温度作为输出量。

在未设计控制算法时,主要实测输入参数如图 5-2-7 所示,将实测参数导入 Simulink 模型中,保证在仿真过程中仿真参数与实测参数的一致性,仿真结果与实测结果如图 5-2-8 所示。

图 5-2-8 所示是一次完整的燃料电池动力系统温度测试结果,该测试实验涉及升温阶段、循环转换阶段与散热阶段三个主要过程。在升温阶段,系统不散热,温度上升较快;在循环转换阶段,系统通过调节电子节温器开度使小循环

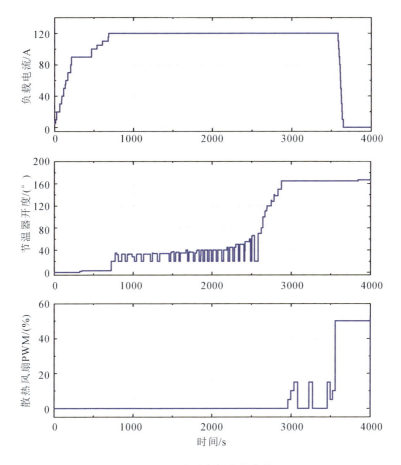

图 5-2-7 实测参数变化曲线

内温度较高的冷却液与大循环中温度较低的冷却液混合,将温度控制在 65 ℃附近;在散热阶段,先通过控制散热器风扇转速将温度控制在 65 ℃附近,减载后再对系统进行降温。此实验可较为充分地反映升温过程三个阶段的温度响应特性。

图 5-2-8 中,在升温阶段与散热阶段,仿真结果与实测结果之间的误差较小,在循环转换阶段最大有约 0.7 ℃的温差,导致仿真结果与实测结果不完全重合的原因可能有以下几点:

(1) 模型忽略了热辐射与反应气体散热;

(2) 由于散热器置于室外,外界风速会对散热器散热功率产生一定影响;

(3) 模型忽略了管路、电加热器、水泵等部件的热容,会在模型参数估计与匹配上产生一定误差。

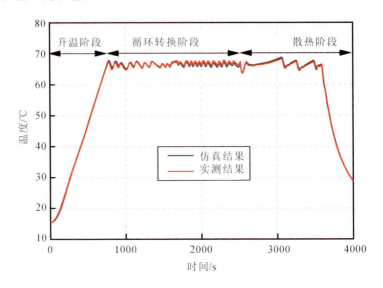

图 5-2-8　散热回路冷却液入堆温度仿真结果与实测结果对比图

总体来说,仿真结果与实测温度曲线非常接近,模型可以反映实际系统的温度特性,可以根据此模型进行控制器的设计与验证。

5.3　燃料电池动力系统的热管理策略

质子交换膜燃料电池作为一种低温燃料电池,其内部电化学反应的正常温度应该维持在 60~80 ℃。燃料电池在使用过程中经常面临各种不同的功率需求,另外不同的工作地点与环境也会给燃料电池的温度控制带来困难,而燃料电池动力系统的温度控制目标就是满足燃料电池在各种工况条件与工作环境下的工作温度需求。

燃料电池热管理子系统温度控制主要涉及两个方面,一是散热风扇要将冷却液的多余热量及时释放出去,防止热量在电堆内部累积,避免对电堆使用寿命造成不可逆的影响。二是通过水泵调节冷却液的流量将电堆进出口温差控制在一定范围内,防止因电堆内部温差过大而出现局部过热或者局部冷凝现象。因此燃料电池热管理子系统的温度控制应该重点控制以下参数。

1. 燃料电池进出口温差

燃料电池系统中一般用冷却液进出堆温差来表征燃料电池进出口温差。为了保证电堆的输出性能,要求其内部的温差不能过大。而冷却液进出堆温差反映了电堆内部的温度分布情况,温差越小,电堆内温度分布越均匀。通常,为了确保电堆的持续运行,冷却液进出堆温差要小于 10 ℃,但过小的温差也会增加燃料电池系统辅助设备(水泵)的功耗,影响系统的净输出功率,实际应用中一般将温差调控在 5 ℃左右。

2. 燃料电池进堆温度

燃料电池系统中一般用电堆冷却液出堆温度来表征燃料电池的工作温度,常压下燃料电池最优工作温度区间通常为 65~70 ℃。电堆运行温度对电化学反应活性、膜含水状态影响特别大,目标温度的设定需要综合考虑诸多因素。本章仅考虑在给定的目标下,如何调控热管理子系统部件来达到进堆温度的目标值。因此,本章将冷却液进堆温度目标设定为 65 ℃,重点讨论如何通过控制冷却液进堆温度来控制燃料电池的工作温度,并通过合适的控制策略使得电堆温度快速稳定在目标值。

如图 5-3-1 所示,在进行燃料电池动力系统热管理控制策略设计时,如果几个被控变量之间存在耦合关系,则会导致调节过程出现干涉振荡,最终会影响整个系统的控制效果。因此,在进行具有耦合关系的系统控制设计时,要先对控制变量间的耦合行为进行分析,进而通过合理的控制策略实现控制上的解耦。

燃料电池热管理子系统的控制对象为散热风扇和冷却液泵(即水泵),目前较为常见的控制策略有两种:① 将冷却液进堆温度与设定温度的差值作为一个控制器输入,将散热器的风扇转速作为控制器输出来调节冷却液进堆温度;② 将冷却液进出堆温差与设定温差的差值作为另一个控制器的输入,将控制器输出作为水泵转速来调节冷却液进出堆温差。实际工程应用中,常依据电堆的运行功率区间来设定数档水泵转速,以实现进出堆温度的粗略调节。本章仅讨论电堆的进堆温度控制策略,由于水泵转速会影响冷却液流量进而影响传热特性,因此将水泵转速作为变量体现在进堆温度控制策略中。

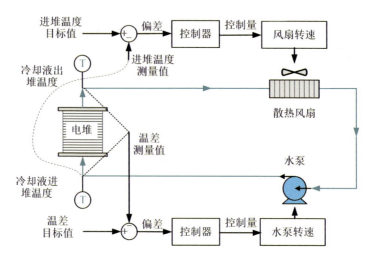

图 5-3-1　热管理子系统控制策略原理图

5.3.1　模型预测控制算法基本原理

通过之前的实验结果可以得知,燃料电池温度具有非线性、强耦合等特点,并且在温度控制过程中,同一电流密度下燃料电池发热功率也会随温度变化而变化,因此如 LQR 等线性控制器难以满足控制要求;并且温度控制过程中各部件状态及燃料电池系统状态均受到一定约束,因此考虑使用可以对状态量进行约束并可用于非线性控制器设计的模型预测控制(model predictive control,MPC)算法。

模型预测控制并不需要精确的对象模型,对模型的结构形式也不做具体要求[40],其主要原理为:在采样时刻,根据当前状态、输入量以及预测模型计算预测时域范围内的输出量,并在所构建的成本函数条件下在线求解有限时域的最优化问题;得到当前最优目标控制序列后,将该序列中第一组控制量输入被控系统中,完成本周期的控制;之后不断重复上述过程,实现整个时域内的控制。模型预测控制结构框图如图 5-3-2 所示。模型预测控制主要有三个特点[41]:预测模型、滚动优化和反馈校正。

1. 预测模型

预测模型会根据模型的历史信息、当前状态以及未来的输入值来预测未来系统的输出过程,如图 5-3-3 所示。它对模型精度及形式要求不高,无论是传递

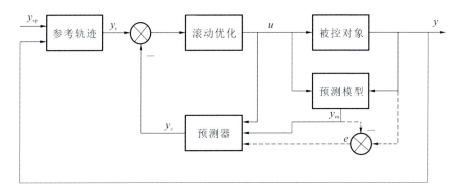

图 5-3-2 模型预测控制结构框图

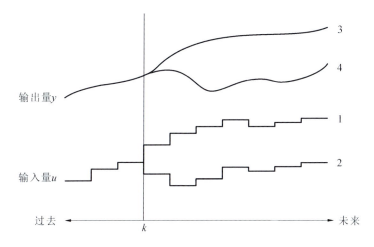

图 5-3-3 基于模型的预测控制

函数、状态空间方程,还是阶跃响应、脉冲响应等非参数模型,都可以作为预测模型使用,而较为准确的模型可以大大提升控制器的性能。

预测模型可表示为

$$\begin{cases} x(k+1) = \hat{f}(x(k), u(k)) \\ y(k) = \hat{h}(x(k), u(k)) \end{cases} \quad (5\text{-}3\text{-}1)$$

式中,x 表示系统状态;u 表示系统输入;y 表示系统输出;k 表示任意时刻。

2. 滚动优化

模型预测控制最核心的思想是滚动优化,也是模型预测控制与其他传统控制方法的主要区别,在滚动优化过程中,模型近似以及扰动等因素对控制效果的影响较小,控制的稳定性得以提升。预测控制并不是一次性离线计算,每个采样周期都会在未来有限时域内进行滚动优化,实时更新,使得控制结果最优,控制性能得以提高。

3. 反馈校正

在实际控制过程中,模型失配或外部扰动均会引起输出偏差。我们可以通过计算系统输出与模型估计值之间的差值来获取模型预测误差。然后,利用这些预测误差对预测模型进行校正,从而增强系统的抗干扰能力。

输出误差向量 e 为

$$e(k+j) = r(k+j) - y(k+j) \tag{5-3-2}$$

式中,$j=1,2,\cdots,P$;r 为系统期望输出向量。

可将优化性能指标设置为二次型问题(quadratic problem,QP):

$$\min J = e^{\mathrm{T}} Q e \tag{5-3-3}$$

式中,Q 为权重矩阵,且有 $Q = Q^{\mathrm{T}} > 0$。

5.3.2 启动循环转换阶段的热管理策略

1. 状态空间方程的建立

为方便描述,定义 T_1 为出电堆处冷却液温度,T_2 为大小循环分离点处冷却液温度,T_3 为小循环回路至电子节温器处冷却液温度,T_4 为大循环回路至电子节温器处冷却液温度,T_5 为入电堆处冷却液温度,如图 5-3-4 所示。

根据 5.2 节所建立的部件模型,则有

$$\begin{cases} \dfrac{\mathrm{d}T_1}{\mathrm{d}t} = \dfrac{T_5 + \dfrac{\Delta H \dfrac{nI_{\mathrm{st}}}{2F} - I_{\mathrm{st}} V_{\mathrm{st}}}{c_{\mathrm{cl}} \rho_{\mathrm{cl}} (V_{\mathrm{mc,cl}} + V_{\mathrm{lc,cl}})} - T_1}{M} \\[2mm] \dfrac{\mathrm{d}T_2}{\mathrm{d}t} = \dfrac{(V_{\mathrm{mc,cl}} + V_{\mathrm{lc,cl}}) \rho_{\mathrm{cl}} (T_1 - T_2)}{m_1} \\[2mm] \dfrac{\mathrm{d}T_3}{\mathrm{d}t} = \dfrac{V_{\mathrm{mc,cl}} \rho_{\mathrm{cl}} (T_2 - T_3)}{m_2} \\[2mm] \dfrac{\mathrm{d}T_4}{\mathrm{d}t} = \dfrac{V_{\mathrm{lc,cl}} \rho_{\mathrm{cl}} (T_3 - T_4)}{m_3} \\[2mm] \dfrac{\mathrm{d}T_5}{\mathrm{d}t} = \dfrac{[V_{\mathrm{mc,cl}} T_3 + V_{\mathrm{lc,cl}} T_4 - (V_{\mathrm{mc,cl}} + V_{\mathrm{lc,cl}}) T_5] \rho_{\mathrm{cl}}}{m_4} \end{cases} \tag{5-3-4}$$

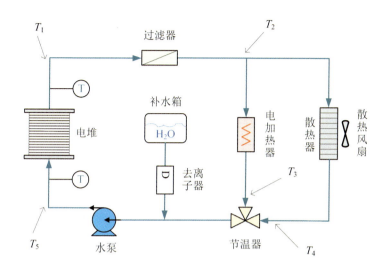

图 5-3-4 散热回路各点温度标注示意图

式中，$V_{mc,cl}$ 为小循环冷却液流量，L/min；$V_{lc,cl}$ 为大循环冷却液流量，L/min；M 为等效一阶低通滤波增益系数；m_1 为出堆至大小循环分离点管路内冷却液质量，kg；m_2 为小循环回路内大小循环分离点至电子节温器管路内冷却液质量，kg；m_3 为大循环回路内大小循环分离点至电子节温器管路内冷却液质量，kg；m_4 为电子节温器至电堆入口处管路内冷却液质量，kg。

在循环转换阶段，通过控制电子节温器开度可以调节冷却液入堆温度使之稳定在设定温度，因此将系统状态定义为 $\boldsymbol{X}=[T_1, T_2, T_3, T_4, T_5]^T$，系统输出定义为 $y=T_5$，系统输入定义为 $u=\theta$（电子节温器开度）。定义水泵转速为 n_p，根据 5.2.5 节研究结果，可以将大、小循环冷却液流量表示为

$$\begin{cases} V_{mc,cl} = f_{mc}(u, n_p) \\ V_{lc,cl} = f_{lc}(u, n_p) \end{cases} \quad (5\text{-}3\text{-}5)$$

为设计控制器，将式(5-3-4)整理为状态空间方程：

$$\begin{cases} \dot{x}_1 = -k_1 x_1 + k_1 x_5 + \dfrac{k_2}{f_{mc}(u, n_p) + f_{lc}(u, n_p)} \\ \dot{x}_2 = k_3 (x_1 - x_2)[f_{mc}(u, n_p) + f_{lc}(u, n_p)] \\ \dot{x}_3 = k_4 (x_2 - x_3) f_{mc}(u, n_p) \\ \dot{x}_4 = k_5 (x_2 - x_4) f_{lc}(u, n_p) \\ \dot{x}_5 = k_6 (x_3 - x_5) f_{mc}(u, n_p) + k_6 (x_4 - x_5) f_{lc}(u, n_p) \end{cases} \quad (5\text{-}3\text{-}6)$$

其中，$k_1 = \dfrac{1}{M}$，$k_2 = \dfrac{\Delta H \dfrac{nI_{st}}{2F} - I_{st}V_{st}}{M}$，$k_3 = \dfrac{1}{m_1}$，$k_4 = \dfrac{1}{m_2}$，$k_5 = \dfrac{1}{m_3}$，$k_6 = \dfrac{1}{m_4}$。

最终得到了如式(5-3-6)所示的非线性系统，但是非线性模型预测控制的实际求解过程较复杂，难度大，不利于系统的实时控制。由于燃料电池温度过高时会对电堆产生不可逆影响，因此需提高求解速度，以便对系统温度进行实时控制。目前的常用做法是将非线性系统进行线性化处理，并要求其性能与非线性系统较为接近。

在整个循环转换过程中，虽然小循环冷却液温度一直处于目标控制温度附近，但大循环冷却液温度会从室温逐渐升高至目标控制温度，因此无法确定一个单一的主要工作点来进行线性化处理。鉴于这种情况，我们考虑在任意工作点对系统进行线性化处理。

由式(5-3-6)，系统可简要描述为

$$\dot{\boldsymbol{T}} = f(\boldsymbol{T}(t), \boldsymbol{u}(t)) \tag{5-3-7}$$

其中，$\boldsymbol{T}(t) \in \boldsymbol{X}$，为五维系统状态量；$u(t) \in \boldsymbol{Y}$，为一维系统控制输入量；$\boldsymbol{X}$ 是系统状态量的约束条件；$\boldsymbol{Y}$ 是系统控制输入量的约束条件。

由于参考系统也满足系统状态方程，则参考状态 $\boldsymbol{T}_r$ 与参考输入 $\boldsymbol{u}_r$ 之间的关系可以表示为

$$\dot{\boldsymbol{T}}_r = f(\boldsymbol{T}_r, \boldsymbol{u}_r) \tag{5-3-8}$$

将式(5-3-8)在任意参考工作点$(\boldsymbol{T}_r, \boldsymbol{u}_r)$处进行泰勒展开，有

$$\dot{\boldsymbol{T}} = f(\boldsymbol{T}_r, \boldsymbol{u}_r) + \dfrac{\partial f(\boldsymbol{T}, \boldsymbol{u})}{\partial \boldsymbol{T}} \bigg|_{\substack{\boldsymbol{T}=\boldsymbol{T}_r \\ \boldsymbol{u}=\boldsymbol{u}_r}} (\boldsymbol{T} - \boldsymbol{T}_r) + \dfrac{\partial f(\boldsymbol{T}, \boldsymbol{u})}{\partial \boldsymbol{u}} \bigg|_{\substack{\boldsymbol{T}=\boldsymbol{T}_r \\ \boldsymbol{u}=\boldsymbol{u}_r}} (\boldsymbol{u} - \boldsymbol{u}_r) \tag{5-3-9}$$

即

$$\dot{\boldsymbol{T}} = f(\boldsymbol{T}_r, \boldsymbol{u}_r) + \boldsymbol{J}(\boldsymbol{T}) \cdot (\boldsymbol{T} - \boldsymbol{T}_r) + \boldsymbol{J}(\boldsymbol{u}) \cdot (\boldsymbol{u} - \boldsymbol{u}_r) \tag{5-3-10}$$

式中，$\boldsymbol{J}(\boldsymbol{T})$ 为 f 关于 $\boldsymbol{T}$ 的雅可比矩阵；$\boldsymbol{J}(\boldsymbol{u})$ 为 f 关于 $\boldsymbol{u}$ 的雅可比矩阵。

将式(5-3-10)与式(5-3-8)作差可得

$$\dot{\boldsymbol{T}} - \dot{\boldsymbol{T}}_r = \boldsymbol{J}(\boldsymbol{T}) \cdot (\boldsymbol{T} - \boldsymbol{T}_r) + \boldsymbol{J}(\boldsymbol{u}) \cdot (\boldsymbol{u} - \boldsymbol{u}_r) \tag{5-3-11}$$

令

$$\begin{cases} A(t) = J(T), B(t) = J(u) \\ \tilde{T} = T - T_r, \tilde{u} = u - u_r \end{cases} \quad (5\text{-}3\text{-}12)$$

则可得线性误差时变方程:

$$\dot{\tilde{T}} = A(t)\tilde{T} + B(t)\tilde{u} \quad (5\text{-}3\text{-}13)$$

式(5-3-13)是用线性化方式处理非线性系统而得到的线性时变状态空间方程。然而,由于该方程是连续形式的,为了设计模型预测控制器,还需将该状态方程转化为离散形式。此处,采用欧拉法对其进行离散化,则有

$$\tilde{T}(k+1) = A_{k,t}\tilde{T}(k) + B_{k,t}\tilde{u}(k) \quad (5\text{-}3\text{-}14)$$

式中,$A_{k,t} = T_s A(t) + E$,$B_{k,t} = T_s B(t)$,其中 T_s 为系统采样周期,E 为单位矩阵。式(5-3-14)即为得到的离散化的线性时变系统,可根据此系统进行控制器设计。

2. 模型预测控制器设计

根据上文所建立的循环转换阶段的温度模型,开展了基于 MPC 的温度控制器的设计。MPC 控制器主要涉及三个方面:预测模型、目标函数和约束条件,如图 5-3-5 所示。预测模型是控制器设计的基础,本节使用线性误差状态方程作为预测模型;温度控制的目的是将温度平稳地控制到参考轨迹附近,因此目标函数综合考虑了控制的快速性与稳定性;约束条件包括对模型输入、输出、状态量幅值的约束,以及对增量的约束,以确保调节过程的平稳性。

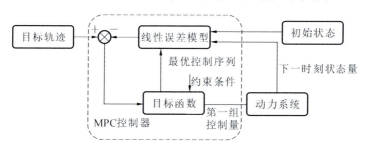

图 5-3-5 基于 MPC 的温度控制示意图

1) 预测模型的建立

根据式(5-3-6)的非线性系统状态空间方程,得到式(5-3-13)线性误差时变方程中各参量,有

$$A(t) = \begin{bmatrix} -k_1 & 0 & 0 & 0 & k_1 \\ k_3 f_{\text{tot}}(u,n_p) & -k_3 f_{\text{tot}}(u_{t-1},n_p) & 0 & 0 & 0 \\ 0 & k_4 f_{\text{mc}}(u_{t-1},n_p) & -k_4 f_{\text{mc}}(u_{t-1},n_p) & 0 & 0 \\ 0 & k_5 f_{\text{lc}}(u_{t-1},n_p) & 0 & -k_5 f_{\text{lc}}(u_{t-1},n_p) & 0 \\ 0 & 0 & k_6 f_{\text{mc}}(u_{t-1},n_p) & k_6 f_{\text{lc}}(u_{t-1},n_p) & -k_6 f_{\text{tot}}(u_{t-1},n_p) \end{bmatrix},$$

$$B(t) = \begin{bmatrix} \dfrac{\partial \dfrac{k_2}{f_{\text{tot}}(u,n_p)}}{\partial u} \\ k_3(x_{1,t}-x_{2,t})\dfrac{\partial f_{\text{tot}}(u,n_p)}{\partial u} \\ k_4(x_{2,t}-x_{3,t})\dfrac{\partial f_{\text{mc}}(u,n_p)}{\partial u} \\ k_5(x_{2,t}-x_{4,t})\dfrac{\partial f_{\text{lc}}(u,n_p)}{\partial u} \\ k_6(x_{3,t}-x_{5,t})\dfrac{\partial f_{\text{mc}}(u,n_p)}{\partial u} + k_6(x_{4,t}-x_{5,t})\dfrac{\partial f_{\text{lc}}(u,n_p)}{\partial u} \end{bmatrix}$$

(5-3-15)

其中,$f_{\text{tot}}(u,n_p) = f_{\text{mc}}(u,n_p) + f_{\text{lc}}(u,n_p)$。

采用欧拉法对式(5-3-13)进行离散化,则有

$$\begin{cases} \widetilde{T}(k+1) = A_{k,t}\widetilde{T}(k) + B_{k,t}\widetilde{u}(k) \\ y(k) = C_{k,t}\widetilde{T}(k) \end{cases} \quad (5\text{-}3\text{-}16)$$

式中,各参数为 $A_{k,t} = T_s A(t) + E$,$B_{k,t} = T_s B(t)$,$C_{k,t} = [0,0,0,0,1]$。

对系统进行能观能控性判断,得

$$\begin{cases} \text{rank}[B_{k,t} \quad A_{k,t}B_{k,t} \quad \cdots \quad A_{k,t}^4 B_{k,t}] = 5 \\ \text{rank}[C_{k,t} \quad C_{k,t}A_{k,t} \quad \cdots \quad C_{k,t}A_{k,t}^4]^T = 5 \end{cases} \quad (5\text{-}3\text{-}17)$$

两个判断矩阵均为满秩,即系统是能观能控的,可以作为预测模型进行设计。

2) 目标函数设计

在温度控制过程中,期望温度可以快速稳定地跟随参考轨迹,则将目标函数设计为如下形式:

$$J(k) = \sum_{i=1}^{N_p} \widetilde{\boldsymbol{T}}^{\mathrm{T}}(k+i \mid k) \boldsymbol{Q} \widetilde{\boldsymbol{T}}(k+i \mid k) + \widetilde{\boldsymbol{u}}^{\mathrm{T}}(k+i-1) \boldsymbol{R} \widetilde{\boldsymbol{u}}(k+i-1)$$

(5-3-18)

式中，$\boldsymbol{Q}$，$\boldsymbol{R}$ 分别为温度控制准确性与稳定性的权重矩阵。

式(5-3-18)中，$\widetilde{\boldsymbol{T}}^{\mathrm{T}}(k+i|k)\boldsymbol{Q}\widetilde{\boldsymbol{T}}(k+i|k)$ 表示温度跟随温度参考轨迹的准确度，$\widetilde{\boldsymbol{u}}^{\mathrm{T}}(k+i-1)\boldsymbol{R}\widetilde{\boldsymbol{u}}(k+i-1)$ 表示系统对电子节温器开度的约束能力。虽然该目标函数可以转化为标准二次型函数进行求解，但是不能对电子节温器开度增量进行控制，容易产生大幅的温度波动，并且电子节温器开度变化也存在最大速度，因此对温度控制准确度与电子节温器开度增量进行设计，并考虑系统可能出现无解情况，在目标函数中加入松弛因子 ε，则式(5-3-18)可改写为

$$J(k) = \sum_{i=1}^{N_p} \| \boldsymbol{T}(k+i \mid k) - \boldsymbol{T}_r(k+i \mid k) \|_{\boldsymbol{Q}}^2 + \sum_{i=1}^{N_c-1} \| \Delta \boldsymbol{u}(k+i \mid k) \|_{\boldsymbol{R}}^2 + \rho \varepsilon^2$$

(5-3-19)

式中，等式右边第一项计算了在预测时域 N_p 内温度与参考温度间的偏差值，代表了系统的控制精度；等式右边第二项计算了在控制时域 N_c 内电子节温器开度增量的控制情况，体现了在温度控制过程中的平稳性；等式右边第三项加入了松弛因子，防止在求解过程中目标函数出现无解的情况。

在预测模型的求解过程中，需对模型的未来输出进行预测，因此需得到预测模型未来输出的表达式。通过控制量增量来预测温度的变化，则需将式(5-3-16)进行转化：

$$\begin{cases} \boldsymbol{T}^*(k+1 \mid t) = \boldsymbol{A}^* \boldsymbol{T}^*(k \mid t) + \boldsymbol{B}^* \Delta \boldsymbol{u}(k \mid t) \\ \boldsymbol{y}^*(k \mid t) = \boldsymbol{C}^* \boldsymbol{T}^*(k \mid t) \end{cases}$$

(5-3-20)

其中，各矩阵为

$$\boldsymbol{T}^*(k \mid t) = \begin{bmatrix} \widetilde{\boldsymbol{T}}(k \mid t) \\ \widetilde{\boldsymbol{u}}(k-1 \mid t) \end{bmatrix}, \boldsymbol{A}^* = \begin{bmatrix} \boldsymbol{A}_{k,t} & \boldsymbol{B}_{k,t} \\ \boldsymbol{0}_{m \times n} & \boldsymbol{E}_m \end{bmatrix}, \boldsymbol{B}^* = \begin{bmatrix} \boldsymbol{B}_{k,t} \\ \boldsymbol{E}_m \end{bmatrix}, \boldsymbol{C}^* = \begin{bmatrix} \boldsymbol{C}_{k,t} & \boldsymbol{0} \end{bmatrix}$$

则在预测时域 N_p、控制时域 N_c 内，系统输出为

$$\boldsymbol{Y}(t) = \boldsymbol{\Psi}(t) \boldsymbol{T}^*(k \mid t) + \boldsymbol{\Omega}(t) \Delta \boldsymbol{U}$$

(5-3-21)

其中，各矩阵为

$$Y(t) = \begin{bmatrix} T^*(t+1 \mid t) \\ T^*(t+2 \mid t) \\ \vdots \\ T^*(t+N_c \mid t) \\ \vdots \\ T^*(t+N_p \mid t) \end{bmatrix}, \quad \Delta U = \begin{bmatrix} \Delta u(t \mid t) \\ \Delta u(t+1 \mid t) \\ \vdots \\ \Delta u(t+N_c \mid t) \end{bmatrix},$$

$$\Psi(t) = \begin{bmatrix} C^* A^* \\ C^* A^{*2} \\ C^* A^{*3} \\ \vdots \\ C^* A^{*N_c} \\ \vdots \\ C^* A^{*N_p} \end{bmatrix}, \quad \Omega(t) = \begin{bmatrix} C^* B^* & 0 & 0 & 0 \\ C^* A^* B^* & C^* B^* & 0 & 0 \\ \vdots & \vdots & & \vdots \\ C^* A^{*(N_c-1)} B^* & C^* A^{*(N_c-2)} B^* & \cdots & C^* B^* \\ C^* A^{*N_c} B^* & C^* A^{*(N_c-1)} B^* & \cdots & C^* A^* B^* \\ \vdots & \vdots & & \vdots \\ C^* A^{*(N_p-1)} B^* & C^* A^{*(N_p-2)} B^* & \cdots & C^* A^{*(N_p-N_c-1)} B^* \end{bmatrix}$$

将式(5-3-21)代入目标函数式(5-3-19)中,即得目标函数最终表达式。

3) 约束条件设计

在实际燃料电池动力系统温度控制系统中,无论是系统状态量还是系统控制量都存在一定的约束条件,模型预测控制的优点也正在于其可以对输入、输出以及状态量进行约束。因此,为保证温度控制过程的稳定性,我们需对各点温度状态以及电子节温器控制范围与增量进行约束。

各点温度状态约束:为避免在温度控制过程中,出现膜干甚至质子交换膜烧穿情况,需对各点温度状态进行约束。设定最高温度 $T_{\max}=75\ ℃$,则有

$$T_{k,t} \leqslant T_{\max}, \quad k=t,t+1,\cdots,t+N_p \tag{5-3-22}$$

电子节温器开度及其增量约束:在实际系统中,电子节温器的开度是有范围的,并且为了保证温度控制过程不出现较大温度波动,需对开度及其增量进行约束:

$$\begin{cases} u_{\min}(t+k) \leqslant u(t+k) \leqslant u_{\max}(t+k), & k=0,1,\cdots,N_c-1 \\ \Delta u_{\min}(t+k) \leqslant \Delta u(t+k) \leqslant \Delta u_{\max}(t+k), & k=0,1,\cdots,N_c-1 \end{cases}$$

$$\tag{5-3-23}$$

电子节温器自身开度为 0°~180°,经实际测量,在 $u \leqslant 30°$ 时,电子节温器全部开向小循环方向,在 $u \geqslant 150°$ 时,电子节温器全部开向大循环方向,因此电子节温器开度的调节范围为 30°~150°。为使温度波动值最小,每次调节增量需要设置在 10°范围内,则可得

$$30° \leqslant u \leqslant 150°, |\Delta u| \leqslant 10° \tag{5-3-24}$$

4) 总体优化问题的建立

由上一节,最终得到的 MPC 优化模型为

$$\min J(t) = \sum_{i=1}^{N_p} \| \boldsymbol{T}(t+i|t) - \boldsymbol{T}_r(t+i|t) \|_{\boldsymbol{Q}}^2 + \sum_{i=1}^{N_c-1} \| \Delta \boldsymbol{u}(t+i|t) \|_{\boldsymbol{R}}^2 + \rho \varepsilon^2$$

$$\begin{cases} \Delta u_{\min} \leqslant \Delta u_t \leqslant \Delta u_{\max} \\ u_{\min} \leqslant u_t \leqslant u_{\max} \\ T_{k,t} \leqslant T_{\max} \end{cases} \tag{5-3-25}$$

由 MPC 控制器滚动优化的特性,在每个控制周期均对式(5-3-25)进行求解,得到最优控制量:

$$\Delta \boldsymbol{U} = \begin{bmatrix} \Delta u(t) \\ \Delta u(t+1) \\ \vdots \\ \Delta u(t+N_c-1) \end{bmatrix} \tag{5-3-26}$$

每个控制周期只取第一组最优控制量,则有

$$u(t) = u(t-1) + \Delta u(t) \tag{5-3-27}$$

3. 热管理策略的仿真验证

根据上文构建的模型以及设计的 MPC 控制器,在 Simulink 中搭建系统控制器的仿真模型,如图 5-3-6 所示。

根据实验数据的计算及测量结果,燃料电池动力系统散热回路的模型参数见表 5-3-1。

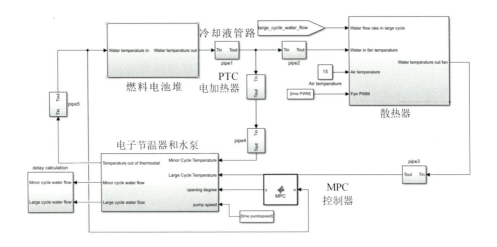

图 5-3-6　循环转换阶段基于 MPC 的温度控制器的仿真模型

表 5-3-1　燃料电池动力系统散热回路的模型参数

模型参数	值	单位
M	7.50	—
m_1	1.59	kg
m_2	1.39	kg
m_3	29.50	kg
m_4	1.40	kg

在 MPC 的温度控制过程中,预测时域与控制时域的设置会对控制结果产生较大影响,若时域选择过大,会影响控制器每一步的求解速度,若时域选择过小,则容易产生较大超调并影响控制精度,因此,MPC 控制器的设计参数见表 5-3-2。

表 5-3-2　MPC 控制器的设计参数

控制参数	值
采样时间 T_s	1 s
预测时域 N_p	30
控制时域 N_c	10
加权矩阵 Q	1000
加权矩阵 R	10

根据上文参数,进行了三组稳态仿真实验,分别在不同负载电流下对所设计

MPC 控制器的效果进行了验证。不同负载电流下电堆平均发热功率分别为 10.6 kW、16.7 kW 和 22.7 kW。

根据实验条件分析了 MPC 控制器的控制效果和基于 back-calculation 的抗饱和 PI 控制器的控制效果,对比图如图 5-3-7 所示。可明显看到,MPC 控制器的控制效果优于 PI 控制器,其超调量和调节时间均明显减小,具体见表 5-3-3。除此之外,在 PI 控制过程中,由于大循环回路内温度逐渐升高,电子节温器的控制增量也会逐次增大,在循环转换阶段后期会出现温度偏离控制目标的现象,并且电堆功率越大,温度偏离程度也越大;而在 MPC 控制中,因为预测模型可以有效抑制温度上升的趋势,所以 MPC 控制器能将温度控制在参考轨迹附近。结果表明,MPC 控制器的设计是有效的,可以取得很好的控制效果。

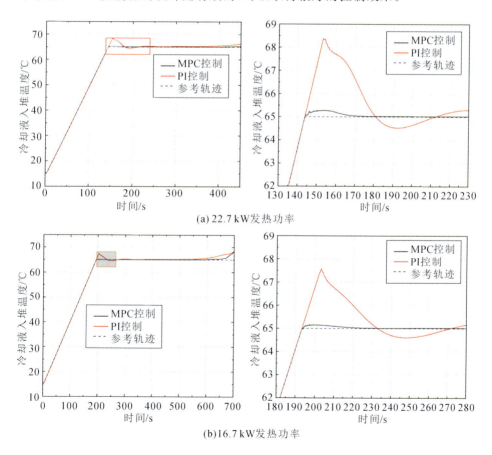

图 5-3-7 不同电堆发热功率下 MPC 与 PI 控制效果对比图

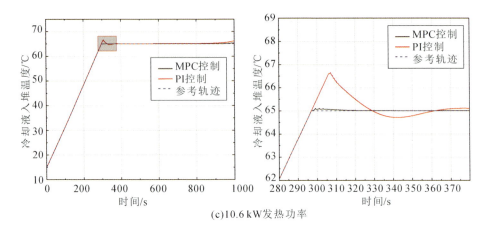

(c) 10.6 kW 发热功率

续图 5-3-7

表 5-3-3　不同电堆发热功率下 MPC 与 PI 控制效果对比

控制效果参数	超调量/℃		调节时间/s	
	MPC	PI	MPC	PI
10.6 kW	0.11	1.65	13	94
16.7 kW	0.16	2.58	19	108
22.7 kW	0.37	3.40	25	124

上述仿真实验说明，在稳态时 MPC 控制器可以取得较好的结果，下面通过仿真实验对 MPC 的动态控制效果进行验证。

如图 5-3-8 所示，在循环转换阶段改变负载电流，冷却液快速升温，在 190 s 时到达设定温度，升温阶段结束。进入循环转换阶段后，300 s 时负载电流由 160 A 加载至 190 A，500 s 时负载电流由 190 A 减载至 160 A，600 s 时，由于大循环回路内冷却液也全部升温至设定温度，循环阶段结束。可见，单纯通过调节电子节温器开度不能将冷却液入堆温度控制在参考温度附近，需切换至散热阶段。

如图 5-3-8 所示，在负载电流加载之后，由于燃料电池堆产热效率随之提高，MPC 与 PI 控制下冷却液入堆温度均有一定超调，但 MPC 控制超调量明显小于 PI 控制超调量，并且 MPC 控制的调节时间要少于 PI 控制。

考虑到在温度控制过程中，可能发生设定温度值改变的情况，因此进行

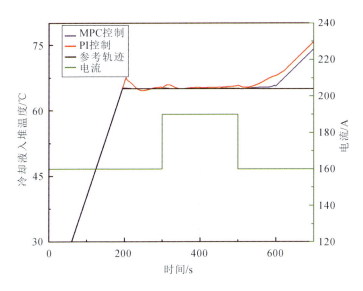

图 5-3-8　负载变化情况下循环转换阶段控制效果图

了如图 5-3-9 所示的实验。在 300 s 时设定温度由 65 ℃ 变为 55 ℃，即参考轨迹发生阶跃变化，在 400 s 时设定温度由 55 ℃ 变回 65 ℃。可以看出，降温过程中 MPC 控制器可以较快跟随参考轨迹变化，超调量较小，而 PI 控制器的降温幅度慢而且超调量更大。在 400 s 时设定温度升高，由于系统最快升温速度也即电子节温器全部开向小循环回路时的升温速度不够，因此 MPC 控制器无法跟随参考轨迹，但升温至设定温度后其超调量要远小于 PI 控制器的超调量。

为使温度平稳过渡至不同设定温度，我们设计了如图 5-3-10 所示实验，并对参考轨迹进行了平滑处理。可以看出，在选用合适的参考轨迹后，MPC 控制器的控制温度可以稳定地跟随参考轨迹，并且没有出现超调，可以减小在控制过程中出现的温度波动。

综合来看，所设计的 MPC 控制器在稳态与动态条件下均有较好的性能，在实际温度控制过程中，可以考虑使用平滑的参考轨迹，这样可以有效减小在温度控制过程中出现的超调量，使冷却液入堆温度平稳地过渡到下一个工作温度，有利于延长电堆的寿命。

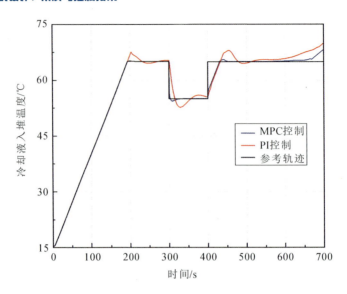

图 5-3-9　参考轨迹阶跃变化情况下循环转换阶段控制效果图

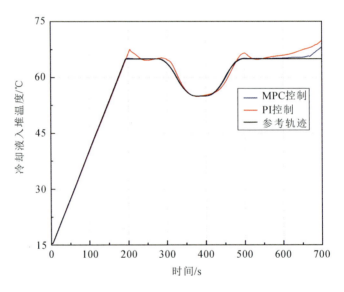

图 5-3-10　参考轨迹平滑变化情况下循环转换阶段控制效果图

5.3.3　散热阶段的热管理策略

1. 散热阶段控制模型建立

散热阶段,电子节温器全部开向大循环回路,系统通过散热器散热来平衡电堆的产热，因此此阶段重点考虑电堆产热及散热器散热的关系。由于常压燃料电池堆的最优工作温度通常在60～70 ℃，因此在65 ℃对系统进行线性化。

电堆温度主要与冷却液入堆温度和电堆产热功率有关，而冷却液入堆温度又受散热器影响，因此将燃料电池堆产热功率、冷却液入堆温度及散热器风扇PWM作为输入参数，在搭建的Simulink模型中对系统进行阶跃响应测试，并将冷却液入堆温度作为输出，结果如图5-3-11所示。

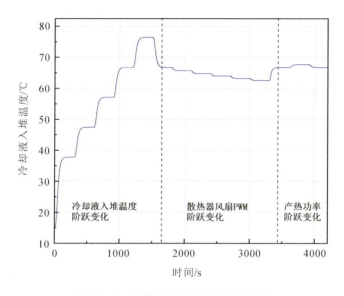

图5-3-11　冷却液入堆温度阶跃响应图

由图5-3-11可看出，当燃料电池堆产热功率、冷却液入堆温度及散热器风扇PWM等输入单独进行相同幅值阶跃变化时，输出温度的变化幅值也基本一致，说明大循环回路线性程度较高，可以对其进行基于阶跃响应的线性系统辨识。本节使用MATLAB软件中的System Identification工具箱对大循环回路进行阶跃响应系统辨识，分别使用N4SID、PEM(prediction error minimization)和RR(regularized reduction)三种算法进行系统辨识，结果如图5-3-12所示。

由图5-3-12可得，三种算法都较好地对系统进行了辨识。为了描述三种算法的辨识结果与仿真结果的相似度，本节引入了正规化方均根差(normalized root mean square error，NRMSE)进行计算。NRMSE通常被用来计算系统结构之间的相似程度，NRMSE与拟合相似度F的计算式如下：

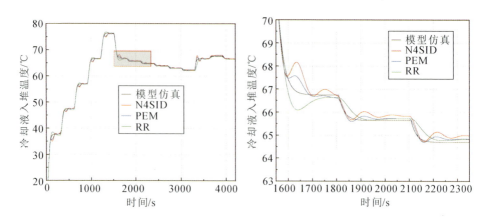

图 5-3-12　不同算法下冷却液入堆温度阶跃响应图

$$\text{NRMSE} = \frac{1}{n}\sqrt{\sum_{i=1}^{n}\frac{(\hat{x}_i - x_i)^2}{x_i^2}} \quad (5\text{-}3\text{-}28)$$

$$F = (1 - \text{NRMSE}) \times 100\% \quad (5\text{-}3\text{-}29)$$

通过式(5-3-28)和式(5-3-29)及系统辨识过程中所得数据,可得表 5-3-4。

表 5-3-4　N4SID、PEM 与 RR 辨识结果与仿真结果的拟合相似度

辨识算法	拟合相似度 $F/(\%)$
N4SID	95.72
PEM	96.91
RR	96.62

由表 5-3-4 可以看出,PEM 算法的辨识结果与仿真结果的相似度最高,现采用欧拉法对 PEM 所辨识的连续系统状态空间方程进行离散化,则系统离散状态空间方程如下:

$$\begin{cases} \bm{x}(n+1) = \bm{A}_{lc}\bm{x}(n) + \bm{B}_{lc}\bm{u}(n) \\ \bm{y}(n) = \bm{C}_{lc}\bm{x}(n) + \bm{D}_{lc}\bm{u}(n) \end{cases} \quad (5\text{-}3\text{-}30)$$

式中:

$$\bm{A}_{lc} = \begin{bmatrix} 1.0999 & -1.3083 \times 10^{-4} & 4.3775 \times 10^{-7} & 1.1485 \times 10^{-8} \\ 3.6872 \times 10^{-4} & 1.0999 & -7.0314 \times 10^{-4} & -7.5301 \times 10^{-5} \\ -1.8011 \times 10^{-4} & 7.8883 \times 10^{-4} & 1.0939 & -0.0108 \\ 1.2825 \times 10^{-4} & -1.2204 \times 10^{-4} & -0.0014 & 1.0973 \end{bmatrix}$$

$$B_{lc} = \begin{bmatrix} -8.4 \times 10^{-13} & 5.16 \times 10^{-16} & -2.94 \times 10^{-10} \\ -7.48 \times 10^{-9} & 4.06 \times 10^{-13} & -3 \times 10^{-6} \\ -1.9 \times 10^{-6} & 8.23 \times 10^{-10} & -6.8 \times 10^{-4} \\ -1.42 \times 10^{-6} & -6.19 \times 10^{-11} & -1.56 \times 10^{-4} \end{bmatrix}$$

$$C_{lc} = \begin{bmatrix} 592.6525 & -0.3875 & 0.0015 & 5.5782 \times^{-5} \end{bmatrix}$$

$$D_{lc} = \begin{bmatrix} 0 & 0 & 0 \end{bmatrix}$$

对系统能观能控性进行判断，得

$$\begin{cases} \text{rank}[B_{lc} \quad A_{lc}B_{lc} \quad A_{lc}^2 B_{lc} \quad A_{lc}^3 B_{lc}] = 4 \\ \text{rank}[C_{lc} \quad C_{lc}A_{lc} \quad C_{lc}A_{lc}^2 \quad C_{lc}A_{lc}^3]^T = 4 \end{cases} \quad (5\text{-}3\text{-}31)$$

可以看出，矩阵均为满秩，也即系统是能观能控的，因此可以为其设计 MPC 控制器。由于系统是一个线性时不变系统，因此应当采用线性 MPC 的设计方法。

2. 模型预测控制（MPC）控制器的设计

1) 预测模型的建立

由于式(5-3-30)所示系统是可观测的，因此可直接作为预测模型使用。假设系统的控制时域为 N_c，预测时域为 N_p，且有 $N_p \geqslant N_c$，即系统输入在 k 时刻起之后的 N_c 内发生变化，在控制时域外保持不变，则从 k 时刻对式(5-3-30)进行迭代，可得

$$\begin{cases} x(k+1) = A_{lc}x(k) + B_{lc}u(k) \\ x(k+2) = A_{lc}^2 x(k) + A_{lc}B_{lc}u(k) + B_{lc}u(k+1) \\ \quad \vdots \\ x(k+N_c) = A_{lc}^{N_c} x(k) + A_{lc}^{N_c-1} B_{lc}u(k) + \cdots + B_{lc}u(k+N_c-1) \\ x(k+N_c+1) = A_{lc}^{N_c+1} x(k) + A_{lc}^{N_c} B_{lc}u(k) + \cdots + (A_{lc}B_{lc} + B_{lc})u(k+N_c) \\ \quad \vdots \\ x(k+N_p) = A_{lc}^{N_p} x(k) + A_{lc}^{N_p-1} B_{lc}u(k) + \cdots + (A_{lc}^{N_p-N_c} B_{lc} + \cdots + B_{lc})u(k+N_p-1) \end{cases}$$
$$(5\text{-}3\text{-}32)$$

则可得系统在 N_p 范围内状态方程为

$$X(k) = F_x x(k) + G_x U(k) \quad (5\text{-}3\text{-}33)$$

式中：

$$X(k) = \begin{bmatrix} x(k+1) \\ \vdots \\ x(k+N_p) \end{bmatrix}, \quad U(k) = \begin{bmatrix} u(k) \\ \vdots \\ u(k+N_p-1) \end{bmatrix},$$

$$F_x = \begin{bmatrix} A_{lc} \\ \vdots \\ A_{lc}^{N_p} \end{bmatrix}, \quad G_x = \begin{bmatrix} B_{lc} & 0 & 0 \\ \vdots & & 0 \\ A_{lc}^{N_c-1}B_{lc} & \cdots & B_{lc} \\ \vdots & & \vdots \\ A_{lc}^{N_p-1}B_{lc} & \cdots & \sum_{i=0}^{N_p-N_c} A_{lc}^i B_{lc} \end{bmatrix}$$

根据式(5-3-30)与式(5-3-33)，可得系统在 N_p 范围内输出方程为

$$Y(k) = F_y x(k) + G_y U(k) \tag{5-3-34}$$

式中：

$$Y(k) = \begin{bmatrix} y(k+1) \\ \vdots \\ y(k+N_p) \end{bmatrix}, \quad F_y = C_{cl} \otimes F_x, \quad G_y = C_{cl} \otimes G_x$$

即得到了系统的预测模型。

2) 目标函数设计

在大循环散热阶段温度控制过程中，温度控制的准确度应该是首要目标，其次考虑减小温度控制过程中的温度波动，同时考虑散热器风扇转速变化也需要一定时间，并防止目标函数出现无可行解情况，可定义目标函数为

$$J(t) = \sum_{i=1}^{N_p} \| y(t+i \mid t) - y_r(t+i \mid t) \|_Q^2 + \sum_{i=1}^{N_c-1} \| \Delta u(t+i \mid t) \|_R^2 + \rho \varepsilon^2$$

$$\tag{5-3-35}$$

式中：

$$\Delta u = \begin{bmatrix} u(t) - u(t-1) \\ u(t+1) - u(t) \\ \vdots \\ u(t+N_c) - u(t+N_c-1) \end{bmatrix}$$

式(5-3-35)中,等式右边第一项表示系统输出,即冷却液入堆温度与参考轨迹的偏差值;等式右边第二项表示对系统输入增量的软约束,期望可以更平稳地对温度进行调节;第三项加入了松弛因子,保证目标函数有可行解。

3) 约束条件设计

此处约束条件设计为硬性约束,为避免燃料电池温度过高,应限制冷却液入堆温度,并根据实际情况对散热器风扇PWM进行限幅。由于散热器风扇转速变化需要一定时间,因此需要对散热器风扇PWM增量进行约束。

冷却液入堆温度约束:冷却液入堆温度即系统输出量,为防止温度过高对燃料电池堆所产生的不可逆损害,限定最高温度 $T_{\max}=75\ ℃$。

$$y_{k,t} \leqslant T_{\max}, \quad k=t,\cdots,t+N_p \tag{5-3-36}$$

散热风扇PWM及其增量约束:散热风扇PWM实际幅度为0～1,风扇转速从0至最大值所需时间约为10 s,因此将PWM增量限制在0.1以内,则有

$$0 \leqslant u \leqslant 1, \quad |\Delta u| \leqslant 0.1 \tag{5-3-37}$$

4) 总体优化问题的建立

最终得到的MPC优化模型为

$$\min J(t) = \sum_{i=1}^{N_p} \| \boldsymbol{y}(t+i \mid t) - \boldsymbol{y}_r(t+i \mid t) \|_{\boldsymbol{Q}}^2 + \sum_{i=1}^{N_c-1} \| \Delta \boldsymbol{u}(t+i \mid t) \|_{\boldsymbol{R}}^2 + \rho \varepsilon^2$$

$$\begin{cases} \Delta \boldsymbol{u}_{\min} \leqslant \Delta \boldsymbol{u}_t \leqslant \Delta \boldsymbol{u}_{\max} \\ \boldsymbol{u}_{\min} \leqslant \boldsymbol{u}_t \leqslant \boldsymbol{u}_{\max} \\ y_{k,t} \leqslant T_{\max} \end{cases} \tag{5-3-38}$$

在每个控制周期均对式(5-3-38)进行求解,从而得到最优控制量。

3. 热管理策略的仿真验证

根据上文构建的模型以及设计的MPC控制器,在Simulink中搭建系统控制器的仿真模型,如图5-3-13所示。

在实际系统中,燃料电池发热功率主要取决于当前电流密度,而电流密度由整车平均运行功率决定,冷却液入堆温度受循环回路影响,也不能自由控制,因此仿真中仅将散热风扇PWM作为控制量,将发热功率和冷却液入堆温度作为扰动输入量。控制器的设计参数见表5-3-5。

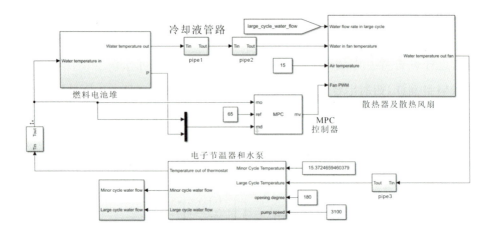

图 5-3-13 散热阶段基于 MPC 的温度控制器的仿真模型图

表 5-3-5 MPC 控制器的设计参数

控制参数	值
采样时间 T_s	4 s
预测时域 N_p	30
控制时域 N_c	10
加权矩阵 Q	500
加权矩阵 R	10

根据上文参数,分别进行了三组仿真实验。在这三组仿真实验的初始阶段,均通过大循环进行升温。在升温过程中,负载电流未发生变化,而升温速率随温度升高而减小。这是因为散热风扇在未开启时,冷却液流过散热器仍有一定散热,并且散热功率随散热器冷、热流体温差增大而增大,因此温度升高时升温速率会有所减慢。

在散热阶段,负载电流会根据整车负载需求而发生改变,因此首先要考虑控制器的动态控制性能。如图 5-3-14 所示,在刚进入散热阶段时,PI 控制器出现了明显的超调,MPC 控制器较为平稳地跟随了参考轨迹。实验在散热过程中进行了两次负载电流变化,先从 160 A 加载至 190 A,之后从 190 A 减载至 160 A。可以看出在负载电流变化时,PI 控制器调节下的温度出现了波动,而 MPC 控制器则将温度稳定在参考轨迹附近。综上说明,所设计的 MPC 控制器在变化的负载条件下仍有很好的控制效果。

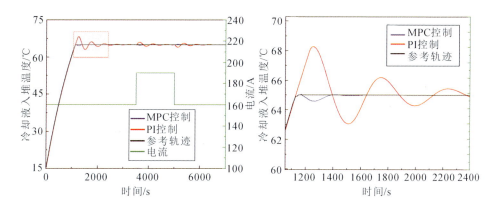

图 5-3-14　负载变化情况下散热阶段的控制效果图

由于燃料电池输出性能受温度影响较大，且在不同负载电流下其最优工作温度也会有所不同，因此需验证在设定温度变化时 MPC 的控制效果。在循环转换阶段，通过调节大循环和小循环的流量，可以迅速将温度控制在参考轨迹附近。而在散热阶段，只能通过调节散热风扇的转速来进行散热，此时存在一个最大温度下降速率的限制。如图 5-3-15 所示，在 3500 s 与 5000 s 瞬间，设定温度发生了阶跃变化，在 3500 s 时 MPC 控制温度并不能跟随参考轨迹阶跃变化，而是以较大速率进行降温，并出现了较小幅度的超调，且降温速率显著快于 PI 控制。在 5000 s 瞬间，当参考轨迹阶跃上升时，受最大升温速率的限制，系统温度并不能跟随参考轨迹变化，但 MPC 控制温度的波动幅度要小于 PI 控制。

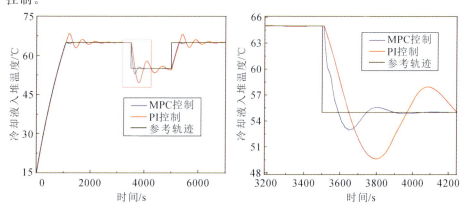

图 5-3-15　参考轨迹阶跃变化情况下散热阶段的控制效果图

在如图 5-3-16 所示仿真实验中，将参考轨迹阶跃变化改为平滑变化，该平滑变化曲线是通过对斜坡变化部分应用滑动窗口滤波器进行处理而得到的。在将参考轨迹设置为平滑曲线后，MPC 控制能够较为稳定地跟随该参考轨迹。从图 5-3-16 可以看出，MPC 控制比 PI 控制的响应速度更快且超调并不明显。对比图 5-3-15 与图 5-3-16，将阶跃参考轨迹改为平滑参考轨迹后，MPC 控制的温度变化过程更平稳且超调量更小，有利于减小温度波动，增强燃料电池动力系统运行过程中的稳定性。

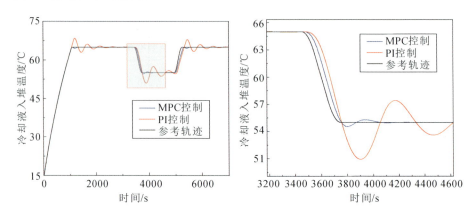

图 5-3-16　参考轨迹平滑变化情况下散热阶段的控制效果图

综合来看，所设计 MPC 控制器相比 PI 控制器有更好的动态性能，可以有效应对在散热阶段中出现的变载及温度设定值变化等情况。在选择 MPC 参考轨迹时，应考虑实际燃料电池动力系统的响应特性，设计合理的平滑曲线，尽量使温度平稳地过渡到下一个工作温度，减少温度调节中出现的温度波动问题，增强系统的稳定性。

本 章 小 结

本章以质子交换膜燃料电池动力系统的热管理子系统为研究对象，分析了热管理的设计需求、典型回路及部件特性，针对启动过程中温度控制的难点及现有控制策略的不足，主要研究散热系统结构及温度控制策略的改进思路，以提升燃料电池系统的性能。

首先，通过机理与实验数据结合的建模方法建立了热管理回路中各主要部件的数学模型，依据回路结构在 MATLAB/Simulink 中搭建了仿真模型，通过仿真结果与实测数据的对比验证，论证了模型的准确性。其次，针对循环转换阶段的温度大幅波动问题，建立了循环转换阶段的非线性方程，在此基础上，设计了 MPC 控制器并仿真验证了其有效性。最后，针对散热阶段的入堆温度控制偏差及温度波动问题，采用线性化思想推导出系统的线性状态方程，以此为依据设计了 MPC 控制器，通过仿真实验对该控制器的动态性能进行了验证。结果表明，所设计控制器能够将温度控制在设定温度的 ±0.5 ℃以内，有效解决了散热阶段因变载和设定温度变化所带来的温度波动问题。

本章参考文献

[1] 亿华通公司. 突破100℃！亿华通高温电堆研发取得阶段性进展[EB/OL]. [2024-01-19]. https://www.sinohytec.com/content/details19_727.html.

[2] 王国卓,吴守冰,吴诗雨,等. 燃料电池汽车热管理系统及策略分析[J]. 时代汽车,2023(20):31-33.

[3] 刘波,赵锋,李骁. 质子交换膜燃料电池热管理技术的进展[J]. 电池,2018,48(3):202-205.

[4] 许德超,盛夏,赵子亮,等. 车用燃料电池冷启动研究进展与影响因素综述[J]. 汽车文摘,2019(4):28-34.

[5] 耿毫伟,李红信,靳晨曦,等. 氢燃料电池热管理系统仿真分析[J]. 汽车实用技术,2023,48(20):15-19.

[6] 刘汝杰. 燃料电池动力系统启动过程温度控制策略研究[D]. 成都:电子科技大学,2021.

[7] ZHANG G S,KANDLIKAR S G. A critical review of cooling techniques in proton exchange membrane fuel cell stacks[J]. International Journal of Hydrogen Energy,2012,37(3):2412-2429.

[8] CHOI E J,PARK J Y,KIM M S. A comparison of temperature distribution in PEMFC with single-phase water cooling and two-phase HFE-

7100 cooling methods by numerical study[J]. International Journal of Hydrogen Energy,2018,43(29):13406-13419.

[9] BAROUTAJI A,ARJUNAN A,RAMADAN M,et al. Advancements and prospects of thermal management and waste heat recovery of PEMFC[J]. International Journal of Thermofluids,2021,9:100064.

[10] SASMITO A P,BIRGERSSON E,MUJUMDAR A S. Numerical evaluation of various thermal management strategies for polymer electrolyte fuel cell stacks[J]. International Journal of Hydrogen Energy,2011,36(20):12991-13007.

[11] PHAN T-L,CHANG K S,KWON Y C,et al. Experimental study on heat and mass transfer characteristics of louvered fin-tube heat exchangers under wet condition[J]. International Communications in Heat and Mass Transfer,2011,38(7):893-899.

[12] PARK J-S,BYUN S,KIM D R,et al. Frost behavior of a louvered fin heat exchanger with vortex-generating fins[J]. International Journal of Heat and Mass Transfer,2017,114:590-596.

[13] HARMS C,KOHRMANN F,DYCK A. Study of the influence of key test parameters on the performance of a PEMFC stack[J]. Solid State Ionics,2015,275:75-79.

[14] HAN J,PARK J,YU S. Control strategy of cooling system for the optimization of parasitic power of automotive fuel cell system[J]. International Journal of Hydrogen Energy,2015,40(39):13549-13557.

[15] ZHANG G B,JIAO K. Multi-phase models for water and thermal management of proton exchange membrane fuel cell:a review[J]. Journal of Power Sources,2018,391:120-133.

[16] 裴后昌.质子交换膜燃料电池水热管理研究[D].武汉:华中科技大学,2014.

[17] 温小飞,肖金生,詹志刚.质子交换膜燃料电池的热模拟[J].电源技术,2006,30(6):461-465.

[18] 戴朝华,史青,陈维荣,等.质子交换膜燃料电池单体电压均衡性研究综述[J].中国电机工程学报,2016,36(5):1289-1302.

[19] 罗马吉,朱高辉,詹志刚,等.基于GT-COOL的质子交换膜燃料电池发动机冷却系统仿真[J].热能动力工程,2010,25(5):561-564.

[20] RABBANI A,ROKNI M. Dynamic characteristics of an automotive fuel cell system for transitory load changes[J]. Sustainable Energy Technologies and Assessments,2013,1:34-43.

[21] YU S,JUNG D. Thermal management strategy for a proton exchange membrane fuel cell system with a large active cell area[J]. Renewable Energy,2008,33(12):2540-2548.

[22] MAYYAS A R,RAMANI D,KANNAN A M,et al. Cooling strategy for effective automotive power trains:3D thermal modeling and multifaceted approach for integrating thermoelectric modules into proton exchange membrane fuel cell stack[J]. International Journal of Hydrogen Energy,2014,39(30):17327-17335.

[23] ZHANG Q G,XU L F,LI J Q,et al. Performance prediction of proton exchange membrane fuel cell engine thermal management system using 1D and 3D integrating numerical simulation[J]. International Journal of Hydrogen Energy,2018,43(3):1736-1748.

[24] SAYGILI Y,EROGLU I,KINCAL S. Model based temperature controller development for water cooled PEM fuel cell systems[J]. International Journal of Hydrogen Energy,2015,40(1):615-622.

[25] VASU G,TANGIRALA A K. Control-orientated thermal model for proton-exchange membrane fuel cell systems[J]. Journal of Power Sources,2008,183(1):98-108.

[26] VASU G,TANGIRALA A K,VISWANATHAN B,et al. Continuous bubble humidification and control of relative humidity of H_2 for a PEMFC system[J]. International Journal of Hydrogen Energy,2008,33(17):4640-4648.

[27] 朱柳.质子交换膜PEMFC热管理的动态建模、控制仿真及故障诊断策

略研究[D]. 上海：上海交通大学，2012.

[28] CHENG S L, FANG C, XU L F, et al. Model-based temperature regulation of a PEM fuel cell system on a city bus[J]. International Journal of Hydrogen Energy, 2015, 40(39): 13566-13575.

[29] VEGA-LEAL A P, PALOMO F R, BARRAGÁN F, et al. Design of control systems for portable PEM fuel cells[J]. Journal of Power Sources, 2007, 169(1): 194-197.

[30] 刘洋，全书海，张立炎. 燃料电池发电系统温度控制策略研究[J]. 武汉理工大学学报：信息与管理工程版，2010，32(2)：268-272.

[31] 谢雨岑，邹见效，彭超. 基于变论域模糊增量理论的质子交换膜燃料电池温度控制[J]. 控制理论与应用，2019，36(3)：428-435.

[32] 牛茁. 水冷型质子交换膜燃料电池热管理系统控制研究[D]. 成都：西南交通大学，2018.

[33] CHATRATTANAWET N, HAKHEN T, KHEAWHOM S, et al. Control structure design and robust model predictive control for controlling a proton exchange membrane fuel cell[J]. Journal of Cleaner Production, 2017, 148: 934-947.

[34] SANKAR K, JANA A K. Nonlinear multivariable sliding mode control of a reversible PEM fuel cell integrated system[J]. Energy Conversion and Managemenet, 2018, 171: 541-565.

[35] SUN L, LI G, HUA Q S, et al. A hybrid paradigm combining model-based and data-driven methods for fuel cell stack cooling control[J]. Renewable Energy, 2020, 147: 1642-1652.

[36] YAN C Z, CHEN J, LIU H, et al. Model-based fault tolerant control for the thermal management of PEMFC systems[J]. IEEE Transactions on Industrial Electronics, 2020, 67(4): 2875-2884.

[37] 王瑞敏. 基于神经网络辨识模型的质子交换膜燃料电池系统建模与控制研究[D]. 上海：上海交通大学，2008.

[38] 姜万录，刘伟，张瑞娟，等. 基于蚁群优化的神经网络智能 PID 控制策略

研究[J]. 机床与液压,2010,38(13):22-25.
[39] 李鹏程. 质子交换膜燃料电池系统仿真与控制[D]. 淄博:山东理工大学,2020.
[40] 席裕庚. 预测控制[M]. 北京:国防工业出版社,2012.
[41] LIN D T, HUANG K Y. Collaborative pedestrian tracking and data fusion with multiple cameras[J]. IEEE Transactions on Information Forensics & Security,2011,6(4):1432-1444.

# 第 6 章
燃料电池动力系统的水管理

6.1 燃料电池堆的水管理概述

6.1.1 水管理系统的设计需求

燃料电池动力系统是由空气系统、氢气系统、冷却系统和功率控制系统及辅助系统组成的。不同于前面章节论述的空气管理、氢气管理、热管理和后续章节的功率管理,燃料电池的水管理是针对电堆运行状态的管理,实质是系统的控制策略,策略的执行依赖附属部件子系统及功率控制。燃料电池的水管理对于系统的可靠性、耐久性非常重要,因而本章单独论述。值得一提的是,本章水管理中的"水"并非热管理回路中的冷却水,而是电堆内的水状态。

第 2 章曾阐述了燃料电池运行状态的闭环管理(图 2-4-8)的重要意义,所述的运行状态是相对广泛的描述,水状态是运行状态中的重要部分。因此,本章重点论述水状态辨识及其闭环管理方法。空气管理、氢气管理和热管理三个辅助子系统的调控关注自身的控制目标,关注目标是否达成。从整个系统运行的角度来看,水管理需要根据实时获取的电堆运行状态来评价燃料电池系统预期工作条件选择的合理性,评价燃料电池系统设计匹配集成与控制的优化程度,从而调整辅助子系统的主要控制目标,实现电堆运行状态的可调、可控,从而提高燃料电池动力系统运行的可靠性和鲁棒性。水管理策略扮演着修正空气管理、氢气管理和热管理子系统控制目标的角色[1]。

质子交换膜燃料电池运行的健康状态受其内部含水量的影响十分显著[2],因此系统的水管理至关重要,主要体现在以下几个方面:

- 维持电解质膜湿度:电解质膜的湿度对燃料电池的工作至关重要。适当的湿度可以维持电解质膜的导电性能,确保离子在膜中顺利传导,从而提高发电效率。电解质膜过干或过湿都会导致燃料电池性能下降。

- 防止水堵塞:燃料电池中的水会在气流中被搬运,如果水积聚在某些部位,就会导致通道堵塞。通道堵塞会影响气体的流通,导致燃料电池因缺气而失效。因此,有效的水管理可以防止水的积聚和堵塞,确保气体在电堆中顺畅流动。

- 保护燃料电池:水管理可以防止电解质膜因频繁干湿循环而损坏,延长燃料电池的使用寿命。同时,良好的水管理也可以减少设备故障,降低维修成本,进而提高燃料电池的可靠性和经济性。

在实际应用中,燃料电池系统的水管理是一个复杂且精细的过程,需要考虑多种因素,如反应气体的加湿、电堆的温度控制、气体流量流速的调控、排水系统的设计等。通过优化这些因素,可以实现燃料电池的高效、稳定运行。

质子交换膜燃料电池内部和外部水的传递情况如图 6-1-1 所示。在电堆外部,为了使质子交换膜保持湿润,反应气体通常会增湿,将水蒸气携入电堆,而多余的反应气体会将电堆内部的水分排出。同时,由于电堆工作温度通常高于环境温度,会有部分水分通过蒸发离开电堆。在电堆内部,水会由于电渗作用和扩散作用发生迁移,即电渗迁移和扩散迁移。电渗迁移指氢离子在从阳极传递至阴极的过程中,会携带水分子穿过质子交换膜,因此水从阳极迁移至阴极;扩散迁移是由浓度梯度引起的,化学反应在阴极催化层与质子交换膜界面发生,生成的大量液态水使得阴极和阳极产生浓度差,水因此从阴极扩散到阳极[3]。

由水传递过程可知,电堆的运行操作条件对堆内的含水量影响很大,稍有不当就容易造成燃料电池运行状态异常。当电堆运行在高电流密度时,电化学反应剧烈发生,大量氢离子穿越质子交换膜,将水分拖拽至阴极,再加上反应生成大量水,若此时不及时将多余的水排出,电堆很容易发生水淹故障;当电堆运行在低电流密度时,反应产生的水很少,若此时反应气体增湿不充分,或大量水被排出,则电堆很容易出现膜干现象。在实际应用中,由于缺乏有效的内部运行状态反馈信息,因而无法制定合适的控制策略,往往导致大量的不恰当操作

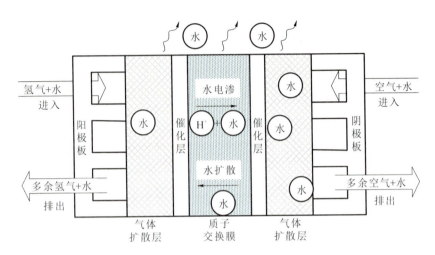

图 6-1-1　质子交换膜燃料电池的水传递示意图

被执行。由此可见,水管理对于燃料电池有重要意义,良好的水管理策略能够在燃料电池运行过程中及时辨识水状态的异常,以便修正操作条件,维持电堆给水、产水与排水之间的动态平衡。为进一步论述水管理的重要价值,下面引用案例详述膜干和水淹故障对燃料电池的负面影响。

在电堆运行过程中,导电质子通过质子交换膜时需要水分子作为载体,如果电堆内部含水量过低出现膜干故障,则交换膜失水导致质子传导能力减弱、电导率下降,电渗迁移作用减弱,相应的欧姆阻抗及欧姆电压损失增大,电堆的输出性能下降[4,5]。从危害性考虑,上述燃料电池性能的短时退化仍是可逆的;但是,膜干故障会造成质子交换膜受到机械应力,并加快膜的物理降解,导致膜的撕裂,进而造成燃料电池内部气体的泄漏,引发不可逆的损伤[6]。文献[7]使用放大倍数约为 500 的光学显微镜对长期处于膜干状态下的膜电极的微观结构进行了研究,观测到了膜穿孔现象,且这些小孔可能逐渐发展成大的裂纹,如图 6-1-2 所示。

燃料电池内部水在非低温情况下通常以气液两相的形式存在[8]。电堆内部含水量过高会导致水淹(flooding),此时大量液态水聚集在燃料电池的催化层、气体扩散层和流道内,造成孔隙率减少、电极表面堵塞,从而阻碍反应气体的传输,因此有效反应面积减小,电堆性能随之下降;不同程度的水淹情况,造成的节电压下降程度不同(如图 6-1-3 所示)。随水淹故障程度的加深,局部氢

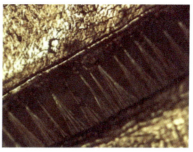

图 6-1-2 质子交换膜表面的光学显微镜照片（放大倍数约为 500）[7]

"饥饿"现象加剧，导致催化层的碳腐蚀，燃料电池工作寿命也随之减少。此外，燃料电池内部液态水在气体流道、气体扩散层和阴阳极催化层堆积，阻塞内部气体供应，缺气故障会进一步造成燃料电池内部流量的分配不均，降低反应面的一致性和节电压的一致性，燃料电池工作寿命会因此再次衰减[9,10]。此外，水淹不仅会导致反应面积减小和局部缺气，更会导致催化剂中碳载体疏水性的不可逆下降，令电堆越来越容易发生水淹故障。

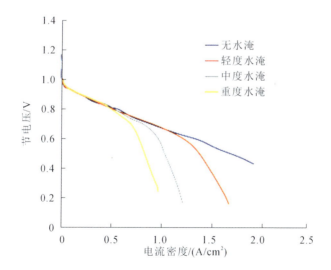

图 6-1-3 燃料电池不同程度水淹故障下的极化曲线[11]

在当前的燃料电池技术的汽车工业应用中，循环变载工况涉及高低电流的切换，特别容易导致水管理方面的问题，膜干、水淹故障的循环更会造成燃料电池寿命的大幅衰减。从商业化的角度来看，必须采取预防措施来尽量避免膜干和水淹故障,与此同时也需要保证良好的膜水合状态,以延长燃料电池的寿命并降低其成本。综上所述,良好的水管理是燃料电池技术中举足轻重的一环。

水管理能否应用于实际,取决于含水量辨识方法是否易于实现;能否在电堆的含水状态发展为膜干及水淹故障之前便展开调控,取决于辨识方法对故障的预判能力;调控效果的好坏,很大程度受含水量辨识结果的影响。燃料电池水管理流程主要有含水量的辨识和含水量的调控两个环节[12],由于含水量的调控措施高度依赖于辨识结果,因此水管理系统需要采用合适的含水量辨识方法以获取准确的电堆含水状态信息。燃料电池流道宽度为毫米级,质子交换膜厚度为微米级,常规采用的通过湿度传感器直接测量含水量的方法是难以实现的。通过机理模型模拟燃料电池的水传导过程并结合实际工作数据,能够求解出电堆含水量。但由于燃料电池是一个耦合了气、电、水、热、力的多物理场系统[13],因此能准确反映其水传递特性的模型往往非常复杂,燃料电池系统的主控模块通常难以完成其中的复杂方程求解与大量运算[14],即通过机理模型计算含水量的方法无法满足实际应用的需求。由此说明,寻求一个行之有效且简便易行的含水量辨识方法是实现燃料电池水管理应用的关键。

6.1.2 水管理技术的研究现状

燃料电池水管理包含内部含水量的辨识和含水量的调控两部分。由于含水量的辨识结果直接决定执行何种调控措施,因此水管理系统需要设法获取实时的电堆含水状态。含水量的调控本质是对燃料电池增湿和排水两个过程进行调控以达到水平衡,因此具体可分为被动和主动两种调控方法。被动调控方法通过改善辅助设备和燃料电池自身结构来实现调控;主动调控方法指基于含水量的辨识结果实时调控燃料电池的运行条件。

1. 燃料电池含水量辨识技术

目前常见的燃料电池水状态辨识方法包括:基于可视化的观测方法、基于压力降的辨识方法和基于电化学阻抗谱的辨识方法。

1)基于可视化的观测方法

燃料电池内部水传输可视化是最直接的一种表征质子交换膜燃料电池含

水状态的方法。依托光学等物理学领域探测技术的发展,目前表现突出的可用于燃料电池水传输可视化的技术有中子成像技术、X光成像技术(包括同步加速器X射线技术)、磁共振成像和高级光学诊断技术(包括拉曼散射、荧光或红外技术)[15-18]。

2) 基于压力降的辨识方法

气体进出堆压力降也可以间接反映燃料电池内部含水状态。基于压力降的辨识方法就是根据气体进出堆绝对压力降、压力降偏差、压力降频谱、压力降乘数(L-M乘数及其修正乘数)、压力降与空气流量比率等特征来研究燃料电池内部含水状态的方法[18]。在水淹故障发生时,阳极(cachode)和阴极(anode)气体压力降在一定时间内均保持上升趋势,并在达到某个值之后保持稳定(如图6-1-4所示)。这表明在一定范围内,燃料电池气体压力降和内部含水状态(水淹)具有良好的对应关系[19]。基于气体进出堆压力降的方法可以有效地对燃料电池气体扩散层及流道区域内的水淹状况进行观测,但无法实现对轻微水淹及膜干故障的诊断。

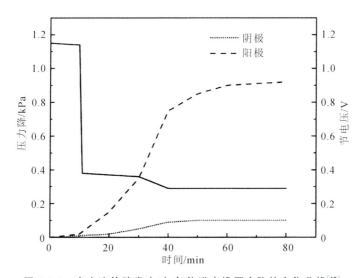

图 6-1-4　当水淹故障发生时,气体进出堆压力降的变化曲线[19]

3) 基于电化学阻抗谱的辨识方法

电化学阻抗谱(electrochemical impedance spectrum,EIS,也称交流阻抗谱)起源于电子工程中的频率响应分析技术。通过对阻抗谱中不同频点的阻抗信息进行分析,可以获得电化学系统的动力学参数及界面反应的行为信息,因此电化学阻抗谱被广泛应用于电化学电池领域。针对质子交换膜燃料电池,电化学阻抗谱可以实现对燃料电池内部质量传输过程及质子、电子转移动力学的研究,从而实现对燃料电池的多维度、多角度研究,使其不同的外在表现具有可解释性。根据阻抗信息需求的不同,可以将其总结为两大类:基于宽频阻抗信息的辨识方法和基于局部阻抗信息的辨识方法。

(1)基于宽频阻抗信息的辨识方法。

该方法首先通过扫频等手段获得电堆在宽频率范围(几赫兹到几千赫兹)内的阻抗值,利用等效电路模型对整幅阻抗谱进行拟合,求解出等效电路模型元件参数,进而探究不同故障下含水量敏感参数的变化规律。

文献[20]利用等效电路模型拟合获取了欧姆阻抗(R_m)、传质阻抗(R_d)和活化阻抗(R_p)的大小,并以阻抗数值为基础建立了三维状态空间图像,如图6-1-5所示,该图像可用于区分燃料电池正常、水淹和膜干状态。通常地,通过分析燃料电池节电压和阻抗响应,可以识别出水淹和膜干现象。通过观察

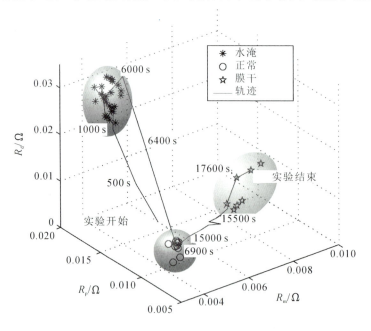

图6-1-5 燃料电池含水状态的阻抗空间特征[20]

Nyquist 图在低频段的斜率正负情况,可以有效地将膜干与其他状态区分开来。宽频整幅阻抗谱可以有效辨识不同含水状态,但获取全谱阻抗需要花费较长时间,模型参数的拟合也需要高性能运算单元来完成。为了缩短宽频阻抗的扫描时间,研究者们提出了混合多频率正弦、随机二进制序列、Chirp 信号等[21-24]宽频信号的叠加扰动方法。这种混合信号方法能显著减少阻抗测量所需的时间,但总体测量时间仍然大约需要 20 s。此外,这种方法对采样率和信号处理的计算要求很高,这使得它难以应用于在线实时监测。

（2）基于局部阻抗信息的辨识方法。

为了降低阻抗谱测量的时间成本,需要研究利用几个关键频点的阻抗数据对燃料电池的含水量进行辨识的方法。文献[25]利用 0.5 Hz 处阻抗虚部测量值和 1 kHz 处阻抗实部测量值作为预测燃料电池含水状态的依据。由于对燃料电池膜干和水淹状态影响最显著的阻抗类型分别是欧姆阻抗和传质阻抗,而欧姆阻抗和传质阻抗分别对应高频阻抗和低频阻抗,因此,基于局部阻抗信息的辨识方法可以对低频阻抗和高频阻抗的特征点进行测试,极大地简化了辨识过程。然而,文献[26]的实验结果显示,低频阻抗测试极易受到干扰,测试所得到的数据往往是杂乱的,容易导致含水量辨识系统的误判。

基于局部阻抗信息的辨识方法具有抗干扰能力强且测试速度快的优点,因此被广泛应用。由于 EIS 的高频区域曲线在实轴上的截距代表欧姆阻抗值,因此利用 EIS 可以判断膜的加湿情况。当燃料电池发生膜干故障时,膜内阻增大,其输出电压会因此出现明显的衰减。文献[27]仅利用单个频率点(高频点)的阻抗数据对燃料电池的故障进行辨识,如图 6-1-6 所示,随着燃料电池阴极进气湿度的不断提高,高频阻抗相比于正常值没有产生显著变化,当燃料电池发生水淹故障时,高频阻抗部分并未发生明显变化。因此无法仅利用高频阻抗判断电堆是否发生水淹故障。

2. 燃料电池含水量的调控

现有的文献中关于优化电堆水管理的研究包括两大类:一是从电堆的设计出发,研究流道形状和微孔层中微孔结构的形状,从物理角度设计利于水传输的结构;研究燃料电池内部参与水传输过程的材料的组成,从材料化学角度改

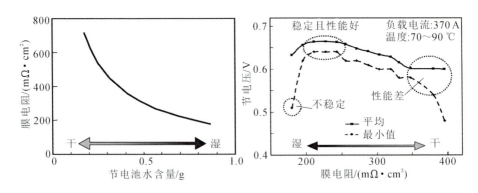

图 6-1-6 质子交换膜的内阻和燃料电池输出电压之间的关系[27]

善亲水性;研究气体扩散层的渗透性和外部辅助设备对燃料电池水管理的影响。二是在电堆的结构参数确定的前提下从电堆的运行角度出发,通过优化控制策略来主动改善燃料电池的水管理。

本书主要从运行控制的角度对燃料电池水管理技术进行论述。实际上,燃料电池水管理控制策略的设计往往是围绕着进气湿度、进气压力、进气流量、电堆运行温度等可控运行条件进行的。文献[28]应用多目标优化方法,围绕燃料电池运行温度这一控制量,基于燃料电池的非线性模型,设计了多环 PID 控制方法。为了评估非线性多环 PID 控制的效果,又引入了基于线性模型的 PID 控制方法,通过两种控制方法的对比印证了非线性多环 PID 控制的优越性。但是,这种控制策略依赖于燃料电池非线性模型,因此获取一个在宽运行范围内仍有效的非线性模型对于燃料电池系统具有重要意义。文献[12]提出了一种基于主动容错控制的燃料电池健康管理(包含水管理)方法,通过适当调节阴极进气湿度、阳极排气间隔和电堆温度三种操作条件来解决电堆的水淹及膜干故障。不过该方法需要首先判定电堆的干湿状态,膜干及水淹故障辨识的正确率是该方法正确实施的重要前提。燃料电池含水状态受进气湿度、进气压力、进气流量、电堆运行温度等多种操作条件的影响,部分研究者围绕燃料电池多种操作条件进行总体控制,保证燃料电池含水量处于健康状态,或当故障发生时能够保证燃料电池返回到健康状态。文献[29]基于水管理模型,利用循环神经网络(recurrent neural network,RNN)研究了一种模型预测控制器(MPC)。这种模型预测控制的目的是降低燃料电池阴极含水量的波动,以延长燃料电池的寿命。文献[30]中提出了一种主动容错控制策略，该策略包括两个主要模块：一个是基于神经网络的诊断工具，用于故障检测和隔离；另一个是利用自适应PID方法设计的可调控制器。这两个模块与预警测试模块和状态重构模块（即故障处理模块）协同工作，共同构成了整个控制策略。自适应PID控制器也表现出对噪声影响和模型不确定性的强鲁棒性，具有实用价值。

6.1.3 燃料电池水管理的总体思路

鉴于基于交流阻抗的方法具有可解释性强、简单有效且便于系统集成的优点，因此，本章将采用交流阻抗在线测量技术对燃料电池堆在不同含水状态条件下的稳态及动态响应特性进行研究，在此基础上，研究一种基于局部阻抗信息反馈的电堆运行状态快速辨识方法，并将该辨识方法应用于燃料电池的闭环管理，以实时规避各种异常运行状态，提高系统的可靠性和耐久性。燃料电池水管理过程如图 6-1-7 所示。

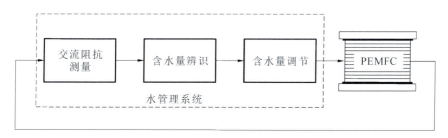

图 6-1-7　燃料电池水管理过程示意图

1. 交流阻抗在线测量

在燃料电池稳态运行的某一工况点，当在其直流电流上施加某一频率的正弦电流扰动（通常需要通过电堆的集流板施加到整堆）时，可在其节电压上测量到相应的正弦电压响应，分析正弦电流扰动和正弦电压响应之间的幅值和相位关系，便得到该频率下电堆的阻抗值。交流阻抗的测量方法采用非线性系统近似线性化的思想，一般要求扰动的信号要足够小，避免让系统进入非线性区。因此，阻抗测量要求正弦扰动电流的幅值不能太大，通常要求在满足响应电压测量分辨率及精度的前提下，扰动幅值尽可能小。在这一环节需要设计高倍率的同步放大电路来实现对电压电流信号的同步采集。

2. 含水状态快速辨识

从自动控制的角度来看，交流阻抗谱的实质是获得对象的频率特性，即采用实验法来获得对象的幅频及相频特性曲线。被控对象的幅频及相频特性曲线较完整地反映了其内部状态信息，也能用于分析其动静态行为。不同于控制系统设计常用的 Bode 图，燃料电池堆的阻抗行为常用 Nyquist 图（即在不同频率下测得的用实部-虚部构建的交流阻抗谱）来表示。交流阻抗谱中蕴含了丰富的电化学信息，可用于判别电堆内部的化学反应情况。交流阻抗谱构建起了电堆设计（包括流场、膜电极、催化剂）与电堆运行控制之间的桥梁。通过对交流阻抗谱的分析，可以获得造成节电压损失的各阻抗成分。

为了满足电堆运行状态测量的准确、有效、快速、低扰动、高抗扰等需求，本章重点关注基于中频（数十赫兹级）阻抗相位反馈的燃料电池堆运行状态辨识方法。

3. 闭环水管理策略

本章研究一种基于阻抗信息反馈和输出阻抗塑造的闭环运行管理方法的框架。该方法利用交流阻抗在线测量技术来辨识电堆的运行状态并定义系统属于"健康状态"的阻抗值；系统的阻抗值一旦偏离"健康状态"，则改变操作条件，使系统重新回到"健康状态"；这样在不利条件发生或故障产生之前便通过合理的优化控制方法将系统运行条件维持在最适宜的工作区间内，从而规避了"亚健康"及故障工作区间，可有效提高系统的可靠性和耐久性。

6.2 燃料电池在线交流阻抗测量技术

6.2.1 在线交流阻抗测量总体方案

1. 基本原理

与扫频法测量传递函数类似，交流阻抗的测量原理是将燃料电池视为一个线性系统，通过向燃料电池施加激励信号（通常为电流或电压），检测其响应信号（电压或电流），实现交流阻抗的计算。

以电流激励信号为例，向燃料电池施加一个如式(6-2-1)所示的定频正弦电流激励,其振幅为 I_{AC},角频率为 ω,相位角用 φ_I 表示,忽略直流成分。

$$I(t) = I_{AC}\cos(\omega t + \alpha) = I_{AC}\cos\varphi_I \qquad (6\text{-}2\text{-}1)$$

燃料电池会产生一个同频电压响应,由于电池阻抗存在容性成分,如式(6-2-2)所示,响应信号 $V(t)$ 会相对激励信号发生相移:

$$V(t) = V_{AC}\cos(\omega t + \alpha + \beta) = V_{AC}\cos\varphi_V \qquad (6\text{-}2\text{-}2)$$

为实现阻抗计算,将 $I(t)$ 与 $V(t)$ 表示为复数形式:

$$I(t) = I_{AC}\cos\varphi_I \Rightarrow \dot{I} = I_{AC}\angle\varphi_I \qquad (6\text{-}2\text{-}3)$$

$$V(t) = V_{AC}\cos\varphi_V \Rightarrow \dot{V} = V_{AC}\angle\varphi_V \qquad (6\text{-}2\text{-}4)$$

由欧姆定律与复数除法的计算规则,燃料电池的交流阻抗可表示为

$$\dot{Z} = \frac{\dot{V}}{\dot{I}} = \frac{V_{AC}}{I_{AC}}\angle(\varphi_V - \varphi_I) = \frac{V_{AC}}{I_{AC}}\angle\beta \qquad (6\text{-}2\text{-}5)$$

可见,交流阻抗的幅值为响应电压与扰动电流的幅值之比,相位角为响应电压与扰动电流的相位角之差。因此,在施加激励的过程中,测量电堆的电压与电流,计算二者交流部分的幅值比与相位差即可实现交流阻抗测量。通过改变激励信号的频率,能够求出电堆在一个宽频范围内的阻抗信息,从而获得交流阻抗谱。

2. 交流阻抗测量技术

交流阻抗谱是一种以小振幅的正弦波电位(或电流)为扰动信号的电化学测量方法。以小振幅的电信号对体系产生扰动,一方面可以避免对体系产生大的影响,另一方面也使得扰动与体系的响应之间近似呈线性关系,这就使得测量结果的数学处理变得简单。同时交流阻抗谱方法是一种频率域的测量方法,它以测量得到的频率范围很宽的阻抗谱来研究电极系统,因而能比其他常规的电化学方法得到更多的动力学及电极界面结构的信息。交流阻抗谱测量模式一般有以下两种:

- 恒电压模式:在恒电压模式中,向电堆叠行施加一个直流电压信号与一个交流电压信号,信号的频率在实验过程中是变化的,通过测量相应交流电流响应来研究交流阻抗谱。
- 恒电流模式:与恒电压模式相反,恒电流模式是在实验过程中向电堆叠

行施加一个直流电流信号与一个交流电流信号,通过测量相应交流电压响应来研究交流阻抗谱。

在实验室级的材料研究或者小样本研究中,恒电压模式更常见,大部分的电化学实验体系的扰动信号是一个直流电压加一个 10 mV 的交流电压信号。对于低阻抗的燃料电池而言,施加直流电压中微小的偏差都会引起直流电流的巨大偏移,从而破坏电堆,所以一般建议采用恒电流模式来测量交流阻抗谱。由于工程级别的电堆具有较大的反应面积,其稳态工作点对应的工作电流非常高。常规电化学工作站的功率输出能力有限,无法满足这种大电流的需求,因此,需要借助外置的功率放大装置来产生扰动信号。这些装置通常是外部的功率器件,例如电子负载、DC/DC 变换器等。它们用于产生激励信号,而阻抗计算模块则负责采集燃料电池两端的电压,并据此计算相应的交流阻抗。

本章采用的电堆交流阻抗测量装置如图 6-2-1 所示,主要由阻抗测量单元和程控电子负载组成。向电子负载发送一个由直流和交流电流组成的给定信号,电子负载根据模拟信号实现等比例的电流加载。此外,电子负载会采集当前的实际拉载电流,并将其转换为模拟量信号反馈给阻抗测量单元。阻抗测量单元对扰动信号和响应信号进行计算,以计算出交流阻抗。在进行阻抗测量时,扰动电流需通过电堆内的集流板施加到整个电堆,以尽量减小接触电阻。

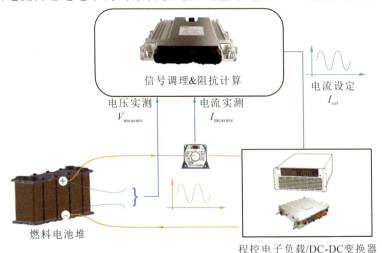

图 6-2-1　信号级交流阻抗测量技术示意图

由于大电堆的阻抗很小（毫欧级），因而扰动电流的幅值不能太小，这是因为太小的扰动电流会导致响应电压过小，从而使得测量误差增大和精度降低。从系统工程（非线性系统线性化）和电化学（避免进入 Tafel 区）的角度来看，扰动电流也不能太大，以免改变原有的工作点。通常认为，扰动电流引起的节电压波动应在 5~10 mV 之间。基于以上设计原则，本次实验中扰动电流的幅值设定为直流分量的 5%，采用单正弦变频模式，测量频率范围为 0.5~500 Hz，共测量了 50 个频点。

3. 在线交流阻抗测量总体方案

由以上对交流阻抗测量原理的分析可知，要实现对燃料电池交流阻抗的在线测量，首先需对电堆施加一个正弦激励，然后采集电堆的电压与电流，提取信号中与激励信号同频的成分，再进行交流阻抗的计算。综上所述，信号级交流阻抗测量技术采用小体积、小功率的激励源，激励形式灵活，是实验室中快速测量交流阻抗谱的良好方案。而实际动力系统的电堆功率较大，必须利用功率放大设备才能实现激励。目前已出现了易于集成且成本低廉的功率级交流阻抗测量技术解决方案，这使得其在线应用成为可能。因此本章将采用功率级交流阻抗测量方案，并基于该方案进行交流阻抗测试系统的设计。

作为激励源的功率设备，于实验室中可采用电子负载，于动力系统中可采用 DC/DC 变换器，实现方式灵活。激励信号施加后，对电压电流信号的采集与处理和对交流阻抗的计算是交流阻抗测量设计的关键环节，下面将讨论这两个模块的技术解决方案。

1）信号采集与处理

在对燃料电池抽取正弦电流后，电池两端电压随即会产生正弦响应，信号的采集即是对燃料电池电压和电流的采集。由式（6-2-1）~式（6-2-3）可知，计算交流阻抗只需电压与电流信号的交流成分，而直接采集到的燃料电池电压和电流除了包含交流成分外，还混杂了高频噪声与直流分量。因此，需设计一个信号调理电路，以隔离直流信号，滤除高频噪声，并仅保留目标频段的波形。其次，为了避免阻抗测量过程给燃料电池系统带来过大波动，正弦电流幅值一般设计为直流分量的 5%。由于电堆内阻为毫欧级，因此响应电压交流成分为毫伏级。故信号调理电路还需实现放大的功能,将毫伏级信号放大至易于处理与分析的范围。由于交流阻抗的相位角为交流电压与交流电流的相位角之差,因此信号调理电路要拥有良好的一致性,即电压信号与电流信号在经过各自的信号调理电路前后,其相位差不应发生过大改变,否则会显著降低交流阻抗的计算精度。设计好信号调理电路后,需对其一致性进行评估。

2) 交流阻抗计算

基于交流阻抗测量原理,本章将采用直接计算电压电流交流成分的幅值与相位角的方法计算交流阻抗,需要综合考虑算法的精度、抗干扰性能与实现的难易程度。

6.2.2 信号调理模块的设计

本节将以一个具体燃料电池堆为例,阐述信号调理模块的参数分析与硬件设计过程。所用燃料电池参数如表 6-2-1 所示,该电堆为一额定功率为 150 W 的水冷型燃料电池,由 3 节电池构成。膜电极的有效面积为 82.56 cm^2,由厚 18 μm 的质子交换膜以及气体扩散层组成。

表 6-2-1 实验用燃料电池参数

参数	值
电池节数	3
额定功率/W	150
电流密度/(A·cm^{-2})	0.3~1.0
膜电极有效面积/cm^2	82.56
质子交换膜厚度/μm	18

信号采集与处理模块如图 6-2-2 所示,将探针直接连接到电池两极以采集电压信号,通过测量分流器两端的电压来采集电流信号。采集到的电压信号和电流信号分别经过信号调理电路,进行交流成分的提取与放大。最后送入 ADC(模数转换器)进行模数转换以便计算交流阻抗。

1. 分流器的选择

在本实验所采用燃料电池工作电流密度($j=0.3$~1.0 A/cm^2)下,对其施

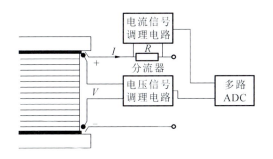

图 6-2-2 信号采集与处理模块

加小幅(幅值为直流分量的 5%)的交流扰动时,电堆的交流响应电压幅值在 2~16 mV 以内。为统一电流信号调理电路与电压信号调理电路的设计参数,可将扰动电流信号在分流器上的分压亦设计为毫伏级。本实验所用燃料电池在最小电流密度 $j=0.3$ A/cm² 和最大电流密度 $j=1.0$ A/cm² 下,输出电流分别为 24.3 A 和 82.6 A,故扰动电流幅值的最小值 I_{AC_MIN} 和最大值 I_{AC_MAX} 分别为

$$I_{AC\_MIN} = 24.3 \times 0.05 \text{ A} = 1.22 \text{ A} \tag{6-2-6}$$

$$I_{AC\_MAX} = 82.6 \times 0.05 \text{ A} = 4.13 \text{ A} \tag{6-2-7}$$

分流器阻值应为毫欧级,才能令 I_{AC_MIN} 和 I_{AC_MAX} 在其两端产生的分压为毫伏级。考虑到分流器会引入额外功率损耗,因此其阻值应尽量小,实验最终选择阻值为 0.75 mΩ、满载电流为 100 A 的分流器。电流信号被采集后,其中的交流分量被转换为 5 mV 以内的电压信号。由于电压信号与电流信号交流成分的数量级相同、频率相同,因此二者可使用参数相同的信号调理电路,以最大限度地保证两路调理电路的一致性。

2. 对信号调理电路的设计

信号调理电路的输入、输出参数如表 6-2-2 所示。完整的交流阻抗谱测量频率范围通常为 1~500 Hz。因此,对于信号调理电路的输入信号,我们关注的有用频段为 1~500 Hz。由于采集到的电压与电流信号不包含负分量,因此输入必然包含直流分量。高频噪声主要来源于动力系统中使用的 DC/DC 变换器,其开关频率通常大于 100 kHz。而输出信号需保留输入信号中有用频段 1~500 Hz 的信息,其余频段信号将被衰减。为了便于 ADC 进行信号处理,微小的毫伏级信号会被放大到与 ADC 量程匹配的范围。考虑到为 ADC 量程(±

10 V)留出25%的余量,将输出信号放大到±7.5 V的范围是较为合适的。因此,所设计信号调理电路为一带通放大滤波器,通频带需包含1~500 Hz,通频带放大倍数约为468,并对1 Hz以下以及大于100 kHz的信号有较强的衰减能力。

表6-2-2　信号调理电路的输入、输出参数

	输入信号	输出信号
频率范围	0 Hz、1~500 Hz、≥100 kHz	1~500 Hz
幅值范围	±16 mV	±7.5 V

第一步,设计滤波器的低通部分。由于采集到的电压信号与电流信号均为毫伏级,且除了包含目标频率信号外,还混叠了直流分量与高频噪声,故信号调理电路需实现带通滤波与放大的功能。一般地,燃料电池阻抗测试范围为1~500 Hz,因此信号调理电路的通频带必须包含这一范围。首先从滤波器的低通部分开始设计,图6-2-3(a)所示为一阶有源低通滤波电路,其传递函数如式(6-2-8)所示。

$$A_{u1}(s) = \frac{U_{out}(s)}{U_{in}(s)} = \left(1 + \frac{R_2}{R_1}\right)\frac{1}{1 + sR_1C_1} \quad (6\text{-}2\text{-}8)$$

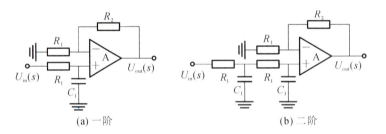

(a) 一阶　　　　　　　　(b) 二阶

图6-2-3　有源低通滤波电路

将$s=j\omega$,$\omega=2\pi f$,$f_0=1/(2\pi R_1C_1)$代入式(6-2-8),求得其电压放大倍数表达式为

$$\dot{A}_{u1} = \left(1 + \frac{R_2}{R_1}\right)\frac{1}{1 + j\dfrac{f}{f_0}} \quad (6\text{-}2\text{-}9)$$

令$f=0$,求得通频带放大倍数为

$$\dot{A}_{up} = 1 + \frac{R_2}{R_1} \quad (6\text{-}2\text{-}10)$$

当 $f=f_0=1/(2\pi R_1C_1)$ 时,有 $\dot{A}_{u1}=\dot{A}_{up}/\sqrt{2}$,故一阶有源低通滤波器的截止频率 $f_p=f_0$。可知一阶有源低通滤波器只存在一个极点,幅频特性曲线的最大衰减斜率仅为 -20 dB/dec,对通频带外信号的衰减能力较弱。可通过增加一个 RC 环节为滤波器增加一个极点,以增强系统的抗干扰能力。二阶有源低通滤波电路如图 6-2-3(b)所示,其传递函数为

$$A_{u2}(s)=\frac{U_{out}(s)}{U_{in}(s)}=\left(1+\frac{R_2}{R_1}\right)\frac{1}{1+3sR_1C_1+(sR_1C_1)^2} \quad (6\text{-}2\text{-}11)$$

令 $s=j\omega, \omega=2\pi f, f_0=1/(2\pi R_1C_1)$,求得二阶有源低通滤波放大器的放大倍数:

$$\dot{A}_{u2}=\left(1+\frac{R_2}{R_1}\right)\frac{1}{1-\left(\frac{f}{f_0}\right)^2+3j\frac{f}{f_0}} \quad (6\text{-}2\text{-}12)$$

令上式中分母的模等于 $\sqrt{2}$,求得二阶有源低通滤波器的截止频率:

$$f_p\approx 0.37f_0 \quad (6\text{-}2\text{-}13)$$

因低通滤波器的截止频率应大于 500 Hz,故有 $f_p\geq 500$ Hz,即

$$R_1C_1=\frac{1}{2\pi f_0}=\frac{0.37}{2\pi f_p}\leq \frac{0.37}{2\times \pi \times 500}\approx 117.7\times 10^{-6} \quad (6\text{-}2\text{-}14)$$

为满足式(6-2-14),选取 $R_1=1000\ \Omega, C_1=0.1\ \mu\text{F}$,此时有

$$R_1C_1=100\times 10^{-6}<117.7\times 10^{-6} \quad (6\text{-}2\text{-}15)$$

第二步,设计滤波器的高通部分。一阶有源高通滤波电路如图 6-2-4 所示。

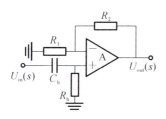

图 6-2-4 一阶有源高通滤波电路

一阶有源高通滤波器的传递函数为

$$A_{u3}(s)=\frac{U_{out}(s)}{U_{in}(s)}=\left(1+\frac{R_2}{R_1}\right)\frac{sR_hC_h}{1+sR_hC_h} \quad (6\text{-}2\text{-}16)$$

令式 $s=j\omega, \omega=2\pi f, f_0=1/(2\pi R_hC_h)$,求得一阶高通滤波器的放大倍数:

$$\dot{A}_{u3} = \left(1 + \frac{R_2}{R_1}\right)\frac{1}{1 - j\dfrac{f_0}{f}} \tag{6-2-17}$$

令 $f \to \infty$,可得通频带放大倍数为

$$\dot{A}_{up} = 1 + \frac{R_2}{R_1} \tag{6-2-18}$$

当 $f = f_0 = 1/(2\pi R_h C_h)$ 时,$\dot{A}_{u1} = \dot{A}_{up}/\sqrt{2}$,故一阶有源高通滤波器的截止频率 $f_p = f_0$。由于高通滤波器只需隔离直流信号,对其通频带外衰减能力没有要求,因此一阶电路已能够满足需求。

因高通滤波器的截止频率应小于 1 Hz,故有 $f_p \leqslant 1$ Hz,即

$$R_h C_h = \frac{1}{2\pi f_0} \geqslant \frac{1}{2 \times \pi \times 1} \approx 0.1592 \tag{6-2-19}$$

为满足上式,选取 $R_h = 1000\ \Omega$,$C_h = 180\ \mu F$,此时有

$$R_h C_h = 1000 \times 180 \times 10^{-6} = 0.18 > 0.1592 \tag{6-2-20}$$

将上述低通滤波器与高通滤波器结合,设计的信号调理电路如图 6-2-5 所示。

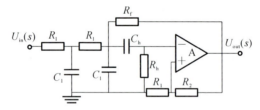

图 6-2-5　信号调理电路

该电路的通频带放大倍数为

$$\dot{A}_{uf} = 1 + \frac{R_2}{R_1} \tag{6-2-21}$$

考虑到信号调理电路输入的交流电压幅值不超过 16 mV,还要为本实验使用的 ADC 量程(±10 V)留出 25% 的余量,电路放大倍数应满足如下关系。

$$\dot{A}_{uf} \leqslant \frac{0.75 \times 10}{0.016} = 468.75 \tag{6-2-22}$$

在满足式(6-2-22)的前提下,放大倍数应尽可能大,结合实际高精度电阻的阻值,选定放大倍数为 465。

综上所述,最终信号调理电路的参数选择为:$R_1 = 1000\ \Omega$,$R_2 = 464000\ \Omega$,

$R_l=1000\ \Omega, C_l=0.1\ \mu F, R_h=1000\ \Omega, C_h=180\ \mu F, R_f=464000\ \Omega$。经计算,该电路传递函数为

$$G_{bf}(s)=\frac{1.214\times 10^{13}s}{261s^3+7.831\times 10^6 s^2+2.614\times 10^{10}s+1.456\times 10^{11}}$$

(6-2-23)

根据式(6-2-23)可得该传递函数的幅频特性曲线如图6-2-6所示,可知该滤波器通频带放大倍数为53 dB,即462.4倍,满足设计需求。A、B点分别对应频点1 Hz与500 Hz,对应通频带放大倍数为50 dB。故信号调理电路的-3 dB带宽为1~500 Hz,满足设计需求。

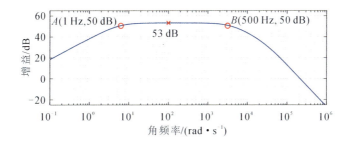

图 6-2-6 传递函数幅频特性曲线

为进一步验证所设计信号调理电路的功能,本章利用Multisim软件搭建了仿真电路,如图6-2-7所示。

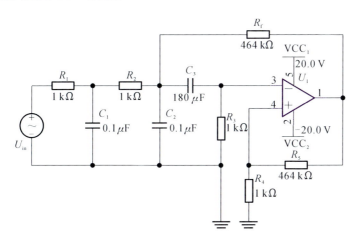

图 6-2-7 信号调理电路的仿真电路

为模拟实际信号调理电路的输入电压效果,设置输入信号 U_{in} 为峰峰值等于 30 mV 的正弦信号,并对其叠加 3 V 直流电压分量与 100 kHz 高频噪声。分别在 U_{in} 的频率为 1 Hz、10 Hz、50 Hz、100 Hz、200 Hz、500 Hz 的条件下进行仿真。其中,U_{in} 频率为 100 Hz 时的仿真结果如图 6-2-8 所示,图 6-2-8(a) 为信号调理电路的输入信号,图 6-2-8(b) 为信号调理电路的输出信号。由图可知,信号调理电路将输入信号中的高频噪声与直流分量全部滤除,仅保留目标频率成分 100 Hz 并进行放大,放大倍数为 450.7,满足设计需求。表 6-2-3 整理了输入信号所有频率下的仿真放大倍数,可知信号调理电路在通频带内均能保持较高增益,满足设计需求。

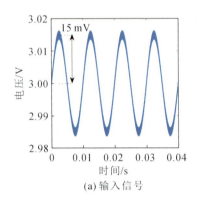
(a) 输入信号

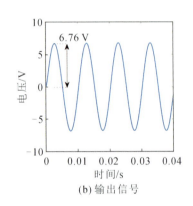
(b) 输出信号

图 6-2-8　信号调理电路的输入、输出信号

表 6-2-3　信号调理电路通频带放大倍数的测试数据

输入信号频率/Hz	1	10	50	100	200	500
放大倍数	347.6	452.5	456.0	450.7	431.7	343.8

6.2.3　交流阻抗计算模块的设计

交流阻抗计算模块中,实测的电压信号 V 与电流信号 I 被信号调理电路转变为只包含目标频率成分的 V_{AC} 与 I_{AC},V_{AC} 与 I_{AC} 再经 ADC 转换为离散信号 $V_{AC}(n)$ 与 $I_{AC}(n)$,离散信号被送入主控模块进行阻抗计算,这个过程如图 6-2-9 所示。阻抗计算的结果将作为燃料电池含水量的辨识指标,因此交流阻抗计算方法的设计对水管理系统至关重要。本节将介绍两种常用的交流阻抗计算方法。

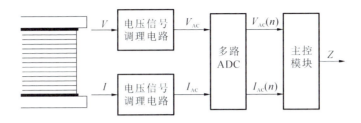

图 6-2-9 交流阻抗计算模块信号流

1. 快速傅里叶变换

交流阻抗是一个复数信号,包含实部和虚部。因此,可通过傅里叶变换将 $V_{AC}(n)$ 与 $I_{AC}(n)$ 变换至复数域,以进行交流阻抗实部和虚部的计算。下面介绍该算法的原理。

傅里叶变换能将满足特定条件的函数表示成三角函数或者它们的积分线性组合。快速傅里叶变换(FFT)是一种高效计算离散傅里叶变换(DFT)的方法,它显著降低了 DFT 的计算复杂度。随着抽样点数 N 的增加,FFT 的计算量减少的优势尤为显著。因此,使用 FFT 可以显著减轻控制器的计算负担。

对于一个长度为 N 的离散信号,对其取离散傅里叶变换,有

$$\begin{cases} X(k) = \text{DFT}[x(n)] = \sum_{n=0}^{N-1} x(n) \cdot W_N^{nk}, & k = 0, 1, \cdots, n-1 \\ W_N^{nk} = \mathrm{e}^{-\mathrm{j}\frac{2\pi}{N}nk} \end{cases}$$

(6-2-24)

其中 $\text{DFT}[\cdot]$ 表示离散傅里叶变换,容易证明 W_N^{nk} 具有周期性,因此有

$$W_N^{n(N-k)} = W_N^{k(N-n)} = W_N^{-nk} \tag{6-2-25}$$

此外,W_N^{nk} 还具有对称性,因此有

$$W_N^{(nk+N/2)} = -W_N^{nk} \tag{6-2-26}$$

利用 W_N^{nk} 的周期性和对称性,可以将离散信号 $x(n)$ 分解为两个部分,分别为偶序列 $x_1(r)$ 和奇序列 $x_2(r)$:

$$\begin{cases} x_1(r) = x(2r) \\ x_2(r) = x(2r+1) \end{cases} r = 0, 1, \cdots, \frac{N}{2} - 1 \tag{6-2-27}$$

将式(6-2-24)同样分为偶序列和奇序列,并代入式(6-2-27)可得

$$X(k) = \sum_{r=0}^{\frac{N}{2}-1} x(2r) \cdot W_N^{2rk} + \sum_{r=0}^{\frac{N}{2}-1} x(2r+1) \cdot W_N^{(2r+1)k}$$
$$= \sum_{r=0}^{\frac{N}{2}-1} x_1(r) \cdot W_{N/2}^{kr} + W_N^k \cdot \sum_{r=0}^{\frac{N}{2}-1} x_2(r) W_{N/2}^{kr} \tag{6-2-28}$$

令

$$\begin{cases} X_1(k) = \sum_{r=0}^{\frac{N}{2}-1} x_1(r) W_{N/2}^{kr} \\ X_2(k) = \sum_{r=0}^{\frac{N}{2}-1} x_2(r) W_{N/2}^{kr} \end{cases} \tag{6-2-29}$$

$X_1(k)$ 和 $X_2(k)$ 分别是 $x_1(r)$ 和 $x_2(r)$ 的 $N/2$ 个点的离散傅里叶变换函数。将式(6-2-29)代入式(6-2-28)可得

$$X(k) = X_1(k) + W_N^k X_2(k), \quad k = 0,1,\cdots,\frac{N}{2}-1 \tag{6-2-30}$$

这样就把一个长度为 N 的 DFT 分解为两个长度为 $N/2$ 的 DFT，并通过式(6-2-30)合并为长度为 N 的 DFT，式(6-2-29)中只包含 $X(k)$ 的前半序列，通过 $X(k)$ 的周期性来求解其后半序列：

$$X\left(k+\frac{N}{2}\right) = X_1\left(k+\frac{N}{2}\right) + W_N^{k+N/2} X_2\left(k+\frac{N}{2}\right)$$
$$= X_1(k) - W_N^k X_2(k), \quad k = 0,1,\cdots,\frac{N}{2}-1 \tag{6-2-31}$$

由式(6-2-30)和式(6-2-31)即可得到完整的离散傅里叶变换的序列。从傅里叶变换的序列中提取信号中目标频率的分量，即可得到目标信号的实部和虚部。

2. 二阶广义积分变换

通过傅里叶变换可直接求出阻抗的实部和虚部，但傅里叶变换的计算过程较为复杂，编程的难度较高。本节将介绍一种易于编程的阻抗计算方法——基于二阶广义积分变换的交流阻抗计算方法。

交流阻抗作为一个复数，既可以用实部和虚部表示，又可以用幅值和相位

角表示,由式(6-2-5)可知,交流阻抗的幅值为响应电压与扰动电流的幅值之比,相位角为响应电压与扰动电流的相位角之差。由于正弦信号的幅值为其有效值的$\sqrt{2}$倍,因此可通过求取信号的有效值来计算其幅值。正弦信号的有效值与幅值计算公式为

$$U_{RMS} = \sqrt{\frac{1}{T}\int_{t-T}^{t}[U(\tau)]^2 d\tau} \qquad (6-2-32)$$

$$U_m = \sqrt{2} U_{RMS} \qquad (6-2-33)$$

其中,$U(t)$为一组时间长度为 T 的正弦连续信号,U_{RMS}为其有效值,U_m为其幅值。将式(6-2-32)离散化可得

$$U_{RMS} = \sqrt{\frac{1}{N}\sum_{0}^{N-1}[U(n)]^2} \qquad (6-2-34)$$

结合式(6-2-32)~式(6-2-34),主控模块在获得一组长度为 N 的正弦离散序列 $V_{AC}(n)$ 与 $I_{AC}(n)$ 后,按式(6-2-35)~式(6-2-37)实现交流阻抗幅值 Z_m 的计算:

$$V_{RMS} = \sqrt{\frac{1}{N}\sum_{0}^{N-1}[V_{AC}(n)]^2} \qquad (6-2-35)$$

$$I_{RMS} = \sqrt{\frac{1}{N}\sum_{0}^{N-1}[I_{AC}(n)]^2} \qquad (6-2-36)$$

$$Z_m = \frac{R \times V_m}{I_m} = \frac{R \times \sqrt{2} V_{RMS}}{\sqrt{2} I_{RMS}} = \frac{R \times V_{RMS}}{I_{RMS}} \qquad (6-2-37)$$

式(6-2-37)中,R 为分流器阻值。电流信号在进入信号调理电路前经由分流器采集,被衰减了 R 倍,因此在计算阻抗幅值时,分流器阻值需一并参与运算。

为计算交流阻抗,还需实现正弦信号相位差的计算。常见的相位差计算方法有过零比较法、广义二阶积分(SOGI)算法等。过零比较法通过搭建硬件比较器,将两路交流信号转变为两路方波信号,再利用主控模块的信号沿捕获模块计算两路方波的相位差。过零比较法的优点是易于编程,但它对噪声非常敏感,不适用于复杂多变的燃料电池系统。SOGI算法是一种相位计算方法,通过构建一个与输入信号正交的信号,利用反正切函数计算信号的相位。这种方法常用于并网发电系统的相位跟踪,抗干扰能力强。在阻抗测试系统中,可先利

用 SOGI 算法分别计算出电压信号与电流信号的相位，再将二者相减即可求出阻抗相位角。

SOGI 算法构建正交信号的原理图如图 6-2-10 所示，其中包含两个运算模块 $G_1(s)$ 与 $G_2(s)$，$G_1(s)$ 的作用是对输入信号 U_{IN} 进行数字滤波，对除目标频率 ω 之外的其余分量进行衰减，其输出信号为 U_α。$G_2(s)$ 以 U_α 作为输入信号，构建一个与之正交的信号 U_β。

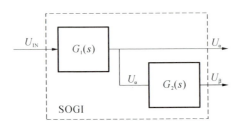

图 6-2-10　SOGI 算法原理图

$G_1(s)$ 的传递函数如式 (6-2-38) 所示，其 Bode 图如图 6-2-11 所示。

$$G_1(s) = \frac{k\omega s}{s^2 + k\omega s + \omega^2} \tag{6-2-38}$$

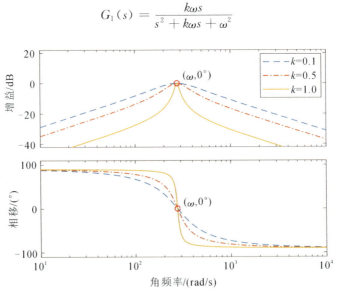

图 6-2-11　$G_1(s)$ 模块的 Bode 图

结合式 (6-2-38) 和图 6-2-11，可知 $G_1(s)$ 为一个窄带通滤波器，只保留输入信号中频率为 ω 的分量，传递函数对输入信号的增益为 0 dB，且不引入额外相移。$G_1(s)$ 对频率为 ω 以外的所有信号呈现衰减特性，k 值越大，衰减能力越强。对于 ADC 的输入信号 V_{AC} 与 I_{AC}，除了目标频率 ω 外，还存在一些额外的频率成分。这些额外成分是由硬件电路寄生参数以及运算放大器的输入偏置参数所引入的，包括直流成分与高频成分。因此，利用 $G_1(s)$ 模块对 ADC 输出信号 $V_{AC}(n)$ 与 $I_{AC}(n)$ 进行数字滤波，能够进一步提取有用信号，提高阻抗计算的精度。

$G_2(s)$ 的传递函数如式(6-2-39)所示，其 Bode 图如图 6-2-12 所示。

$$G_2(s) = \frac{s-\omega}{s+\omega} \qquad (6-2-39)$$

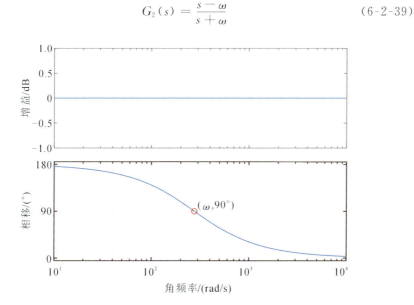

图 6-2-12　$G_2(s)$ 模块传递函数

结合式(6-2-39)和图 6-2-12，可知 $G_2(s)$ 为一个全带通滤波器，且对频率为 ω 的信号产生 90°相移。可见，$G_2(s)$ 是通过将输入信号相移 90°来构建一个与之正交的信号的。

如图 6-2-13 所示，利用 MATLAB/Simulink 搭建 SOGI 算法，从而构建正交信号的仿真模型。设置频率为 100 Hz、峰峰值为 4 V 的正弦电压输入信号 U，$k=0.5$。为模拟实际 V_{AC} 与 I_{AC} 的效果，对输入信号 U 叠加 2 V 的直流分量与 100 kHz 的高频噪声。仿真结果如图 6-2-14 所示，可知计算经过约 3 个周期达到稳定，SOGI 算法将 U_{IN} 中频率为 100 Hz 的高频信号保留，并构建了一个与之正交的信号。

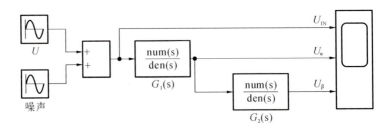

图 6-2-13　SOGI 算法构建正交信号仿真模型

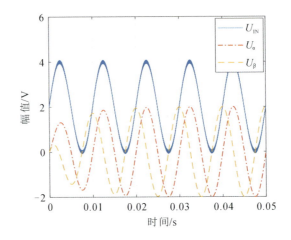

图 6-2-14　利用 SOGI 算法构建正交信号的仿真结果

得到一组互相正交的信号后,可利用反正切函数计算其相位角。原理如下:设正弦信号 U_α 的相位角为 φ,其表达式为

$$U_\alpha = \sin \varphi \tag{6-2-40}$$

则其正交信号 U_β 的表达式为

$$U_\beta = \sin(\varphi + 90°) = \cos \varphi \tag{6-2-41}$$

由三角函数关系:

$$\tan \varphi = \frac{\sin \varphi}{\cos \varphi} = \frac{U_\alpha}{U_\beta} \tag{6-2-42}$$

故信号 U_α 的相位角可由反正切函数计算:

$$\varphi = \arctan \frac{U_\alpha}{U_\beta} \tag{6-2-43}$$

基于以上讨论,所搭建的电压电流信号相位差计算仿真模型如图 6-2-15 所示。设置输入信号 V_{AC} 比 I_{AC} 超前 $\pi/4$,利用 SOGI 算法分别计算出输入信号 V_{AC} 与 I_{AC} 的相位,再将二者相减以求得相位差 $\Delta\varphi$。仿真结果如图 6-2-16 所示。

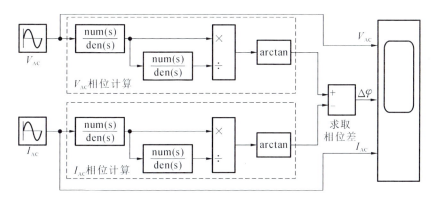

图 6-2-15 电压电流信号相位差计算仿真模型

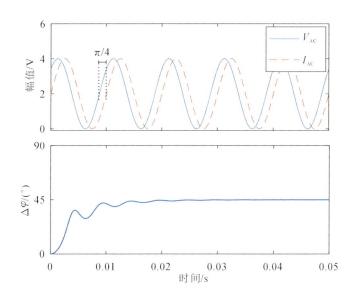

图 6-2-16 电压电流信号相位差计算的仿真结果

可见,$\Delta\varphi$ 经过约 3 个周期的计算后达到稳定,终值为 45°,即 $\pi/4$。因此,所设计的算法能够正确计算两路波形的相位差。将 $G_1(s)$ 与 $G_2(s)$ 以 ADC 采样频率为步长进行离散化,即可实现 SOGI 算法的编程。

6.2.4 在线交流阻抗测量技术验证

基于上节对信号调理电路及阻抗计算方法的分析与设计,搭建如图 6-2-17 所示的交流阻抗测试设备,其中 A 为分流器,B 为信号调理电路,C 为主控模块。本小节将利用该套设备对燃料电池进行交流阻抗测试,并对影响阻抗计算准确性的信号调理电路的一致性进行评估,验证交流阻抗计算的精度。

图 6-2-17 交流阻抗测试设备实物图

从燃料电池采集到的电压与电流信号会分别经过信号调理电路来实现放大和滤波,电压和电流的信号调理电路设计参数保持一致。然而,在实际硬件电路中,电阻、电容和运算放大器等元器件的本体特性是不一致的,两个通道的增益和相移之间会存在差异,这也直接影响到阻抗计算结果的精度。因此,需对两路信号调理电路的一致性进行评估并采用软件修正。信号调理电路评估方案如图 6-2-18 所示,利用信号发生器向电流信号调理电路和电压信号调理电路同时输入相同的正弦信号,由示波器采集两路调理电路的输出信号,以评估两路调理电路对输入信号的增益一致性与相移一致性。

设置频率为 1～500 Hz、峰峰值为 30 mV、带 2 V 直流偏置的正弦输入信号 U_{IN},以 100 Hz 实验结果为例,此时示波器采集到的输出信号 U_{OUTa} 与 U_{OUTb} 如图 6-2-19 所示,可知 U_{OUTa} 与 U_{OUTb} 基本重合。利用 MATLAB 对两个信号进行

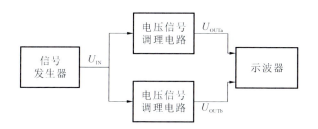

图 6-2-18　信号调理电路评估方案

进一步分析。首先考察增益一致性,将示波器采集的数据代入式(6-2-32)和式(6-2-33),计算得到 U_{OUTa} 与 U_{OUTb} 的幅值分别为 6.2325 V 和 6.2520 V,将两幅值作商,设之为 Q,可得 $Q=0.9969$。Q 值越接近 1,表示两路信号调理电路的增益特性越一致,由 $Q=0.9969$ 可知,两路信号调理电路具有良好的增益一致性。主控模块将根据 Q 值对幅值计算结果进行软件修正,以提高阻抗计算的精度。

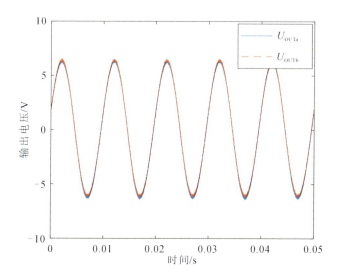

图 6-2-19　U_{OUTa} 与 U_{OUTb} 的波形图

其次考察相移一致性,将 U_{OUTa} 与 U_{OUTb} 的采样数据输入图 6-2-15 所示的仿真电路进行相位差计算,计算结果如图 6-2-20 所示。可知 U_{OUTa} 相对 U_{OUTb} 存在 0.3438° 的相移。正弦信号的一个周期为 360°,将 0.3438° 与 360° 作商,设之为 K,可得 $K=0.0010$。K 值越接近 0,表示两路信号调理电路的相移特性越一致,由 $K=0.0009$ 可知,两路信号调理电路具有良好的相移一致性。主控模块

将根据 K 值对相位角计算结果进行软件修正,以提高阻抗计算的精度。

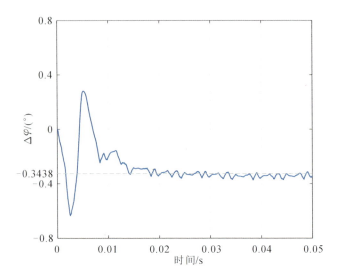

图 6-2-20　U_{OUTa} 与 U_{OUTb} 相位差的计算结果

同理,对其余频率下的实验数据进行采集和分析整理,得到相应的 U_{OUTa} 与 U_{OUTb} 的幅值比、相位差信息,如表 6-2-4 所示。由表 6-2-4 可知,在目标信号分别经过两路交流信号调理电路后,其蕴含的幅值和相位信息可以很好地保留下来,进而可以完整地保留其阻抗信息。

表 6-2-4　U_{OUTa} 与 U_{OUTb} 的幅值比、相位差信息

U_{IN} 频率/Hz	500	400	200	100	50	30	10	5	3	1
Q	0.9951	0.9950	0.9967	0.9969	0.9942	0.9918	0.9931	0.9936	0.9941	0.9961
K	0	0.0002	0.0002	0.0009	0.0002	0	0.0002	0	0.0002	0.0002

6.3　基于交流阻抗的燃料电池水状态辨识技术

交流阻抗谱蕴含着丰富的燃料电池电化学反应状态信息以及物质传输过程的信息,对电堆的水淹与膜干状态均有良好的表征效果。图 6-3-1 所示为在某一电流密度下,电堆分别处于正常、膜干和水淹状态下的交流阻抗谱。横坐标为阻抗实部,纵坐标为阻抗虚部,阻抗数据已进行单位面积归一化处理。阻抗测量频率范围为 0.1～500 Hz,各频点频率由左至右依次减小。可见与正常

状态相比,膜干状态阻抗谱整体右移。这是由于当电堆处于膜干状态时,需要水分子作为载体的质子传导过程受阻,欧姆阻抗显著增大。欧姆传导过程的时间尺度很小,在阻抗谱中体现为高频阻抗的增加。与正常状态相比,水淹状态阻抗谱的半径显著增加。这是因为当电堆发生水淹时,液态水阻碍了反应物的供给,传质阻抗显著增大。质量传输的时间尺度较大,在阻抗谱中体现为低频阻抗的增大,阻抗谱半径因此增加。因此,阻抗谱中不同频段的数据能够反映不同的电极过程,从而展示出对电堆内部水含量的强大表征能力。故可通过分析不同含水状态的电堆阻抗谱,挖掘敏感参数,探究含水量的辨识方法。

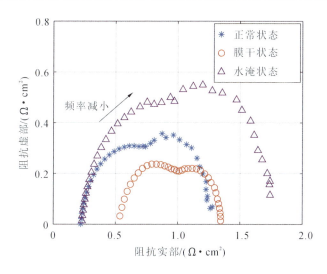

图 6-3-1　燃料电池交流阻抗谱

6.3.1　基于交流阻抗的燃料电池测试方案

电堆处于不同含水状态时,其交流阻抗谱会呈现不同的形态。为了实现基于交流阻抗的含水量辨识,需要对电堆进行全面的测试,获取其在全电流密度下不同含水状态的阻抗谱并进行对比分析,从而探究交流阻抗中对电堆含水量变化敏感且易于计算的参数。本节将对所用的实验测试平台进行介绍,并基于测试平台的功能提出总体测试方案。

1. 实验设备介绍

实验所用燃料电池测试平台的基本框图如图 6-3-2 所示,氢气和空气均由高压储气罐提供,高压气体经过减压阀减压后,由质量流量控制器调控入堆的气体流量。本实验根据当前的电流密度将气体流量换算为气体的计量比。气体的加湿状态由加湿阀门和旁路阀门的开闭控制。当加湿阀门打开,旁路阀门关闭,气体被加湿后进入电堆,加湿器的水温恒定在 55 ℃;当旁路阀门打开,加湿阀门关闭,干燥的气体直接进入电堆。循环水箱、散热器、循环泵用于调控出堆冷却液温度,从而控制电堆内的反应温度。测试平台配置有人机交互界面,以便于操作人员控制阀门开闭、进气流量、电堆温度等操作条件。由于燃料电池的堆温、节电压、输出电流、输出电压、输出功率、进气流量等信息被实时采集、显示与存储,因此操作人员可及时了解电堆的运行状态,方便对电堆执行适当的操作。本实验所用的阻抗测试仪器是瑞士万通 PGSTAT304 电化学工作站。

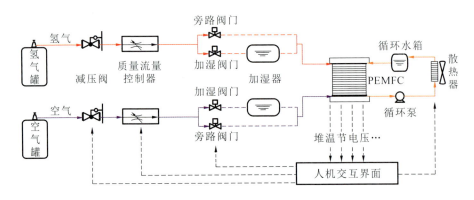

图 6-3-2　燃料电池测试平台的基本框图

2. 实验方案介绍

为获取燃料电池在不同含水状态下的交流阻抗谱,鉴于所用测试平台的调控能力,我们设计了如表 6-3-1 所示的三种操作模式,使得电堆分别运行在正常、膜干、水淹三个不同的含水状态,同时测试其阻抗谱。

表 6-3-1　改变燃料电池含水状态的三种操作模式

模式	氢气湿度/(%)	空气湿度/(%)	电堆温度/℃	氢气计量比	空气计量比
正常模式	60	60	65	1.2	2.0
膜干模式	0	0	65	1.2	3.0
水淹模式	60	60	50	1.2	2.0

表 6-3-1 中,正常模式是能够使电堆正常稳定运行的操作模式,此模式下氢气和空气的计量比分别为 1.2 和 2.0,堆温为 65 ℃。加湿阀门打开,阴、阳极气体经加湿器饱和加湿后进入电堆。加湿后气体的露点等于加湿器温度(55 ℃),进入 65 ℃ 的电堆后,气体的相对湿度约折算为 60%。正常模式的操作条件是电堆在所有工作电流密度下的优选条件,该模式下,电堆能够在良好的输出状态下稳定长时间运行,节电压、气体进出堆压差等参数均不出现异常。因此可认为在正常模式下,电堆进气给水、反应产水和尾气排水三者达到动态平衡。膜干模式是能够令电堆处于膜干状态的操作模式,此时阴、阳极气体不经过加湿器直接进入电堆,空气计量比增至 3.0,氢气计量比和堆温与正常模式相同。膜干模式下反应气体不携带水蒸气进入电堆,电堆内湿度全靠反应产水来保持。空气计量比由 2.0 增至 3.0 后,系统产水与排水平衡被打破,更多水分将被排出电堆,最终将导致电堆处于膜干状态。水淹模式是能够令电堆处于水淹状态的操作模式。此模式下,电堆温度从 65 ℃ 降低到 50 ℃,其他操作条件与正常模式相同。依据饱和蒸汽压公式可知,露点为 55 ℃ 的气体进入 50 ℃ 的电堆后,气体的相对湿度大于 100%,此时,阴、阳极气体中的水蒸气将在堆内冷凝,导致液态水在堆内聚集,最终令电堆处于水淹状态。由于无法通过中子成像、X 光等方法直接获取电堆内部的含水情况,因此需要结合节电压来判断电堆是否处于膜干或水淹状态。本书采用的判断依据如下:

(1) 膜干状态的判据:电堆运行在膜干模式且节电压相对正常模式下降 5%;

(2) 水淹状态的判据:电堆运行在水淹模式且节电压相对正常模式下降 5%。

上述判据是含水状态判断的充分条件。表 6-3-1 所示的进气湿度和电堆温度等操作条件是影响电堆含水量的主要因素,三种模式对应的操作条件具有很好的区分度。因此,可以认为在不同操作模式下,结合节电压下降程度来判断膜干和水淹状态的方案是可信的,不容易发生误判。

在电流密度 $j=0.7$ A/cm^2 的条件下,燃料电池依次运行于上述膜干、正常、水淹三种操作模式下,其平均节电压的变化情况如图 6-3-3 所示。膜干模式开始执行后,空气计量比由 2.0 增加至 3.0,电堆会因高氧浓度而呈现出较高的电压。空气计量比的增加会打破电堆内部产水和排水的平衡状态，使得更多水分被带走，最终导致电堆处于膜干状态。

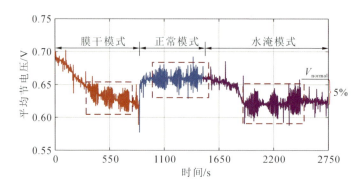

图 6-3-3　不同操作模式下的电堆平均节电压变化情况

如图 6-3-3 所示，经一段时间后，随着电堆逐渐变干，节电压开始持续下降。当平均节电压低至正常模式平均节电压 V_{normal} 的 95% 时，判断电堆进入膜干状态。若节电压尚未下降至 V_{normal} 的 95% 便保持稳定，则认为在该电流密度和操作条件下，电堆不会进入膜干状态。随后执行正常模式的运行条件，节电压回升，电堆恢复到正常运行状态。最后执行水淹模式的运行条件，进气的湿度和温度较高，入堆口气体中的水蒸气将在堆内冷凝，大量液态水进入电堆，液态水将填满气体扩散层的多孔介质并堵塞流道，导致输出性能变差。当节电压下降至 V_{normal} 的 95% 时，判断电堆进入水淹状态。若节电压尚未下降至 V_{normal} 的 95% 便保持稳定，则认为在该电流密度和操作条件下，电堆不会进入水淹状态。

6.3.2　交流阻抗谱与运行状态的相关性分析

电堆含水量是自身反应产水与外部操作条件共同作用的结果，当电堆工作在高电流密度（$j>0.8\ A/cm^2$）时，反应产水足够维持正常运行，无法进入前文所述的膜干状态；而电堆运行在低电流密度（$j<0.6\ A/cm^2$）时，自身产水量较少，无法进入前文所述的水淹状态。本节将针对电堆在中低电流密度下的膜干阻抗谱和中高电流密度下的水淹阻抗谱，对比分析不同电流密度下的 Nyquist 图和 Bode 图，以探究与电堆含水量有关的辨识指标。

1. 膜干实验结果分析

电堆运行在四种中低电流密度($j=0.3$、0.6、0.7、0.8 A/cm²)下的正常状态与膜干状态阻抗谱如图 6-3-4(a)~(d)所示,阻抗谱均以 Nyquist 图和 Bode 图两种形式呈现。

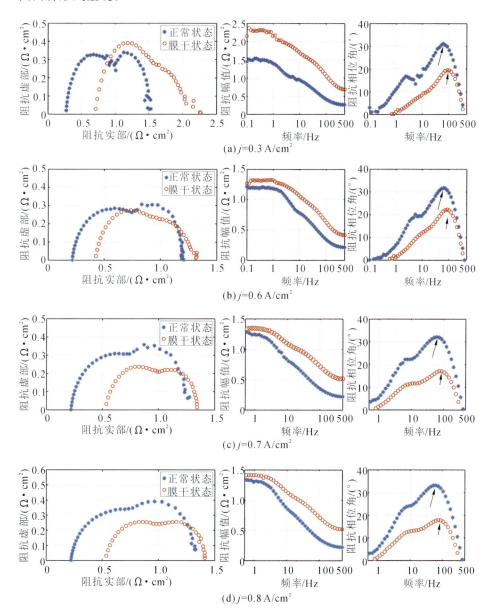

图 6-3-4 膜干实验结果

由 Nyquist 图可知,与正常状态相比,膜干状态下的交流阻抗谱整体右移,实轴高频截距增大,表明电堆的欧姆阻抗变大,质子交换膜内阻在膜干时显著增加。Bode 图可直观显示出阻抗幅值及相位角与频率之间的关系。膜干状态下,所有频点的阻抗幅值变大,相位角变小。由 Bode 图幅频特性曲线可知,在中高频段(10 Hz 以上),各电流密度下正常状态和膜干状态的阻抗幅值区分非常明显;Bode 图相频特性曲线显示阻抗相位角在中频段(10~100 Hz)内存在峰值,在该峰值相位角对应的频率附近,正常状态和膜干状态的阻抗相位角区分非常明显,各电流密度下的最大相位差为 17°~22°。

2. 水淹实验结果分析

电堆运行在四种中高电流密度($j=0.6$、0.7、0.8、1.0 A/cm^2)下的正常状态与水淹状态阻抗谱如图 6-3-5(a)~(d)所示,阻抗谱均以 Nyquist 图和 Bode 图两种形式呈现。

由 Nyquist 图可知,正常和水淹状态的高频阻抗几乎无变化,这是因为当电堆充分湿润时,质子交换膜内阻变化不大。相比于正常状态,水淹状态下阻抗谱圆弧的半径明显增加,这是受水淹时电堆的传质阻抗增加的影响。传质是一个缓慢的过程,主要影响低频阻抗;实验结果与理论相符。由 Bode 图可知,与正常状态相比,水淹状态下中低频阻抗幅值和相位角均增大。幅频特性曲线表明,只有在 1 Hz 以下的频率范围内,正常状态与水淹状态的阻抗幅值才对所有电流密度提供良好的区分性。此外,由相频特性曲线可知,阻抗相位在中频段(10~100 Hz)存在峰值,在该峰值相位角对应的频率附近,正常状态和水淹状态的阻抗相位角区分明显,各电流密度下的最大相位差为 5°~10°。

3. 阻抗谱对比分析

根据上节实验结果,燃料电池的正常状态、膜干状态、水淹状态在阻抗谱 Nyquist 图上表现出显著的差异。但 Nyquist 图的一般分析方法如等效电路法、弛豫时间分布法均需要获取全频段的阻抗信息,耗时过长,不适合作为在线水管理系统的含水量辨识指标。由于膜干会导致高频阻抗增加,水淹会导致低频阻抗增加,正如文献[25]中所述,使用 Nyquist 图上某个高频点(如 1 kHz)的阻抗数据来辨识膜干状态,结合某个低频点(如 0.5 Hz)的阻抗数据来辨识水淹

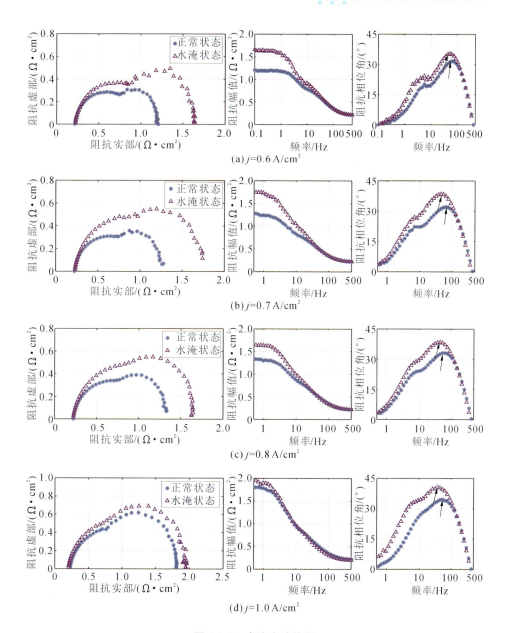

图 6-3-5 水淹实验结果

状态的方法,在理论上是可行的。此外,这种方法还能显著缩短所需的辨识时间。然而在实际应用中,由于燃料电池是动态运行的系统,低于 1 Hz 频点的测量极易受噪声的干扰。正如文献[26]的测试数据显示,低频点的数据会成为阻抗谱中的噪点,测出的数据是杂乱、没有规律的。此外,由于只利用了单一的极低频点阻抗数据,无法像等效电路法、弛豫时间分布法等方法那样利用全频信息来拟合修正低阻抗值,因此该方法的测量结果的可重复性较差,在实际操作中容易发生误判。根据以上分析,本节将重点挖掘阻抗谱 Bode 图中蕴含的信息,以寻求一个兼顾准确性与实时性的含水量辨识方法。

图 6-3-6 汇总了上节实验中所有电流密度下的水淹、正常和膜干状态的幅频和相频特性曲线。由图 6-3-6(a)所示的幅频特性曲线可知,无法利用单一频点的阻抗幅值来区分所有电流密度下的正常、水淹和膜干状态。由图 6-3-6(b)所示的相频特性曲线可知,在峰值相位角对应的频率附近,即约 20～90 Hz 频段内,正常状态、水淹状态和膜干状态在阻抗相位角上表现出了显著的差异。在所有的电流密度下,相频特性曲线都呈现出膜干状态相位角最小、水淹状态相位角最大的特点,且没有出现混叠现象。该现象的出现并非特例,文献[31]针对 Ballard 公司的新电堆和工作 10000 小时后的旧电堆的测试也得到了相似的结果,佐证了该现象的普遍性。因此,在峰值相位角对应频率附近的频段内,阻抗相位角可以作为电堆内部水含量辨识的重要依据。

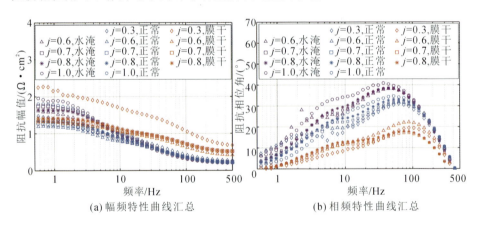

(a) 幅频特性曲线汇总   (b) 相频特性曲线汇总

图 6-3-6　实验结果 Bode 图汇总

4. 阻抗相位角与电堆含水量的相关性分析

由上述讨论可知,在水淹、膜干和正常状态下,阻抗谱的相频特性曲线在峰值点附近能够提供明显的区分性。这说明阻抗相位角是一个对电堆含水量敏感的参数。为了进一步验证阻抗相位角与电堆含水量的相关性,我们在电流密度 $j=0.7$ A/cm² 的条件下开展了不同操作模式和操作时间的阻抗相位角敏感性实验,实验结果如图 6-3-7 所示。由图 6-3-7 可知,当电堆内的湿度增加时,阻抗的峰值相位角增加,峰值相位角对应的频率依次减小。从实验数据可知,峰值相位角与电堆含水量呈正相关,即电堆越湿润,该值越大。

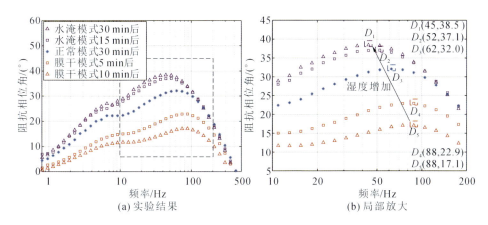

图 6-3-7 不同操作模式与操作时间的阻抗相位角敏感性实验

从实验现象得知峰值相位角与电堆含水量的关系后,需利用等效电路从理论上进一步解释该现象。建立如图 6-3-8 所示的燃料电池等效电路模型,其中 R_m 为欧姆阻抗,R_d 为传质阻抗,这两个参数均对电堆含水量的变化较敏感。CPE 为恒相位元件,用于描述因燃料电池电极表面多孔性分布不均匀而呈现的非理想电容现象[32],这种容性特性与传统理想电容的行为有所不同。

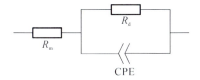

图 6-3-8 燃料电池等效电路模型

CPE 的阻抗表达式如式(6-3-1)所示:

$$Z_{CPE} = \frac{1}{Y_0 \times (j\omega)^N} \quad (6\text{-}3\text{-}1)$$

式中,Y_0 为 CPE 的容性系数;N 为衡量电极表面均匀程度的参数。N 的取值一般在 0.5~1 之间，N 值越大，电极表面均匀程度越高[33]。当 $N=1$ 时，CPE 模块表现为一理想电容。

图 6-3-8 所示的等效电路模型的阻抗相位角表达式为

$$\theta = \arctan\left[\frac{\sin\frac{N\pi}{2}}{\left(1+\frac{R_m}{R_d}\right)\times\frac{1}{R_d\times Y_0\times\omega^N}+\frac{R_m}{R_d}\times R_d\times Y_0\times\omega^N+\left(1+\frac{2R_m}{R_d}\right)\cos\frac{N\pi}{2}}\right]$$

(6-3-2)

在峰值相位角对应的频率处，阻抗相位角的变化率为 0。对式(6-3-2)进行求导，并令其为 0，得到峰值相位角对应的角频率表达式：

$$\omega_{\max} = \left(\frac{1}{R_d\times Y_0}\sqrt{\frac{R_d+R_m}{R_m}}\right)^{\frac{1}{N}}$$

(6-3-3)

将式(6-3-3)代入式(6-3-2)，求得峰值相位角表达式为

$$\theta_{\max} = \frac{180}{\pi}\arctan\left[\frac{\sin\frac{N\pi}{2}}{2\sqrt{\left(\frac{R_m}{R_d}\right)^2+\frac{R_m}{R_d}}+\left(1+\frac{2R_m}{R_d}\right)\cos\frac{N\pi}{2}}\right]$$

(6-3-4)

可见，峰值相位角的大小与参数 R_m/R_d、$\cos(N\pi/2)$ 的值成反比，与 $\sin(N\pi/2)$ 的值成正比。又因参数 N 的取值一般在 0.5~1 之间，因此峰值相位角与 R_m/R_d 成反比，与 N 成正比。

将图 6-3-7 所示的实验结果进行等效电路拟合，得到各阻抗参数拟合值，并基于拟合值计算 R_m/R_d、$\sin(N\pi/2)$、$\cos(N\pi/2)$，整理结果如表 6-3-2 所示。可知，相对于正常模式下，欧姆阻抗 R_m 在膜干模式下的变化量较大，而在水淹模式下的变化不明显；传质阻抗 R_d 在水淹模式下的变化量较大，而在膜干模式下的变化量较小。而 R_m/R_d 在电堆操作模式由膜干到正常再到水淹这一过程中（即电堆湿度逐渐增加的过程中）呈递减趋势。同时 N 值在这一过程中递增，这是因为随着水分的逐渐增多，电荷转移过程变得更加困难，导致催化剂表面的双电层维持了一个相对稳定的状态。这种稳定的双电层状态提高了电极表面的均匀性。因此，R_m/R_d 与电堆湿度成反比，N 与电堆湿度成正比。

基于以上分析，可以得到以下结论：

$$\theta_{\max} \propto \left\{1/\left(\frac{R_m}{R_d}\right), 1/\cos\frac{N\pi}{2}, \sin\frac{N\pi}{2}\right\} \propto \left\{1/\left(\frac{R_m}{R_d}\right), N\right\} \propto 电堆湿度$$

(6-3-5)

即峰值相位角与电堆湿度呈正相关。

表 6-3-2　等效电路参数拟合值

等效电路 参数拟合值	膜干模式 10 min	膜干模式 5 min	正常模式 30 min	水淹模式 15 min	水淹模式 30 min
$R_m/(\Omega \cdot cm^2)$	0.36	0.17	0.16	0.18	0.19
$R_d/(\Omega \cdot cm^2)$	1.04	0.91	1.18	1.44	1.63
$\dfrac{R_m}{R_d}$	0.346	0.187	0.136	0.125	0.117
Y_0	3.01	4.24	3.77	2.75	2.62
N	0.600	0.618	0.677	0.748	0.753

将表 6-3-2 中等效电路参数拟合值代入式(6-3-2)，求得阻抗峰值相位角拟合值。整理阻抗峰值相位角拟合值、阻抗峰值相位角实测值与峰值相位角对应频率，得到表 6-3-3。可知阻抗峰值相位角的拟合值与实测值有相同的变化规律，且二者具有较高的吻合度，证明了所用等效电路的有效性。至此，从实验结果、参考文献和理论分析中均能得出燃料电池阻抗相位角与含水量呈高度正相关的结论，证明了阻抗相位角是一个具有普适性的含水量辨识指标。

表 6-3-3　峰值相位角数据汇总

模式	膜干模式 10 min	膜干模式 5 min	正常模式 30 min	水淹模式 15 min	水淹模式 30 min
峰值相位角拟合值/(°)	18.9	24.6	32.0	37.1	38.1
峰值相位角实测值/(°)	17.1	23.0	32.1	37.1	38.5
峰值相位角对应的频率/Hz	88	88	62	52	45

由表 6-3-3 可知，不同湿度条件下的峰值相位角对应的频率落在较窄的中频范围(45～88 Hz)内。根据前述分析，峰值相位角频点附近的相位角对不同含水状态也有良好的区分性。因此，根据中频段内的一个或几个优选频点测得的阻抗相位角可作为燃料电池含水量的辨识依据。

6.3.3　基于单频点阻抗相位角的电堆含水量辨识

分析实验数据可知，中频段内的阻抗相位角对电堆所有电流密度下的不同含水状态均有很强的区分能力。由于辨识所用数据越少,辨识耗时越短,水管理系统的实时性越强,因此,本节提出一种基于单频点阻抗相位角的燃料电池含水量辨识方法,首先,对检测频点进行选择,然后划分含水量辨识阈值,最后对所提方法进行实验验证。

1. 检测频点选取

基于单频点阻抗相位角的燃料电池含水量辨识首先需对所选检测频点进行阻抗相位角测试,再根据所划分的阈值进行辨识。因此,所选的测试频点应具有对膜干或水淹状态区分显著、抗干扰能力强、测量可重复性好的特点。

由图 6-3-6(b)可知,各含水状态的相位角在 10~90 Hz 的频率范围内区分显著,此处对不同电流密度下相频特性曲线的 10~90 Hz 频段进行局部放大,并标注了每条曲线的峰值频率,如图 6-3-9 所示。该频段共有 13 个频点,设 $\Delta\theta_1$ 为水淹和正常状态曲线簇在各频点下相位差的最小值,$\Delta\theta_2$ 为正常和膜干状态曲线簇在各频点下相位差的最小值。各频点对应的 $\Delta\theta_1$ 和 $\Delta\theta_2$ 如表 6-3-4 所示。

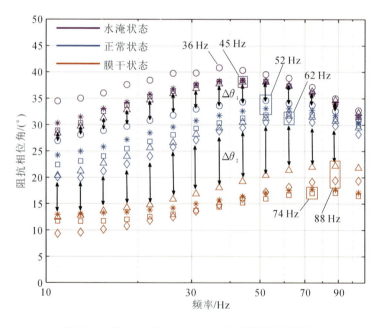

图 6-3-9　图 6-3-6(b)中 10~90 Hz 频段的局部放大

表 6-3-4　正常与水淹、正常与膜干状态曲线簇相位差最小值

f /Hz	11	13	15	18	22	26	31	36	45	52	62	74	88
$\Delta\theta_1/(°)$	1.4	1.6	2.4	3.2	3.9	4.1	4.0	4.1	3.8	3.5	3.3	2.6	2.0
$\Delta\theta_2/(°)$	0.8	3.3	5.1	6.8	8.3	9.6	10.5	11.6	12.3	12.7	12.5	12.6	11.9

由表 6-3-4 可知，$\Delta\theta_1$ 在 22～45 Hz 频段内均大于或等于 3.8°，可认为对水淹状态辨识效果最好的频段是 22～45 Hz；$\Delta\theta_2$ 在 22～88 Hz 频段内均大于或等于 8.3°，可认为对膜干状态辨识效果最好的频段是 22～88 Hz。这两个频段均位于相频特性曲线峰值频率点以下。根据以上分析，两频段的交集 22～45 Hz 为区分正常、水淹和膜干状态的最优频段。在该频段内任意选择一个频点，测量其阻抗相位角，即可实现对电堆水淹和膜干状态的辨识。考虑到越高的阻抗测试频率具有越短的扰动时间，测量受到的外界干扰越小，测量结果越稳定，因此，本书选择 22～45 Hz 频段内的最高频点 45 Hz 作为阻抗测量的目标频率，即以 45 Hz 处的阻抗相位测量值作为辨识电堆发生水淹和膜干的依据。

为证明所选测试频点的测量可重复性，评估测量波动范围，对正常状态下稳定运行的电堆进行连续的单频（45 Hz）阻抗相位角测试。实验结果如图 6-3-10 所示，记 45 Hz 处的阻抗相位角测试值为 $\theta_{45\,Hz}$。可知测量结果的重复性较好，$\theta_{45\,Hz}$ 的波动范围为 ±0.5°。

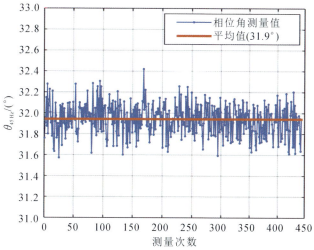

图 6-3-10　单频点阻抗相位角波动曲线

2. 辨识阈值划分

确定测试频点后,需要划分电堆含水量辨识阈值,定义如下 4 个变量:正常阈值区间 $[\theta_{Nor\_L}, \theta_{Nor\_H}]$,水淹阈值 θ_{Fld} 和膜干阈值 θ_{Dry},辨识标准如下:

$$电堆状态 = \begin{cases} 水淹, \theta_{45\ Hz} \geqslant \theta_{Fld} \\ 正常, \theta_{Nor\_L} \leqslant \theta_{45\ Hz} \leqslant \theta_{Nor\_H} \\ 膜干, \theta_{45\ Hz} \leqslant \theta_{Dry} \end{cases} \quad (6\text{-}3\text{-}6)$$

根据图 6-3-6(b)所示实验数据可知,在 0.3~1.0 A/cm^2 电流密度下,电堆处于正常状态时,45 Hz 对应的阻抗相位角的最大值为 34.3°,最小值为 28.8°。根据表 6-3-4 的实验数据,在 45 Hz 处,水淹和正常状态曲线簇间的相位差最小值为 3.8°,正常和膜干状态曲线簇间的相位差最小值为 12.3°。因此,正常状态的相位角区间应在 28.8°~34.3°之内,水淹状态的相位角阈值应在 34.3°~38.1°之间,膜干状态的相位角阈值应在 16.5°~28.8°之间。为了实现故障的提前预判,同时考虑测量结果的波动误差,将正常状态的相位角区间设置为 30°~32°,将水淹状态的判断阈值 θ_{Fld} 确定为 35°,将膜干状态的判断阈值 θ_{Dry} 确定为 24°。当 $\theta_{45\ Hz}$ 位于正常区间内,说明电堆此时含水量适宜,不需要进行水管理调控;当 $\theta_{45\ Hz}$ 大于或等于水淹阈值,说明电堆此时处于水淹状态,需要调节操作条件以降低湿度;当 $\theta_{45\ Hz}$ 小于或等于膜干阈值,说明电堆此时处于膜干状态,需要调节操作条件以提高湿度;而当 $\theta_{45\ Hz}$ 处于由正常到膜干状态或由正常到水淹状态的过渡区间时,虽然电堆含水量已从正常状态偏离,但平均节电压尚未下降到正常状态时的 95% 以下,可根据对电堆湿度调控的严格程度决定是否需要执行水管理调控。本章设计的含水量辨识阈值示意图如图 6-3-11 所示。

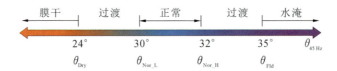

图 6-3-11 含水量辨识阈值示意图

3. 辨识方法验证

基于实验数据对比、等效模型理论分析,本章提出了基于单频点阻抗相位角的燃料电池含水量辨识方法。其辨识过程为：主控模块首先计算 $\theta_{45\,Hz}$，然后根据 $\theta_{45\,Hz}$ 的数值判断电堆的含水状态。

为证明辨识方法的应用价值，需对其辨识的实时性与有效性进行验证。首先考察辨识的实时性，该方法的耗时取决于波形的采集与处理时间。对于 45 Hz 的正弦波，每次采集 20 个周期的波形参与运算，主控模块进行数值运算和含水状态判断所需的时间可忽略不计，因此整个辨识过程耗时少于 0.5 s，因此该辨识方法有很强的实时性。其次考察辨识的有效性，为此设计了验证性实验。实验中，将操作条件设置为水淹模式或膜干模式，使燃料电池由正常状态逐渐变干或变湿，在此过程中持续记录燃料电池的平均节电压与 $\theta_{45\,Hz}$。图 6-3-12 显示了在不同电流密度下的实验结果，并分别对不同操作模式的执行时间段、电堆被判断所处的含水状态进行了标注。

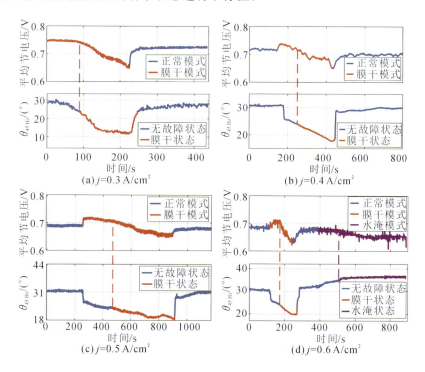

图 6-3-12　基于单频点阻抗相位角的电堆含水量辨识方法验证

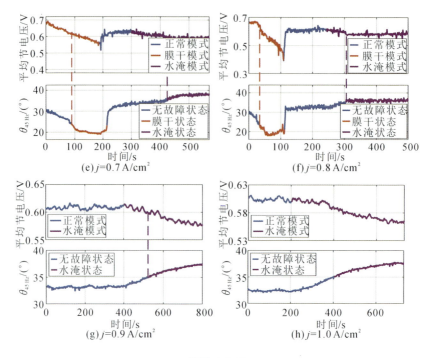

续图 6-3-12

由图 6-3-12(a)~(f)可知,在执行膜干操作模式过程中,$\theta_{45\,Hz}$持续下降,当其降至 24°时,主控模块判断电堆处于膜干状态。此时电堆的平均节电压尚高于正常操作模式时的平均节电压,说明本节提出的辨识方法可以实现对膜干状态的提前预判。由图 6-3-12(d)~(h)可知,在执行水淹操作模式的过程中,$\theta_{45\,Hz}$持续上升,当其升至 35°时,判断电堆处于水淹状态。此时电堆的平均节电压尚未下降至正常操作模式平均节电压的 95% 以下,说明本节所提的辨识方法可以实现对水淹及膜干故障的早期判别。

6.4 燃料电池闭环水管理策略设计及应用验证

本节将基于上文设计的含水量辨识方法,设计燃料电池含水量闭环调控策略与故障恢复策略,以完成对闭环水管理系统的总体设计,并对所设计水管理系统进行实验验证。本节首先设计了以单频点阻抗相位角为含水状态反馈量的闭环水管理策略;然后针对燃料电池系统的特性进行了计算参数的整定和操作条件调控优先级的设计;最后在实验室测试平台上开展应用实验,验证所设计燃料电池闭环水管理系统的功能与应用价值。

6.4.1 燃料电池闭环水管理策略

根据上文的分析,阻抗相位角可用于表征燃料电池内部含水状态,本小节将基于 $\theta_{45\,Hz}$ 完成对燃料电池闭环水管理系统含水量调控策略的设计、计算参数的整定与操作条件调控优先级的设计。

1. 燃料电池闭环水管理策略设计

燃料电池水管理实际上是基于含水量辨识结果,动态调节电堆操作条件的过程。采用 $\theta_{45\,Hz}$ 作为电堆含水状态的辨识依据与含水量表征参数,当电堆含水状态出现异常时,$\theta_{45\,Hz}$ 偏离正常阈值区间,可利用 PI 算法动态调节操作条件,将 $\theta_{45\,Hz}$ 调控回正常范围,实现燃料电池的闭环水管理。影响燃料电池含水量的操作条件通常有阴阳极进气流量、阴阳极进气湿度、电堆运行压力、电堆温度等,基于实验所用测试平台的调控能力考虑,此处选择阴极空气流量与电堆温度作为调控的操作条件,并设计了如图 6-4-1 所示的燃料电池闭环水管理策略。

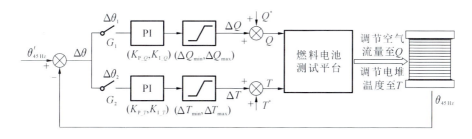

图 6-4-1　燃料电池闭环水管理策略示意图

水管理系统的主控模块根据实测到的 $\theta_{45\,Hz}$ 进行含水量辨识与调节,调控流程为:首先进行 $\theta_{45\,Hz}$ 测试,基于当前 $\theta_{45\,Hz}$ 的值辨识电堆含水状态,以设定期望含水量对应的阻抗相位角 $\theta'_{45\,Hz}$。G_1 和 G_2 为操作条件选择模块,用以将期望值与实际值之差 $\Delta\theta$ 的值赋予 $\Delta\theta_1$ 或 $\Delta\theta_2$,以决定该周期采用空气流量还是电堆温度作为含水量调控的操作条件。然后,将 $\Delta\theta_1$ 或 $\Delta\theta_2$ 进行 PI 运算与限幅后,求出当前空气流量 Q^* 或当前电堆温度 T^* 需调整的量 ΔQ 或 ΔT,结合当前量计算

出空气流量设定值 Q 或电堆温度设定值 T。最后，水管理系统主控模块与燃料电池测试平台主控模块通信，将 Q 和 T 发送至测试平台，以调节当前操作条件。当空气流量或电堆温度被调控至设定值后，继续进行下一周期的 $\theta_{45\,Hz}$ 测试与 PI 调节。当 $\theta_{45\,Hz} = \theta'_{45\,Hz}$ 时，认为含水量已被调节至期望值，水管理达到预期目标。为完善上述闭环水管理策略，需要进行计算参数的整定和操作条件调控优先级的设计。

计算参数包括含水量期望值 $\theta'_{45\,Hz}$、空气流量 PI 运算参数 K_{P_Q} 与 K_{I_Q}、电堆温度 PI 运算参数 K_{P_T} 与 K_{I_T}、空气流量调整量限幅值 $\Delta Q_{\min}$ 与 $\Delta Q_{\max}$、电堆温度调整量限幅值 $\Delta T_{\min}$ 与 $\Delta T_{\max}$。其中，$\theta'_{45\,Hz}$ 取值规则如下：

$$\theta'_{45\,Hz} = \begin{cases} \theta_{Nor\_L}, & \theta_{45\,Hz} < \theta_{Nor\_L} \\ \theta_{45\,Hz}, & \theta_{Nor\_L} \leqslant \theta_{45\,Hz} \leqslant \theta_{Nor\_H} \\ \theta_{Nor\_H}, & \theta_{45\,Hz} > \theta_{Nor\_H} \end{cases}$$

$$= \begin{cases} 30°, & \theta_{45\,Hz} < 30° \\ \theta_{45\,Hz}, & 30° \leqslant \theta_{45\,Hz} \leqslant 32° \\ 32°, & \theta_{45\,Hz} > 32° \end{cases} \tag{6-4-1}$$

根据前文定义，$\theta_{45\,Hz} \in [\theta_{Nor\_L}, \theta_{Nor\_H}]$ 表示燃料电池含水量处于正常状态。当 $\theta_{45\,Hz}$ 小于 θ_{Nor_L} 时，认为此时电堆有膜干的趋势，故令 $\theta'_{45\,Hz} = \theta_{Nor\_L}$；当 $\theta_{45\,Hz}$ 大于 θ_{Nor_H} 时，认为此时电堆有水淹的趋势，故令 $\theta'_{45\,Hz} = \theta_{Nor\_H}$；当 $\theta_{45\,Hz}$ 位于所设含水量正常状态区间时，认为此时电堆湿度正常，故令 $\theta'_{45\,Hz} = \theta_{45\,Hz}$，即 $\Delta\theta$ 清零，以维持当前电堆含水状态，不再调整操作条件。其余参数 K_{P_Q}、K_{I_Q}、K_{P_T}、K_{I_T}、$\Delta Q_{\min}$、$\Delta Q_{\max}$、$\Delta T_{\min}$、$\Delta T_{\max}$ 的取值，需要依据燃料电池含水量对空气流量和电堆温度的响应特性来整定。

操作条件调控优先级的设计即是对操作条件选择模块 G_1 和 G_2 的设计，需要根据实际燃料电池系统对空气流量与电堆温度的调控能力、操作条件对电堆湿度的调控特性，来定义何种情况下通过空气流量调控含水量，何种情况下通过电堆温度调控含水量。

2. 阻抗相位角对空气流量的开环响应特性分析

空气流量对燃料电池性能有很大的影响。从水管理的角度来看，空气流量越大,相同时间内从电堆内部带走的水分越多,反之,从电堆内部带走的水分越少,因此,空气流量能够作为燃料电池含水量的调控手段。为整定与空气流量相关的水管理计算参数,需要进一步探究空气流量对含水量的调控能力。本节利用空气计量比定义空气流量改变的尺度,选取与电堆含水量强相关的参数——在 45 Hz 检测频点的阻抗相位角($\theta_{45\,Hz}$),作为表征燃料电池含水量的指标。以此为基础,开展了探究空气流量对阻抗相位角调控特性影响的实验研究,具体实验参数如表 6-4-1 所示。

表 6-4-1　空气流量对检测频点阻抗相位角影响的实验参数

参数	值
电流密度/(A/cm²)	0.4、0.7、0.9
电堆温度/℃	60
初始相位角/(°)	30
空气计量比改变幅度	-0.6、+0.6

选取低、中、高三个不同电流密度进行实验,电堆温度固定为 60 ℃,将各电流密度下 $\theta_{45\,Hz}$ 初始值调控为 30°,以近似统一电堆的初始含水状态。在此基础上,空气计量比分别基于初始值增减 0.6,记录这一过程中 $\theta_{45\,Hz}$ 的变化情况。实验结果如图 6-4-2 所示,其中左纵坐标表示实测的 $\theta_{45\,Hz}$,右纵坐标表示基于当前空气计量比换算的空气流量。

由于空气会直接带走电堆内部的水分,当空气流量改变时,堆内含水状态随即改变,$\theta_{45\,Hz}$ 亦立刻发生变化。当空气流量恢复到初始值时,电堆含水量得以恢复,$\theta_{45\,Hz}$ 亦恢复到初始水平。为设置流量调控的 PI 参数,需进一步对二者的动态特性进行探究。测试平台对空气流量的调节非常迅速,可将空气流量的改变视为阶跃信号,将 $\theta_{45\,Hz}$ 视为响应信号,利用 MATLAB/PID Tuner 工具箱,对二者的传递函数进行拟合。为便于 PI 参数的设计,以一阶的形式拟合传递函数,即

$$G(s)=\frac{K}{T_1 s+1} \tag{6-4-2}$$

图 6-4-2(a)~(f)所示实验数据的拟合结果如表 6-4-2 所示。可知空气流量

的增或减在不同电流密度下的拟合结果非常接近,即在各电流密度下,电堆含水量对空气流量变化的响应曲线都是比较接近的。

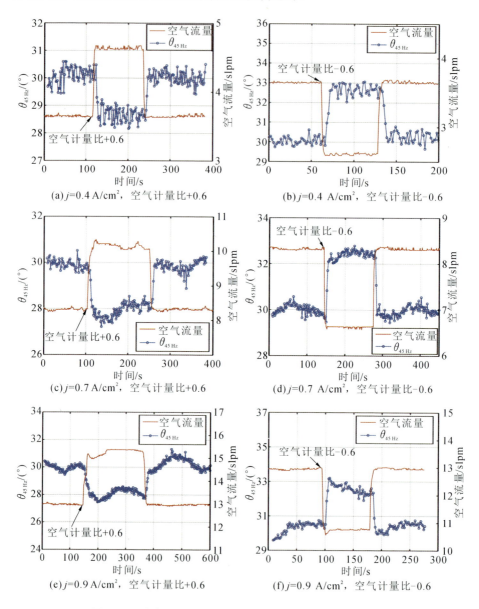

图 6-4-2 空气流量对检测频点阻抗相位角影响的实验结果

表 6-4-2　空气流量与 $\theta_{45\,Hz}$ 的一阶传递函数拟合结果

空气计量比	电流密度/(A/cm²)	K	T_1
+0.6	0.4	−1.66	5.39
	0.7	−1.24	6.59
	0.9	−1.15	9.87
−0.6	0.4	−2.43	3.67
	0.7	−1.48	6.54
	0.9	−1.02	3.86

传递函数的拟合结果可为 PI 参数的整定提供理论依据。根据以上结果，将采用空气流量调控的水管理控制策略的相关参数设置为：$K_{P\_Q}=-1$，$K_{I\_Q}=-0.1$，$\Delta Q_{\min}=-2$ splm，$\Delta Q_{\max}=+5$ splm。

3. 阻抗相位角对电堆温度的开环响应特性分析

电堆温度对燃料电池含水量亦有影响。当电堆温度降低时，堆内水分的蒸发量减少，电堆湿度增加；当电堆温度升高时，更多的水分蒸发出堆，电堆湿度降低。水分蒸发是一个相对缓慢的过程，因此温度对含水量的改变不如空气流量迅速。但在实际燃料电池动力系统中，频繁调节空气流量会增加空压机能耗，造成额外功率损失。而温度调节的代价很小，几乎不额外消耗电堆功率，因此对电堆温度的调节亦是水管理系统重要的调控方式。接下来利用检测频点阻抗相位角（$\theta_{45\,Hz}$）对电堆温度的含水量调控能力做进一步探究，具体实验参数如表 6-4-3 所示。

表 6-4-3　电堆温度对检测频点阻抗相位角影响的实验参数

参数	值
电流密度/(A/cm²)	0.4、0.7、0.9
电堆初始温度/℃	60
初始相位角/(°)	30
电堆温度改变幅值/℃	−5、+5

选取低、中、高三个不同电流密度进行实验，电堆初始温度设为 60 ℃，将各电流密度下 $\theta_{45\,Hz}$ 初始值调控为 30°，以近似统一电堆的初始含水状态。在此基础上，电堆温度分别基于初始值增减 5 ℃，记录这一过程中 $\theta_{45\,Hz}$ 的变化情况。

实验结果如图 6-4-3 所示,其中左纵坐标表示实测的 $\theta_{45\,Hz}$,右纵坐标表示所记录的电堆温度。

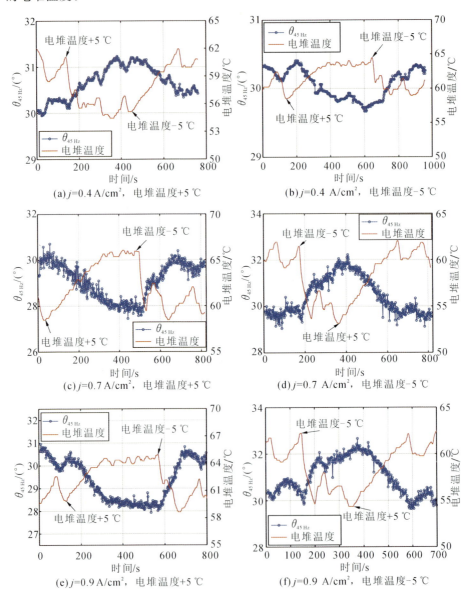

图 6-4-3 电堆温度对检测频点阻抗相位角影响的实验结果

可见测试平台对电堆温度的调节作用缓慢且存在较大波动,温度调节指令下达后,需要较长的时间才能调节到设定值;电堆温度到达设定值后,在设定值附近存在±2 ℃的波动,从而导致 $\theta_{45\,Hz}$ 亦发生波动。虽然温度变化本身不能视为阶跃信号,但从水管理系统的角度看,温度调节指令是一个阶跃信号,$\theta_{45\,Hz}$ 是该阶跃信号的响应。而温度的调节由测试平台负责,是水管理的一个中间过程。因此,可利用图 6-4-3 所示实验结果进行温度调节指令与 $\theta_{45\,Hz}$ 的一阶传递函数拟合,为水管理系统的温度调控提供理论依据。拟合结果如表 6-4-4 所示,可知在相同的电流密度条件下,不管是升高温度还是降低温度,其拟合结果均非常接近,即在各电流密度下,含水量对电堆温度调节指令的响应都是比较接近的。根据以上结果,本文将采用电堆温度调控的水管理控制策略的相关参数设置为:$K_{P\_T}=-2.5, K_{I\_T}=-0.02, \Delta T_{min}=-5\ ℃, \Delta T_{max}=+5\ ℃$。

表 6-4-4　温度调节指与 $\theta_{45\,Hz}$ 的一阶传递函数拟合结果

温度调节幅度	电流密度/(A/cm²)	K	T_1
+5 ℃	0.4	−0.11	92.5
	0.7	−0.47	98.7
	0.9	−0.38	80.9
−5 ℃	0.4	−0.20	96.9
	0.7	−0.44	88.2
	0.9	−0.31	63.2

4. 操作条件调控优先级设计

空气流量与电堆温度对燃料电池含水量的调控特性存在不同。空气流量的大小直接影响被携带出堆的水分的多少,且测试平台中的质量流量控制器对空气流量的调控非常迅速,因此空气流量能够实现电堆含水量的快速调节。电堆温度通过影响水分蒸发和冷凝量来改变电堆湿度,且测试平台对温度的控制存在一定的滞后性与波动性,因此电堆温度对含水量的调控速度相对较慢。由于在实际燃料电池动力系统中,调节空气流量需要使用空压机,若只利用空气流量调控含水量,会导致空压机频繁变载,进而造成燃料电池额外的功率损耗。为了减少空压机的使用,仍需将电堆温度作为含水量调控的外部操作条件之一。

由上文实验结果可知,在电堆初始温度 60 ℃的基础上增加或减少 5 ℃,造

成 $\theta_{45\,Hz}$ 的变化幅度在 ±2° 以内。因此在正常工作范围内,电堆温度对含水量的调节能力是有限的。基于以上分析,本文设置的操作条件选择模块 G_1 和 G_2 如图 6-4-4 所示,当 $\theta_{45\,Hz}$ 相对期望含水量偏离较小($|\Delta\theta|\leqslant 2°$)时,电堆含水状态不至于达到异常,可通过调节电堆温度的方式慢慢控制含水量,因此令 $\Delta\theta_1=0$,$\Delta\theta_2=\Delta\theta$;当 $\theta_{45\,Hz}$ 相对期望含水量有较大偏移($|\Delta\theta|>2°$)时,为了防止电堆发生膜干或水淹故障,则要通过调节空气流量的方式使含水量迅速恢复,因此令 $\Delta\theta_1=\Delta\theta$,$\Delta\theta_2=0$。

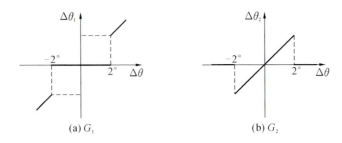

图 6-4-4　操作条件选择模块的输入输出关系示意图

6.4.2　燃料电池含水量调控策略验证

经过以上分析与讨论,水管理系统含水量调控策略的设计已完成,策略调控目标是始终将电堆含水量维持在正常区间。本小节将对所设计燃料电池闭环水管理系统进行应用实验。待燃料电池在正常状态稳定运行后,手动改变操作条件以使其含水量偏离正常状态,同时运行水管理程序,以验证水管理系统的调控能力与调控效果。为证实该水管理系统适用于燃料电池系统的多变工况,分别在恒载和变载的情况下进行实验。

1. 水管理故障恢复应用验证

故障恢复是燃料电池水管理系统应具备的基本功能,水淹和膜干故障对电堆有不可逆的伤害,是导致电堆寿命缩短的主要原因之一。一个良好的水管理系统应能提前对膜干、水淹故障进行辨识与调控,避免电堆处于故障状态。为验证前文所设计的燃料电池闭环水管理系统的故障恢复功能,设置水管理调控区间如图 6-4-5 所示。当主控模块检测到 $\theta_{45\,Hz}$ 位于过渡区间,且正在向膜干或水淹状态偏离时,认为电堆尚未发生水故障,不执行含水量调控。只有主控模块判定电堆处于膜干或水淹状态后(检测到 $\theta_{45\,Hz} \leqslant \theta_{Dry}$ 或 $\theta_{45\,Hz} \geqslant \theta_{Fld}$ 后),才执行调控,将 $\theta_{45\,Hz}$ 控制回正常状态区间。

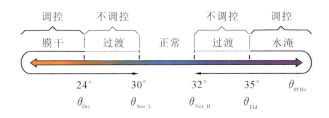

图 6-4-5　故障恢复实验水管理调控区间

图 6-4-6 为水管理系统对膜干故障的恢复过程,并标注了水管理开启后的若干个控制周期。表 6-4-5 记录了部分控制周期的实验数据。实验开始后,待燃料电池在正常状态运行稳定,约 130 s 的时刻,人为增加空气进气流量使燃料电池朝膜干状态发展,并运行水管理闭环程序。可见在第 1~11 个控制周期,$\theta_{45\,Hz}$ 持续下降,但尚未小于膜干辨识阈值,此时不执行含水量调控,$\Delta Q = \Delta T = 0$,操作条件不变,含水量继续下降。在第 12~15 个控制周期,$\theta_{45\,Hz}$ 小于膜干辨识阈值,水管理系统判定电堆处于膜干状态,开始进行闭环调控。此时需要利用空气流量进行含水量调控,主控模块依据所测 $\theta_{45\,Hz}$ 进行空气流量的 PI 运算与设定值下发。可见当空气流量减少时,空气携带走的水分也减少,$\theta_{45\,Hz}$ 开始回升。在第 16~18 个控制周期,$\theta_{45\,Hz}$ 上升至温度的调控范围(即 $|\Delta\theta| \leqslant 2°$),电堆温度逐渐下降,电堆内部湿度增加。该阶段的控制响应相对缓慢,这是因为温度改变所需的时间更长。在第 18 个控制周期以后,$\theta_{45\,Hz}$ 恢复至正常范围内,此时保持当前操作条件不变,以维持电堆含水量。

由图 6-4-6 可知,增加进气流量虽会暂时升高平均节电压,但电堆会越来越干,最终节电压会下降到很低的水平。该水管理系统在平均节电压尚高于正常状态平均节电压时就能辨识到电堆的膜干状态,体现出对膜干故障的预判能力。由表 6-4-5 可知,从判定电堆处于膜干状态的第 12 个控制周期开始,到第 13 个控制周期,$\theta_{45\,Hz}$ 已回升至高于膜干阈值的范围,即电堆已从膜干状态中恢复,该过程耗时 22 s,体现出水管理系统对膜干故障的迅速恢复能力。从膜干状态恢复后,水管理系统进一步将燃料电池含水量调控回了正常状态区间,平均节电压亦恢复到与初始的正常状态相同的水平,体现出所设计故障恢复策略的合理性与有效性。

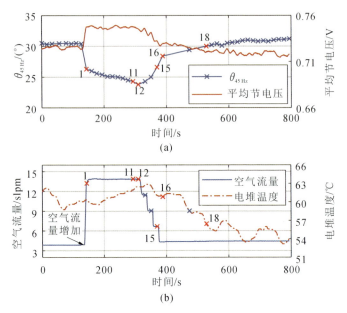

图 6-4-6　膜干故障恢复验证实验结果

表 6-4-5　膜干故障恢复验证实验数据

控制周期	$\theta_{45\,Hz}/(°)$	ΔQ/slpm	ΔT/℃
1	26.3	0	0
11	24.3	0	0
12	23.8	−2	0
13	24.3	−2	0
14	25.0	−2	0
15	26.6	−2	0
16	28.4	0	−2
17	29.4	0	−1.4
18	30.0	0	0

图 6-4-7 为水管理系统对水淹故障的恢复过程。表 6-4-6 记录了部分控制周期的实验数据。实验中的水淹故障通过降低电堆温度来实现。降温是一个较缓慢的过程,人为降低电堆温度并开启水管理后的前 21 个控制周期,$\theta_{45\,Hz}$ 均

小于水淹阈值。在开始调控的第 22～23 个控制周期，$\theta_{45\,Hz}$ 进入空气流量的调控范围（即 $|\Delta\theta|>2°$），通过两次增加空气流量，电堆内部的多余水分被排出。第 24 个控制周期后，$\theta_{45\,Hz}$ 已回到正常区间，此时，保持当前操作条件不变，电堆含水量得以维持。

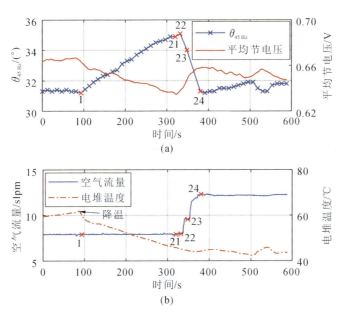

图 6-4-7　水淹故障恢复验证实验结果

表 6-4-6　水淹故障恢复验证实验数据

控制周期	$\theta_{45\,Hz}/(°)$	$\Delta Q/\mathrm{slpm}$	$\Delta T/℃$
1	31.2	0	0
21	34.9	0	0
22	35.1	+1.7	0
23	34.0	+2.8	0
24	31.3	0	0

水管理系统在平均节电压尚未下降到正常状态平均节电压的 95% 以下时就能辨识到电堆的水淹状态，体现出对水淹故障的预判能力。由表 6-4-6 可知，从判定电堆处于水淹状态的第 22 个控制周期开始，到第 23 个控制周期，$\theta_{45\,Hz}$ 已回降至低于水淹阈值的范围，即电堆已从水淹状态中恢复，该过程耗时 16 s，体现出水管理系统对水淹故障的迅速恢复能力。从水淹状态恢复后，水管理系

统进一步将燃料电池含水量调控回了正常状态区间,平均节电压亦恢复到与初始的正常状态相同的水平,体现出所设计故障恢复策略的合理性与有效性。

由于水淹和膜干故障对燃料电池有不可逆的伤害,是导致电堆寿命缩短的主要原因之一,因此,在放宽水管理调控区间,维持燃料电池输出稳定性的同时,要确保水管理系统对水淹和膜干故障有较强的辨识能力与恢复能力。接下来结合实验数据,从以下三个角度对本节所设计水管理系统的故障恢复能力进行分析:

从实验条件看,本节所用测试平台能够对含水量进行调节的操作条件有空气进气流量、电堆温度和空气进气湿度,其中电堆温度和空气进气湿度的调节都涉及温度的改变,由前述实验可知,温度对燃料电池含水量的影响较为缓慢。而空气流量能够直接调控被携带出的电堆水分,是目前平台上对含水量调节最迅速的操作条件。本节所设计水管理系统在检测到故障发生后,立刻调节空气流量,以实现在现有条件下最迅速的故障脱离。

从燃料电池的故障承受能力看,膜干和水淹故障对交换膜的破坏、对催化层的侵蚀是需要时间的累积的,通常需要数百小时甚至数月。因此 30 s 的故障恢复时间处于燃料电池可承受的范围内,在这个时间长度内,故障不会对燃料电池造成严重损害。

从各文献呈现的故障恢复实验数据看,文献[12]同样设计了基于交流阻抗信息反馈的水管理系统,其所需辨识时间为 32 s,远长于本节所设计水管理系统 0.5 s 的辨识时间;其调控含水量的方式为改变电流密度,而在实际运行的燃料电池系统中,为确保输出功率,电流密度一般不允许频繁更改,因此本文的含水量调控手段更为合理。此外,文献[12]对膜干故障的恢复时间为 120 s,对水淹故障的恢复时间为 300 s,文献[34]所设计水管理系统通过改变电堆温度调节含水量,对膜干故障的恢复时间为 1200 s,对水淹故障的恢复时间为 900 s,均远大于本节所设计水管理系统所需恢复时间,故本节所设计水管理系统在故障恢复时间方面亦有优势。文献[30]采用空气流量作为调控含水量的操作条件,对水淹故障的恢复时间为 24 s,与本节所设计水管理系统所需时间相当。该文献使用的含水量辨识方法是基于气体进出堆的压力降的,而压力降无法有效辨识膜干故障,文献[30]亦未针对膜干故障的恢复开展实验,因此本节所设计水管理系统的功能验证更为全面。

综上所述,所设计水管理系统在含水量辨识时间、所用调控方式的合理性、故障恢复时间方面都是具有优势的。

2. 稳态条件下的闭环水管理应用验证

燃料电池在运行过程中,其操作条件常会由于控制程序的不完善或操作人员的失误被错误地改变,导致其含水状态发生变化。当运行湿度导致电堆由正常状态向膜干或水淹状态发展时,含水量偏离正常区间,虽然此时输出电压没有显著地下降,但亦会增加对质子交换膜、催化层等部件的损耗,长此以往将会对电堆寿命产生影响。因此,若水管理系统对电堆湿度的变化非常敏感,能始终将含水量控制在正常范围内,对于提升燃料电池的耐久性具有重要意义。本节将在恒定电流密度 $j=0.7\ \text{A/cm}^2$ 条件下,通过人为施加操作条件扰动,分别模拟电堆温度升高、电堆温度降低、空气流量增加、空气流量减小四个常见的操作条件误改变的情况,以验证燃料电池闭环水管理系统在扰动条件下的含水量调控能力。

图 6-4-8 所示为电堆温度升高扰动条件下的含水量调控过程,图中对水管理闭环程序开启后的若干个控制周期进行了标注。表 6-4-7 记录了这些控制周期的实验数据,包含每个周期由主控模块计算的 $\theta_{45\ \text{Hz}}$、ΔQ 与 ΔT。实验开始后,待燃料电池在正常状态运行稳定,约 30 s 的时刻,手动将电堆温度提升,并运行水管理闭环程序。电堆温度升高会令更多的水分蒸发,电堆存在膜干趋势。水管理开始后的第 1~28 个控制周期,随着温度的缓慢升高,$\theta_{45\ \text{Hz}}$ 渐渐下降。从第 29 个控制周期开始,检测到电堆含水量低于正常状态,此时 $\theta_{45\ \text{Hz}}$ 位于温度的调控范围内($|\Delta\theta|\leqslant 2°$)。在第 29~35 个控制周期,主控模块依据所测 $\theta_{45\ \text{Hz}}$ 进行电堆温度调控的 PI 运算与设定值下发,电堆温度被逐渐降低,电堆湿度有所回升。第 35 个控制周期之后,$\theta_{45\ \text{Hz}}$ 被调控回正常区间,说明水管理系统已将湿度调控回正常状态。此时电堆温度降低至初始状态,平均节电压亦恢复到初始水平。

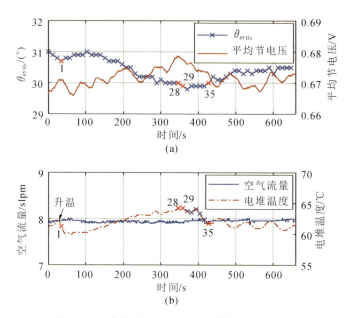

图 6-4-8 电堆温度升高时含水量调控实验结果

表 6-4-7 电堆温度升高时含水量调控实验数据

控制周期	$\theta_{45\ Hz}/(°)$	ΔQ/slpm	ΔT/℃
1	30.7	0	0
28	30	0	0
29	29.9	0	−0.4
30	29.8	0	−0.9
31	29.9	0	−0.2
32	29.9	0	−0.1
33	29.9	0	−0.4
34	29.9	0	−0.2
35	30	0	0

图 6-4-9 为电堆温度降低扰动条件下的含水量调控过程，表 6-4-8 记录了部分控制周期的实验数据。实验过程中，待燃料电池在正常状态运行稳定，约 70 s 的时刻，手动将电堆温度降低，并运行水管理闭环程序。电堆温度降低会增加内部液态水含量，电堆存在水淹趋势。水管理启动开始后的第 1~8 个控制周

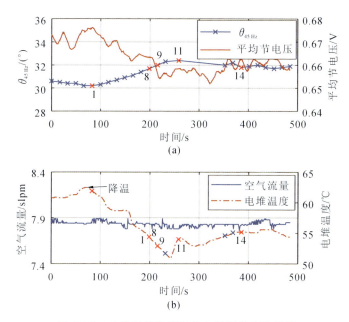

图 6-4-9　电堆温度降低时含水量调控实验结果

期,随着温度的逐渐降低,$\theta_{45\,Hz}$持续升高。第 9 个控制周期开始,检测到电堆含水量高于正常状态,此时,$\theta_{45\,Hz}$位于温度的调控范围,水管理系统下达升温指令。由于测试平台对温度的控制存在滞后,直到第 11 个控制周期后,电堆温度才逐渐提高。第 14 个控制周期之后,$\theta_{45\,Hz}$被调控回正常区间,稳定于θ_{Nor_H}(即32°)附近。此时,$\theta_{45\,Hz}$的值相对于初始状态更大,说明电堆含水量相对于初始状态更高,但已处于正常区间且不再向水淹状态偏离,因此认为水管理系统的闭环调控是有效的。

表 6-4-8　电堆温度降低时含水量调控实验数据

控制周期	$\theta_{45\,Hz}/(°)$	$\Delta Q/\mathrm{slpm}$	$\Delta T/℃$
1	30.2	0	0
8	31.7	0	0
9	32.0	0	+0.2
10	32.3	0	+0.8
11	32.4	0	+1.0
12	32.0	0	+0.2
13	32.2	0	+0.6
14	31.8	0	0

图 6-4-10 为空气流量增加扰动条件下的含水量调控过程,表 6-4-9 记录了部分控制周期的实验数据。实验过程中,待燃料电池在正常状态运行稳定,约 90 s 的时刻,手动增加空气流量,并运行水管理闭环程序。由于更多的水分被空气带走,电堆存在膜干趋势。水管理开始后的第 1 个控制周期,$\theta_{45\,Hz}$ 就下降到温度的调控范围。在第 1~5 个控制周期,逐渐降低电堆温度以提高电堆内部含水量。第 5 个控制周期之后,$\theta_{45\,Hz}$ 被调控回正常区间,平均节电压亦恢复到初始水平。

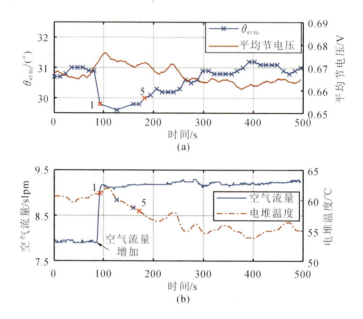

图 6-4-10 空气流量增加时含水量调控实验结果

表 6-4-9 空气流量增加时含水量调控实验数据

控制周期	$\theta_{45\,Hz}/(°)$	ΔQ/slpm	$\Delta T/℃$
1	29.8	0	−0.8
2	29.6	0	−1.8
3	29.8	0	−0.6
4	29.8	0	−0.5
5	30.0	0	0

图 6-4-11 为空气流量减小扰动条件下的含水量调控过程,表 6-4-10 记录了

部分控制周期的实验数据。实验过程中,待燃料电池在正常状态运行稳定,约 110 s 的时刻,手动减小空气流量,并运行水管理闭环程序。由于被空气带走的水分变少,电堆存在水淹趋势。水管理开始后的第 1 个控制周期,$\theta_{45\,Hz}$ 进入温度的调控范围。在第 1~3 个控制周期,逐渐提高电堆温度以增加水的蒸发量。在第 3~7 个控制周期,$\theta_{45\,Hz}$ 被调控回正常区间。在第 8~11 个控制周期,温度的波动导致 $\theta_{45\,Hz}$ 略微偏离正常区间,通过水管理系统对温度的微调作用,最终 $\theta_{45\,Hz}$ 回到正常范围,并稳定在 θ_{Nor_H}(即 32°)附近。此时 $\theta_{45\,Hz}$ 的值相对于初始状态更大,说明电堆含水量相对于初始状态更高,但已处于正常区间且不再向水淹状态偏离,足以证明水管理系统的闭环调控是有效的。

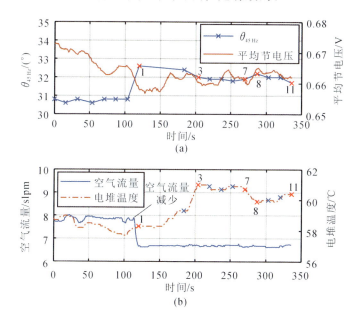

图 6-4-11　空气流量减小时含水量调控实验结果

表 6-4-10　空气流量减小时含水量调控实验数据

控制周期	$\theta_{45\,Hz}/(°)$	$\Delta Q/\text{slpm}$	$\Delta T/℃$
1	32.6	0	+1.6
2	32.4	0	+1
3	32.0	0	0
4	31.9	0	0

续表

控制周期	$\theta_{45\,Hz}/(°)$	ΔQ/slpm	ΔT/℃
5	31.9	0	0
6	31.8	0	0
7	31.9	0	0
8	32.2	0	+0.6
9	32.0	0	+0.1
10	32.0	0	0
11	31.7	0	0

本小节用实验证明了所设计的水管理系统能够敏锐辨识到燃料电池运行过程中由于操作条件扰动而造成的含水量变化,并能够将电堆含水量调控至正常区间内,有很强的实际应用价值。

3. 动态条件下的闭环水管理应用验证

燃料电池动力系统在实际运行过程中,经常需要加载或减载。由于电堆在不同电流密度下产水量不同、所需进气流量不同,在变载后若没有及时调节操作条件,很容易造成加载后水淹故障或降载后膜干故障。水管理系统应有能力辨识到这些异常情况并及时调节操作条件。本小节将验证所设计燃料电池闭环水管理系统对于加减载所造成的含水量异常的调控能力,分别在电流密度由 0.7 A/cm² 降载到 0.4 A/cm² 和电流密度由 0.7 A/cm² 加载到 0.8 A/cm² 的工况下进行实验。

图 6-4-12 为水管理系统在降载工况下的调控过程,表 6-4-11 记录了部分控制周期的实验数据。实验过程中,待燃料电池在正常状态运行稳定,约 70 s 的时刻,手动将电流密度由初始状态的 0.7 A/cm² 降为 0.4 A/cm²,并运行水管理闭环程序。降载时为避免电堆缺气,空气流量的调控(第 100 s)需滞后电流密度的变化(第 70 s);因此,在动态过程中,空气流量会过量,此时,电堆的含水量开始下降。在水管理开始后的第 2 个控制周期,检测到 $\theta_{45\,Hz}$ 低于正常状态,且位于空气流量的调控范围内。根据 PI 运算的结果,水管理系统将空气流量降低。在第 3~17 个控制周期,$\theta_{45\,Hz}$ 进入温度的调控范围,堆温被降低以增加内

部湿度。第17个控制周期之后,由于温度存在波动,$\theta_{45\,Hz}$没有保持在正常区间,主控模块根据相位角对电堆温度进行微调,最终使得$\theta_{45\,Hz}$稳定在θ_{Nor_L}(即30°)附近,于29.8°~30.1°范围内浮动。

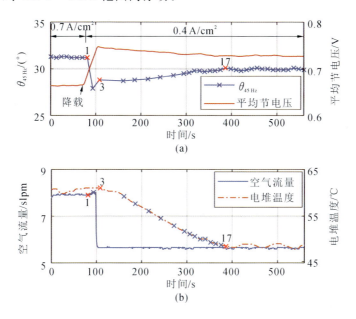

图 6-4-12　降载工况下含水量调控实验结果

表 6-4-11　降载工况下含水量调控实验数据

控制周期	$\theta_{45\,Hz}/(°)$	ΔQ/slpm	ΔT/℃
1	31.2	0	0
2	27.9	−2	0
3	28.7	0	−2
6	28.9	0	−2
9	29.5	0	−1
12	29.8	0	−0.4
15	29.8	0	−0.2
17	30.1	0	0

图 6-4-13 为水管理系统在加载工况下的调控过程,表 6-4-12 记录了部分控制周期的实验数据。实验过程中,待燃料电池在正常状态运行稳定,约 90 s 的

时刻,手动将电流密度由初始状态的 0.7 A/cm² 升至 0.8 A/cm²,并运行水管理闭环程序。由于在电流密度 0.8 A/cm² 条件下电堆产水更多,在空气流量没有改变的情况下,留在电堆里的水分增多,电堆湿度因此增加。在水管理开始后的第 1 个控制周期,检测到 $\theta_{45\,Hz}$ 高于正常状态,且位于温度的调控范围内,水管理系统下达指令将电堆温度提升 0.4 ℃。由于温度控制目标的提升量小于电堆温度控制的精度,当前刚好处于温度调整的降温阶段,此时温度不升反降,因此电堆湿度继续增加。在第 2 个控制周期,$\theta_{45\,Hz}$ 升至空气流量的调控区间,水管理系统下达空气流量增加的指令,多余水分被迅速排出。在第 3 个控制周期后,电堆含水量恢复至正常范围,$\theta_{45\,Hz}$ 一直保持在正常区间内。

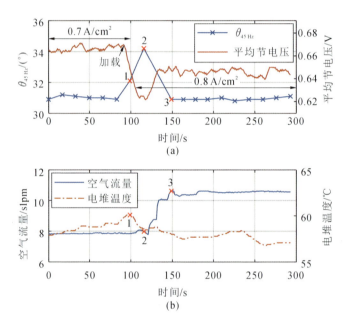

图 6-4-13　加载工况下含水量调控实验结果

表 6-4-12　加载工况下含水量调控实验数据

控制周期	$\theta_{45\,Hz}/(°)$	ΔQ/slpm	ΔT/℃
1	32.1	0	+0.4
2	34.2	+2.2	0
3	30.9	0	0

本小节实验结果说明所设计的水管理系统在变载工况下同样适用,且闭环

水管理系统能够有效调节因变载后操作条件改变不及时导致的异常含水状态。这对提升燃料电池动力系统运行的可靠性和耐久性具有重要意义。

本 章 小 结

在电堆运行过程中,其含水状态对燃料电池性能影响显著,过高或过低的含水量均会令电池输出性能下降,进而加剧核心部件的损耗,形成短板效应,缩短燃料电池寿命。水管理技术能够针对电堆在运行过程中的含水量进行调控,避免电堆处于含水量过高或过低的状态,对延长燃料电池运行寿命有重要意义。本章以交流阻抗相位角为含水量辨识的依据,开发了燃料电池在线闭环水管理系统,并在燃料电池测试平台上完成了应用验证。

本章首先基于交流阻抗测量原理,提出了在线交流阻抗测量技术方案,设计并搭建了信号采集与处理模块、交流阻抗计算模块,并通过仿真与实际测试验证了这些模块的功能,评估了阻抗计算模块的计算精度。其次,探究了基于交流阻抗的燃料电池在线含水量辨识方法。通过设计三种不同的燃料电池操作模式,令电堆处于正常、膜干、水淹三种不同的含水状态,以获取电堆在不同状态下的交流阻抗谱。通过对阻抗谱 Bode 图的分析,研究了一种基于中频阻抗相位角的燃料电池含水量辨识方法,通过应用实验论证了所设计辨识方法能够迅速而有效地实现燃料电池水淹、膜干故障的提前辨识。最后,对燃料电池在线闭环水管理系统进行了策略设计与应用验证。通过调控空气流量与调控电堆温度两种有效的调节手段,在恒定负载和变载的情况下,验证了本章设计的燃料电池闭环水管理系统。结果表明,该系统能够预判膜干、水淹故障,并具有快速恢复效果,证实了所研究方法的可行性与应用价值。

本章参考文献

[1] 秋分萧瑟. 丰田燃料电池堆含水量实时测量技术分析[EB/OL]. [2024-05-06]. https://www.sohu.com/a/347437314_236020.

[2] YUAN H, DAI H F, MING P W, et al. Quantitative analysis of internal

polarization dynamics for polymer electrolyte membrane fuel cell by distribution of relaxation times of impedance[J]. Applied Energy,2021, 303:117640.

[3] 廖真颉.基于交流阻抗的质子交换膜燃料电池闭环水管理技术研究[D]. 成都:电子科技大学,2023.

[4] 张雪霞,蒋宇,孙腾飞,等.质子交换膜燃料电池水淹和膜干故障诊断研究综述[J].西南交通大学学报,2020,55(4):828-838,864.

[5] 宋满存.质子交换膜燃料电池水淹过程研究及故障诊断系统设计[D].北京:清华大学,2013.

[6] SANCHEZ D G, GARCIA-YBARRA P L. PEMFC operation failure under severe dehydration[J]. International Journal of Hydrogen Energy, 2012,37(8):7279-7288.

[7] 张洪霞,沈承,韩福江,等.质子交换膜燃料电池的水平衡[J].化学通报, 2011,74(11):1026-1032.

[8] O'HAYRE R,车硕源,COLELLA M,等.燃料电池基础[M].王晓红,黄宏,等译.北京:电子工业出版社,2007.

[9] YANG X G,YE Q,CHENG P. In-plane transport effects on hydrogen depletion and carbon corrosion induced by anode flooding in proton exchange membrane fuel cells[J]. International Journal of Heat and Mass Transfer,2012,55(17-18):4754-4765.

[10] ST-PIERRE J, WILKINSON D P, KNIGHTS S, et al. Relationships between water management, contamination and lifetime degradation in PEFC[J]. Journal of New Materials for Electrochemical Systems,2000, 3(2):99-106.

[11] LI H,TANG Y H,WANG Z W,et al. A review of water flooding issues in the proton exchange membrane fuel cell[J]. Journal of Power Sources,2008,178(1):103-117.

[12] YAN C Z,CHEN J,LIU H,et al. Health management for PEM fuel cells based on an active fault tolerant control strategy[J]. IEEE Trans-

actions on Sustainable Energy,2021,12(2):1311-1320.

[13] AHMED S,KOPASZ J,KUMAR R,et al. Water balance in a polymer electrolyte fuel cell system[J]. Journal of Power Sources,2002,112(2): 519-530.

[14] 洪坡. 车用燃料电池电堆与单片水含量状态估计与控制研究[D]. 北京: 清华大学,2018.

[15] SASABE T,TSUSHIMA S,HIRAI S. In-situ visualization of liquid water in an operating PEMFC by soft X-ray radiography[J]. International Journal of Hydrogen Energy,2010,35(20):11119-11128.

[16] BEDET J,MARANZANA G,LECLERC S,et al. Magnetic resonance imaging of water distribution and production in a 6 cm^2 PEMFC under operation[J]. International Journal of Hydrogen Energy,2008,33(12): 3146-3149.

[17] HSIEH S S,HUANG Y J. Measurements of current and water distribution for a micro-PEM fuel cell with different flow fields[J]. Journal of Power Sources,2008,183(1):193-204.

[18] SATIJA R,JACOBSON D L,ARIF M,et al. In situ neutron imaging technique for evaluation of water management systems in operating PEM fuel cells[J]. Journal of Power Sources,2004,129(2):238-245.

[19] CADET C,JEMEI S,DRUART F,et al. Diagnostic tools for PEMFCs: from conception to implementation[J]. International Journal of Hydrogen Energy,2014,39(20):10613-10626.

[20] FOUQUET N,DOULET C,NOUILLANT C,et al. Model based PEM fuel cell state-of-health monitoring via ac impedance measurements[J]. Journal of Power Sources,2006,159(2):905-913.

[21] LU H X,CHEN J,YAN C Z,et al. On-line fault diagnosis for proton exchange membrane fuel cells based on a fast electrochemical impedance spectroscopy measurement[J]. Journal of Power Sources,2019,430: 233-243.

[22] JEPPESEN C,ARAYA S S,SAHLIN S L,et al. An EIS alternative for impedance measurement of a high temperature PEM fuel cell stack based on current pulse injection[J]. International Journal of Hydrogen Energy,2017,42(24):15851-15860.

[23] 卢华歆.基于快速电化学阻抗谱测量的在线质子交换膜燃料电池故障诊断[D].杭州:浙江大学,2020.

[24] BULLECKS B,SURESH R,RENGASWAMY R. Rapid impedance measurement using chirp signals for electrochemical system analysis[J]. Computers & Chemical Engineering,2017,106:421-436.

[25] RODAT S,SAILLER S,DRUART F,et al. EIS measurements in the diagnosis of the environment within a PEMFC stack[J]. Journal of Applied Electrochemistry,2010,40(5):911-920.

[26] MITZEL J,SANCHEZ-MONREAL J,GARCIA-SANCHEZ D,et al. Fault diagnostics in PEMFC stacks by evaluation of local performance and cell impedance analysis[J]. Fuel Cells,2020,20(4):403-412.

[27] KITAMURA N,MANABE K,NONOBE Y,et al. Development of water content control system for fuel cell hybrid vehicles based on AC impedance[C]//SAE 2010 World Congress & Exhibition. Detroit, Michigan:SAE Technical Paper,2010:10729-10735.

[28] GIMÉNEZ S N,DURÁ J M H,FERRAGUD F X B,et al. Design and experimental validation of the temperature control of a PEMFC stack by applying multiobjective optimization[J]. IEEE Access,2020,8: 183324-183343.

[29] ZHANG L Y,PAN M,QUAN S H. Model predictive control of water management in PEMFC[J]. Journal of Power Sources,2008,180(1): 322-329.

[30] LEBRETON C,BENNE M,DAMOUR C,et al. Fault tolerant control strategy applied to PEMFC water management[J]. International Journal of Hydrogen Energy,2015,40(33):10636-10646.

[31] MOÇOTÉGUY P, LUDWIG B, BERETTA D, et al. Study of the impact of reactants utilization on the performance of PEMFC commercial stacks by impedance spectroscopy[J]. International Journal of Hydrogen Energy, 2021, 46(10): 7475-7488.

[32] 郭建伟, 毛宗强, 徐景明. 采用交流阻抗法对质子交换膜燃料电池(PEMFC)电化学行为的研究[J]. 高等学校化学学报, 2003, 24: 1477-1481.

[33] RAMMELT U, REINHARD G. On the applicability of a constant phase element(CPE) to the estimation of roughness of solid metal electrodes[J]. Electrochimica Acta, 1990, 35(6): 1045-1049.

[34] SONG M C, PEI P C, ZHA H S, et al. Water management of proton exchange membrane fuel cell based on control of hydrogen pressure drop[J]. Journal of Power Sources, 2014, 267: 655-663.

第 7 章
燃料电池动力系统的功率管理

7.1 燃料电池动力系统的功率管理概述

7.1.1 功率管理子系统的设计需求

如第 1 章所述,质子交换膜燃料电池系统的运行包括电堆的电化学反应过程和反应流体的供给及排放过程。其中,电化学的响应速度约为 10^{-19} 秒级,流体控制的响应速度为 10^0 秒级,电堆的温度控制响应速度为 10^2 秒级[1]。当燃料电池完成启动过程达到热机运行状态时,其功率输出不再受温度控制滞后性的制约,因此,燃料电池主要受流体控制的限制,其功率响应时间通常在秒级。作为整车驱动的核心部件,电机驱动器需要快速响应驾驶员的驾驶意图,其电功率响应时间需达到毫秒级。因此,需要以燃料电池与储能元件相结合的方式构成氢电混合动力系统,本章以常用的燃料电池-动力电池拓扑结构为实例化对象(见图 7-1-1),阐述燃料电池动力系统的功率管理技术。

燃料电池堆通过单向 DC/DC 变换器接入整车的高压直流母线,由于动力电池输出电压随电流变化幅值较小,因此采用直接并入直流母线的方式连接。DC/DC 变换器的作用一方面是匹配燃料电池堆电压和直流母线电压,另一方面是实现对燃料电池的输出功率的调控。在氢电混合动力系统中,功率协调控制策略决定了系统每一时刻的功率分流,不合理的功率协调控制策略不仅会增加系统氢耗,还会导致燃料电池和动力电池的寿命大打折扣。因此,研究氢电混合动力系统的功率协调控制策略对提高整个系统的性能具有重要意义。

1. 整车混合动力系统的工作模式分析

根据燃料电池堆和电动机负载运行状态的不同,图 7-1-1 所示拓扑结构中

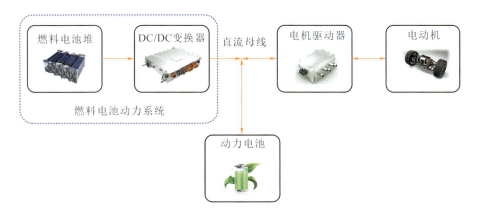

图 7-1-1　燃料电池-动力电池拓扑结构

功率流将发生变化，主要体现为如图 7-1-2 所示的 6 种工作模式。

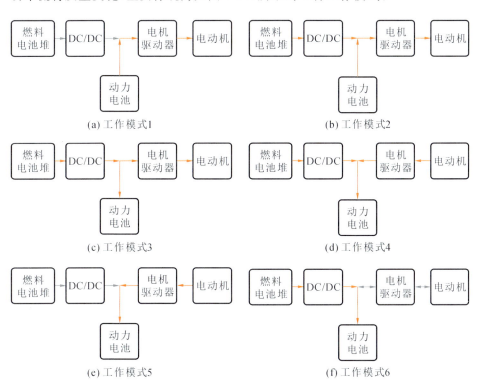

图 7-1-2　氢电混合动力系统的工作模式

针对图 7-1-2 所示的 6 种工作模式的解释如下：

工作模式1：燃料电池不工作，动力电池放电（$P_{bat} \geqslant 0$），电动机负载耗电。该工作模式常发生在车辆刚启动或储能电池的SOC（荷电状态）很高的情况下，由动力电池独立给电动机负载供电。

工作模式2：燃料电池发电（$P_{fc} \geqslant 0$），动力电池放电，电动机负载耗电。该工作模式常发生在重载（急加速、上坡等）情况下，燃料电池与动力电池联合供电才能满足车辆运行的要求。

工作模式3：燃料电池发电，动力电池充电（$P_{bat} < 0$），电动机负载耗电。该工作模式常发生在负载是轻载或储能电池的SOC较低的情况下，燃料电池加大功率输出，向电动机负载供电的同时还给动力电池充电。

工作模式4：燃料电池发电，动力电池充电，电动机能量回馈反向供电。该工作模式可能发生在车辆急刹车且燃料电池运行的情况下，电动机电磁制动，工作在发电机模式，能量回馈至直流母线，给动力电池充电（燃料电池只能工作在单向输出模式下）。

工作模式5：燃料电池不工作，动力电池充电，电动机能量回馈反向供电。该工作模式可能发生在车辆急刹车且燃料电池停机的情况下，电动机电磁制动，工作在发电机模式，能量回馈至直流母线，给动力电池充电。

工作模式6：燃料电池发电，动力电池充电，电动机负载功率为0。该工作模式常发生在车辆停止且燃料电池运行的情况下，由于燃料电池的功率不能突变，当负载切除时，由动力电池组承接燃料电池的发电功率。

一般而言，燃料电池动力系统、动力电池、电机驱动器均设置好自身的控制目标以实现自主运行。工作模式的切换可能是由于负载功率、燃料电池发电功率等发生了变化。因此，系统结构和运行模式确定后，工作模式的切换是随机的，也将是快速的（时间尺度约为毫秒级）。要求各工作模式至少能稳定运行一定的时间（时间尺度在秒级以上），让系统的功率管理策略有足够的时间做出下一步响应。

考虑到燃料电池功率与负载（电机驱动器）功率的动态响应时间相差三个数量级，因此，在整车功率调节的时间范围内，认为燃料电池的输出功率不会突变。燃料电池堆的理想工作状态是在恒流源模式下，其输出功率的变化通过主动调节方式（如使用DC/DC变换器）来实现。根据当前燃料电池的技术水平，氢电混合动力系统的总配置及控制原则如下：

（1）燃料电池提供平均功率，动力电池提供瞬时功率；当燃料电池没有功率输出时，动力电池也能满足负载峰值功率的需求；动力电池的容量需根据负载的需求来配置，其容量影响两种能源之间能量的调度周期；当动力电池的容量较小时，其 SOC 的变化频繁，能量的调度周期短，调度频率高，对能量调度管理的要求更严格；当动力电池的容量较大时，其 SOC 的变化缓慢，能量的调度周期长，调度频率低，对燃料电池控制造成的压力较小；燃料电池的功率调度以动力电池 SOC 为控制目标，输出功率依据当前 SOC 来设定。

（2）负责电动机调速的电机驱动器是一个电力电子设备，主电路包含高频斩波换流的开关管，在开关管的换流瞬间电流变化率（di/dt）较大，直流母线需要提供纹波电流；一般电机驱动器会配有直流母线电容，可就近提供大部分的纹波电流，高压直流母线也需提供部分纹波电流；然而纹波电流对燃料电池的寿命影响很大，因此纹波电流由动力电池提供，燃料电池则工作在恒电流模式。

（3）从用户功能的良好使用体验角度出发，电动机输出功率需及时满足动态变化的需求；整体的氢电混合动力系统需满足电动机的负载快速动态变化的需求；动态负载的能量由动力电池提供，电机驱动器应积极响应需求侧用户的用能需求，并实现快速调节。

2. 动力系统功率管理的必要性分析

上述讨论确定了氢电混合动力系统设计的基本原则。面临具体的应用时，还需针对其特征来具体分析。根据负载运行需求来优化氢电容量配置及功率分配策略显得非常重要，通过合理的系统设计可以带来运行经济性和耐久性的提升，从而降低动力系统全生命周期的运营成本。

以某地运行的一台 10.5 m 燃料电池城市公交为例，阐述氢电容量配置及功率分配策略对于提升经济性和耐久性的重要性。燃料电池城市公交的驱动电机的额定功率为 100 kW，峰值功率约为 200 kW；车辆最大总质量为 17 t，风阻系数为 0.79，滚动摩擦系数为 0.008；车辆实际运行于平原城市路况。通过对车辆某一个月的历史运行情况进行统计（特定的容量配置，基于规则的功率调度策略），得到燃料电池在各功率点的运行时间占比如图 7-1-3 所示。由图可知,燃料电池动力系统运行的最大功率为 32 kW,大部分时间的运行功率只有十几千瓦,燃料电池的平均功率需求约为 14 kW。

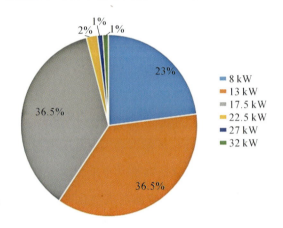

图 7-1-3　某城市公交的燃料电池各运行功率的时间占比统计

假定在上例燃料电池城市公交车的运行场景下,所配置的燃料电池的额定功率为 65 kW,动力电池为 40 kW·h 的功率型锂电池。在当前的氢电容量配置下,氢电功率分配策略将面临左右为难的局面,主要体现在:

如果功率控制策略让燃料电池持续运行,则其可能长时间运行在轻载区域,以图 7-1-4 所示的燃料电池性能曲线为例,对于额定功率为 65 kW 的系统,其高电位对应的系统功率接近 13 kW。根据图 7-1-3 的统计可知,该功率及其以下功率的运行时间占比为 59.5%。当燃料电池长时间运行在高电位区(图 7-1-4 所示的区域Ⅰ,对应电堆的平均节电压≥0.8 V)时,膜电极上的催化剂和载体容易遭受严重的团聚与腐蚀。此外,高电位下膜电极还容易产生过氧化氢,这种物质对膜电极具有腐蚀作用,从而加速燃料电池性能的衰减,缩短燃料电池的使用寿命。

如果功率控制策略通过燃料电池的启动与停止来避免系统长时间运行在高电位及其近邻区间,那么燃料电池应该运行在其寿命及效率都较高的工作点(如 32 kW)。由于车辆配置的是功率型锂电池,其容量较小,SOC 变化很快,因此燃料电池会频繁启停,如图 7-1-5 所示。在燃料电池的启停过程中,燃料电池的阳极位置会产生氢-空界面,同时阴极侧会产生高电位,这会对碳载体造成损

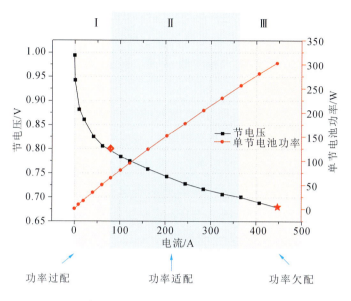

图 7-1-4　某型号燃料电池堆的工作特性及适宜工作区间

坏。频繁启停工况对燃料电池的性能衰减影响较大,研究表明启停工况对燃料电池性能衰减的影响比例可达33%。此外,燃料电池启动和停机的吹扫阶段,会造成氢气的额外浪费,大幅增加车辆运营的燃料成本。

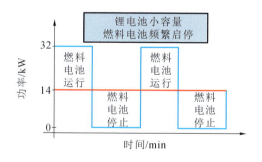

图 7-1-5　频繁启停的功率调度模式

综上所述,燃料电池动力系统的容量配置及功率控制策略(统称为功率管理)非常重要,在提升燃料电池汽车性能、延长寿命、提高能源利用率和降低成本等方面都具有重要意义。

(1) 优化功率输出与效率:功率管理策略通过设计高效的控制算法,决定功率产生的大小与时机,以及在不同动力源之间的功率分流。这有助于优化燃料电池和动力电池的功率输出,提高整体系统的效率。

(2) 保护燃料电池:功率管理策略能够控制燃料电池的工作状态,避免其工作在对寿命不利的工况下,如大幅变载、启停、连续低载和过载等工况,从而延长燃料电池的使用寿命。

(3) 提高能源利用率与续航里程:有效的功率管理能够最大限度地提高燃料电池汽车的能源利用率,延长其续航里程,减少对外部能源的依赖。

(4) 提升车辆性能:高效的功率管理策略对优化车辆性能、提升车辆动态响应具有至关重要的作用。通过合理调配燃料电池系统、电池储能系统以及辅助能源的能量供给,可以满足车辆的动力需求和舒适性要求。

(5) 降低成本:通过优化功率管理策略,可以在一定程度上降低燃料电池汽车的生产和运营成本,提高其市场竞争力。

目前,对氢电混合动力系统主要从系统的稳定性和经济性两方面进行评价。系统稳定性是设计系统时的基本要求,主要包括以下两方面内容:

(1) 母线电压的稳定:由于电动机以及其他主要部件都需运行在正常电压范围内,若母线电压崩溃,则系统各部件均会出现工作异常,导致整车系统崩溃,因此,无论系统工作在何种工况下,都应保证母线电压维持在正常范围内。

(2) 系统动力需求:对于车用氢电混合动力系统,其运行工况复杂多变,包含满载、爬坡、快速制动等多种极端工况,因此,在对系统进行运行评价时应关注系统是否能在各种极端工况下稳定运行。

除满足稳定性要求外,系统还应尽可能降低运行成本。目前,对于氢电混合动力系统,主要考虑以下三个方面的运行损耗:

(1) 系统运行氢耗:氢电混合动力系统中,虽配置了动力电池,但其能量主要来源于氢气和氧气的化学能。反应物氧气可直接从空气中获取,其成本忽略不计,主要成本来源于系统运行所产生的氢气消耗,包含反应氢耗、运行吹扫氢耗和开关机吹扫氢耗。

(2) 燃料电池寿命衰减:目前,由于燃料电池材料方面还有待突破,燃料电池作为车用能源时性能衰减较快,且燃料电池整体成本偏高,因此应尽可能减缓燃料电池寿命衰减。

(3) 动力电池寿命衰减:动力电池相比燃料电池发展更早,技术和材料均已比较成熟,但过充和过放导致的性能衰减仍无法避免。在满足系统稳定性的前提下,应尽可能避免动力电池过充和过放。

本章针对系统运行氢耗、燃料电池寿命衰减和动力电池寿命衰减三个方面建立了评价指标模型,对氢电混合动力系统的功率管理策略展开讨论,其中,母线电压稳定和系统动力需求通过合理的容量配置进行保障。

7.1.2 功率管理子系统的典型回路及部件

燃料电池动力系统除了电堆和主DC/DC变换器外,还需要给各子系统部件供电,包括空压机、电加热器、水泵、氢循环泵、散热风扇、阀件和系统控制器等。在本书的实例化对象中,空压机、电加热器和水泵采用高压直流供电,其他采用DC24 V的低压直流供电。梳理车辆主要部件的供电需求,得到燃料电池动力系统的供电框图,如图7-1-6所示。

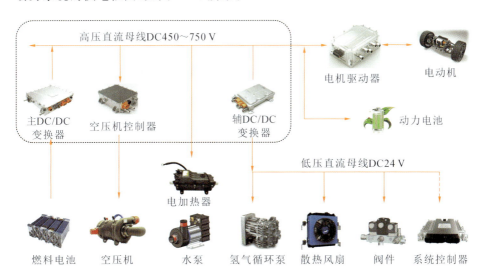

图 7-1-6　燃料电池动力系统的供电框图

主DC/DC变换器将氢燃料电池堆的能量传送至整车的高压直流母线(商用车的高压一般在450~750 V),其功率匹配电堆的最大功率,输入参数匹配电堆的电压、电流范围,输出参数匹配动力电池的电压范围。主DC/DC变换器需要具有高精度输入电流控制、低输入电流纹波、高转换效率、安全可靠、强抗振动能力等特点,并具有输出短路保护、输出过欠压保护、输入过欠压保护、输入防反接保护、过温保护等功能。

高压直流母线需要与多个设备互联,通常配置有电源分配单元(power distribution unit,PDU)。PDU 通过母排及线束将高压元器件进行电气连接,为车辆的高压系统提供充放电控制、高压部件上电控制、电路过载短路保护、高压采样控制等功能,以保护和监控高压系统的运行。特别地,在高压部件初始上电过程中,受直流电容的影响,在合闸瞬间可能会产生大的浪涌电流,因此需要配置预充电电路来消除这一安全隐患。

辅 DC/DC 变换器的功能是将高压端的直流电压转换为 24 V 直流低电压,其功率一般在数千瓦,负责为各子系统的部件供电。特别地,为了区分控制电、功率电及设计合理的整车上电时序,通常由专门的电源为燃料电池动力系统控制器供电。一般需要让控制电最早上电、最后下电,避免在控制器初始上电阶段中因输入输出端口的不确定电位而导致的外设误动作。

低压 24 V 直流母线也需配置低压配电盒。经辅 DC/DC 变换后的 24 V 低压母线被接入配电盒,通过配电盒分成多个支路输出,各支路根据其电流需求,在 24 V 正极装配熔断丝。当部件发生短路故障时,熔断丝熔断,将该部件切除,保护低压供电系统。低压配电盒在车辆上非常常见,几乎每一台运行的车辆均有低压配电盒,因而技术非常成熟,可选择性很大。

纯电动客车本身也包含 PDU、辅 DC/DC 变换器和低压配电盒,因此,燃料电池客车中一般只需要配置主 DC/DC 变换器即可。空压机控制器涉及空压机本体参数的标定,一般也由空压机厂家定制化配套提供。目前,燃料电池主 DC/DC 变换器的产品有较多的选择,包括福瑞电气、欣锐科技、北京动力源等公司的产品,如图 7-1-7 所示。

(a) 福瑞电气　　　　　　　　(b) 北京动力源

图 7-1-7　典型燃料电池 DC/DC 变换器产品图

为了进一步地提高系统的功率密度,同时简化集成系统,一些厂商研发了多合一的燃料电池功率调控单元,集成了燃料电池主 DC/DC 变换器、24 V 输出辅 DC/DC 变换器、高速空压机控制器及高压配电 PDU,极大地节省了高压电气系统的空间,简化了动力系统的设计及安装。表 7-1-1 列出了深圳福瑞电气 FRC 系列多合一燃料电池集成 PCU 变换器的部分技术参数。除了表中所列功能及技术参数外,该设备中还可集成电堆绝缘监测模块、电堆内阻监测模块。

表 7-1-1 福瑞电气 FRC 系列多合一燃料电池集成 PCU 变换器的部分技术参数

序号	单元	参数	指标
1	主 DC/DC 变换器	输入电压范围	80～600 VDC*
2		输入额定功率	60～250 kW*
3		输入额定电流	400～1 000 A*
4		电流电压精度	<1% FS
5		输出电压范围	250～900 VDC*
6		效率	>98%
7	空压机控制器	额定输出功率	25～40 kW
8		额定输出电流	70～170 A
9		最大频率	3 kHz(对应 180 000 r/min)
10		转换效率	>98%
11	辅 DC/DC 变换器	输出电压范围	(27.5±5%) V
12		额定/最大功率	6 kW/6.6 kW
13		稳压精度	<1% FS
14		电压纹波	<5% FS
15		最大电流	25 A
16	PDU	输出主回路正负接触器、余氢放电电路、输出熔断器、BOP 辅助输出等	

注:表中带 * 的参数表示该公司系列产品的覆盖范围,不是指某一个产品覆盖该参数范围,具体参数范围可根据客户的需求来配置。

7.1.3 功率管理技术的研究现状

氢电混合动力系统的多级能源结构虽然克服了纯燃料电池和纯动力电池

各自的短板,但同时引入了功率分配的问题。对动力系统而言,满足系统的动力需求是功率协调控制策略的最基本要求,在此前提下,通过优化功率协调控制策略,可提高燃料电池氢气利用率,减缓燃料电池以及动力电池等主要组件的寿命衰减[2]。目前,氢电混合动力系统的功率协调控制策略主要分为基于规则的功率协调控制策略和基于优化的功率协调控制策略。

1. 基于规则的功率协调控制策略

基于规则的功率协调控制策略一般依赖于工程经验和历史数据分析结果,在此基础上制定功率分流规则。目前常见的有基于实时小波分频(即将需求功率进行高频与低频分解再进行分配)的功率协调控制策略,以动力电池SOC为控制目标的基于荷电状态的功率协调控制策略,以及从需求功率、动力电池SOC和输出误差角度出发的基于模糊逻辑的功率协调控制策略。

张泽辉等[3]针对负载剧烈波动导致燃料电池混合动力船舶的燃料电池寿命缩短与电能质量下降等问题,提出了一种基于实时小波分频的燃料电池混合动力船舶功率协调控制策略。该策略通过对功率信息进行分频处理,使得各电源依据自身特性承担相应的功率部分。以某燃料电池混合动力渡船为目标船型,他们搭建了Simulink仿真模型并对所提出的算法进行验证。仿真结果表明,燃料电池承担了功率负载的稳定部分,超级电容器承担了功率负载波动的高频部分,而动力电池承担了功率负载波动的低频部分。因此认为,所提出的算法能使混合动力船舶的燃料电池和动力电池的寿命延长,并降低系统成本。Han J G等[4]通过对动力电池荷电状态以及负载需求功率区间进行划分,根据工程经验将这些区间组合成12种不同的工作状态,针对每种状态设置了不同的燃料电池输出功率,从而建立了基于荷电状态和需求功率的功率协调控制策略。该策略控制规则简单,有效减少了燃料电池的变载次数,延长了燃料电池系统的寿命,但燃料电池工作点的选取依赖于工程经验,缺乏通用性。Saib S等[5]以燃料电池混合动力客车为研究对象,设计了三输入单输出的模糊控制器,控制器输入为需求功率、动力电池SOC、功率误差,输出为燃料电池期望电流。该策略在保证系统动力性能的前提下,对动力电池SOC进行了有效闭环控制,增强了系统鲁棒性。Chen X等[6]从动力电池组均衡性出发,提出了一种基于交换网络的均衡功率控制策略,然后,在此基础上提出了一种切换功率控制策略,该策略在均衡功率控制策略和等效消耗最小化策略之间切换,并将其应用于燃料电池/锂电池混合动力系统,验证了其有效性。结果表明,所提出的切换功率控制策略能够在满足汽车正常运行功率需求的同时,改善串联锂电池组的不一致性,并提高系统的安全性和耐久性。

尽管基于规则的功率协调控制策略具有计算量小、实时性强等特点,但它过于依赖经验值,无法确保策略制定的最优性。

2. 基于优化的功率协调控制策略

基于优化的功率协调控制策略主要通过建立系统优化目标,设计优化算法,在系统约束条件下寻求优化问题最优解来实现。目前常见的功率协调控制策略有考虑燃料电池退化的退化自适应功率协调控制策略、以系统氢耗为优化目标的等效氢耗最小功率协调控制策略及可以自适应调整功率分配因子的跟随控制策略。

Ke S 等[7]从燃料电池退化角度,提出了一种退化自适应功率协调控制策略,该策略可以根据燃料电池的健康状态自适应改变不同电源之间的功率分配。这个策略是从瞬时优化功率协调控制策略修改而来的,包含健康状态数据,并且可以在退化过程中自适应地调整功率分布,从而在整个燃料电池寿命周期内获得更高的能量效率,另外,该策略对不同的退化速率具有较强的自适应能力,可使半退化燃料电池和严重退化燃料电池的燃料经济性分别提高 1.52%～2.06%和 2.26%～2.90%。Zhou D 等[8]提出了一种基于分数阶极值求法的在线功率协调控制策略。该方法是一种在线自适应优化算法,与传统的整数阶指数平滑方法相比,该方法采用基于分数阶微积分的 Oustaloup 逼近方法,具有更快的收敛速度和更高的鲁棒性,通过该优化算法可将质子交换膜燃料电池堆系统操作点有效地控制在其最大效率区域内。Hu X S 等[9]综合考虑燃料电池和动力电池寿命衰退以及运行氢耗带来的成本,建立模型预测控制框架,并提出了一种成本最优、可预测的功率协调控制策略,该策略以最小化氢电混合动力公交车总运行成本为目标,对燃料电池氢耗、燃料电池寿命损耗以及动力电池损耗进行了综合优化。Sun C 等[10]从提高混合动力汽车燃油经济性角度,首先构建了一种基于神经网络的速度预测器,通过学习历史数据来预测未来短期驾驶行为,然后将速度预测器与自适应等效氢耗最小策略相结合,通过实时等效因子自适应提供临时驾驶信息。与传统的自适应等效氢耗最小策略相比,该策略能够预测驾驶员驾驶行为的变化,并对驾驶员驾驶行为进行合理调整,结果表明加入速度预测后的改进方案能够实现更好的燃油经济性和更稳定的SOC轨迹,可使系统氢耗降低3%以上。Fu Z C 等[11]以降低系统氢耗、提高系统动态性能为目的,设计了燃料电池发电系统灰色马尔可夫链功率预测协调控制策略,该策略可提前预测负载功率,降低燃料电池的氢耗。

与基于规则的功率协调控制策略相比,基于优化的功率协调控制策略通常具有更好的优化效果,但算法通常复杂度较高。

综上所述,基于规则的功率协调控制策略和基于优化的功率协调控制策略各有优劣,只有针对实际控制系统采用合适的算法和规则进行能量分流,才可以使系统部件工作点得到优化,系统性能得以提升。本章提供了两种功率协调控制策略,分别是基于实时小波分频的功率协调控制策略和基于粒子群算法的功率协调控制策略,前者属于基于规则的功率协调控制策略,后者属于基于优化的功率协调控制策略,两种功率协调控制策略对于燃料电池混合动力系统均具有实际意义。

7.2 燃料电池动力系统的功率管理思路

7.2.1 氢电混合动力系统的负载特性分析

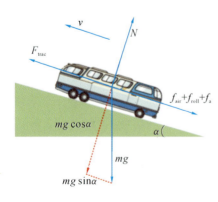

图 7-2-1 车辆行驶受力分析图

本小节以混合动力公交车为研究对象,对车辆行驶过程进行动力学分析,并结合车辆参数和行驶工况计算行驶过程中电动机所需的输入功率。如图 7-2-1 所示,整车在运行过程中主要受电机牵引力、风阻、坡道摩擦阻力、加速阻力和摩擦阻力的作用。

行驶过程中风阻来自空气阻力,与车辆迎风面积、车辆速度二次方成正比,如式(7-2-1)所示。

$$f_{\text{air}} = \frac{1}{2}\rho_{\text{air}} A_{\text{f}} \mu_{\text{D}} v^2 \tag{7-2-1}$$

式中,f_{air}为风阻,N;ρ_{air}为空气密度,kg/m³;A_{f}为迎风面积,m²;μ_{D}为风阻系数;v为车辆行驶速度,m/s。

车辆行驶过程中所受摩擦阻力f_{roll}与道路-轮胎之间滚动摩擦系数、道路坡度、车辆重力三个因素有关。

$$\begin{cases} f_{\text{roll}} = \beta_{\text{r}} \mu_{\text{r}} mg\cos\alpha \\ \beta_{\text{r}} = \beta_0 v + 1 \\ \mu_{\text{r}} = \mu_0 + \mu_1 v \end{cases} \tag{7-2-2}$$

式中,β_{r}为质量因数;μ_{r}为滚动摩擦系数;m为车辆总质量,kg;α为道路坡度;β_0、μ_0、μ_1为经验参数。

坡道阻力f_{G}来自车辆重力在坡道方向上的分力:

$$f_{\text{G}} = mg\beta_{\text{r}}\sin\alpha \tag{7-2-3}$$

加速阻力f_{a}来自车辆加速过程的车辆惯性力:

$$f_{\text{a}} = m\delta\frac{\text{d}v}{\text{d}t} \tag{7-2-4}$$

式中,δ为惯性质量因子,用于旋转部件的转动惯量与对应的等效平动质量之间的转换。由系统各部分转动惯量转换得到:

$$\delta = 1 + \frac{1}{m}\frac{\sum I_{\text{w}}}{r^2} + \frac{1}{m}\frac{I_{\text{f}} I_{\text{g}}^2 I_0^2 \eta_{\text{T}}}{r^2} \tag{7-2-5}$$

式中,r为车轮半径,m;$\sum I_{\text{w}}$为所有车轮转动惯量,kg·m²;I_{f}为车轮的转动惯量,kg·m²;I_{g}为变速器传动比;I_0为主传动器转速比;η_{T}为传动器的传动效率。

汽车行驶过程中,电机牵引力与上述所有阻力平衡,由此可得到汽车所需的牵引力如下:

$$F_{\text{trac}} = f_{\text{roll}} + f_{\text{air}} + f_{\text{G}} + f_{\text{a}} \tag{7-2-6}$$

由此得出电动机输出功率,即车辆需求功率为

$$P_{\text{req}} = F_{\text{trac}} \times v \tag{7-2-7}$$

由上述需求功率计算过程可得公交车动力学模型框图和参数传递路径,如图 7-2-2 所示。

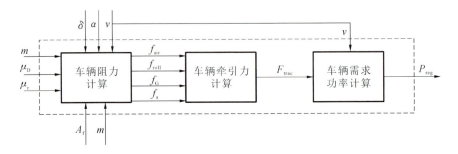

图 7-2-2　公交车动力学模型框图和参数传递路径

涉及的车辆参数以某公交车为例,如表 7-2-1 所示。

表 7-2-1　公交车主要参数

参数名称	参数符号	参数取值	单位
满载质量	m	17600	kg
动态滚动半径	r	473	mm
车身尺寸	$l \times w \times h$	10.5×3.55×3.47	m×m×m
迎风面积	A_f	7.6	m^2
风阻系数	μ_D	0.62	
滚动摩擦系数	μ_r	0.015	
最高车速	v_{max}	80	km/h
惯性质量因子	δ	1.08	
整车辅助部件功耗	P_{aux}	1.5	kW

整车的需求功率不仅与表 7-2-1 所示车型参数相关,还与车辆实际运行工况密切相关,车辆运行工况包含车辆的速度、加速度,以及高速、中速、怠速的占比等信息。为了提高模型数据的可靠性和合理性,本章采用以下 5 种工况组合,生成了 16 小时的运行工况,并将这些工况作为功率管理策略仿真测试的基础:中国城市客车行驶工况(CHTC-B)、中国客车行驶工况(不含城市客车)(CHTC-C)、欧洲循环工况(NEDC)、世界轻型车测试循环工况(WLTC)、江苏省苏州市某公交线路实际运行工况。

仿真测试工况下,将表 7-2-1 中参数代入计算,得到整车需求功率,如图 7-2-3 所示。由图可知,负载功率中含有大量高频成分,功率波动范围大,峰值功率接近 250 kW,而整车平均功率约为 17.42 kW。

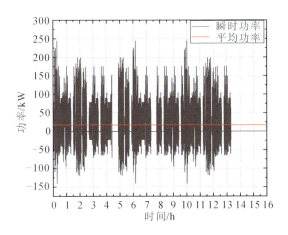

图 7-2-3　公交车需求功率图

7.2.2　氢电混合动力系统的综合运行评价

本节面向系统运行氢耗、燃料电池寿命衰减和动力电池寿命衰减三个指标来建立评价指标模型,对氢电混合动力系统的配置及功率协调控制策略进行综合评价。

1. 经济性评价指标

经济性评价主要面向系统运行氢耗,包含燃料电池堆反应氢耗、电堆运行吹扫氢耗以及开关机吹扫氢耗。燃料电池堆电化学反应的氢耗由反应过程电荷守恒定律求得,反应过程转移的电荷数为

$$N_e = 2Fn_{H_2} \tag{7-2-8}$$

式中,N_e 为反应过程转移的电荷数;F 为法拉第常数;n_{H_2} 为反应消耗的氢气摩尔量,mol。

将上式除以时间 t 并整理可得氢耗速率:

$$c_{H_2} = \frac{I_{st}N_{st}}{2F} \tag{7-2-9}$$

式中，c_{H_2} 为氢耗速率，mol/s；N_{st} 为燃料电池堆节数；I_{st} 为燃料电池堆电流。

进一步地，根据氢气相对分子质量以及燃料电池极化曲线（V-I 关系），可得氢耗速率与输出功率之间的关系式：

$$c_{H_2} = \frac{P_{fc}}{2\bar{V}F} = 1.05 \times 10^{-8} \times \frac{P_{fc}}{\bar{V}} \text{ kg/s} \tag{7-2-10}$$

式中，P_{fc} 为燃料电池输出功率，W；$\bar{V}$ 为燃料电池平均节电压，V。

结合燃料电池模型，由式（7-2-10）可计算出不同输出功率下燃料电池的氢耗速率。电堆运行吹扫氢耗一般为正常氢耗的 5% 左右；开关机吹扫氢耗根据开关机次数和单次平均吹扫氢耗计算。

2. 耐久性评价指标

耐久性评价主要包含燃料电池耐久性评价和动力电池耐久性评价。

（1）燃料电池寿命衰减（燃料电池耐久性）。

燃料电池寿命衰减的主要特征表现为额定功率下电堆电压衰减。一般认为，当燃料电池电压衰减量达到额定电压的 10% 时，该燃料电池寿命到达极限[12]。在车用燃料电池系统中，影响燃料电池耐久性的工况主要有：频繁变载工况、启停工况、高电位运行工况和高负载运行工况。

根据文献[13]提出的燃料电池寿命衰减模型，可得燃料电池寿命衰减率如下：

$$\dot{D}_{fc} = \frac{k(n_1 V_1 + n_2 V_2 + t_1 U_1 + t_2 U_2)}{10\% V_0} \tag{7-2-11}$$

式中，$\dot{D}_{fc}$ 为燃料电池寿命衰减率；n_1 为燃料电池启停次数；V_1 为单次启停导致的燃料电池电压衰减量；n_2 为燃料电池变载次数；V_2 为变载工况导致的燃料电池电压衰减量；t_1 为高电位运行时间；U_1 为高电位下的燃料电池电压衰减速率；t_2 为高负载运行时间；U_2 为高负载下的燃料电池电压衰减速率；k 为工况修正系数，对于简化模型，取常值 1；V_0 为燃料电池额定电压。式（7-2-11）中各参数具体数值参考表 7-2-2。

表 7-2-2　燃料电池衰减参数[13]

运行状态	符号	衰减量
启停	V_1	23.91 μV/次
高电位轻载运行	U_1	10.17 μV/h

续表

运行状态	符号	衰减量
负载变化	V_2	0.0441 μV/kW
重载运行	U_2	11.74 μV/h

(2) 动力电池寿命衰减(动力电池耐久性)。

动力电池寿命衰减的主要特征为电池容量下降,内阻上升。通常认为当动力电池容量衰减量达到初始容量的20%时,动力电池寿命到达极限[14]。

动力电池内部电解质活性受运行温度的影响,当电池运行在低温环境中时,电解质活性降低,极化反应速度变慢,电池容量大幅衰减,运行温度与电池寿命的关系由Arrhenius方程描述[15],如下式所示:

$$L = A \cdot \exp(-\frac{E_a}{RT}) \tag{7-2-12}$$

式中,A 为前置因子;E_a 为活化能,J;T 为运行温度,K;R 为通用气体常数。

电池放电深度(depth of discharge,DOD)由电池已放出电量与电池额定容量之比表征,电池 DOD 越大,则电极脱锂程度越高,易造成电极不可逆损伤[16],导致动力电池容量衰减。DOD 与 SOC 的关系如下。

$$DOD = 1 - SOC \tag{7-2-13}$$

电池放电倍率由电池放电电流与电池额定容量的比值表征,如式(7-2-14)所示,大倍率放电会加速动力电池电极老化,通常,采用逆幂律模型描述锂电池寿命与放电倍率的关系[17],如式(7-2-15)所示。

$$I_c = \frac{I_{bat}}{Q_0} \tag{7-2-14}$$

$$D_{loss} = A \cdot I_c^{-B} \tag{7-2-15}$$

式中,I_c 为放电倍率;I_{bat} 为动力电池电流;D_{loss} 为电池容量衰减百分比;Q_0 为初始条件下的动力电池额定容量,kW·h;B 为锂电池容量衰减系数。

综合考虑上述锂电池寿命衰减因素,采用锂电池寿命衰减半经验模型对锂电池寿命进行预测:

$$D_{loss} = (\alpha \cdot SOC + \beta) \cdot \exp\left(\frac{-31700 + 163.3 I_c}{RT}\right) \Phi_{Ah}^{0.57} \tag{7-2-16}$$

$$L_{bat} = \frac{D_{loss}}{20} \times 100\% \tag{7-2-17}$$

$$\Phi_{Ah} = \frac{1}{3600}\int_0^\tau |I_{bat}| dt \tag{7-2-18}$$

式中，Φ_{Ah} 为电池安时通量，A·h，由电流绝对值对时间积分计算求得；L_{bat} 为电池剩余寿命百分比；α,β 为与动力电池类型相关的参数。

本节所提出的评价指标只用于不同功率协调控制策略之间横向对比，因此参数引用文献[18]所测数据，如表 7-2-3 所示。

表 7-2-3　不同 SOC 下 α,β 的取值[18]

参数	SOC	α	β
取值	≤45%	2896.6	7411.2
	>45%	2694.5	6022.2

3. 归一化综合评价指标

经济性评价和耐久性评价涉及多个部件的不同方面，因此在利用上述指标对系统性能进行评价时缺乏直观性，本节综合考虑系统运行氢耗、燃料电池寿命衰减、动力电池寿命衰减，根据各自市场价值将其折算为经济损耗函数。由于实际工况下的氢气质量损耗、燃料电池寿命衰减百分比与燃料电池输出功率 P_{fc} 相关，动力电池寿命衰减百分比与动力电池充放电功率 P_{bat} 相关，因此，经济损耗函数是与 P_0、Q_0、P_{fc}、P_{bat} 和时间 t 相关的。

$$J(P_0,Q_0,P_{fc},P_{bat},t) = y_{H_2}m_{H_2} + y_{fc}P_0 L_{fc} + y_{bat}Q_0 L_{bat} \tag{7-2-19}$$

$$m_{H_2} = \int_0^T c_{H_2} dt \tag{7-2-20}$$

$$L_{fc} = \int_0^T \dot{D}_{fc} dt \tag{7-2-21}$$

式中，J 为系统运行综合评价指标，元；y_{H_2}、y_{fc}、y_{bat} 分别为氢气、燃料电池、动力电池的市场单价；m_{H_2} 为测试工况下氢气质量损耗，kg，该值由瞬时氢耗速率积分求得，如式(7-2-20)所示；P_0 为初始条件下的燃料电池额定功率，kW；L_{fc}、L_{bat} 分别为测试工况下燃料电池寿命衰减百分比和动力电池寿命衰减百分比；T 为测试工况时长，s。其中，L_{fc} 可由燃料电池衰减率 $\dot{D}_{fc}$ 积分求得，如式(7-2-21)所示;L_{bat} 由式(7-2-17)给出。y_{H_2}、y_{fc}、y_{bat} 的具体取值如表 7-2-4 所示。

表 7-2-4　氢气、燃料电池、动力电池市场价值[19]

参数类型	符号	参数取值	单位
氢气单价	y_{H_2}	55	元/kg
燃料电池价格	y_{fc}	12000	元/kW
动力电池价格	y_{bat}	8000	元/(kW·h)

式(7-2-19)将运行氢耗、燃料电池寿命衰减以及动力电池寿命衰减统一到一个量中,因此可认为,综合评价指标 J 越小,系统总损耗越低,功率协调控制策略和容量配置方案越优。

7.2.3　功率管理的总体思路

氢电混合动力系统主要由燃料电池、动力电池、DC/DC 变换器、电动机及其控制器构成,为研究功率协调控制策略和容量配置对系统性能的影响,首先需建立氢电混合动力系统模型来模拟该过程。

本章以氢电混合动力公交车为研究对象,在 Simulink 中搭建系统模型,探究相同容量配置下不同功率协调控制策略以及相同功率协调控制策略下不同容量配置对系统性能的影响。

其次需要建立氢电混合动力系统运行评价指标。针对目前氢电混合动力系统运行评价指标繁多、缺乏统一性的问题,本章建立了基于系统运行氢耗、燃料电池寿命损耗、动力电池寿命损耗的系统运行综合评价指标。该指标由系统主要损耗与各自市场价格折算而来,更具直观性。

最后进行功率协调控制策略的设计。本章研究设计了两种功率协调控制策略,并利用 Simulink 工具对策略进行了仿真。本章还基于实时小波分频的功率协调控制策略,通过小波分解和重构算法对动力系统需求功率进行频率解耦,并引入闭环 SOC 控制环节实现了动力电池的电量平衡;基于粒子群算法的功率协调控制策略,根据系统瞬时运行成本构造了适应度函数,并设计了关于动力电池 SOC 的惩罚函数,通过粒子群迭代算法求取在特定需求功率下每一时刻的燃料电池最优期望功率值,实现混合动力系统的功率分配。

7.3　燃料电池动力系统的功率协调控制

功率协调控制策略控制着氢电混合动力系统的功率分流,对提高系统效率、降低部件损耗至关重要。本章研究设计了三种功率协调控制策略,并在 MATLAB/Simulink 中实现策略仿真,由于功率协调控制策略的实现依赖于具体的容量配置方案,而容量配置方案的优化需在具体的功率协调控制策略下进行,因此,为讨论不同功率协调控制策略对系统性能的影响,本章先给出了一种统一的容量配置方案,该容量配置方案可满足系统的基本要求,如表 7-3-1 所示。在此容量配置下,本章采用综合评价指标对三种功率协调控制策略进行了对比分析。

表 7-3-1　容量配置方案

参数类型	参数符号	参数取值	单位
燃料电池初始额定功率	P_0	40	kW
动力电池初始额定容量	Q_0	44	kW·h

本节重点讨论不同功率协调控制策略的系统性能,上述容量配置方案的合理性和优化方法将在 7.4 节给出。

7.3.1　基于荷电状态的功率协调控制策略研究

目前,在实际工程应用中,基于荷电状态(SOC)的功率协调控制策略应用较为广泛。该策略中,燃料电池输出功率依赖于动力电池荷电状态,而与负载需求功率无直接关联,由于动力电池 SOC 变化较慢,因此该策略可有效避免燃料电池频繁变载,延长燃料电池寿命。

实际应用中,常采用实验的方法来确定 SOC 区间和燃料运行功率点,为避免 SOC 区间划分和燃料电池功率点选取的主观性,本节直接采用线性映射的方法进行确定,即动力电池过放临界点对应燃料电池最大输出功率,动力电池过充临界点对应燃料电池最小输出功率。由所选动力电池参数手册可得动力电池正常 SOC 工作区间为[30%,90%],据此可设计燃料电池运行功率点与动力电池 SOC 区间的映射关系,如表 7-3-2 所示。

表 7-3-2　动力电池 SOC 区间与燃料电池运行功率点的映射关系

动力电池 SOC 区间	燃料电池运行功率点
SOC≤30%	40.0 kW
30%＜SOC≤42%	32.5 kW
42%＜SOC≤54%	26.0 kW
54%＜SOC≤66%	19.5 kW
66%＜SOC≤78%	13.0 kW
78%＜SOC≤90%	6.5 kW
SOC＞90%	0 kW

当整车需求功率大于燃料电池输出功率时，由动力电池补偿不足的功率，保证动力系统的功率平衡；当整车需求功率低于燃料电池输出功率时，燃料电池为动力电池充电，维持动力电池电量平衡。当动力电池 SOC 到达区间边界时，燃料电池调整负载，切换至下一相邻工作点。采用前述公交车动力学模型和运行工况对该策略进行仿真模拟，仿真时系统容量按表 7-3-1 进行配置，动力电池初始 SOC 设为 90%，得到该策略下燃料电池输出功率的仿真结果，如图 7-3-1 所示。

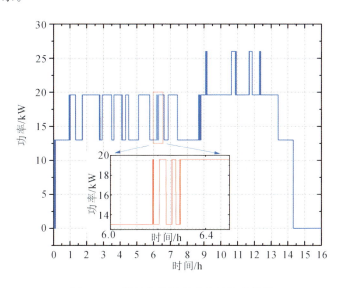

图 7-3-1　燃料电池输出功率的仿真结果

由仿真结果可以看出,当 SOC 未达到所处区间边界时,燃料电池以恒功率模式运行,当 SOC 到达所处区间临界点时,由于运行工况的随机性,SOC 在边界点处来回振荡,导致燃料电池的输出功率短时间内在对应功率点之间来回变迁,造成燃料电池寿命衰减。

为避免 SOC 在区间边界处来回振荡引起的燃料电池频繁变载,本节设计了 SOC 滞环控制方法,如图 7-3-2 所示,通过设计滞环将 SOC 上升路径对应功率点与 SOC 下降路径对应功率点分离,达到去除边界抖动的效果。

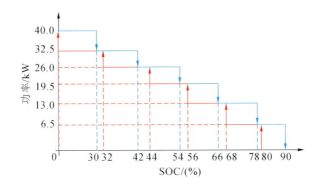

图 7-3-2　SOC 滞环设计规则

以 SOC 分界点 54% 为例,当 SOC 到达 54% 时,若上一时刻 SOC 低于 54%,则燃料电池由 26.0 kW 功率点降至 19.5 kW 功率点,若上一时刻 SOC 高于 54%,则燃料电池继续工作在 19.5 kW 功率点,直到 SOC 降至 44%,燃料电池运行功率才向上跃迁到 26.0 kW 功率点。即每次燃料电池变载后,存在 10% 的 SOC 滞后区间才能回退到上一功率点状态。该方法有效避免了燃料电池在 SOC 边界点附近反复变载,进一步延长了燃料电池寿命。增加滞环控制后,相同工况下燃料电池输出功率如图 7-3-3 所示,对比图 7-3-1,燃料电池变载次数显著减少。

7.3.2　基于实时小波分频的功率协调控制策略研究

基于荷电状态的功率协调控制策略规则简单,但 SOC 区间划分以及燃料电池运行功率点的选取依赖工程经验,区间和运行功率点划分方法不同,分析出来的整车性能也会有所差异,若动力电池额定容量和燃料电池额定功率发生

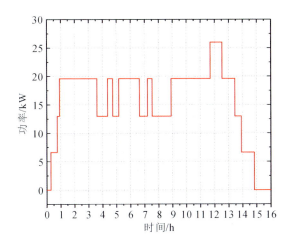

图 7-3-3　引入 SOC 滞环后燃料电池输出功率的仿真结果

变化,则需对系统进行重新测试和配置,因此这种策略泛用性不强。针对此问题,本节设计了基于实时小波分频的功率协调控制策略,其基本设计思想是采用分频技术将动力系统需求功率高频信号和低频信号分离,高频分量由动力电池承担,低频分量交由燃料电池输出。

由于动力系统需求功率信号为非平稳瞬变信号,传统低通滤波器虽能对其进行频率分离,但存在相位延迟、频率解耦效果较差等缺点。小波分频作为一种时频分析方法,在高频部分具有较高的频率分辨率,而在低频部分具有较高的时间分辨率,广泛用于时变非平稳信号的分析和处理[20]。小波分频主要是将傅里叶变换中的三角基函数替换为有限长且会衰减的小波基函数,该基函数既可伸缩,也可平移。通过小波分频实现信号分解和重构的表达式为

$$W(a,t) = \frac{1}{\sqrt{a}} \int_{-\infty}^{+\infty} x(t) \psi\left(\frac{t-u}{a}\right) dt \tag{7-3-1}$$

$$x(t) = \sum_{i=-\infty}^{+\infty} \sum_{k=-\infty}^{+\infty} 2^{j/2} W(a,t) \psi(2^j t - k) \tag{7-3-2}$$

式中,$x(t)$ 为待处理信号;a 为尺度因子,$a=2^j$;j 表示分解的级数或尺度参数,它决定了信号被分解的层次或尺度;u 为平移因子,$u=k2^j$;ψ 为母函数,母函数即用于小波分频的基函数。

Haar 小波是最常用的小波基函数,具有时域中滤波跨度最短、正变换与逆

变换相同等优点,因此该小波基函数更容易实现,有利于提高运算效率。Haar 小波的表达式为

$$\psi(t) = \begin{cases} 1, & t \in [0, 1/2) \\ -1, & t \in [1/2, 1) \\ 0, & 其他 \end{cases} \quad (7\text{-}3\text{-}3)$$

基于实时小波分频的功率协调控制策略示意图如图 7-3-4 所示,整车需求功率经过 Haar 滤波器分频后的低频分量作为燃料电池输出基量。同时,为保证运行过程中动力电池 SOC 处于正常运行区间,本节设计了 SOC 闭环控制策略,采用参数可变的 PI 控制器对 SOC 进行调控,PI 控制器的输出量经低通滤波后叠加至燃料电池输出基量中。

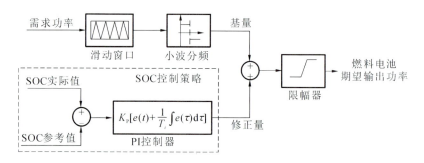

图 7-3-4 基于实时小波分频的功率协调控制策略示意图

1. 滑动窗口设计

氢电混合动力系统需在运行过程中对功率进行实时分配,因此要求功率协调控制策略具有实时性。为使上述小波分解算法满足该要求,本节设计了滑动窗口,采用滑动窗口与小波分频结合的方式,实现在线频率解耦。滑动窗口通过在内存中开辟一个数据缓冲区,对缓冲区数据不断刷新来实现,即当数据缓冲区未填满时,直接将新数据填充至数据缓冲区,当数据缓冲区填满后,再用新数据替换缓冲区中最早缓存的数据,实现窗口滑动的功能,滑动窗口大小即为数据缓冲区的最大容量。滑动窗口工作过程如图 7-3-5 所示,窗口大小为 n_{sw},信号进入滑动窗口后前 n_{sw} 个数据首先填满窗口;下一时刻,窗口开始向右滑动,将窗口内最先存入的一个数据剔除,并将新数据插入至窗口最前面,窗口内数据更新。每相隔一个采样周期,滑动窗口向后滑动一个数据点,并对滑动窗

口内数据进行一次小波分解和重构,以此获得燃料电池当前时刻的输出基量。

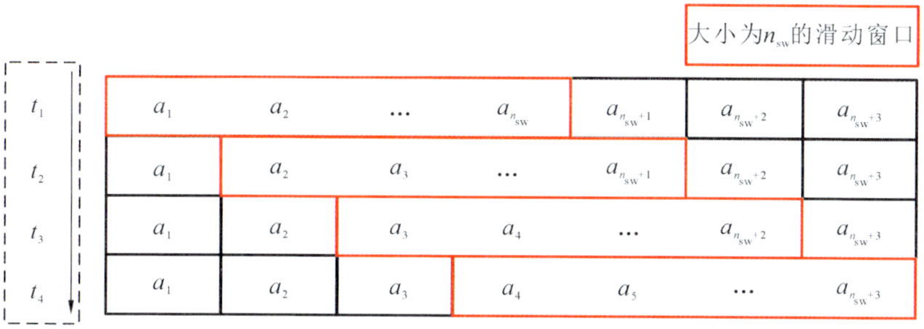

图 7-3-5　滑动窗口示意图

2. 燃料电池变载能力的考虑

小波分频方法中,信号分解的层数以及重构所选择的支数不同,最终合成的信号特征也不同[21]。本章所提出的基于实时小波分频的功率协调控制策略主要是借助小波变换将需求功率进行频率解耦,实现高频和低频分离,使低频部分满足燃料电池动态响应速度。因此,小波分解的层数 N_{od} 由燃料电池响应速度确定,而重构的分支选择为经过 N_{od} 层分解后的最低频分量。小波分解和重构过程如图 7-3-6 所示。

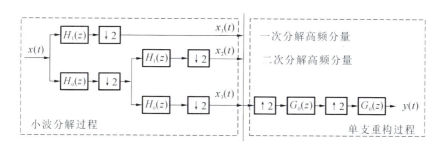

图 7-3-6　小波分频方法示意图

图 7-3-6 中,小波分解层数为 2,$x_1(t)$ 为一次小波分解后的高频分量,$x_2(t)$ 为二次小波分解后的高频分量,$x_3(t)$ 为二次小波分解后的低频分量,$y(t)$ 为 $x_3(t)$ 单支重构后的低频信号。在小波分解过程中,每层分解均通过离散高通滤波器 $H_1(z)$ 和离散低通滤波器 $H_0(z)$ 将信号分解为高频分量和低频分量,且每次分解信号都被降采样,然后选择其中低频分量作为下一次分解信号,直至分

解阶数达到 N_{od} 层。其中，分解层数 N_{od} 的确定方法如图 7-3-7 所示。

首先，对需求功率数据进行一次小波分解，并将分解得到的低频分支进行重构，若重构后的信号频率能够满足燃料电池动态响应速度要求，则停止分解，若该信号仍不能满足燃料电池动态响应速度要求，则继续对上一层分解后的低频分支进行分解。然后，选取最低频信号 $x_{N_{od}}$ 进行单支重构，重构过程中，先对 $x_{N_{od}}$ 进行上采样，再与 Haar 低通滤波器进行卷积运算，直至重构后信号点数与原信号相同。最后，将得到的分量作为燃料电池输出基量。

通过 Simulink 仿真计算，针对本节实例化对象的工况特性，将小波分频层数 N_{od} 设计为 6 层，需求功率经小波分解后，对第 6 层的低频分量进行单支重构，得到燃料电池输出功率基量，如图 7-3-8 所示，相比图 7-2-3 中系统（公交车）原始需求功率，经过小波分解和重构后的信号更加平滑，整个测试工况下最大功率变化率约为 1.3 kW/s，小于燃料电池最大变载速度。

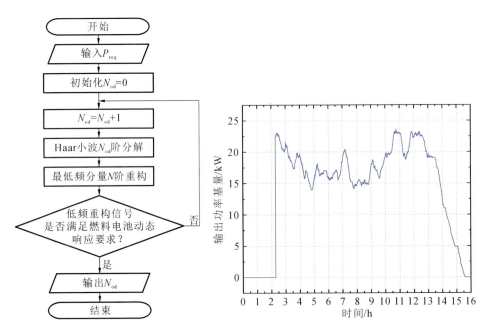

图 7-3-7 分解层数确定方法流程图

图 7-3-8 燃料电池输出功率基量

3. SOC 闭环调控的考虑

氢电混合动力系统中，由于单一的燃料电池无法满足负载需求，因此，为保证系统正常运行,应将动力电池电量维持在正常水平,小波分频技术实现了需求功率的高频和低频解耦,但未对动力电池电量进行控制。基于此问题,本小节设计了动力电池荷电状态控制策略,该控制策略以传统 PI 控制器为基础,根据动力电池 SOC 区间配置了不同的比例增益,传统 PI 控制器表达式如下:

$$U = k_P \times \left(SOC_{ref} - SOC_{battery} + \frac{1}{T_I} \int_0^t (SOC_{ref} - SOC_{battery}) dt \right) \quad (7\text{-}3\text{-}4)$$

式中,k_P 为比例增益;SOC_{ref} 为动力电池荷电状态设定值;$SOC_{battery}$ 为动力电池荷电状态实际值;T_I 为积分时间常数;U 为控制器输出信号。

比例增益 k_P 随 SOC 区间的变化情况如图 7-3-9 所示。

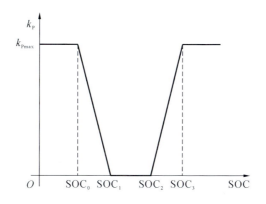

图 7-3-9 k_P 参数设计示意图

图 7-3-9 中,$[SOC_1, SOC_2]$ 为动力电池 SOC 最优工作区间,SOC_0 为动力电池过放临界值,SOC_3 为动力电池过充临界值。具体控制规律如下:

当 $SOC_1 \leqslant SOC_{battery} \leqslant SOC_2$ 时,动力电池电量维持在正常水平,为简化控制难度,将比例增益 k_P 置为 0,此时 PI 控制器不工作,经小波分解和重构后的需求功率低频分量即为燃料电池期望输出功率。

当 $SOC_0 < SOC_{battery} < SOC_1$ 时,动力电池的 SOC 趋近于过放临界点,但此时 SOC 仍处于正常工作区间,因此对 SOC 施加弱调控,SOC 越靠近过放临界点,调控作用越强,设计比例增益如式(7-3-5)所示:

$$k_P = \frac{k_{Pmax}}{SOC_0 - SOC_1} SOC_{battery} - \frac{k_{Pmax}}{SOC_0 - SOC_1} SOC_1 \quad (7\text{-}3\text{-}5)$$

当 $SOC_2 < SOC_{battery} < SOC_3$ 时,动力电池的 SOC 趋近于过充临界点,因此

对 SOC 施加弱调控，SOC 越靠近过充临界点，调控作用越强，设计比例增益如式(7-3-6)所示：

$$k_\mathrm{P} = \frac{k_{P\max}}{\mathrm{SOC}_3 - \mathrm{SOC}_2}\mathrm{SOC}_\mathrm{battery} - \frac{k_{P\max}}{\mathrm{SOC}_3 - \mathrm{SOC}_2}\mathrm{SOC}_2 \qquad (7\text{-}3\text{-}6)$$

当 $\mathrm{SOC}_\mathrm{battery} \leqslant \mathrm{SOC}_0$ 时，动力电池开始过度放电，为缩短动力电池过放时间，避免动力电池性能衰减，应将比例增益维持在最大值，此时燃料电池应以最大功率运行，PI 控制器比例增益维持为最大值 $k_{P\max}$。

当 $\mathrm{SOC}_\mathrm{battery} \geqslant \mathrm{SOC}_3$ 时，动力电池 SOC 达到较高水平，开始出现过充现象，为减缓动力电池寿命衰减，应将比例增益维持在最大值 $k_{P\max}$，此时燃料电池停机，由动力电池独立承担负载功率，使动力电池 SOC 快速回落到正常区间。

查阅动力电池参数手册，可确定上述参数的取值：$\mathrm{SOC}_0 = 30\%$，$\mathrm{SOC}_1 = 50\%$，$\mathrm{SOC}_2 = 70\%$，$\mathrm{SOC}_3 = 90\%$。PI 控制器的最大比例增益 $k_{P\max} = 0.6$，积分时间常数 $T_1 = 0.005$。

仿真模型中 PI 控制器输出功率如图 7-3-10 所示，当 SOC 位于正常区间内时，比例增益较小，调控作用较弱。由局部放大图可知，此时 PI 控制器输出功率未超过 0.5 kW，而当 SOC 接近过充和过放临界点时，比例增益较大，调控作用增强，PI 控制器输出功率达到 7.5 kW。

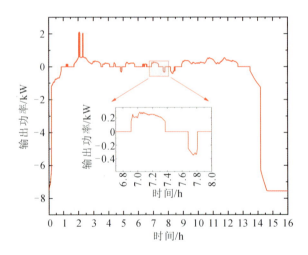

图 7-3-10　PI 控制器输出功率的仿真曲线

将 PI 控制器输出的修正量与小波分频后得到的基量加和得到参数 P_sum，

对该参数限幅处理后即可得到燃料电池输出功率。限幅处理通过限幅器实现，用于将 P_{sum} 功率值限制在燃料电池输出功率区间，如式(7-3-7)所示：

$$P_{fc} = \begin{cases} P_{fc\_min}, & P_{sum} < P_{fc\_min} \\ P_{sum}, & P_{fc\_min} \leqslant P_{sum} \leqslant P_{fc\_max} \\ P_{fc\_max}, & P_{sum} > P_{fc\_max} \end{cases} \quad (7\text{-}3\text{-}7)$$

式中，P_{fc_min} 为燃料电池最小输出功率；P_{fc_max} 为燃料电池最大输出功率。

7.3.3　基于粒子群算法的功率协调控制策略研究

基于荷电状态的功率协调控制策略以及基于实时小波分频的功率协调控制策略，均从系统退化机理层面对功率协调控制策略进行设计，既未设计明确的优化目标函数，也未采用具体的优化算法，属于基于规则的功率协调控制策略。为了进一步提高优化效果，本小节设计了基于粒子群算法的功率协调控制策略，以氢耗降低、燃料电池寿命衰减率降低、动力电池寿命衰减率降低为优化目标，通过粒子群寻优算法求取使得瞬时综合代价最小的燃料电池输出功率，实现氢电混合动力系统的功率分流。

1. 粒子群优化算法

粒子群优化（particle swarm optimization，PSO）算法是一种全局随机寻优算法，该算法源于对鸟类觅食行为的研究。鸟群在寻找食物过程中，存在着分散和聚集两种属性[22]，分散属性是指每只鸟都是一个单独的个体，有着自己的位置和速度，它们在各自领域内搜寻食物；聚集属性是指鸟群会每隔一定时间相聚，与同伴共享自己所寻找到的最近食物源位置，鸟群中的个体通过比对从同伴处交换的信息来调整自己的位置，最终都落向群体最优点。粒子群优化算法正是通过模拟这种行为来进行迭代寻优的。

粒子群优化算法需明确优化目标、约束条件和适应度函数，通常优化目标由式(7-3-8)所示的显函数表示，约束条件为自变量的定义域。在约束条件下，粒子群算法通过群体适应度函数进行迭代更新，寻求全局最优解。

$$\min f(x_1, x_2, \cdots, x_d) \quad (7\text{-}3\text{-}8)$$

式中，$f(x_1, x_2, \cdots, x_d)$ 为目标函数，d 为可行解的维度。本小节的研究以系统综合代价最小为优化目标,因此目标函数设为综合代价函数 $J(P_{fc}, P_{bat})$,如式(7-2-19)所示。粒子群优化算法迭代寻优过程如图 7-3-11 所示。

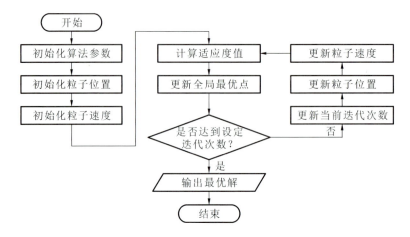

图 7-3-11　粒子群优化算法迭代寻优流程图

算法具体步骤如下:

(1) 确定种群大小 N 以及迭代次数 k,根据所求问题维度初始化粒子的位置和速度,如式(7-3-9)和式(7-3-10)所示,使粒子位置均匀分布在自变量定义域内,同时赋予粒子第一次移动的速度。

$$x_i = (x_{i1}, x_{i2}, \cdots, x_{id}), \quad i = 1, 2, \cdots, N \tag{7-3-9}$$

$$v_i = (v_{i1}, v_{i2}, \cdots, v_{id}), \quad i = 1, 2, \cdots, N \tag{7-3-10}$$

(2) 计算初始粒子适应度函数 $f(x_i)$,比较每个可行解的适应度值,即可得到每个粒子当前的局部最优点 $(x_{local\_best}, f_{local\_best})$ 和种群全局最优点 $(x_{global\_best}, f_{global\_best})$。

(3) 判断当前迭代次数是否达到设定值,若未达到,则更新粒子速度和位置,粒子更新后的位置如式(7-3-11)所示,速度如式(7-3-12)所示。若达到迭代次数设定值,则取当前全局最优点 $(x_{global\_best}, f_{global\_best})$ 作为该优化问题的最优解。

$$x_i^j = x_i^{j-1} + v_i^{j-1} \tag{7-3-11}$$

$$v_i^j = w v_i^{j-1} + c_1 r_1 (x_{local\_best} - x_i^{j-1}) + c_2 r_2 (x_{global\_best} - x_i^{j-1}) \tag{7-3-12}$$

式中,j 为当前迭代次数;w 为权重系数,用于调整搜索范围;c_1, c_2 为加速度常数,即粒子的最大加速度;r_1,r_2 为随机函数。参数具体配置如表 7-3-3 所示。

表 7-3-3　粒子群优化算法参数配置

参数名称	参数符号	参数取值
权重系数	w	0.4
加速度常数	c_1,c_2	0.2
随机函数	r_1,r_2	rand(0,1)

(4) 计算更新后粒子的适应度值 $f(x_i^t)$,并根据种群中所有粒子的适应度值更新粒子的局部最优点和种群全局最优点,更新后将当前迭代次数加 1。

(5) 返回第(3)步。

2. 边界条件设计

在氢电混合动力系统运行过程中,燃料电池输出功率和动力电池充放电功率受多个条件约束,主要包括以下五个方面:

(1) 燃料电池输出功率限制。燃料电池只能用作发电装置,而不能作为储能装置使用,因此,燃料电池输出功率应满足式(7-3-13)所示的限制条件:

$$P_{\text{fc\_min}} \leqslant P_{\text{fc}} \leqslant P_{\text{fc\_max}} \tag{7-3-13}$$

根据表 7-3-1 给出的容量配置方案,上式中燃料电池最小输出功率 $P_{\text{fc\_min}}=0$,最大输出功率 $P_{\text{fc\_max}}=40$ kW。

(2) 动力电池充放电功率限制。由于动力电池功率密度较大,出于安全性以及延长动力电池寿命考虑,动力电池充放电功率应限制在产品手册给定范围内,如式(7-3-14)和式(7-3-15)所示:

$$0 \leqslant P_{\text{bat\_char}} \leqslant P_{\text{char\_max}} \tag{7-3-14}$$

$$0 \leqslant P_{\text{bat\_dischar}} \leqslant P_{\text{dischar\_max}} \tag{7-3-15}$$

根据所选动力电池手册,动力电池最大瞬时充电功率 $P_{\text{char\_max}}=150$ kW,最大瞬时放电功率 $P_{\text{dischar\_max}}=250$ kW。

(3) 动力系统需求功率限制。为保证动力系统正常运行,无论采用何种功率协调控制策略,燃料电池输出功率与动力电池输出功率之和都应与系统总需求功率相匹配,在实际氢电混合动力系统中,除电动机需求功率之外,系统辅助部件也需消耗一定功率,因此燃料电池输出功率与动力电池输出功率应满足式

(7-3-16)所示的功率平衡关系。

$$P_{fc} + P_{bat} = P_{aux} + P_e \quad (7\text{-}3\text{-}16)$$

式中,P_{aux} 为系统辅助部件总功耗,由于系统辅助部件较多且功耗与多种因素耦合,为简化算法,P_{aux} 取为公交车实际辅助部件总功耗平均值 1.5 kW;P_e 为电动机需求功率,由公交车动力学模型给出,$P_e = P_{req}$。

(4) 动力电池 SOC 限制。氢电混合动力系统在运行过程中,由于单一的燃料电池无法满足负载需求,因此需使动力电池 SOC 维持在正常水平,如式(7-3-17)所示。当 SOC 处于正常工作区间时,燃料电池输出功率由功率协调控制策略计算得出;当 SOC 进入过放区间后,燃料电池以最大功率运行,快速将动力电池电量维持至正常水平;当 SOC 进入过充区间后,燃料电池停机,整车功率由动力电池单独提供,使其电量快速回落到正常区间,避免动力电池寿命衰减。

$$SOC_{min} \leqslant SOC \leqslant SOC_{max} \quad (7\text{-}3\text{-}17)$$

式中,SOC_{min} 为动力电池过放临界点,取值为 30%;SOC_{max} 为动力电池过充临界点,取值为 90%。

(5) 燃料电池变载能力限制。与电动机的电信号传递相比,燃料电池系统中的气体扩散过程以及化学反应过程较为缓慢,频繁且快速的变载会增大燃料电池内部膜两侧应力,导致机械损耗。同时,这也可能加速碳载体中铂催化剂的颗粒化过程,从而加速燃料电池寿命的衰减。因此,在功率协调控制策略中,应当将燃料电池的功率变化限制在燃料电池系统能够承受的变载能力范围内,如式(7-3-18)所示:

$$\Delta P_{fc} \leqslant \Delta P_{max} \quad (7\text{-}3\text{-}18)$$

式中,ΔP_{max} 为所选燃料电池的最大变载能力,kW/s。经实验测定,所选燃料电池在正常工作、单次变载速度不超过 2 kW/s 时,不会出现明显的缺气以及压力变化,因此在 Simulink 仿真模型中,取 $\Delta P_{max} = 2$ kW/s。

3. 适应度函数设计

一般而言,粒子群优化算法适应度函数与目标函数具有一致性,而在本节所设计的基于粒子群优化算法的功率协调控制策略中,目标函数 J 的值表征了氢电混合动力系统在该策略下运行一个完整测试工况后的综合代价,如式(7-2-19)所示,即目标函数最终值依赖于功率协调控制策略。由于功率协调控制策略要求具有实时性,而目标函数在策略执行过程中为未知量,因此无法直接将综合代价函数 J 作为适应度函数。退而求其次,本文采用粒子群优化算法在每一时刻寻找能够使目标函数瞬时值最小的燃料电池期望功率,这样,在经历一个完整测试工况后,目标函数的最终值将接近最小值。因此,该策略计算得到的燃料电池输出功率可被视为近似最优的输出功率值。

对综合评价指标函数关于时间 t 求偏导,由此给出粒子群优化算法的适应度函数:

$$f(P_{fc}, P_{bat}, t) = y_{H_2} c_{H_2} + y_{fc} P_0 \dot{D}_{fc} + y_{bat} Q_0 \frac{dL_{bat}}{dt} \quad (7\text{-}3\text{-}19)$$

根据前述的参数取值列表,对控制策略进行仿真时,取 $y_{H_2} = 55$ 元/kg,$y_{fc} = 12000$ 元/kW,$y_{bat} = 8000$ 元/(kW·h)。另外,由式(7-3-16)给出的系统功率关系可得:

$$P_{bat} = P_e + P_{aux} - P_{fc} \quad (7\text{-}3\text{-}20)$$

根据此式,将优化问题由二维寻优问题转化为一维寻优问题,使算法复杂度得以降低。

4. 惩罚函数设计

本书7.3.3节中讨论了当动力电池 SOC 越界时燃料电池的输出功率,此时动力电池已进入过充或者过放区间,对动力电池和燃料电池的寿命影响较大。为了减少动力电池进入过充和过放区间的次数,需在系统运行时对动力电池 SOC 进行有效调控。本小节通过在适应度函数中加入关于动力电池 SOC 的惩罚函数,来实现对动力电池 SOC 的实时调控。

惩罚函数应具有以下调控作用:

(1) 当动力电池 SOC 处于最优区间时,惩罚函数值很小,几乎不起调控作用。

(2) 当动力电池 SOC 从最优区间向过放临界点趋近时,燃料电池输出功率越大,惩罚函数值越小;反之则越大。这样,函数最优解就会向当前燃料电池功率点上方迁移。

(3) 当动力电池 SOC 从最优区间向过充临界点趋近时,燃料电池输出功率越大,惩罚函数值越大;反之则越小。这样,函数最优解就会向当前燃料电池功率点下方迁移。

基于上述控制目标,本小节设计了关于燃料电池输出功率及动力电池 SOC 的惩罚函数 $g(P_{fc},SOC)$,具体设计过程如下:

步骤 1:由动力电池 SOC 的计算方法,可得到一个采样周期 T_0 下动力电池 SOC 的变化量 ΔSOC:

$$\Delta SOC = -\frac{1}{3600} \cdot \int_0^{T_0} \frac{V_{oc} - \sqrt{V_{oc}^2 - 4 \cdot 1000 \cdot r(P_{req} - P_{fc})}}{2rQ_0'} dt \quad (7\text{-}3\text{-}21)$$

式中,V_{oc} 为动力电池开路电压,V;r 为动力电池内阻,Ω;P_{req} 为动力系统需求功率,kW;Q_0' 为用"安时"表示的动力电池额定容量,A·h。Q_0' 与 Q_0 的转化关系如式(7-3-22)所示:

$$Q_0' = \frac{1000 Q_0}{V_{nom}} \quad (7\text{-}3\text{-}22)$$

式中,V_{nom} 为动力电池额定电压,V。

为简化计算,将采样周期内燃料电池输出功率和需求功率均视为定值,由此可得 ΔSOC 的简化计算方法:

$$\begin{aligned}\Delta SOC &= f_{\Delta SOC}(P_{fc}, P_{req}, T_0) \\ &= -\frac{1}{3600} \cdot \frac{V_{oc} - \sqrt{V_{oc}^2 - 4 \cdot 1000 \cdot r(P_{req} - P_{fc})}}{2rQ_0'} \cdot T_0 \end{aligned} \quad (7\text{-}3\text{-}23)$$

步骤 2:根据燃料电池的工作范围,求取上式的最大值和最小值。

① 当 $P_{req} \leqslant 0$ 时:

$$\Delta SOC_{max} = f_{\Delta SOC}(P_{fc\_max}, P_{req}, T_0), \quad \Delta SOC_{min} = f_{\Delta SOC}(P_{fc\_min}, P_{req}, T_0) \quad (7\text{-}3\text{-}24)$$

② 当 $0 < P_{req} < P_{fc\_max}$ 时:

$$\Delta SOC_{max} = \max\{f_{\Delta SOC}(P_{fc\_min}, P_{req}, T_0), f_{\Delta SOC}(P_{fc\_max}, P_{req}, T_0)\}, \quad \Delta SOC_{min} = 0 \quad (7\text{-}3\text{-}25)$$

③ 当 $P_{req} > P_{fc\_max}$ 时:

$$\Delta SOC_{max} = f_{\Delta SOC}(P_{fc\_min}, P_{req}, T_0) \quad (7\text{-}3\text{-}26)$$

步骤 3:归一化 ΔSOC,归一化后 ΔSOC 值如式(7-3-27)所示。

$$\hat{f}_{\Delta \text{SOC}} = \frac{f_{\Delta \text{SOC}}(P_{\text{fc}}, P_{\text{req}}, T_0) - \Delta \text{SOC}_{\min}}{\Delta \text{SOC}_{\max} - \Delta \text{SOC}_{\min}} \tag{7-3-27}$$

步骤 4：设置偏移量，令函数值随动力电池瞬时 SOC 偏移，添加偏移量后的 $\hat{f}_{\Delta \text{SOC}}$ 如式(7-3-28)所示：

$$\hat{f}_{\Delta \text{SOC}} = \frac{f_{\Delta \text{SOC}}(P_{\text{fc}}, P_{\text{req}}, T_0) - \Delta \text{SOC}_{\min}}{\Delta \text{SOC}_{\max} - \Delta \text{SOC}_{\min}} - (1 - \text{SOC}) \tag{7-3-28}$$

设置偏移量后，函数 $\hat{f}_{\Delta \text{SOC}}$ 同时受瞬时 SOC 和燃料电池输出功率的影响。当 SOC 偏低时，函数过零点向右偏移，即对应燃料电池功率点增大；而当 SOC 偏高时，函数过零点向左偏移，即对应燃料电池功率点减小。

由此可设计惩罚函数 $g(P_{\text{fc}}, \text{SOC})$ 如式(7-3-29)所示：

$$g(P_{\text{fc}}, \text{SOC}) = k_{\text{SOC}} \cdot |\hat{f}_{\Delta \text{SOC}}| \tag{7-3-29}$$

式中，k_{SOC} 为惩罚系数，当 SOC 所处区间不同时，k_{SOC} 取不同值，本节仿真模型所取 k_{SOC} 值如下。

① 当 $50\% \leqslant \text{SOC} \leqslant 70\%$ 时，$k_{\text{SOC}} = 20$，此时惩罚系数较小，对适应度函数值影响较小，控制策略对动力电池 SOC 的调控作用较弱。

② 当 $40\% \leqslant \text{SOC} < 50\%$ 或 $70\% < \text{SOC} \leqslant 80\%$ 时，$k_{\text{SOC}} = 800$，此时惩罚系数较大，控制策略对动力电池 SOC 的调控作用增强。

③ 当 $\text{SOC} < 40\%$ 或 $\text{SOC} > 80\%$ 时，$k_{\text{SOC}} = 2000$，此时惩罚系数达到最大值，控制策略对 SOC 变化较为敏感。若此时 $\text{SOC} < 40\%$ 且 SOC 继续下降，则惩罚函数值大幅增加，这将导致燃料电池的功率点向上大幅加载，以使 SOC 迅速恢复到正常区间；若此时 $\text{SOC} > 80\%$ 且 SOC 继续上升，由式(7-3-29)可知，由于惩罚系数较大，惩罚函数值也会大幅增长，这样导致燃料电池功率点向下移动。

最终 SOC 惩罚函数效果如图 7-3-12 所示。由图可知，当 SOC 位于 $50\% \sim 70\%$ 区间时，无论燃料电池输出功率为何值，惩罚函数值均较小；当 $\text{SOC} > 70\%$ 时，惩罚函数存在最小值，且 SOC 越高，最小值对应的燃料电池输出功率越低，当 SOC 到达最高值 100% 时，最小值对应的燃料电池输出功率为 0；当 $\text{SOC} < 50\%$ 时，惩罚函数同样存在最小值，且 SOC 越低，最小值对应的燃料电池输出功率越高，当 SOC 到达最小值 0 时，最小值对应的燃料电池输出功率升至 40 kW。由此可见，当 SOC 偏高时，惩罚系数驱动燃料电池进入较低功率区；而当

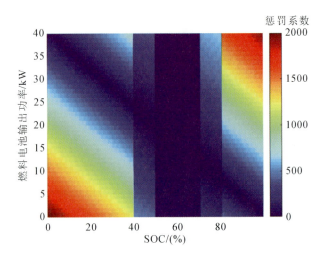

图 7-3-12　SOC 惩罚函数效果

SOC 偏低时,惩罚系数驱动燃料电池进入高功率区。

由此可得到粒子群最终适应度函数如式(7-3-30)所示:

$$f(P_{fc}, P_{bat}, SOC, t) = y_{H_2} c_{H_2} + y_{fc} P_0 \dot{D}_{fc} + y_{bat} Q_0 \frac{dL_{bat}}{dt} + g(P_{fc}, SOC)$$

(7-3-30)

7.3.4　功率协调控制策略对比分析

1. 仿真条件设计

本小节仿真工况是采用 CHTC-B、CHTC-C、NEDC、WLTC 四种标准工况以及张家港公交车实采工况的数据进行合成的,每个单独的工况都包含怠速段、匀速段和加速段,但各段的比例及加速度有所不同[23],合成后的仿真工况如图 7-3-13 所示。

仿真模型按表 7-3-1 列出的容量配置方案对燃料电池和动力电池进行参数配置,另外,由于动力电池在运行过程中存储或者消耗的电量归根结底来源于氢气的能量转化,由式(7-2-19)可知,氢气的消耗会被折算为综合评价指标的一部分。因此,本小节在进行仿真时,设动力电池的初始 SOC 均为 90%,同时,在三种功率协调控制策略中,均将燃料电池停机点设为动力电池 SOC 达到 90%。为了使仿真停止时动力电池 SOC 恢复到初始值,本小节在随机工况后追加 2 h

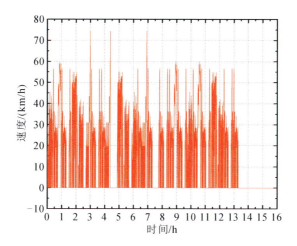

图 7-3-13 仿真工况图

的零速度时间段,此时系统需求功率为 0,燃料电池为动力电池补充电量直至 SOC 达到 90%,以便为第二天系统运行提供保障。通过此设定,动力电池 SOC 在仿真前后相等,避免了动力电池电量不同对仿真结果产生影响。

常见动力电池等效电路模型有 Rint 模型、Thevenin 模型和 PNGV 模型[24],由于本课题不关注电池内部具体细节,因此将动力电池视作直流电源。三种模型中,Rint 模型结构较为简单,它采用直流电源串联电阻的形式模拟动力电池的 V-I 特性,动力电池输出电压与电流的关系如式(7-3-31)所示:

$$V_{bat} = V'_{oc} - I_{bat}R_0 \qquad (7\text{-}3\text{-}31)$$

式中,V'_{oc} 为动力电池开路电压,是动力电池 SOC 的函数;R_0 为电池内阻,是关于温度、SOC 以及循环寿命的函数,当动力电池正常运行时,在短时间内可视为常量。由此可得到如图 7-3-14 所示的动力电池 Rint 等效电路模型。

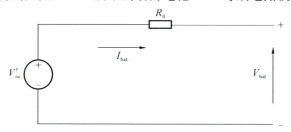

图 7-3-14 动力电池 Rint 等效电路模型

本节仿真模型采用 Simulink/Battery 模块，根据某款公交车用动力电池参数进行配置。该动力电池主要参数如表 7-3-4 所示。

表 7-3-4　动力电池主要参数

参数名称	参数取值	单位
额定电压	651.2	V
电压范围	492.2～735.6	V
额定容量	78	A·h
瞬时充电功率	150	kW
瞬时放电功率	250	kW
单体循环寿命	>3000	次

根据表 7-3-4 中的参数对 Simulink/Battery 模块进行配置后，动力电池放电特性仿真曲线如图 7-3-15 所示。在额定放电电流（放电功率为 250 kW）条件下，该电池可持续放电约 11 min，此后，动力电池进入过放区间，电压急剧下降。

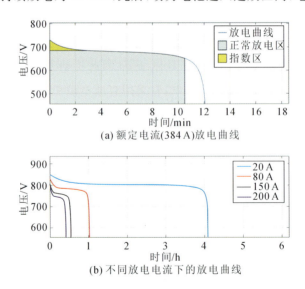

(a) 额定电流（384 A）放电曲线

(b) 不同放电电流下的放电曲线

图 7-3-15　动力电池放电特性仿真曲线

另外，在氢电混合动力系统中，母线电压由动力电池输出电压维持，因此，为了保证系统运行的稳定性和可靠性，需监控动力电池荷电状态（SOC）。在动力电池 Rint 等效电路模型中，采用电荷积分法计算电池 SOC，如式（7-3-32）

所示：

$$\mathrm{SOC}(t) = \mathrm{SOC}_0 - \frac{1}{Q_0'}\int_0^t I_{\mathrm{bat}}\,\mathrm{d}\tau \qquad (7\text{-}3\text{-}32)$$

动力电池电流 I_{bat} 为电池开路电压 V_{oc}'、电池输出功率 P_{bat} 以及电池内阻 R_0 的函数，如式(7-3-33)所示：

$$I_{\mathrm{bat}} = \frac{V_{\mathrm{oc}}' - \sqrt{V_{\mathrm{oc}}'^2 - 4R_0 P_{\mathrm{bat}}}}{2R_0} \qquad (7\text{-}3\text{-}33)$$

由式(7-3-32)和式(7-3-33)可得出动力电池 SOC 与输出功率的函数关系，至此，氢电混合动力系统所关注的动力电池电压、输出电流及 SOC 状态可根据电池参数计算得出。模型框图和主要参数传递路径如图 7-3-16 所示，该模型包含动力电池电压模型、动力电池 SOC 模型和动力电池寿命衰减模型。其中，动力电池寿命衰减百分比 L_{bat} 的计算方法已在 7.2.2 节给出。

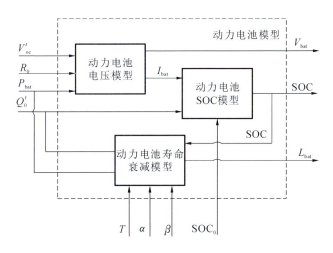

图 7-3-16　动力电池模型框图和主要参数传递路径

2. 燃料电池输出功率

本小节借助 MATLAB/Simulink 仿真工具，对以上三种功率协调控制策略进行仿真，得到燃料电池输出功率如图 7-3-17 所示。三种策略中，燃料电池变载趋势基本一致。粒子群优化算法中，由于适应度函数包含燃料电池寿命衰减部分，因此在系统运行过程中，燃料电池变载次数少，且变载缓慢，同时燃料电池处于高负载运行区(运行功率达到额定功率的 90%，即 36 kW)、高电位区(运行功率低于额定功率30%,即12 kW)的总时间最短,有利于延长燃料电池寿命。在基于荷电状态的功率协调控制策略中,燃料电池在短时间内处于恒功率模式,但在一个完整测试工况中,燃料电池经历了16次变载,且每次变载幅度为5.5 kW,变载对燃料电池寿命影响较大。在基于实时小波分频的功率协调控制策略中,燃料电池的输出基量是由经过低通滤波后的负载需求功率而得到的,因此该策略对负载变化非常敏感,燃料电池在整个过程中都处于变载工作状态,但由于策略中滤去了高频部分,因此燃料电池变载较为缓慢,有效削弱了变载对燃料电池的冲击。

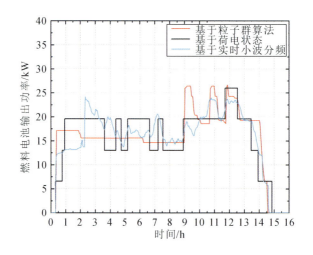

图 7-3-17　燃料电池输出功率的仿真曲线

三种策略中,除燃料电池变载特征差别较大之外,燃料电池高电位运行时间也存在差异,特别是在燃料电池开启后的一段时间和燃料电池临近关机的时段,如图 7-3-18 和图 7-3-19 所示。

如图 7-3-18 所示,在燃料电池启动后一小时内,基于粒子群算法的功率协调控制策略快速将燃料电池功率由 0 kW 拉至 17 kW,避免了燃料电池在高电位区长时间停留。在基于实时小波分频的功率协调控制策略中,由于燃料电池输出功率变化情况与负载变化情况基本一致,因此在负载需求变大时,燃料电池输出功率也能快速拉升到较大值,高电位持续时间与基于粒子群算法的控制策略基本一致。在基于荷电状态的功率协调控制策略中,由于燃料电池输出功率完全取决于动力电池当前 SOC 所处区间,只有运行一段时间后当动力电池

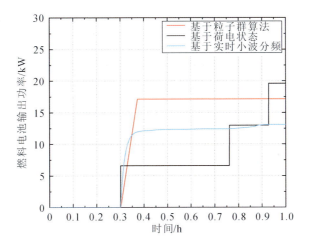

图 7-3-18 启动阶段燃料电池输出功率的仿真曲线

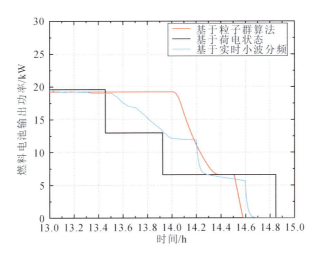

图 7-3-19 停机阶段燃料电池输出功率的仿真曲线

SOC 由 80% 下降到 68%，燃料电池输出功率才由 6.5 kW 上升至 13 kW，离开高电位运行区间。该策略下，燃料电池进入高电位的持续时间约为 0.45 h，对燃料电池寿命影响较大。

由图 7-3-19 可知，在基于荷电状态的功率协调控制策略中，由于动力电池 SOC 处于高值区，停机阶段燃料电池处于高电位区间的持续时间较长，直到动力电池 SOC 增加至 90%，燃料电池才停止工作，高电位运行持续时间约为 1 h。

相比其他两种功率协调控制策略,基于粒子群算法中的燃料电池进入高电位区的时间更晚,停机时间更早,因此其高电位运行持续时间明显小于另外两种策略。由此可见,在对高电位运行状态的处理中,基于粒子群算法的功率协调控制策略的控制效果更优。

3. 系统性能指标对比分析

上小节从燃料电池输出功率角度对三种功率协调控制策略进行了分析,主要讨论了燃料电池的变载次数和高电位运行时长。本小节将借助所提出的氢电混合动力系统运行评价指标,从氢耗、燃料电池寿命衰减、动力电池寿命衰减、综合代价四个角度对三种功率协调控制策略进行定量分析。

在氢电混合动力系统中,如果忽略动力电池的初始电量,那么整车运行所消耗的全部能量都来源于氢燃料电池中氢气和氧气通过化学反应转化而来的电能。假设系统部件无能量损耗,且保持运行前后动力电池电量相等,则在相同运行工况下,无论采取何种功率协调控制策略,系统所消耗的氢气质量都应一致。但实际上,燃料电池运行在不同功率点时,其发电效率会有所不同。由燃料电池模型可知,燃料电池工作电流越大,则其节电压越低,燃料电池发电效率越低。另外,整车上的DC/DC变换器、DC/AC变换器以及电动机的运行效率也与实际运行功率相关。因此,不同的功率协调控制策略会导致系统部件在运行效率上的差异,最终体现为氢气消耗量的差异。由于氢电混合动力系统部件繁多,各部件运行效率耦合量较为复杂,因此本小节模型仅考虑由燃料电池发电效率导致的氢耗差异,将除燃料电池之外的各部件的能量转化效率视为不变量,最终计算得到三种功率协调控制策略下的燃料电池氢耗随时间的变化曲线,如图7-3-20所示。由图可知,经过一个完整测试工况后,三种功率协调控制策略的氢耗相差不大,其中,基于实时小波分频的功率协调控制策略下的燃料电池氢耗最低,即燃料电池平均发电效率最高。

三种功率协调控制策略在一个测试工况下的燃料电池寿命衰减情况如图7-3-21所示。三种功率协调控制策略中,基于荷电状态的功率协调控制策略下电池寿命衰减百分比最高,约为0.027%,其主要衰减时段为0~1 h和14~15 h,由图7-3-17所示的燃料电池输出功率仿真曲线可知,此时间段燃料电池主要工作在6.5 kW功率点,燃料电池平均节电压约为0.8 V,处于高电位区,因此

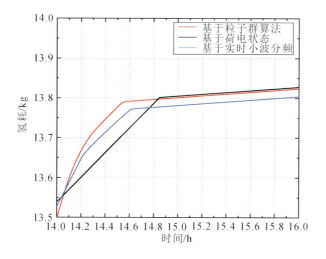

图 7-3-20　三种策略下燃料电池氢耗对比

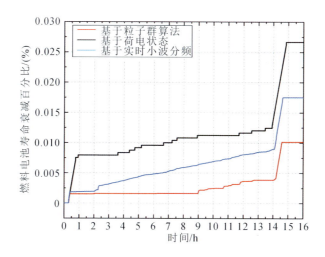

图 7-3-21　三种策略下燃料电池寿命衰减对比

燃料电池寿命衰减较快,而在 1~14 h 时间段内,燃料电池均处在正常功率区间内,其衰减主要由燃料电池变载引起。在基于实时小波分频的功率协调控制策略中,燃料电池寿命的衰减百分比介于另外两种策略之间。在基于粒子群算法的功率协调控制策略中,由于适应度函数考虑了燃料电池变载、高电位运行及高负载运行所带来的经济代价,因此燃料电池变载情况得到有效抑制。当动力电池 SOC 处于正常范围之外时,惩罚函数对综合代价影响较大,促使燃料电池变载，使其能够快速调整动力电池荷电状态；当动力电池 SOC 处于正常区间时，惩罚函数对综合代价影响较小，该算法通过迭代寻找一个使综合代价最小的燃料电池功率点，并在此功率点上小范围波动。由图 7-3-21 可知，基于粒子群算法的功率协调控制策略下的燃料电池寿命衰减百分比明显低于另外两种功率协调控制策略的。

对于氢电混合动力系统而言，动力电池的电量维持对系统正常运行至关重要。在本章所采取的氢电混合动力系统拓扑结构中，母线电压直接由动力电池的端电压来维持，而动力电池端电压与电池剩余容量密切相关。当动力电池过度放电时，不仅会对动力电池寿命产生不利影响，同时过低的动力电池电压会导致系统母线电压过低，无法维持系统正常运行。因此，三种功率协调控制策略均对动力电池 SOC 进行了闭环调控，在基于荷电状态的功率协调控制策略中，燃料电池输出功率直接取决于当前荷电状态，当前 SOC 值越低，则燃料电池输出功率越高，使其具备同时为负载提供功率和为动力电池充电的能力，维持动力电池电量正常。而在基于实时小波分频的功率协调控制策略中，通过引入闭环 PI 控制器，使得燃料电池输出功率在基量基础上叠加了一个关于 SOC 的调控量；实现 SOC 的闭环调控；粒子群算法则通过将当前荷电状态纳入寻优算法中，在原适应度函数上叠加惩罚函数来实现 SOC 调控。

三种策略下动力电池 SOC 变化情况如图 7-3-22 所示。由图可知，三种策略下动力电池 SOC 波动区间均在 30%～90% 以内，未出现过充和过放现象。

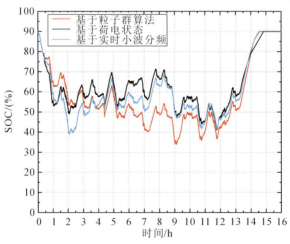

图 7-3-22 三种策略下动力电池 SOC 变化图

本节除对燃料电池寿命衰减进行评估之外,还通过动力电池寿命衰减半经验模型对三种策略下动力电池寿命衰减进行了评估,经过一个完整测试工况后,动力电池寿命衰减情况如图 7-3-23 所示。由图可知,三种功率协调控制策略下的动力电池寿命衰减基本一致,由于目前动力电池放电倍率较大(一般锂电池放电倍率已达到 5~8 C),且三种策略下的动力电池均未出现过充和过放现象,平均放电倍率、总的安时通量以及 SOC 波动情况也基本一致,因此认为三种策略下动力电池寿命衰减无明显差别。

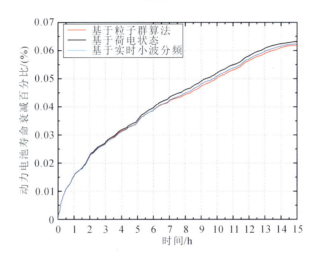

图 7-3-23　三种策略下动力电池寿命衰减对比

三种策略下系统氢耗代价、燃料电池寿命衰减代价、动力电池寿命衰减代价以及综合代价如表 7-3-5 所示。由表可知,三种功率协调控制策略中,基于粒子群算法的功率协调控制策略在经历一个测试工况后,系统综合代价最小,其中燃料电池寿命衰减代价与另外两种策略相比大幅降低,而氢耗代价和动力电池寿命衰减代价与另外两种策略基本一致,仿真结果与目前燃料电池混合动力汽车现状基本一致,目前燃料电池自身成本较高,且寿命衰减较快,在不同的运行功率下,燃料电池寿命相差较大。因此,在燃料电池自身材料性能尚未取得突破的情况下,优化功率协调控制策略和改善燃料电池功率点,可大幅减缓燃料电池的寿命衰减,从而降低整个系统的运行成本。与燃料电池相比,动力电池寿命衰减则相对稳定,只需避免其在运行过程中出现反复过充和过放。

表 7-3-5　三种策略下系统代价对比表　　　　　　　单位:元

功率协调 控制策略	氢耗代价	燃料电池寿命 衰减代价	动力电池寿命 衰减代价	综合代价
基于荷电状态	762	128	193	1083
基于实时小波分频	760	84	192	1036
基于粒子群算法	761	49	193	1003

7.4　氢电混合动力系统的容量配置优化

在氢电混合动力系统中,合理的容量配置是系统稳定运行的前提,不合理的容量配置不仅难以保障系统的动力性能,还会加快系统部件的性能衰减,造成系统运行成本提高,因此,对系统容量配置方案进行优化至关重要[24]。由于容量配置不仅需要考虑系统本身的制约因素,如配置体积限制、配置成本限制以及系统功率需求限制,还依赖于系统所采用的功率协调控制策略,因此本节在进行容量配置优化时,将功率协调控制策略固定为 7.3 节所设计的基于粒子群算法的功率协调控制策略,在此基础上,本节针对氢电混合动力系统容量配置问题设计了一种容量配置优化方案,并通过 Simulink 软件仿真分析了不同容量配置下的系统性能,论证了该容量配置方法的有效性。

7.4.1　基于粒子群算法的容量配置优化方法

粒子群算法用于参数寻优时,收敛速度较快,算法流程相对简单,只需确定所求问题的限制条件以及适应度函数,便可通过迭代更新求得最优解,因此本节采用粒子群算法,以 7.2 节提出的综合评价指标为优化目标,对系统容量配置进行优化。

1. 边界条件分析

在运用粒子群优化算法时,首先应确定粒子搜索范围,即对问题边界条件进行分析。在氢电混合动力系统中,燃料电池额定功率至少应满足以下要求:

(1) 整车平均需求功率的限制。系统运行过程中,为维持动力电池电量平衡,燃料电池额定功率应高于系统平均需求功率,如式(7-4-1)所示,若燃料电池无法满足系统的平均功率需求,则动力电池在运行过程中处于持续放电状态,最终会导致动力电池电量过低,母线电压无法维持系统的正常运行。

$$P_0 > \overline{P}_{req} \tag{7-4-1}$$

式中,P_0 为燃料电池额定功率,kW;$\overline{P}_{req}$ 为仿真工况下系统平均需求功率,kW,由瞬时功率积分并平均求得,如式(7-4-2)所示。

$$\overline{P}_{req} = \frac{1}{T}\int_0^T P_{req} dt \tag{7-4-2}$$

式中,T 为仿真工况时长。

(2) 整车最大匀速行驶功率的限制。整车在运行过程中,典型运行工况如图 7-4-1 所示,整车在 220 s 的运行时间内,经历了两次启停,以 120 s 为分界点,整车每次启停都经历了起步、加速、匀速、减速、停车五个阶段,图 7-3-10 所示的 16 h 随机合成工况同样由若干个类似的小工况构成。整车在起步加速和减速停车阶段功率波动较剧烈,此类波动需通过动力电池进行缓冲。

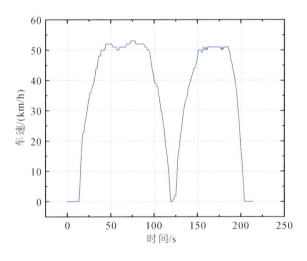

图 7-4-1 公交车典型工况

在匀速阶段,整车所受外界扰动最小,需求功率最稳定,此时可由燃料电池单独供电,由于动力电池可承担需求功率波动部分,因此燃料电池额定功率只需满足式(7-4-3)所示的不等式即可满足整车的基本动力需求。

$$P_0 \leqslant P_{v\_max} \tag{7-4-3}$$

式中，P_{v_max}为整车以最大速度匀速行驶时的系统需求功率。

(3) 整车装配体积系统成本限制。对一个具体的氢电混合动力系统而言，其装配空间有限，因此在对系统容量进行配置时，需考虑实际的系统限制，如式(7-4-4)所示。另外，在设计实际氢电混合动力系统时，需考虑系统成本的限制，即将燃料电池和动力电池的总成本控制在预算值之内，如式(7-4-5)所示。

$$\frac{P_0}{\rho_{V\_fc}} + \frac{Q_0}{\rho_{V\_bat}} \leqslant V_{sys} \tag{7-4-4}$$

$$y_{fc}P_0 + y_{bat}Q_0 \leqslant m_{sys} \tag{7-4-5}$$

式中，ρ_{V_fc}为燃料电池比功率，kW/L；ρ_{V_bat}为动力电池比能量，kW·h/L；V_{sys}为系统预留装配空间，L；m_{sys}为系统用于动力电池和燃料电池的总预算，元；y_{fc}、y_{bat}的取值如表7-2-4所示。

(4) 整车能量需求限制。在整车运行过程中，假设燃料电池足以提供整车平均需求功率，能量波动部分由动力电池承担，则在整个运行工况中，使动力电池SOC维持在正常区间内的电池最小容量如式(7-4-6)所示。

$$Q_0 \geqslant \frac{\Delta E_{max}}{\eta_{dischar}(SOC_H - SOC_L)} \tag{7-4-6}$$

式中，$\eta_{dischar}$为动力电池平均放电效率；SOC_H为动力电池过充临界值；SOC_L为动力电池过放临界值。这三个参数均由动力电池参数手册给定。ΔE_{max}为系统运行过程中能量波动最大值，系统所耗能量E由系统功率波动部分积分求得，如式(7-4-7)和式(7-4-8)所示。

$$E = \int_0^T (P_{req}(t) - \overline{P}_{req}) dt \tag{7-4-7}$$

$$\Delta E_{max} = E_{max} - E_{min} \tag{7-4-8}$$

在图7-3-10所示的测试工况下，系统能量波动如图7-4-2所示。

(5) 系统瞬时功率需求限制。无论在何种工况下，通过动力电池和燃料电池的配合，都应能够满足系统的瞬时功率需求，即燃料电池额定功率与动力电池最大瞬时放电功率之和不小于系统最大需求功率，如式(7-4-9)所示：

$$P_0 + \frac{Q_0}{\eta_{dischar}} I_{c\_max} \geqslant P_{req\_max} \tag{7-4-9}$$

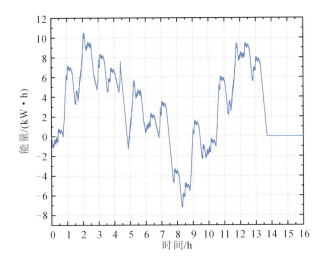

图 7-4-2　系统能量波动曲线

式中，I_{c_max} 为动力电池最大放电倍率；P_{req_max} 为需求功率最大值，kW；联立式(7-4-1)到式(7-4-9)可求得燃料电池额定功率范围和动力电池最大容量范围，本小节根据仿真参数计算得到的燃料电池和动力电池的容量配置范围如表 7-4-1 所示。

表 7-4-1　燃料电池、动力电池的容量配置范围

参数类型	参数符号	参数取值	单位
燃料电池额定功率最小值	P_{0_min}	18	kW
燃料电池额定功率最大值	P_{0_max}	40	kW
动力电池额定容量最小值	Q_{0_min}	31.2	kW·h
动力电池额定容量最大值	Q_{0_max}	89.7	kW·h

由表 7-4-1 可知，在 7.3 节对三种功率协调控制策略进行仿真时，所选用的容量配置方案(见表 7-3-1)具有合理性，满足了动力系统的基本限制条件。

2. 最优容量配置

在设计粒子群优化算法时，应明确优化目标，本小节以综合评价指标最小为目标，对燃料电池额定功率、动力电池额定容量进行优化。由于在进行容量配置优化时，燃料电池额定功率 P_0 以及动力电池额定容量 Q_0 均为变量，因此

式(7-2-19)所描述的综合评价指标以及该优化问题的约束条件可由式(7-4-10)表示：

$$\begin{cases} \text{s.t.} \quad \min J(P_0,Q_0,P_{fc},P_{bat},t) = y_{H_2}m_{H_2} + y_{fc}P_0 L_{fc} + y_{bat}Q_0 L_{bat} \\ P_{0\_min} \leqslant P_0 \leqslant P_{0\_max} \\ Q_{0\_min} \leqslant Q_0 \leqslant Q_{0\_max} \end{cases}$$

(7-4-10)

另外，目标函数 J 的计算还依赖于具体的功率协调控制策略，燃料电池氢耗、燃料电池寿命衰减均与燃料电池的运行功率相关，动力电池寿命衰减也与动力电池充放电功率相关。另外，在而氢电混合动力系统中，燃料电池运行功率和动力电池充放电功率均取决于系统功率协调控制策略。因此在仿真计算中，采用 7.3.3 节设计的基于粒子群算法的功率协调控制策略。容量配置优化过程的具体步骤如下。

（1）初始化算法参数。设置迭代次数 $k=20$，粒子种群大小 $N=50$，粒子最大移动速度 $v_{max}=2$，最小移动速度 $v_{min}=-2$；设置粒子维度 $d=2$，其中粒子第一维度代表燃料电池额定功率，第二维度代表动力电池额定容量。由于所求最优解为目标函数最小值点，因此初始时设置粒子局部最小值 f_{local_min} 和群体全局最小值 f_{global_min} 为正无穷。

（2）初始化粒子位置 $x(i,1)$、$x(i,2)$。根据式(7-4-10)所给出的约束条件，将粒子随机分布到整个区间内，如式(7-4-11)和(7-4-12)所示。

$$x(i,1) = P_{0\_min} + (P_{0\_max} - P_{0\_min}) \cdot \text{rand}(0,1), \quad i=1,2,\cdots,N$$

(7-4-11)

$$x(i,2) = Q_{0\_min} + (Q_{0\_max} - Q_{0\_min}) \cdot \text{rand}(0,1), \quad i=1,2,\cdots,N$$

(7-4-12)

（3）初始化粒子速度。由于粒子维度为 2，因此需对两个维度上的粒子速度进行初始化，如式(7-4-13)和式(7-4-14)所示。

$$v(i,1) = v_{min} + (v_{max} - v_{min}) \cdot \text{rand}(0,1), \quad i=1,2,\cdots,N \quad (7\text{-}4\text{-}13)$$

$$v(i,2) = v_{min} + (v_{max} - v_{min}) \cdot \text{rand}(0,1), \quad i=1,2,\cdots,N \quad (7\text{-}4\text{-}14)$$

（4）根据粒子值配置参数。对每个粒子，将燃料电池额定功率配置为 $x(i,$

1),将动力电池额定容量配置为 $x(i,2)$,配置完成后,运行功率协调控制策略,计算每个粒子的适应度,如式(7-4-15)所示。

$$f(x(i)) = J(x(i,1), x(i,2), P_{fc}, P_{bat}, t), \quad i = 1, 2, \cdots, N \quad (7\text{-}4\text{-}15)$$

(5)更新每个粒子的局部最优点和全局最优点。若本轮中该粒子的适应度小于局部最小值,则将当前点更新为局部最优点($x_{local\_min}, f_{local\_min}$);若本轮所有粒子中的最小适应度小于全局最小值,则更新全局最优点为($x_{global\_min}, f_{global\_min}$)。

(6)判断当前迭代次数 j 是否达到设定值,若未达到,则更新粒子的速度和位置,更新后的粒子位置如式(7-4-16)所示,更新后粒子的速度如式(7-4-17)所示。若达到迭代次数设定值,则取当前全局最优点($x_{global\_min}, f_{global\_min}$)作为该优化问题的最优解。

$$x_i^j = x_i^{j-1} + v^{j-1} \quad (7\text{-}4\text{-}16)$$

$$v_i^j = wv_i^{j-1} + c_1 r_1 (x_{local\_min} - x_i^{j-1}) + c_2 r_2 (x_{global\_min} - x_i^{j-1}) \quad (7\text{-}4\text{-}17)$$

式中,j 为当前迭代次数;w 为权重系数,用于调整搜索范围;c_1, c_2 均为加速度常数,即粒子的最大加速度;r_1, r_2 均为随机函数。各个参数具体配置如表7-4-2所示。

表 7-4-2 粒子群参数配置表

参数名称	参数符号	参数取值
权重系数	w	0.8
加速度常数	c_1, c_2	1.4
随机函数	r_1, r_2	rand(0,1)

(7)计算更新后粒子的适应度值 $f(x_i^j)$。

(8)返回第(5)步。

在上述粒子群寻优过程中,由于粒子维度为2,且燃料电池额定功率和动力电池额定容量的区间范围较大,因此粒子群搜索范围较大,算法收敛缓慢。为了简化算法,本小节首先确定了燃料电池额定功率,然后采用粒子群优化算法确定动力电池额定容量,将二维粒子群优化问题简化为一维粒子群优化问题。

根据 7.3.3 节中燃料电池额定功率的限定条件,当燃料电池额定功率为 40

kW时,可满足整车以最大速度匀速行驶的功率需求,且该功率大于整车平均需求功率,若继续增大燃料电池配置,则会导致系统成本上升,因此,在算法仿真时,令燃料电池额定功率 $P_0=40$ kW,代入上述粒子群优化算法后得到动力电池的最优额定容量为 44 kW·h。

7.4.2 不同配置容量的对比分析

在氢电混合动力系统中,燃料电池和动力电池的容量配置对系统整体性能起着至关重要的作用,若系统本身配置不合理,则很难通过功率协调控制策略对系统性能进行大幅优化。为了探究系统容量配置对氢电混合动力系统性能的影响,本小节设计了如表 7-4-3 所示的四种容量配置方案。

表 7-4-3 容量配置—方案设计参数

容量配置方案	燃料电池额定功率/kW	动力电池额定容量/kW·h
动力电池容量最小配置(配置1)	40	31.2
系统最优容量配置(配置2)	40	44
动力电池容量最大配置(配置3)	40	89.7
燃料电池功率最大配置(配置4)	70	44

1. 燃料电池性能分析

在氢电混合动力系统中,燃料电池成本相对较高,且寿命衰减较快,因此本节从燃料电池输出功率出发,对四种配置下燃料电池寿命衰减程度以及燃料电池氢耗情况进行分析,讨论动力电池容量对燃料电池性能的影响。

(1) 燃料电池输出功率对比分析。

本小节借助 Simulink 仿真工具,对表 7-4-3 所示的四种容量配置方案进行仿真,得到四种容量配置方案下的燃料电池输出功率,如图 7-4-3 所示。

在配置 1 中,动力电池额定容量最小,因此在充放电电量相同的情况下,动力电池的 SOC 波动将更剧烈,大范围的 SOC 波动导致功率协调控制算法的频繁调度。此外,由于动力电池容量较小,相同放电倍率下,其最大放电功率相对较小,因此当负载需求功率幅值较大时,为满足系统瞬时功率的需求,需要燃料电池输出更高的功率;当车辆减速时,动力电池的最大瞬时充电功率无法回收

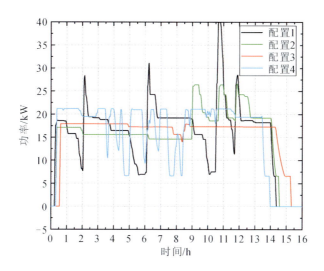

图 7-4-3　四种配置方案下燃料电池输出功率的仿真曲线

制动能量,必然导致燃料电池的快速降载以实现系统的功率平衡。因而,配置 1 将导致燃料电池宽范围频繁变载,且易进入低功率(高电位)运行工况,引起燃料电池寿命的快速衰减。在配置 2 中,动力电池额定容量为粒子群迭代后的最优容量,在此容量配置方案下,燃料电池变载情况得到大幅优化,且在 0.5～14 h 内,燃料电池运行功率均在正常区间范围内,未出现高电位和高负载运行状态,对燃料电池的寿命衰减较为友好。在配置 3 中,动力电池额定容量最大,其控制功率波动的能力最强,在充电电量相同时,其 SOC 变化量最小,因此燃料电池输出最为稳定,燃料电池输出功率的波动范围最窄。在配置 4 中,将燃料电池额定功率提升至 70 kW 后,其高电位运行区和高负载运行区整体向上偏移,当燃料电池输出功率低于 21 kW 时,燃料电池节电压接近 0.8 V,视为进入高电位运行状态。由图 7-4-3 可知,为避免燃料电池高电位运行,在燃料电池启动后,功率协调控制策略便快速将燃料电池输出功率拉升至 22 kW,而由 7.2 节公交车动力学模型可知,在该测试工况下,整车平均需求功率仅为 17.42 kW,因此燃料电池在 22 kW 功率点持续运行约 2 h 后开始降载,在 3～14 h 时间段内,由于燃料电池额定功率配置过大,其正常运行功率区间(额定功率的 30%～额定功率的 90%)的最低点(21 kW)仍高于系统平均需求功率。功率协调控制策略需同时缩短燃料电池高电位持续时间和维持动力电池 SOC 稳定,但两者的相互作用使燃料电池频繁变载,导致燃料电池的功率点在正常工作区间与高电位(低功率)区间之间来回波动。

四种容量配置方案下,除燃料电池变载次数和变载幅度差距明显外,其高电位运行时间也表现出明显差异。配置1中,燃料电池在整个运行过程中。多次进入高电位运行区(运行功率低于12 kW),其高电位持续时间约为2.2 h,对燃料电池寿命保持极为不利。而在配置2和配置3中,燃料电池仅在停机前进入高电位区,如图7-4-4所示。此时间段内,整车速度已降为0,此时燃料电池功率全部用于为动力电池充电,使其SOC恢复至90%,因此燃料电池高电位持续时间随动力电池额定容量增大而延长。在配置4中,燃料电池高电位区对应的功率为21 kW,因此其高电位运行时间最长。总体而言,四种配置方案中,配置2的燃料电池高电位持续时间最短。

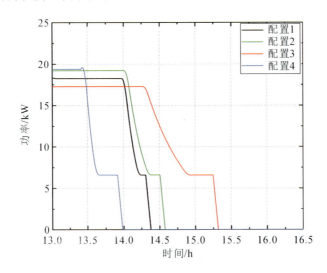

图 7-4-4　停机阶段燃料电池输出功率仿真曲线

(2) 燃料电池寿命衰减对比分析。

四种容量配置方案下,燃料电池寿命衰减情况如图7-4-5所示。

由图7-4-5可知,在配置1中,燃料电池寿命衰减速度最快,主要原因在于燃料电池在配置1下变载次数多,变载幅度大,且高电位持续时间长。而在配置2和配置3中,由于增大了动力电池额定容量,因此燃料电池工作状况更加稳定,其寿命衰减主要源于燃料电池停机前的高电位运行状态。此时间段内,

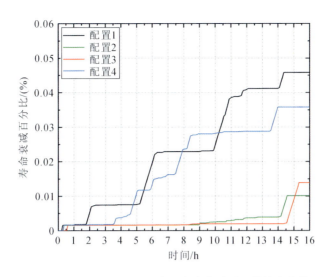

图 7-4-5　四种配置下燃料电池寿命衰减对比的仿真曲线

动力电池 SOC 较高，SOC 惩罚系数较大，因此功率协调控制策略快速拉低燃料电池功率，避免动力电池出现过充现象，从而降低动力电池寿命的衰减。总体而言，前三种配置下，当动力电池额定容量由 31.2 kW·h（配置 1）增加至 44 kW·h（配置 2）时，其容量仅增加了 12.8 kW·h，但燃料电池的寿命衰减百分比大幅降低；当动力电池额定容量由 44 kW·h 增至 89.7 kW·h（配置 3）时，其容量增加了 45.7 kW·h。由图 7-4-5 可知，燃料电池寿命在整车正常行驶期间（0～14 h）衰减速度最慢。在整车正常行驶期间，配置 3 与配置 2 下的燃料电池寿命衰减速度相差较小，但在整车即将停机阶段（14～16 h），配置 3 下燃料电池的高电位持续时间更长，导致燃料电池最终寿命衰减百分比高于配置 2。这说明动力电池配置过大，不仅导致动力电池本身成本上升，还会加快燃料电池寿命衰减速度，增加系统运行成本。配置 4 下燃料电池寿命衰减百分比为 0.035%，约为配置 2 下的 3 倍，这是因为在配置 4 下，系统的高电位持续时间约占总运行时长的 40%，长时间高电位运行加速了燃料电池寿命的衰减。相比于配置 2，配置 4 下燃料电池变载频率更高，且单次变载幅度更大，在 3.5～9 h 时间段，燃料电池每次变载幅度约为 10 kW，大幅度变载导致燃料电池催化剂颗粒化，有效反应面积下降，最终表现为燃料电池寿命的衰减。由此可以得到，当燃料电池额定容量配置过大时，不仅会增加系统成本，还会导致燃料电池高电位运行时间大幅增长，变载频率增加，进而加速燃料电池性能的衰减。

(3) 燃料电池氢耗对比分析。

四种容量配置下，燃料电池氢耗的仿真曲线如图 7-4-6 所示，其中，配置 3 的系统氢耗最低，配置 2 次之，而配置 1 和配置 4 的系统氢耗最高。

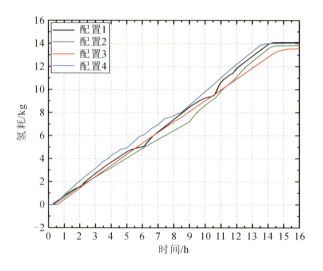

图 7-4-6　四种配置下燃料电池氢耗的仿真曲线

主要原因在于配置 3 中，动力电池额定容量最大，其瞬时充放电功率较大，且 SOC 变化缓慢，燃料电池能够长时间稳定运行在其高效率区，因此氢耗最小。由燃料电池模型可知，燃料电池运行功率越大，其电压损失越高，发电效率越低。综上，配置 2 的动力电池和燃料电池功率得以优化，其运行氢耗仅次于配置 3；配置 1 和配置 4 的运行氢耗最大。

2. 动力电池性能分析

四种配置下，动力电池 SOC 的仿真情况如图 7-4-7 所示。在一个完整测试工况下，动力电池 SOC 均在 30% 到 90% 区间内波动，未发生过充和过放现象。且四种配置下的起始 SOC 和结束 SOC 均为 90%，消除了动力电池对系统氢耗的影响。

由图 7-4-7 可知，配置 1 下的动力电池额定容量最小，因此 SOC 波动范围最大，且 SOC 平均变化速率最快。在 5.0～5.7 h 时间段内，如图 7-4-8 所示，SOC 由 66% 迅速下降到 40%。可见，配置 3 下的动力电池额定容量大，配置 4

下的燃料电池额定功率大,因而,这两种配置下的SOC波动范围最小。

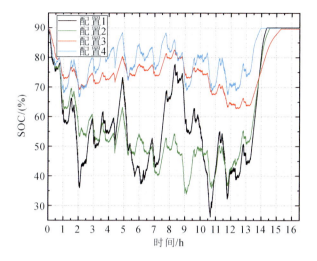

图7-4-7　四种配置下动力电池SOC的仿真曲线

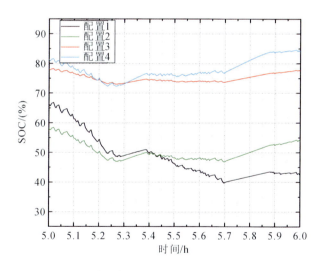

图7-4-8　动力电池SOC仿真曲线的局部放大图

四种容量配置下,动力电池寿命衰减的仿真情况如图7-4-9所示。目前,动力电池最大瞬时充放电倍率可达到5～8C,因此其短时间大功率充放电对动力电池性能影响较小,且在整个测试工况下,由于设计了SOC闭环控制策略,动力电池SOC区间均在30%～90%范围内,未出现过充和过放现象,因此四种配置下动力电池寿命衰减百分比较为接近。

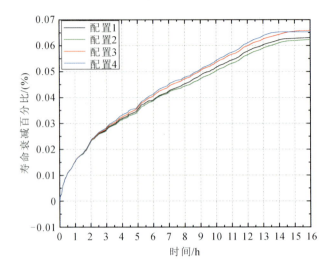

图 7-4-9 四种配置下动力电池寿命衰减的仿真曲线

3. 综合性能分析与评价

由系统氢耗、燃料电池寿命衰减百分比、动力电池寿命衰减百分比三项指标的对比分析可知，配置3下的燃料电池输出功率最为稳定，且氢耗量最低，但配置2下的燃料电池寿命衰减和动力电池寿命衰减百分比均低于配置3。将三项指标结合氢气、燃料电池、动力电池市场单价折算为7.2节提出的综合评价指标，如表7-4-4所示。

表 7-4-4 三种配置下系统代价对比   单价:元

容量配置方案	氢耗代价	燃料电池寿命衰减代价	动力电池寿命衰减代价	综合代价
动力电池容量最小配置（配置1）	776.4	220	137.5	1134
系统最优容量配置（配置2）	761	49	193	1003
动力电池容量最大配置（配置3）	746	66.7	414.4	1227
燃料电池功率最大配置（配置4）	772.7	300.4	198.9	1272

由表7-4-4可知，在配置1下，由于动力电池额定容量较小，因此在动力电池寿命衰减百分比接近时其对应经济代价最小，但此配置下，系统氢耗代价最

高,燃料电池的寿命衰减代价也较高;配置3下,由于动力电池额定容量较大,因此当动力电池寿命衰减百分比接近时,所产生的寿命衰减代价最高。与配置2相比,配置4下燃料电池配置过剩,其氢耗代价、燃料电池寿命衰减代价和动力电池寿命衰减代价均有不同程度的增加,其中燃料电池寿命衰减代价显著增加。主要原因在于燃料电池额定功率增大后,对应高电位区的功率增大,导致燃料电池高电位持续时间大幅增加,燃料电池寿命加速衰减。相比燃料电池寿命衰减代价,配置2和配置4下,动力电池寿命衰减代价基本一致。其主要原因在于目前动力电池充放电倍率较高,瞬时大功率充放电对电池性能影响较小。整体而言,配置2在最大程度降低燃料电池寿命衰减的情况下,尽可能降低了动力电池容量,从而降低了动力电池所带来的经济代价。因此,从综合评价指标角度来看,配置2为最优配置。

本 章 小 结

氢电混合动力系统中,燃料电池与动力电池的容量配置以及功率协调控制策略对系统整体性能有着至关重要的影响。本章围绕氢电混合动力系统展开研究,以氢电混合动力公交车为具体研究对象,建立了车用氢电混合动力系统模型。对氢电混合动力系统拓扑结构进行了介绍和分析,综合考虑系统成本和控制难度,选用燃料电池串联DC/DC变换器,再与动力电池并联的结构作为本章燃料电池模型。针对氢电混合动力系统评价指标多样、缺乏统一性的问题,建立了关于系统运行成本的综合评价指标,对比研究了基于荷电状态、基于实时小波分频和基于粒子群算法的三种功率协调策略。针对基于荷电状态的功率协调控制策略,通过引入SOC滞环减少了燃料电池变载次数,改善了燃料电池的变载情况。针对基于实时小波分频的功率协调控制策略进行了改进,将小波分解层数与燃料电池变载能力关联,使分频后的低频分量能够与燃料电池变载能力相匹配,并通过设计参数可变的PI控制器实现对动力电池SOC的闭环调控。以综合评价指标为优化目标,设计了基于粒子群算法的功率协调控制策略,在算法中设计了SOC惩罚函数,实现了对动力电池电量的有效调控。采用Simulink仿真工具,对三种策略进行了仿真,结果表明基于粒子群算法的功率协调控制策略能大幅优化燃料电池的寿命指标,其综合评价指标的值最小,运行成本最低。以综合评价指标为优化目标,采用粒子群算法对系统容量配置进行优化,并对比分析了不同容量配置下的系统性能和综合评价指标,结果表明动力电池配置过小和燃料电池配置过剩均会造成燃料电池寿命的快速衰减,动力电池配置过剩则会造成系统成本提高,而在优化后的容量配置下,系统具有最低的运行成本。

本章参考文献

[1] PUKRUSHPAN J T, STEFANOPOULOU A G, PENG H. Control of fuel cell power systems: Principles, modeling, analysis, and feedback design[M]. London: Springer, 2004.

[2] 邓乐. 氢电混合动力系统的功率分配与容量配置优化研究[D]. 成都:电子科技大学, 2022.

[3] 张泽辉,陈辉,高海波,等. 基于实时小波变换的燃料电池混合动力船舶能量管理策略[J]. 中国舰船研究, 2020, 15(2):127-136.

[4] HAN J G, CHARPENTIER J F, TANG T H. An energy management system of a fuel cell/battery hybrid boat[J]. Energies, 2014, 7(5): 2799-2820.

[5] SAIB S, HAMOUDA Z, MAROUANI K. Energy management in a fuel cell hybrid electric vehicle using a fuzzy logic approach[C]//2017 5th International Conference on Electrical Engineering-Boumerdes (ICEE-B). Boumerdes:IEEE, 2017:1-4.

[6] CHEN X, HU G D, GUO F, et al. Switched energy management strategy for fuel cell hybrid vehicle based on switch network[J]. Energies, 2020, 13(1):247.

[7] KE S, YDA B, XIAO H, et al. Degradation adaptive energy management strategy using fuel cell state-of-health for fuel economy improvement of hybrid electric vehicle[J]. Applied Energy, 2021, 285:116413.

[8] ZHOU D, AL-DURRA A, MATRAJI I, et al. Online energy management strategy of fuel cell hybrid electric vehicles: A fractional-order extremum seeking method[J]. IEEE Transactions on Industrial Electronics, 2018, 65(8): 6787-6799.

[9] HU X S, ZOU C F, TANG X L, et al. Cost-optimal energy management of hybrid electric vehicles using fuel cell/battery health-aware predictive control[J]. IEEE Transactions on Power Electronics, 2020, 35(1): 382-392.

[10] SUN C, SUN F C, HE H W. Investigating adaptive-ECMS with velocity forecast ability for hybrid electric vehicles[J]. Applied Energy, 2017, 185: 1644-1653.

[11] FU Z C, CHEN Q H, ZHANG L Y, et al. Research on energy management strategy of fuel cell power generation system based on Grey-Markov chain power prediction[J]. Energy Reports, 2021, 7(S1): 319-325.

[12] PEI P C, YUAN X, LI P C, et al. Lifetime evaluating and the effects of operation conditions on automotive fuel cells[J]. Chinese Journal of Mechanical Engineering, 2010, 23: 66-71.

[13] 阮永利, 詹跃东. 燃料电池汽车分层能量管理策略优化研究[J]. 电子测量技术, 2021, 44(19): 1-7.

[14] WAAG W, KÄBITZ S, SAUER D U. Experimental investigation of the lithium-ion battery impedance characteristic at various conditions and aging states and its influence on the application[J]. Applied Energy, 2013, 102(2): 885-897.

[15] 张世义, 王清宇, 李军. 基于电池老化的并联式 HEV 能量管理策略[J]. 电池, 2021, 51(4): 375-379.

[16] XIONG R, ZHANG Y Z, WANG J, et al. Lithium-ion battery health prognosis based on a real battery management system used in electric vehicles[J]. IEEE Transactions on Vehicular Technology, 2019, 68

(5):4110-4121.

[17] ZOU Y, HU X S, MA H M, et al. Combined state of charge and state of health estimation over lithium-ion battery cell cycle lifespan for electric vehicles[J]. Journal of Power Sources, 2015, 273:793-803.

[18] TANG L, RIZZONI G, ONORI S. Energy management strategy for HEVs including battery life optimization[J]. IEEE Transactions on Transportation Electrification, 2015, 1(3):211-222.

[19] 郭爱, 陈超, 石俊杰, 等. 基于价值损耗的有轨电车混合动力能量策略比较研究[J]. 系统仿真学报, 2021, 33(3):572-580.

[20] 吕超贤, 李欣然, 户龙辉, 等. 基于小波分频与双层模糊控制的多类型储能系统平滑策略[J]. 电力系统自动化, 2015, 39(2):21-29.

[21] 邵婷婷, 白宗文, 周美丽. 基于离散小波变换的信号分解与重构[J]. 计算机技术与发展, 2014(11):159-161.

[22] BONYADI MR, MICHALEWICZ Z. Particle swarm optimization for single objective continuous space problems: A review[J]. Evolutionary Computation, 2017, 25(1):1-54.

[23] 闫祯. 中国汽车行驶工况标准正式发布[J]. 中国汽车, 2019(11):6-7.

[24] 王珺, 王甫, 袁金良, 等. 游船用氢燃料电池和储能电池的优化配置[J]. 电源技术, 2021, 45(3):330-334, 342.